DIEDERICHS GELBE REIHE

herausgegeben von Michael Günther

Hartmut Kraft

Über innere Grenzen

Initiation in Schamanismus, Kunst, Religion und Psychoanalyse

Eugen Diederichs Verlag

Bildnachweis: vordere Umschlagseite, S. 301, S. 302 und S. 303: Herbert Falken; S. 32: Staatliches Museum für Völkerkunde, München; S. 47, S. 52 und S. 68: Helikon Publishing Ltd., Budapest; S. 76 und S. 271: Hartmut Kraft; S. 141, S. 179 und S. 180: VG Bild-Kunst, Bonn 1985/1995; S. 145, S. 296 und S. 297: Peter Gilles; S. 146, S. 147 und S. 148: Astrid Feuser; S. 183: Schirmer/ Mosel Verlag, München; S. 287: Eugen Diederichs Verlag, München. Wir danken den Bildgebern für die freundlich gewährten Abdruckgenehmigungen.

Die Deutsche Bibliothek – CIP-Einheitsaufnahme
Kraft, Hartmut:
Über innere Grenzen: Initiation in Schamanismus, Kunst, Religion und Psychoanalyse/Hartmut Kraft. – München: Diederichs, 1995
(Diederichs Gelbe Reihe; 117: Weltkulturen)
ISBN 3-424-01297-1
NE: GT

Umschlaggestaltung: Zembsch' Werkstatt, München
Produktion: Tillmann Roeder, München
Satz: Uhl + Massopust, Aalen
Druck und Bindung: Ebner Ulm
Printed in Germany

ISBN 3-424-01297-1

Inhalt

2. Das Erbe des Schamanismus

Wenn du dich auf die Reise begibst,
sind Berge nicht länger Berge
und Flüsse keine Flüsse mehr.
Wenn du die Reise zu Ende gemacht hast,
sind Berge wieder Berge
und Flüsse wieder Flüsse.

ZEN-Spruch

Danksagung

Ohne die Hilfe vieler hätte dieses Buch nicht in dieser Form entstehen können. Vor allem möchte ich denjenigen danken, die mir ihre ganz persönlichen und meist noch nie mitgeteilten spontanen Initiationserlebnisse überlassen haben. Ebenso danke ich den Teilnehmern der Kurse zum Thema »Initiation und Schamanismus« während der Psychotherapiewochen in Langeoog und Lindau. Die fruchtbaren Diskussionen in den Gruppen haben mich angeregt, den Facetten des Initiationsthemas in seine heutigen Erscheinungsformen hinein zu folgen.

Dem Thema gemäß mußte ich mich unter anderem auch in wissenschaftliche Gebiete begeben, die über meinen eigenen beruflichen und fachlichen Bereich hinausgehen. So bin ich dankbar, gerade hierbei durch Diskussion und kritische Lektüre des Manuskripts Anregungen und Vorschläge erhalten zu haben. Besonders danke ich in diesem Zusammenhang Reinhard Greve, Christian Maier, Dietrich Kayser, Gerhard Theewen und Edith Zundel. Maria Nevermann hat meine Arbeit an diesem Buch über Jahre hinweg in vielen Gesprächen begleitet und fürsorglich unterstützt. Dafür gilt ihr mein ganz besonderer Dank.

Initiationen finden heute statt
Drei Thesen zur Einführung

Richtungsweisende Entwicklungen beginnen nicht immer – und nicht nur – mit bewußten Überlegungen und Entschlüssen, sondern oft auch mit tiefgreifenden geistig-seelischen Krisen. Davon wird bereits in Märchen, Sagen, Mythen und den heiligen Texten der Weltreligionen berichtet. Aus (Auto-)Biographien erfahren wir darüber hinaus, daß z. B. Sigmund Freud – bei aller kreativen Leistungsfähigkeit – sich oft sehr krank und einsam fühlte, als er Ende des 19. Jahrhunderts die Grundlagen der Psychoanalyse entwickelte. Von Joseph Beuys wiederum ist bekannt, daß er eine schwere depressive Krise durchlebte, in der sich wesentliche Elemente seiner später bahnbrechenden künstlerischen Arbeit entwickelten. Die Liste der Beispiele läßt sich bis in unsere Tage zu ganz aktuellen Beispielen verlängern, sowohl hinsichtlich krisenhaft verlaufener Berufs- und Persönlichkeitsentwicklungen als auch hinsichtlich entsprechender Darstellungen in den künstlerischen Medien.

Entwicklungen, die nicht kontinuierlich, sondern krisenhaft verlaufen, sind unterschiedlich bezeichnet worden. Als ein rein beschreibender Begriff bietet sich »transformative Krise«[1] an, was am ehesten mit »Wandlungskrise« oder auch »Wendekrise« übersetzt werden könnte. Aus jeweils verschiedenen Blickwinkeln wird auch von »schöpferischen Krankheiten«[2], von der »Arbeit an der inneren Neugeburt« und vom »schöpferischen Sprung«[3] gesprochen sowie von Initiationen mit Übergangs- und Schwellenriten[4]. Einen breiten Bekanntheitsgrad hat dabei am ehesten der Begriff der Initiation erreicht.

Unter Initiation verstehen wir die individuelle oder kollektive Einführung in eine neue Lebensphase (z. B. Übergang von der Kindheit zum Erwachsensein, Heirat), in ein neues heiliges oder profanes Amt (z. B. Schamane, Priester) oder in eine neue Gruppe (z. B. Geheimbund, Orden): »Einweihung, Initiation ist lebendige Umstimmung, Einstimmung auf Gehalte, Wesen, Numina, die durch bloße Kenntnisnahme zwar in begriffenen Besitz übergehen können, die aber wirklich zu eigen werden allein durch ein die Lebendigkeit zutiefst umbildendes Erlebnis; mit ihm gehen sie in die Gestaltung von Seele und Welt ein und werden fraglos-eigener Sinn.«[5] Sofern die Initiationen unter dem Bild einer Krankheit verlaufen, können sie als Modell dienen für einen Erkrankungsverlauf, der zu einer Heilung führt, die über die Möglichkeiten und Fertigkeiten des zuvor bestehenden Zustandes hinausführt. Wir können hier von einer »Plusheilung«[6] sprechen, einer Konzeption, die in unserem westlichen medizinischen Denken bisher nicht genügend gewürdigt wurde.

Als Grundmuster der Initiation sollen im folgenden Kapitel die spontanen Selbst-Initiationen der Schamanen besprochen werden. Ich beziehe mich dabei nicht auf bestimmte Formen des Schamanismus im Inneren Asiens noch in Afrika, Nord- oder Südamerika, sondern werde mich auf die verbindenden Merkmale dieses ersten und ältesten Berufes der Welt[7] beziehen.

Wenn eine nomadische Jäger- und Sammlergesellschaft seßhaft wird und zur Agrarwirtschaft übergeht, verändert sich das bisherige klassenlose Gefüge in immer komplexere soziale Schichtungen. In diesem gesellschaftlichen Entwicklungsprozeß scheint der Schamane zu verschwinden und durch Spezialisten, die einzelne Aspekte der Schamanenrolle übernehmen, ersetzt zu werden.[8] Der Aspekt des Heilens wird von Medizinmännern, Heilkundigen, später Ärzten und Fachärzten übernommen, wobei es zu einer Spaltung in Organmedizin einerseits und Psychotherapie andererseits kommt. Die heutige psychosomatische Medizin stellt ein erneutes Bindeglied dar. Der Bezug zu den Geistern, den Ahnen, wird von Priestern einer sich langsam herausbildenden Religion übernommen. Die enormen darstellerischen Fähigkeiten der Schamanen (Tanz, Pantomime, Gesang, Musik, Gewandgestaltung, Erzählung der Mythen des Stammes) werden von den verschiedenen künstlerischen Gattungen aufgegriffen und autonom weiterentwickelt. Die Rolle und die Kenntnisse des Schamanen als des »ältesten Berufs der Welt« leben in den genannten Berufsgruppen fort. Die hier anschließend an den Schamanismus dargestellten Initiationsphänomene bei Priestern, Künstlern und Psychotherapeuten stellen also keine willkürliche Auswahl dar: Die genannten Berufsgruppen gehören zur »Erbengemeinschaft der Schamanen«, sie haben in ihnen ihre gemeinsamen beruflichen Vorfahren.[9] Damit ist nun auch bereits die erste These dieses Buches benannt: Es geht um den Nachweis, daß spontane Selbst-Initiationen, in wesentlichen Strukturelementen den Schamaneninitiationen vergleichbar, ein aktuelles Phänomen sind. Initiationen finden heute statt, zumeist allerdings unerkannt, im verborgenen, unter anderen, oft hinter psychiatrischen Begriffen und Eingriffen versteckt.

Für den Ablauf der Initiationen hat der Ethnologe van Gennep eine transkulturell gleichbleibende Abfolge herausgearbeitet.[10] Sein dreischrittiges Modell umfaßt eine Séparation, die Loslösung vom alten Status mit Loslösungsriten, eine Marge, die Umwandlungszeit mit Riten der Wandlung, und eine Agrégation, die Einführung in den neuen Status mit Angliederungsriten. Dieses auf äußerlich beobachtbare Vorgänge und Riten bezogene dreischrittige Modell des Initiationsablaufs wird in diesem Buch auch auf die intrapsychisch ablaufenden Prozesse, auf die seelischen Verarbeitungs- und Wandlungsprozesse also, bezogen werden. Die zweite These des Buches besagt, daß die transkulturell gleichbleibende Struktur des Ablaufs nicht nur durch Traditionen und Weitergabe der Informationen zwischen den

Kulturen bedingt ist, sondern ebenso der Aktualisierung seelischer Erlebens- und Verhaltensgrundmuster ganz oder teilweise entspringen kann. In den zu schildernden aktuellen Beispielen wird so auch immer wieder darauf hingewiesen, daß die Betroffenen weder den Begriff »Initiation« noch Informationen zum Ablauf zuvor gekannt haben (vergleiche besonders die Schilderung der R.E.M.-Performance, S. 294 ff.).

Die Suche nach verborgenen Gemeinsamkeiten zwischen Schamaneninitationen einst und spontanen Initiationsverläufen heute ist abzugrenzen von einer oberflächlichen, modisch gewordenen, »esoterischen«, in vielen Fällen unkritischen Übernahme schamanischer Vorstellungen, Handlungs- und Erlebensweisen. Wegen der vollkommen unterschiedlichen historischen, sozialen und kulturellen Bedingungen können schamanische Vorstellungen und Handlungen nicht in unsere Welt als vermeintliche Heilsbringer verpflanzt werden. Der im folgenden dargestellte Weg ist ein anderer. Es wird nichts übernommen, sondern unerkannte, über Jahrtausende und Kulturen hinweg sich erhaltende Gemeinsamkeiten und Grundmuster aufgezeigt. Was dann als bewußter Umgang mit Initiationsbedürfnissen und -erlebnissen hier und heute in unserer Kultur möglich und sinnvoll ist, muß eingehend diskutiert werden. Für die zu schildernden Initiationsphänomene werden vor allem mit Hilfe ethnologischer und psychodynamischer Hypothesen Interpretationen erarbeitet. Auf diese Weise wird schließlich auch ein Bereich herausgeschält – transpersonale Erlebnisse, Gedankenübertragung usw. –, der sich nicht, zumindest nicht überzeugend und sicher, durch bekannte, wissenschaftliche Theorien erfassen läßt. Die dritte These des Buches besagt, daß Initiationen als tief aufwühlende und umstrukturierende geistig-seelische Erfahrungen besonders geeignet sind, diejenigen Phänomene zu beobachten, die die Grenzen unseres westlichen Wissenschaftsverständnisses herausfordern. Hier geht es zunächst einmal um Datensammlung, um Dokumentation. Transpersonale Themen (z. B. Wiedergeburtserlebnisse, Gedankenübertragungen) sind aus dem Hauptstrom westlicher wissenschaftlicher Forschungen weitestgehend ausgeschlossen. Wir stoßen hier auf einen Bereich »gesellschaftlicher Produktion von Unbewußtheit«[11], in dem diese Phänomene entweder in das Reich der Phantasie abgedrängt oder mit psychiatrischen Etikettierungen (z. B. »psychotische Halluzination«) zum Schweigen gebracht werden. Ungeachtet dessen wird allerdings trotzdem gern und häufig aus Shakespeares Hamlet zitiert: »Es gibt mehr Dinge im Himmel und auf Erden, als eure Schulweisheit sich träumt.«

1. Individuelles Drama und soziale Funktion

Wenn im folgenden von der Berufung und den Initiationen der Schamanen gesprochen wird, so handelt es sich dabei um die klassische Form der Selbstinitiation, die nur im Zusammenhang mit dem sozialen Kontext zu verstehen ist. Darüber hinaus ist sie auch insofern auf die soziale Gemeinschaft hin bezogen, als diese individuelle, in wesentlichen Teilen oft fern von der Gemeinschaft ablaufende Initiation die Grundvoraussetzung für die spätere soziale Funktion des Schamanen darstellt.

Berufung und Initiation der Schamanen

Definitionen und Funktionen

Der Begriff Schamane bezog sich ursprünglich auf einen besonderen, u. a. auch mit Heilung befaßten, ausgesprochen vielseitigen Funktionsträger innerasiatischer Jägerkulturen.[1] Mehr oder weniger in ihren Tätigkeiten und sozialen Funktionen vergleichbare Personen gab es aber wohl überall auf der Welt, wo kleinere, nicht seßhafte Stammeskulturen neben einem weltlichen Führer (»Häuptling«) auch einen geistigen Führer (»Schamane«) hatten. Dabei handelt es sich keineswegs nur um Männer, sondern häufig auch um Frauen, gelegentlich um transsexuell oder androgyn sich gebende »Weibsmänner«.[2] Nur der Einfachheit halber wird im folgenden überwiegend die männliche Bezeichnung verwendet.

Wenn das Umfeld einer kleinen, von allen Mitgliedern getragenen und für alle überschaubaren Stammeskultur, speziell der Jäger- und Sammlerkulturen, verlassen wird, dann beginnt der Begriff des Schamanismus unscharf zu werden, auch wenn die Verwendung dieser Bezeichnung längst nicht mehr einzudämmen ist. Dementsprechend existiert auch keine befriedigende, allgemein anerkannte Definition. Die nachfolgenden Ausführungen zur Berufung, Initiation und sozialen Funktion beziehen sich ausdrücklich auf den genannten engeren, ursprünglicheren Begriff des Schamanentums.

Der Begriff »Schamane« stammt aus der tungusisch-mandschurischen Sprachgruppe in Ost- und Zentralsibirien. Die etymologische Herleitung ist umstritten, möglicherweise läßt es sich von dem Mandschuwort »saman« herleiten (»einer, der erregt, bewegt bzw. erhaben ist«), womit bereits das zentrale Charakteristikum, die Ekstase, genauer gesagt die »rituelle Ekstase«, benannt ist. Der Religionswissenschaftler Mircea Eliade spricht vom Schamanen als dem »Meister der Ekstase« und bezeichnet den Schamanismus insgesamt in einer ersten vorsichtigen Definition als »Technik der Ekstase«.[3] In diesem »außergewöhnlichen Bewußtseinszsutand« oder auch »veränderten Wachbewußtseinszustand«, wie es im heutigen Sprachgebrauch genannt werden kann[4], führte der Schamane seine (Be-)Handlungen aus. Wenn sowohl die individuellen als auch die sozialen Aspekte berücksichtigt werden, so können wir Schamanismus als eine unterschiedlich und vielfältig tradierte Tätigkeit auffassen, die durch Berufung, Initiation (»Schamanenkrankheit«) und Unterweisung erworben wurde und deren Ausübende sich darauf konzentrieren, willentlich (u. a. auch mit Hilfe von Drogen, Tanz, Rhythmus) in veränderte Bewußtseinszustände verschiedener Intensität einzutreten. Hilfs- und Schutzgeister, die wohl vor allem als Ahnengeister aufzufassen sind, spielen in diesen Bewußtseinszuständen eine zentrale Rolle. Der Schamane ruft seine Hilfsgeister willentlich und aktiv in sich hinein, er wird von ihnen besessen (»geritten«), sie sprechen dann durch seinen Mund und unterhalten sich mitunter auch mit den Anwesenden. Tiefe Trance-/Ekstasezustände, in denen der Schamane wie leblos daliegt und seine Seele auf eine Jenseitsreise schickt, um in der übernatürlichen Welt Aufschluß über das Übel auf Erden zu erlangen, sind nicht die Regel. Die Besessenheit durch die Hilfsgeister wurde sowohl von Mircea Eliade als auch von Pater Wilhelm Schmidt (1931–1955) kaum gewürdigt, während sie die Jenseitsreisen überbetonten.[5] Vermutlich wollten sie vermeiden, den Schamanismus zu sehr mit Funktionen und Begriffen in Berührung zu bringen, die einer oft üblichen Pathologisierung des Schamanen als »Besessener« – vorschnell dann oft als »Geisteskranker« gedeutet – weiteren Vorschub leisten könnte (vgl. hierzu auch das Kapitel »Ethnologie und Psychiatrie«). Die Tranceerlebnisse der Schamanen gehören keiner »Privatmythologie« an, sondern entstammen den historisch gewachsenen Vorstellungen ihrer sozialen Gemeinschaft, auf die sie ihrerseits wieder zurückwirken.

Die Funktionen des Schamanen sind ausgesprochen vielfältig: Der Schamane ist eine Art Medizinmann, unterscheidet sich aber von diesem sowohl durch die rituellen Ekstasen als auch durch das viel weiter gefaßte Aufgabegebiet. So nimmt er Einfluß auf die Jagd, auf das Wetter, auf die Ernte. Er ist Vermittler zu den Mächten des Jenseits, den Ahnen. Er ist gewissermaßen ein »Jenseitsspezialist« in den Kulturen, in denen sich ein Priestertum noch nicht etabliert hat.[6] Hervorzuheben sind auch seine in vielen Fällen hohen künstlerischen Leistungen[7]: das Anfertigen von Masken und Kleidungsstücken, das Verfertigen von Gedichten, die Ausdruckskraft seiner Tänze, seine schauspielerischen Fähigkeiten – der Schamane ist gewissermaßen ein Allround-Künstler.

Der soziale Kontext

Um die Tätigkeit des Schamanen zu verstehen und würdigen zu können, sind einige Anmerkungen zu der sozialen Gemeinschaft notwendig, in der er tätig wird.

Das Funktionieren des Ich oder Selbst eines Stammesmitgliedes ist auf das Gefühl des Eingebundenseins in die schützende Gruppe angewiesen. Dementsprechend bestehen starke Tendenzen, Trennendes zu eliminieren (Streit und Neid vor allem), um den Zusammenhalt nicht zu gefährden. Das Böse wird nach draußen, außerhalb des Dorfes projiziert – durch die realen Gefahren und zusätzlich durch das so gestaltende Erleben ist ein Mensch dann nur in der Gemeinschaft sicher und fürchtet das Fremde außerhalb dieser Gemeinschaft.

Die Sozialisation in Stammeskulturen führt zu einer Organisation des Ichs, bei der das Ich des einzelnen auf die Beteiligung seiner sozialen Gruppe angewiesen ist, um hinreichend gut zu funktionieren. Diese spezifische Funktionsweise entspricht der von Parin, Morgenthaler und Parin-Matthey als Gruppen-Ich bezeichneten Ich-Struktur, die diese Ethnopsychoanalytiker aufgrund ihrer Forschungen bei den Dogon in Westafrika beschrieben haben und die meines Erachtens generell auf Stammeskulturen zu beziehen ist. Ein so geformtes Ich hat eine starke Tendenz zu identifikatorischen Prozessen, d. h. eine Bereitschaft, an den Aktivitäten anderer zu partizipieren, die Tendenz, Identifikationen mit anderen auszubilden sowie eine starke Bereitschaft zur Übernahme begehrter Eigenschaften und Verhaltensweisen anderer Gruppenmitglieder.[8]

Aus dem Gesagten wird deutlich, welche Belastung es darstellen muß, wenn ein einzelner sich aus der Gruppe entfernt. Vor diesem Hintergrund bekommen der Gang in die Einsamkeit bzw. die Wildnis, das Absondern des zukünftigen Schamanen von der Gruppe während des Initiationsprozesses sowie seine späteren Jenseitsreisen ein ganz besonderes Gewicht. Aus heutigen Untersuchungen ist bekannt, daß es relativ häufig zu psychotischen, vornehmlich kurzen schizophrenen Krankheitsepisoden kommt, wenn junge Menschen heutzutage ihre Dorfgemeinschaft verlassen, um in die Stadt zu gehen. Das gleiche Phänomen der Dekompensation bei Verlust der gewohnten Beziehungen kennen wir auch als sogenannte »Reisepsychose«.[9]

Ein anderes, speziell für die Tätigkeit des Schamanen wichtiges Phänomen in Stammeskulturen stellt das Tabu dar.[10] Neben den identifikatorischen Prozessen und der Projektion des Bösen nach draußen haben auch die Tabus – oder allgemeiner gesprochen: die Verbotssysteme – eine stabilisierende Wirkung auf den Zusammenhalt der Gemeinschaft, indem sie durch soziale Verbote und individuelle Meidungsgebote eine Orientierungshilfe geben. Die Verwendung der zahlreichen Tabus dient aber auch der vermeintlichen Beeinflussung dessen, dem man sich ansonsten ausgeliefert fühlt: Ausbleibendes Jagdglück, schlechtes Wetter etc. konnten in diesen Kulturen schnell zur existentiellen Bedrohung werden. Wenn diese Ereignisse auf Tabuverletzungen zurückgeführt werden (z. B. Verheimlichung eines Aborts, um bestimmte Taburegeln zu umgehen – daraufhin ausbleibendes Jagdglück der Männer), dann besteht die Möglichkeit der Sühne, womit der einzelne wie der Stamm insgesamt die Vorstellung verbindet, Einfluß nehmen zu können. Obwohl die Tabus zum Teil sehr einschränkend sein konnten und das Alltagsleben scheinbar sinnlos reglementierten, so dienten die Sühnemöglichkeiten der Bewältigung der Angst vor den ansonsten als nicht beeinflußbar erlebten Gefahren des Lebens.

In diese sozialen Zusammenhänge ist die Initiation wie auch die spätere Tätigkeit des Schamanen einzuordnen. Grundsätzlich besteht offensichtlich das Bedürfnis, einzelne Menschen aus der Gemeinschaft so weit auszusondern, daß sie von einer Position am Rand zu Helfern der Gemeinschaft werden können. Diese Vermittler zu den ansonsten unkontrollierbaren Mächten wurden von den Stammeskulturen immer wieder neu erschaffen. Es scheint mir – anders als vielen Ethnologen – nicht notwendig, von der Ausbreitung des Schamanentums lediglich von innerasiatischen Regionen über die ganze Welt auszugehen, wenn vergleichbare Phänomene fast überall gefunden werden.[11] Aus den sozialen Interaktionen in der Stammesgesellschaft (Gruppen-Ich, identifikatorische Prozesse, Projektion des Bösen, Tabus) ergibt sich auf der Stufe des magischen Denkens die Notwendigkeit, neben dem »Häuptling« als weltlichem Führer auch einen Führer im Bereich der Geister zu haben. So stellt das Schamanentum in der noch nicht arbeitsteilig organisierten Jäger- und Sammlerkultur den ersten sich herausbildenden Beruf der Welt dar.

Durch seine Macht und seine sozialen Aufgaben ist der Schamane in einer ambivalent erlebten Situation: Er wird gebraucht – und er wird gefürchtet. Auch dadurch wird er zu einer marginalen Gestalt der Gruppe, entfernt vergleichbar dem Gruppenpsychotherapeuten, der in der Gruppe sitzt und doch nicht Mitglied der Gruppe ist.[13] Von ihm wird Hilfe erwartet, er ist jedoch auch die Zielscheibe negativer Projektionen.

Wer also wird Schamane, und auf welche Weise geschieht dies? Zu unterscheiden sind vier Aspekte, die in den verschiedenen Kulturen zum Teil miteinander vermischt sind: Berufung, Ausbildung, Initiation und Weihe, d. h. öffentliche Amtseinführung.[13]

Die Berufung der Schamanen

Im allgemeinen kann nur derjenige Schamane werden, in dessen Sippe sich bereits ein Schamane befindet. Ausnahmen hiervon sind möglich, unter Umständen sogar der »Kauf von Hilfsgeistern«.[14] Dies sind aber wohl bereits Zeichen des kulturellen Niedergangs.

Die Berufung kann durch den Stamm, die Familie, einen anderen Schamanen erfolgen –, oder aber der Betroffene fühlt sich aus sich selbst heraus berufen. Der Ruf wird unterschiedlichen Wesen zugesprochen, z. B. den Ahnengeistern oder einem Geist der oberen Welt.[15] Auch gibt es Vorstellungen von der Entführung der Seele des Berufenen durch krankheitserregende Dämonen, manchmal verlieben sich Himmelsgeister in die zum Schamanen bestimmte Person und gehen mit ihr ein inniges, im Besessenheitszustand sich realisierendes mystisches Liebesverhältnis ein.

Da die Berufung zum Schamanen keineswegs nur Privilegien und Macht verschafft, sondern, wie bereits erwähnt, mit einer Sonderstellung in der Gemeinschaft verbunden ist, also durch die partielle Isolierung auch sehr beängstigend erlebt werden kann, verwundert es nicht, daß sich die Berufenen häufig nachdrücklich zur Wehr setzen. Der Widerstand gegen die Berufung kann zu einem dramatischen Kampf werden, bevor der Kandidat sich – fast immer – fügt. Den Ruf der Geister, Schamane zu werden, darf der Kandidat nicht ungestraft ablehnen.

So wird beispielsweise von dem Jakuten Michail Bologur berichtet, der nicht Schamane werden wollte: Ihm fehlten fünf Knochen, weshalb fünf Verwandte hätten sterben müssen, damit er seine Berufung hätte annehmen können. Obwohl der Tod von Verwandten häufig zu den Vorbedingungen zählt, wollte der Jakute eine solche Menge menschlicher Opfer nicht zulassen und weigerte sich standhaft, der Berufung Folge zu leisten. Dafür trafen ihn später schwere Strafen: Er erblindete, und wegen seiner weiterhin nicht achtenden Haltung gegenüber dem Geist der Vorfahren wurden ihm Hände und Füße verstümmelt.[16] Diese und vergleichbare Erzählungen dürften in den Clans eine entsprechend abschreckende und damit auch disziplinierende Wirkung entfaltet haben.

Die Berufung und deren ängstliche Abwehr beinhalten meines Erachtens jedoch auch noch ganz andere (unbewußte) soziale Mitteilungen: Es geht um die Angst vor dem Neid der Gruppe angesichts der herausragenden Position, die der Sich-auserwählt-Fühlende anstrebt.[17] Er muß so nicht sagen, daß er diese spezielle Macht, diese zentrale Position in seinem Stamm einnehmen will, sondern, daß er durch übernatürliche Kräfte und/oder die Wahl seiner Gemeinschaft dazu gezwungen wurde. Der Kampf gegen die Berufung hat also den Sinn, eigennützige, gar eigensüchtige Interessen öffentlich zurückzuweisen. Selbst der Tod mehrerer Verwandter, also der unmittelbar unterstützenden Personen im Lebenskampf, wird hingenommen. Je dramatischer und spektakulärer sich dies vollzieht, als desto nützlicher kann der spätere Schamane für die Gemeinschaft angesehen werden, desto glaubhafter ist er als uneigennütziger Vermittler zu den Mächten des Jenseits.

Die Gemeinschaft schützt sich ihrerseits vor den Größenphantasien und Machtgelüsten des Kandidaten, indem sie bei ihm Initiationsphänomene erwartet, die weit über das ansonsten Übliche, z. B. bei Pubertätsinitiationen, hinausgehen. So erscheint es zutreffend, die Initiation als »eine Art Kühlsystem«[18] aufzufassen.

Die drei Schritte der Initiation

Die Initiation ist ein emotional hoch aufgeladener Prozeß, der die individuelle oder kollektive Einführung in eine neue Lebensphase, in ein neues heiliges oder profanes Amt, oder in eine neue soziale Gruppe regelt. Die Statusveränderung wird zumeist durch spezifische, festgelegte Riten unterstützt, die transkulturell als Todes- und Wiedergeburtsriten aufgefaßt werden können.

Der Ethnologe van Gennep[19] hat für die Initiation einen typischen Ablauf, nämlich eine Dreiteilung herausgearbeitet. Er unterscheidet

Séparation (Loslösung vom alten Status, unterstützt durch Trennungsriten),

Marge (Übergangszeit mit Schwellen- und Umwandlungsriten) und

Agrégation (Einführung in den neuen Status mit entsprechenden Angliederungsriten).

Van Gennep fand überall räumliche Übergänge als Modell auch für soziale und zeitliche Übergänge. In allen Riten müssen räumliche Grenzen passiert werden, das Thema der Grenzüberschreibung wird konkret erlebbar gemacht. In der zentralen Übergangszeit, der Marge, können Tod, Getötetwerden, Zerstückelung bzw. das Eintauchen ins Chaos plastisch erlebbar bzw. inszeniert werden.[20] Für die oft extremen Körpererfahrungen prägte Turner den Begriff »Liminalität«: Diese »Grenzerfahrung im Ausnahmezustand« rückt die Initianden in die Nähe des Außergewöhnlichen, z. B. Tod, Bisexualität, Zügellosigkeit, Wildheit, Nacktheit, Anonymität.[21]

Um Bedeutung und Dramatik der individuellen Initiationen der Schamanen verstehen und würdigen zu können, ist es hilfreich, in einem Exkurs auf die Gruppeninitiationen der Pubertät einzugehen; wir werden auf die unterschiedlichen Initiationstypen auch später noch zurückkommen.

Exkurs: Die Pubertätsinitiationen

Daß die Gruppen-Initiationriten der Knaben eine symbolische Wiedergeburt darstellen, bei der gewöhnlich die »männlichen Paten« eine mehr oder weniger deutliche weibliche Rolle spielen, indem sie den Initiierten symbolisch das Leben schenken, ist heute weitgehend anerkannt.[22] Der Bericht einer Pubertätsinitiation von der Insel Ceram (auch Seram geschrieben), der größten Insel der zu Indonesien gehörenden Molukken, kann als repräsentatives Beispiel dienen:

Im Westen von Ceram, einer der indonesischen Inseln, werden die Knaben zur Zeit der Geschlechtsreife in die Kakianvereinigung aufgenommen... Das Kakianhaus ist ein länglicher Holzschuppen, der unter dem schattigsten Baum in der Tiefe des Waldes so errichtet ist, daß man unmöglich sehen kann, was darin vorgeht... Dorthin werden die... Knaben mit verbundenen Augen geführt. Ihnen folgen die Eltern und Verwandten... Sobald ein Knabe in dem Raum verschwunden ist, hört man ein dumpfes schabendes Geräusch, ein furchtbarer Schrei ertönt, und ein bluttriefendes Schwert oder ein Speer wird durch das Dach des Schuppens hinausgestreckt. Dies ist ein Zeichen, daß der Kopf des Knaben abgeschnitten worden ist und der Teufel ihn in die andere Welt mitgenommen hat... Beim Anblick des blutigen Schwertes weinen und jammern daher die Mütter und rufen, der Teufel habe ihre Kinder ermordet... Während seines Aufenthaltes in dem Kakianhaus... warnt... der Häuptling die Knaben bei Todesstrafe... niemals zu verraten, was in dem Kakianhaus vorgegangen ist... Inzwischen sind die Mütter und Schwestern der Knaben nach Hause gegangen, um zu weinen und zu trauern. Nach ein bis zwei Tagen kehren jedoch die Männer, welche den Novizen als Paten und Vormünder dienten, mit der frohen Botschaft ins Dorf zurück, daß der Teufel durch Vermittlung der Priester die Knaben wieder zum Leben erweckt habe. Die Männer, welche diese Nachricht bringen, kommen halb ohnmächtig mit Schmutz bedeckt wie Boten aus der Unterwelt an...[23]

Was hier als »Teufel« bezeichnet wird, geht bereits auf den Kontakt dieser Kulturen mit den Christen zurück. Es dürfte sich in den alten Glaubensvorstellungen der Völker um verstorbene Vorfahren oder mythische Ahnen handeln. Im geschilderten Beispiel sind die drei Stadien der Initiation deutlich erkennbar: Die Trennung der Knaben von den Müttern und Schwestern (Séparation), die Übergangzeit in einem abgeschlossenen Bereich, dem Kakianhaus, als »Marge«, und schließlich die Wiedereingliederung der zu Männern gewordenen Kinder (Agrégation), wobei die männlichen Boten aus der Unterwelt so erschöpft sind wie Frauen nach der Geburt.

Es fehlen in diesem Beispiel körperliche Verletzungen der Initianden, also z. B. Beschneidungen, Penis-Subincision, Schneidezahnentfernung, Nasenscheidewanddurchbohrung, Tatuierung etc., wie sie bei anderen Pubertätsinitiationen häufig vorkommen, sogar einen wesentlichen Teil davon ausmachen. Ich stimme van Gennep zu,[24] der alle diese sichtbaren Verletzungen darauf bezieht, daß der Novize auf diese Weise sichtbar und dauerhaft (unumkehrbar!) mit der neuen Gruppe identifiziert wird, wobei die erlittenen Schmerzen in Stolz auf das Überstandene umgewandelt werden.

Im Rahmen der Pubertätsinitiationen kommt den älteren Männern eine große, geradezu absolute Autorität zu. Sie verkörpern die heilige Tradition. Sie tragen Masken und erzeugen unheimliche Geistergeräusche (z. B. durch Schwirrhölzer) und sind Garanten dafür, daß die symbolische Regression zu Chaos, zu Tod und Vernichtung als Vorbedingung der Wiedergeburt überhaupt durchlebt werden kann. Die unantastbare Macht der Älteren und die Ritualisierungen der Gruppeninitiationen sind Sicherungsmechanismen in diesem tief aufwühlenden Erlebnis. Die Wirkung und die Kraft der Rituale im Leben und Erleben früherer Kulturen können wir als postmoderne Menschen, die die Beliebigkeit und das Spiel mit Versatzstücken unserer Kultur gewohnt sind, nur noch schwer nachempfinden.[25]

Über die Pubertätsinitiationen der Mädchen bestehen deutlich weniger Informationen als über die der Knaben, zum einen deshalb, weil die meisten Ethnologen Männer waren, zum anderen auch, weil die weiblichen Riten zumeist weniger auffällig sind. Die Initiationen der Mädchen sind zeitlich an das Auftreten der Menarche, der ersten Periode, gebunden und führen häufig zu einer vorübergehenden Absonderung aus der Gemeinschaft. Die Mädchen gelten während dieser Zeit und auch während späterer Menstruationen in vielen Kulturen als unrein und müssen sich in bestimmte Häuser zurückziehen – wo sie damit aber auch die Möglichkeit zum Austausch, zur Ruhe, zur Pflege der Gemeinschaft der Frauen und zur Einübung spezieller weiblicher Tätigkeiten haben.

Beschneidung der Klitoris und/oder der kleinen Schamlippen sind bekannt, ebenso auch die Vergrößerung der Klitoris und Schamlippen: »Daß die Schamlippen, wie Herskovits ausführt, durch die künstliche Manipulation muskulöser, härter, weniger flexibel werden, geschieht, um sie dem erigierten Penis ähnlicher zu machen. Diese Bräuche legen nicht weniger als die Riten der Jungen noch einmal nahe, daß der Neid des Menschenwesens auf das andere Geschlecht zu dem Verlangen führt, ähnliche Organe zu bekommen und Kontrolle über das Genitale des anderen Geschlechts zu gewinnen.«[26]

Neben diesen gemeinsamen Aspekten zwischen den Initiationen der Knaben und Mädchen hebt Eliade als wesentliche Unterscheidung hervor, daß die Initiationen für die Knaben die Einführung in eine Welt sei, die nicht mehr »unmittelbar« ist: die Welt des männlich bestimmten Geistes und der männlich bestimmten Kultur. Für die Mädchen dagegen enthält die Initiation eine Reihe von Offenbarungen, die den verborgenen Sinn eines natürlichen Phänomens betreffen: das sichtbare Zeichen ihrer sexuellen Reife und ihrer Rolle als Frau und Mutter.[27]

Lehren und Lernen scheinen in den Initiationen eher eine untergeordnete Rolle zu spielen. Es geht mehr um das tief aufwühlende Erlebnis, das eine Neuorientierung möglich und notwendig macht. Die gelegentliche Überbetonung des Lerneffekts in der Literatur könnte auf eine spezifische »Gegenübertragung« westlicher Beobachter zurückzuführen sein: Aus eigenen, lebensgeschichtlich gewachsenen, zum Teil unbewußt bleibenden Ängsten, Sehnsüchten, Überzeugungen etc. heraus (»Gegenübertragungen«) werden die ängstigenden Ereignisse entschärft, indem sie als sozialer Lernprozeß deklariert werden.[28]

Die am Ende der Übergangszeit stehende Initiationsgeburt wiederholt weder die erste, biologische, noch die zweite, die psychische Geburt des Menschen[29]. Wir können von einer dritten, einer sozialen Geburt sprechen, der von psychoanalytischer Seite oft nur wenig Aufmerksamkeit gschenkt wurde.[30]

Die psychoanalytischen Interpretationen zur Initiation, speziell zu den Initiationsriten der Pubertät, sind widersprüchlich. Während Sigmund Freud[31] die Beschneidung als symbolische Kastration zwecks Sicherung des Inzestverbots in den Mittelpunkt rückte, hat Bettelheim[32] den Neid der Geschlechter als zentrales Thema hervorgehoben: Menstruation und Geburt sind die Geheimnisse der Frauen, denen die Männer ihre geheimnisvollen Initiationen als Pakt der Männer gegen die Frauen entgegenstellen. Während die Menstruation durch das Bluten aus den eigenen Genitalien (durch Beschneidung und/oder Subincision bei den Initianden) nachgeahmt wird, identifizieren die älteren Männer sich mit den urweiblichen Tätigkeiten des (symbolischen) Gebärens, des Fütterns und Tragens ihrer (symbolischen) Säuglinge. Die Kinder der Mütter sterben also und werden als Kinder/Männer der älteren Männer im Rahmen einer rituellen Inszenierung wiedergeboren. Dieser hier kurz skizzierte Interpretationsansatz von Bettelheim macht den Wunsch nach Initiation und ihre Faszination besser verständlich als die Hypothesen von Freud.

Neben der von Freud akzentuierten ödipalen Thematik und der von Bettelheim betonten pubertär-adoleszenten Thematik sind aber sicherlich weitere Aspekte zu benennen, so z. B. ein systemischer und ein präödipal-ozeanischer. Wie schon bei der Diskussion der »Berufung« ist in systemischer Sicht darauf hinzuweisen, daß jede Initiation Privilegien und Macht verschafft, dementsprechend Neid auftaucht und beherrscht werden muß. Indem die Gemeinschaft die psychophysischen Belastungen durch die Initiation fordert, besänftigt sie ihre eigenen Neidgefühle, dämpft die ungezügelten pubertären Größenphantasien und ersetzt sie durch Stolz auf real Geleistetes, das zudem in einen Gruppenprozeß eingebunden ist.

In einer präödipal-ozeanischen Betrachtungsweise geht es darum, den Abschiedsschmerz von den Müttern in der Séparation zu bewältigen, um in einen ozeanischen, stark regressiven Zustand einzutauchen, aus dem heraus ein Neubeginn[33], eine Neustrukturierung, die Erlangung eines neuen sozialen Status möglich ist. Es handelt sich hier besonders deutlich um das bekannte »stirb und werde«, das Thema von Tod und Wiedergeburt, wie es in dem geschilderten Beispiel mit dem Kakianhaus als einem »sozialen Uterus« dargestellt wurde.

Während die oft sogenannten primitiven Kulturen ihren Jugendlichen Rituale als Hilfe auf dem Weg zum Erwachsenwerden vorschreiben und sie damit dann auch in eine vorgeformte Rolle und Identität einfügen, können und müssen die Jugendlichen in unserer Gesellschaft ihren eigenen Weg, gegebenenfalls ihre eigenen Rituale in Peergroups etc. suchen. Der Vorteil liegt in der größeren Offenheit, der Vielzahl der Möglichkeiten jenseits fest umrissener Rollen – der Preis ist der weitgehend ungeschützte Weg dorthin. Daß er mit realen Gefahren verbunden ist, zeigen die Ergebnisse so mancher Regression, z. B. Dissozialität, Drogensucht und Drogentod[34].

Die Selbstinitiation der Schamanen

In Kulturen, die sowohl den Schamanismus als auch die Pubertätsinitiationen kennen, gilt die schamanische Selbstinitiation als eine den Übergangsriten der Pubertät weit überlegene Form der Initiation. Sie ist – wie dargestellt – im allgemeinen die Folge einer Berufung durch die Geister und mit einer Vereinzelung verbunden, was in diesen Kulturen mit einem Gruppen-Ich und starken identifikatorischen

Neigungen einen hohen Stellenwert hat. Neben dem Schutz durch die Gruppe entfällt auch der Schutz durch die haltgebenden Älteren und durch die Ritualisierungen. Drei konkrete Beispiele derartiger Schamaneninitiationen seien hier zur Illustration angeführt. So berichtet z. B. Rasmussen (1926) über die Initiation eines Eskimo-Schamanen:

Niviatsian war zusammen mit vielen anderen Männern bei Igdlulik auf Walroßfang. Einige gingen vor ihm, andere hinter ihm. Plötzlich tauchte ein großes Walroß unmittelbar neben ihm aus dem Eise empor, ergriff ihn mit seinen gewaltigen Vorderflossen, so wie eine Mutter ihr kleines Kind faßt, und trug ihn mit sich in die Tiefe hinab. Die anderen Männer eilten hinzu, und als sie durch das Loch im Eise hinabschauten, durch welches das Walroß verschwunden war, konnten sie sehen, daß es ihn ständig in seiner Umarmung festgepreßt hielt und ihn mit seinen Stoßzähnen zu durchbohren suchte. Nach einer Weile ließ es ihn los und suchte weit, weit fort die Oberfläche auf, um Luft zu holen. Aber Niviatsian, der von dem Loche, wo er hinabgezogen worden war, fortgekommen war, arbeitete nun mit Armen und Beinen, um wieder aufzutauchen. Die Männer konnten seine Bewegungen verfolgen und hieben ein Loch ungefähr dort, wo sie sein Auftauchen erwarteten, und hier konnte mein Vater ihn wirklich hochziehen. Er hatte eine klaffende Wunde im Schlüsselbein, durch welche er atmete. Der Riß ging bis in die Lungen hinab. Einige von den Rippen waren geknickt und an den Bruchstellen in die eine Lunge eingedrungen, so daß er sich nicht mehr aufrichten konnte. Niviatsian lag lange bewußtlos. Als er wieder zu sich kam, konnte er sich ohne Hilfe erheben. Die Wunde im Schlüsselbein war die einzige ernstliche Verletzung. Man konnte Spuren von dem Stoßzahn des Walrosses an seinem Kopf sowohl als auch rings an seinem Körper sehen, aber es war, als ob das Walroß ihn nicht habe verletzen können. Alte Leute sagten, daß dieses Walroß von der Mutter der Seetiere abgesandt worden sei, da sie zornig darüber war, daß Niviatsians Weib einen Abortus verheimlichte, um sich nicht dem Tabu unterwerfen zu müssen. Niviatsian folgte dann seinen Kameraden ans Land, aber er mußte ein Stück von ihnen entfernt auf dem Eise gehen, wo keine Fußspur war. Nahe am Lande wurde ein kleines Schneehaus gebaut, und hier wurde er eingeschlossen und auf einen kleinen Fetzen Robbenfell gesetzt, mit seinem ganzen nassen Zeug auf dem Körper. Hier saß er drei Tage und drei Nächte ohne Speise und Trank. Dies mußte er tun, damit er leben durfte, denn wenn er sogleich zu den unreinen Wohnungen der Menschen gegangen wäre, hätte er nach der Mißhandlung, die er durchgemacht hatte, alsbald sterben müssen.

Während der ganzen Zeit, wo Niviatsian in dem kleinen Schneehaus saß, war der Geisterbeschwörer im Dorfe dauernd damit beschäftigt, seine Frau und seine alte Mutter zu reinigen, die im Beisein aller Leute ihre Tabubrüche bekennen mußten, um die Mächte, die über Leben und Tod verfügen, zufriedenzustellen. Niviatsian erholte sich im Verlauf dreier Tage und war dann ein großer Schamane. Das Walroß, das nicht vermocht hatte, ihn zu töten, wurde sein erster Hilfsgeist. Das war der Anfang.[35]

Nach Aussagen der Eskimoschamanen gibt es zwei Arten, Schamane zu werden: Entweder suchte der Kandidat die Geister in der Einsamkeit, oder die Geister kamen von selbst zum Menschen, und zwar auf eine rätselhafte und gewaltsame Art, wie im vorstehenden Beispiel von Niviatsian. Was zunächst wie ein Jagdunfall aussehen könnte, wird von der sozialen Gemeinschaft als Folge eines Tabubruches der Ehefrau (um-)gedeutet. Eindrucksvoll ist der Bericht auch in seinem symbolischen Gehalt: Das Thema der Schwangerschaft (verheimlichter Abort der Ehefrau) ist thematisiert, sowohl durch die Aussage, daß das Walroß als von der Mutter der Seetiere abgesandtes Tier Niviatsian hielt wie eine Mutter ihr Kind, als auch durch die Symbolik des Hinabtauchens ins Meer (ins Unbewußte, ins mütterliche Element, ins Fruchtwasser, hin zur Mutter der Seetiere), Durchbohrung mit dem Zahn (sowohl Todessymbolik, Tod der alten Identität, als auch Symbol der Befruchtung) und Auftauchen durch ein neues Eisloch, aus dem Niviatsian von den Männern herausgezogen wird (Geburtssymbolik mit Männern als Geburtshelfern). Nach dieser »Wiedergeburt« muß er neues Land betreten (»wo keine Fußspur war«) und gelangt in die Einsamkeit der vorübergehenden sozialen Isolierung (Schneehütte). Erst durch diese psycho-physischen Leistungen wird er als Schamane anerkannt. Die überwundene Gefährdung durch das Walroß führte dazu, daß eben dieses Walroß nun sein erster Hilfsgeist wird.

In einer etwas allgemeineren und das Prinzipielle hervorhebenden Form schreibt Eliade zu den Schamaneninitiationen:

Folgendes wird über die Prüfungen erzählt, die die sibirischen Schamanen während ihrer Initiationskrankheiten erdulden müssen: Sie liegen drei bis neun Tage lang, manchmal noch länger, bewußtlos und fast leblos in der Jurte oder an einem einsamen Ort. Während dieser ganzen Zeit sprechen und essen sie nicht. Einige scheinen sogar das Atmen eingestellt zu haben und wären beinahe begraben worden. Ihre Kleider und ihre Lager sind mit Blut getränkt. Wenn sie zum Leben zurückkehren, erzählen sie, sie seien von den Dämonen oder den Geistern der Vorfahren zerstückelt worden: Ihr Fleisch sei abgekratzt, ihre Knochen seien gereinigt, ihre Körpersäfte entfernt und ihre Augen ausgerissen worden. Bei manchen wurde das Fleisch mehr oder weniger lange gekocht; andere haben neues Fleisch und frisches Blut erhalten. Schließlich sind sie wieder zum Leben erweckt worden, aber mit einem völlig erneuerten Körper und mit der Gabe des Schamanisierens ausgerüstet.[36]

Das in den Initiationserlebnissen immer wiederkehrende Thema der Zerstückelung und anschließenden Wiedergeburt durch das Zusammenfügen der gereinigten Knochen führt in der späteren (Berufs-)Kleidung der Schamanen häufig zum sogenannten »Röntgen-« oder auch »Skelett-Stil« (siehe Abb. S. 32). Dieser Stil dient der Symbolisierung und Erinnerung an dieses zentrale Initiationserlebnis.

Weitere Aspekte der Schamaneninitiation finden sich in dem folgenden Bericht:

Ein anderer nganassanischer Schamane berichtete, daß man ihn bei seiner Jenseitsreise auf einen See hinaustrug, wo ihm von der Stimme der Pocken, an denen er erkrankt war, offenbart wurde,

Durch den Skelett- oder Röntgenstil, bei dem vor allem die Knochen des Brustkorbs (Rippen und Brustbein) dargestellt werden, seltener Oberarm- und anderweitiger Knochen, soll auf die überstandene Zerstückelung während der Initiation der Schamanen hingewiesen werden.

daß ihn der Herr des Wassers zum Schamanen bestimmt habe. Von der Herrin des Wassers wurde er anschließend gesäugt, und der Herr der Unterwelt gab ihm zwei Führer mit auf den Weg, eine Maus und ein Hermelin. Auch er gelangte in ein Zeltlager, wo ihm die Geister der verschiedenen Krankheiten begegneten. Nach einer Reise durch das Land der Schamaninnen, die ihn singen lehrten, kam er zum Baum des Herren der Erde, der ihn anwies, sich aus einem Ast des Baumes eine Trommel zu fertigen. Hier sah er auch die Eltern aller Pflanzen der Erde, und man unterrichtete ihn über die Heilkraft der Kräuter. Später traf er auch die Mütter der Rentiere, die ihn ebenfalls unterwiesen und ihm Geschenke mitgaben. Dann durchquerte er eine Wüste und begegnete schließlich einem nackten Mann, der ihn in Stücke riß und drei Jahre lang in einem gewaltigen Kessel kochte, während gleichzeitig sein Kopf geschmiedet wurde. Auch hier erhielt er Anweisungen für seine künftige Tätigkeit. Schließlich setzte der Schmied seinen Körper neu zusammen, gab ihm andere, mystische Augen und durchstach seine Ohren, damit er auch die Sprache der Pflanzen verstehe. Nach dieser Wiedergeburt erwachte der Schamane in seiner Behausung.[37]

Wir finden hier die imaginativen Phänomene der Reise (sogenannte Schamanenreise oder Jenseitsreise, wie sie auch bei späteren Heilungsritualen stattfindet), die Phänomene der Zerstückelung, der Hilfsgeister (Maus und Hermelin) und einen Hinweis auf die Schamanentrommel, eines der wichtigsten Requisiten des späteren Schamanen. Jedes Detail der in den späteren Séancen zentral wichtigen Trommel hat einen symbolischen Gehalt. Die Burjaten, Jakuten und Sojoten hielten die Trommel für das Pferd des Schamanen; der Klang der Trommel lud die Geister zu den Zeremonien ein, die immer schnelleren Trommelwirbel ähneln dem Galopp von Pferden.[38] Anhand der Form, der Art des Griffs und der Bemalung einer Trommel läßt sich die Herkunft exakt feststellen, denn es handelt sich um einen sakralen Gegenstand, dessen Form nicht allein durch die Tradition, sondern auch durch den Glauben konserviert wurde.

Ethnologie und Psychiatrie

Derartige Berichte von ekstatischen Erlebnissen sind von vielen Ethnologen, Psychiatern und auch Ethnopsychoanalytikern wie z. B. Georges Devereux immer wieder als Ausdruck verschiedener Krankheiten aufgefaßt worden, vor allem als Epilepsie, schizophrene Psychose oder Hysterie (»arktische Hysterie«).[39] Alle diese Krankheitsannahmen dürften in erster Linie einer westlichen Sichtweise entsprechen, der es schwerfällt, wirkliches Verständnis für uns unverständliche und ängstigende Phänomene in anderen Kulturkreisen und anderen sozialen Beziehungssystemen aufzubringen. Da eine Psychiatrisierung der schamanischen Initiation in der Literatur jedoch fest verankert ist, sollen die Argumente kritisch beleuchtet werden.

Zunächst ist darauf hinzuweisen, daß zumeist nicht Beobachtungen westlicher Wissenschaftler vorliegen, sondern mündlich tradierte Berichte über Schamaneninitiationen: Texte, die kulturellen Erwartungen entsprechen und die Funktion haben, der sozialen Gemeinschaft den besonderen Status des Schamanen in eindrucksvoller Weise zu vermitteln. Wenn wir nun anzunehmen bereit sind, daß diesen Texten zumindest subjektiv geglaubte Erlebnisse zugrunde liegen, so eröffnet der Umgang mit Träumen, Halluzinationen und Visionen in den Stammeskulturen einen ersten Zugang zum Verständnis. Sowohl nächtlichen Träumen als auch Erlebnissen in veränderten Wachbewußtseinszuständen (z. B. Fieberdelirium bei einer Infektionskrankheit, Drogengebrauch) wurde – und wird vielerorts heute noch – Realitätscharakter zugeschrieben. So wie wir als Kinder oft noch nicht unterscheiden konnten zwischen einem geträumten und einem real stattgefundenen Ereignis, so sind diese Erlebnisse z. T. auch in archaischen Kulturen identisch. Aus diesem Blickwinkel sind viele Berichte der Schamanen über ihre Initiationen wie auch über ihre Behandlungen weder als dreiste Lügen noch als Folge einer Krankheit anzusehen, sondern als eine kultur- und entwicklungsspezifische Art des Umgangs mit Träumen und veränderten Wachbewußtseinszuständen. Selbst unter der Annahme eines Krankheitsprozesses (»medizinisches Paradigma«) mit entsprechenden halluzinatorischen Erlebnissen wäre nun auch nicht anzunehmen, daß alle Schamanen in allen möglichen Stammeskulturen dieselbe Persönlichkeitsstruktur oder auch dieselbe Art einer »Schamanenkrankheit« haben könnten.[40] Zu der häufig geäußerten Verdachtsdiagnose einer Epilepsie fehlen zahlreiche Angaben zu den angeblichen Anfällen, die aus medizinischer Sicht erst eine Diagnose erlauben würden (z. B. Stuhl- oder Urinabgang während des Anfalls, Zungenbiß, Initialschrei). Derartige Fragen scheinen gar nicht gestellt worden zu sein von den Forschern, vermutlich aufgrund fehlenden medizinischen Fachwissens, ganz zu schweigen von einer Kenntnis der höchst unterschiedlichen Erscheinungsformen der Epilepsie (Grand mal, Petit mal, fokale Anfälle etc.).

Zu überlegen wäre, ob es sich bei einigen der geschilderten Fälle um eine »hysterische Epilepsie« handeln könnte, also um die Konversion (Umwandlung) einer hochgespannten seelischen Erregung in ein körperliches Geschehen, und zwar entsprechend den in der jeweiligen Kultur erwarteten Erscheinungsformen für die Schamanenkrankheit. »Eine andere Möglichkeit ist, daß manche dieser ›Anfälle‹ schlicht extreme seelische Erregungen widerspiegeln und nicht als epileptische – auch nicht als hysterisch-epileptische – Attacken aufzufassen sind.«[41] Das entscheidende Argument gegen eine Epilepsie ist schließlich die zeitlich klar umrissene Verwendung von Trancezuständen in den Jenseitsreisen und Besessenheitszuständen der Schamanen während ihrer Behandlungen; eine epileptische Erkrankung würde sich keinesfalls an einen solchen »Stundenplan« halten.

Zumindest ebenso häufig wie von Epilepsie wird von einer Psychose, vornehmlich einer schizophrenen Psychose, gesprochen. Devereux zum Beispiel sieht in den

Schamanen ernsthaft behinderte neurotische und zum Teil auch psychotisch erkrankte Personen, eine Ansicht, die z. B. G. Bleibtreu-Ehrenberg darauf zurückführt, daß Devereux seine Beobachtung bei den Mohave-Indianern gemacht hat, und zwar zu einem Zeitpunkt, als bei diesem Stamm von einer intakten autochthonen Kultur nicht mehr gesprochen werden konnte.[42]

Die Verfolgung und die Quälereien durch Geister erinnern einen westlichen Psychiater natürlich leicht an seine hiesigen Erfahrungen mit schizophrenen Patienten – übersehen wird dabei jedoch, daß in der schamanischen Kultur Geisterbesessenheit und Verfolgung durch Geister vollkommen mit der von allen geteilten Weltsicht übereinstimmen. Sollte der Schamane in seiner Initiationskrise wirklich bis zu einer psychotischen Ebene des Erlebens regredieren, so bedient er sich zumindest der religiösen Vorstellungen seiner Stammeskultur und hält dadurch den Gegensatz zu seiner Stammesgesellschaft denkbar klein. Ganz anders als ein schizophrener Patient unseres Kulturkreises, der sich mit seinen Wahnvorstellungen und Halluzinationen in eine eigene Vorstellungswelt hineinversetzt und den Kontakt zur Gemeinschaft immer mehr verliert.

Aus heutiger psychiatrischer Sicht läßt sich am ehesten sagen, daß möglicherweise bei Initiationskrisen psychotische Episoden auftreten können, die am ehesten als »atypische Psychose« oder »kurze reaktive Psychose« bezeichnet werden könnten.[43] Diese kurzen Episoden sind von einer schizophrenen Prozeßpsyche, die schubweise verläuft und in vielen Fällen (aber durchaus auch nicht immer!) die Fähigkeiten des Erkrankten zunehmend einschränkt, klar abzugrenzen.

Als eine fazinierende Aussage läßt sich in diesem Zusammenhang ein Ausspruch des bekannten amerikanischen Psychiaters und Psychoanalytikers Carl Menninger zitieren: »...Manche Patienten haben eine Geisteskrankheit, und dann geht es ihnen besser! Ich meine damit, es geht ihnen besser als je zuvor ... Dies ist eine außerordentliche und wenig beachtete Wahrheit.«[44] Henry F. Ellenberger spricht im Hinblick auf diese Erfahrungen von der »schöpferischen Krankheit«:

Eine schöpferische Krankheit folgt auf eine Periode der intensiven Beschäftigung mit einer Idee und der Suche nach einer bestimmten Wahrheit. Sie ist ein polymorpher Zustand, der die Form einer Depression, einer Neurose, psychosomatischer Beschwerden oder sogar die Form der Psychose annehmen kann. Welche Symptome auch auftreten mögen, sie werden von dem Leidenden als schmerzhaft, wenn nicht als Qual empfunden; Perioden der Besserung und der Verschlimmerung wechseln sich ab. Während der Dauer der Krankheit verliert der Leidende niemals den Faden seiner beherrschenden Idee. Sie läßt sich häufig mit normaler Berufstätigkeit und mit einem normalen Familienleben vereinbaren. Aber selbst wenn der Leidende seine sozialen Funktionen erfüllt, ist er fast ausschließlich mit sich selbst beschäftigt. Er leidet an einem Gefühl äußerster Isolierung, selbst wenn er einen Mentor hat, der ihn durch die schwere Prüfung geleitet (wie der Meisterschamane den Schamanenlehrling). Die Beendigung erfolgt oft rasch und ist gekennzeichnet durch eine Phase der Erheiterung. Der von dieser Krankheit Befallene geht aus seiner Probe mit einer bleibenden Persönlichkeitswandlung und der Überzeugung hervor, daß er eine große Wahrheit oder eine neue geistige Welt entdeckt hat.[45]

Vielleicht sind diese Phänomene zu selten – oder werden in unserer Kultur und in unserem medizinischen Betrieb zu wenig beachtet und erkannt – als daß sie Eingang in das medizinische Bewußtsein gefunden hätten, ein Mangel, auf den z. B. auch das Ehepaar Grof nachdrücklich hinweist.[46] Da die Ergebnisse dieser Prozesse zu einem Zustand führen, der über den zuvor bestehenden (Gesundheits- oder auch Bewußtseins-)Zustand hinausreicht, habe ich zur Kennzeichnung den Begriff »Plusheilung« vorgeschlagen.

Die dritte, häufiger genannte »Verdachtsdiagnose« hinsichtlich der Initiationskrisen lautet »Hysterie«, wobei in heutiger Terminologie an eine hysterische Neurose vom dissoziativen Typ zu denken wäre, die – in unseren Kulturkreisen! – wesentliche Elemente enthält, die wir aus den Beschreibungen der Schamanenkrankheit kennen.[47]

Hervorzuheben von diesen diagnostischen Kriterien sind z. B.:

Psychogenes Weglaufen (Fugue)
Diagnostische Kriterien:
a) Plötzlich unerwartetes Weggehen von zu Hause oder dem gewohnten Arbeitsplatz mit der Unfähigkeit, die eigene Vergangenheit zu erinnern.
b) Annahme einer neuen Identität (partiell oder vollständig).
c) Nicht auf eine organisch bedingte psychische Störung zurückzuführen.

Multiple Persönlichkeit
Diagnostische Kriterien:
a) Die Existenz von zwei oder mehr verschiedenen Persönlichkeiten innerhalb eines Individuums, von denen jede zu einem gewissen Zeitpunkt dominiert.
b) Die jeweils dominierende Persönlichkeit bestimmt das Verhalten des Betreffenden.
c) Jede Persönlichkeit ist komplex und in ihr eigenes einmaliges Verhaltensmuster und ihre sozialen Beziehungen integriert.

Atypische dissoziative Störungen, worunter u. a. tranceähnliche Zustände eingeordnet werden.

Es mag erstaunen, einige der zunächst so fern und fremd erscheinenden Phänomene der Schamaneninitiation wie auch der Hilfsgeister als Teile des in Amerika und West-Europa gebräuchlichen Diagnoseschlüssels wiederzufinden: als Beschreibung von Verhaltensweisen, die in unserer Kultur häufig genug vorkommen, um diagnostisch erfaßt zu werden. Einen wahren Boom hatten Berichte über Persönlichkeitsspaltungen bzw. multiple Persönlichkeiten im 19. Jahrhundert.[48] Äußere soziale Kontrolle und innere Forderungen des Über-Ich setzten dem Bürgertum klare Grenzen der Entfaltung – ganz entsprechend dem Ausspruch: »Schuster, bleib bei deinem Leisten!« Die Persönlichkeitsspaltung – und das öffentliche, literarische und wissenschaftliche Interesse an ihr – war eine der Fluchtmöglichkeiten bei unerträglichen psychischen Spannungen (neben anderen neurotischen Symptombildungen, Doppelmoral etc.). Heutzutage wechseln wir von der Arbeit und unserer beruflichen Identität in die Freizeit mit ihren höchst unterschiedlichen Angeboten, die zum Teil auch noch durch unterschiedliche Kleidung dokumentiert werden (Sportkleidung – unterschiedlich nach Sportart! –, Abendkleidung, Freizeitkleidung – all dies auch noch mit unterschiedlichem Schuhwerk!). Per Identifikation können weitere Wünsche und Bedürfnisse dann noch durch das überreiche Angebot der audiovisuellen Medien ausgelebt (statt gelebt) werden.

Einen der seltenen zeitgenössischen Berichte über eine Persönlichkeitsspaltung mit der in heutiger Zeit typischen selbst-kritischen Einstellung der Patientin findet sich bei Rohde-Dachser: »Eine meiner Borderline-Patientinnen offenbarte mir nach dreißig Analysestunden mit allen Anzeichen der Beschämung: ›Ich habe meistens jemanden bei mir.‹ Sie beschrieb dann einen Zwilling, den ihre Phantasie bereits in den ersten Lebensjahren kreiert hatte und den sie mittlerweile als real neben sich gehend erlebte, auch wenn ihr verstandesmäßig völlig klar war, daß die Figur nicht in der Realität existierte. Die Figur verkörperte alle ihre idealen Ich-Anteile, von denen die Patientin selbst sich völlig entblößt fühlte. Ohne ihren ›Zwilling‹ dem sie einen eigenen Namen gegeben hatte, fühlte sie sich nicht lebensfähig.«[49]

In diagnostischer Hinsicht wurden die Phänomene der multiplen Persönlichkeit früher zumeist als Ausdruck einer hysterischen Neurose aufgefaßt, also als Ausdruck eines unbewußten Triebkonflikts, wobei dann z. B. Triebwunsch und Abwehr des Wunsches (gemäß den Forderungen des Über-Ich) auf zwei Persönlichkeitsvorstellungen verteilt wurden. Heute wird vor allem eine Borderline-Persönlichkeitsstörung diskutiert, bei der als unvereinbar erlebte Persönlichkeitsanteile (z. B. gute und böse Anteile, also nicht nur Triebwünsche) getrennt gehalten und getrennt ge- und erlebt werden. Diese Persönlichkeitsanteile können gleichzeitig (siehe das obige Beispiel) oder nacheinander auftreten, wobei sowohl möglich ist, daß diese Anteile voneinander wissen, als auch nicht. Die geschilderten Phänomene sind auch für mehr als nur zwei Persönlichkeitsanteile beschrieben worden: Übergänge zur Psychose mit anhaltenden Wahnvorstellungen und Halluzinationen sind möglich.

Wiederum sei nachdrücklich darauf verwiesen, daß der soziale Kontext (mit-)entscheidend für ein Verständnis dieser Phänomene ist. Der »sibirische Schamane« mag in einen Zustand der Persönlichkeitsspaltung verfallen wie ein Hysteriker – sagen wir – in England, aber er sucht diesen Zustand bewußt und erntet dafür Autorität und Achtung von seinem Stamm.

Wir müssen zwischen »Klinik« und »Kultur« unterscheiden und sind schlecht beraten, mit westlichen diagnostischen Etiketten uns von den Berichten und Erfahrungen der Schamanen zu distanzieren. Das Besondere der Schamaneninitiation liegt ja zudem auch nicht allein in den geschilderten auffälligen Phänomenen, sondern in deren Überwindung und z. T. späteren gezielten, d. h. bewußt beherrschten Verwendung in den Jenseitsreisen. So ist Eliade zuzustimmen, wenn er sagt: »Es stimmt nicht, daß die Schamanen immer nervenkrank sind oder sein müssen: andererseits sind diejenigen unter ihnen, die krank waren, nur deshalb Schamanen geworden, weil es ihnen gelungen ist, gesund zu werden.«[50]

Psychodynamische Perspektiven – und darüber hinaus?

Der zukünftige Schamane, der sich berufen fühlt, ist bis zu diesem Zeitpunkt Mitglied einer kleinen, noch nicht (oder kaum) arbeitsteilig organisierten Stammeskultur; diese wurde bereits gekennzeichnet durch die auf die Gruppe ausgerichtete Ich-Entwicklung (Gruppen-Ich), dementsprechend vorherrschende identifikatorische Prozesse der Personen untereinander, Neigung zur Projektion des Bösen nach draußen und vielfältige Tabuvorstellungen, die – bei allen Einschränkungen, die damit verbunden sind – die Vorstellung von der Beeinflussung des ansonsten nicht Beeinflußbaren durch Wohlverhalten (Tabu-Beachtung) oder Sühne (nach Tabubruch) ermöglicht. Sich ganz oder teilweise außerhalb einer solchen Gemeinschaft zu stellen bedeutet entweder, ausgestoßen zu werden, zumindest eine stark entwertete Rolle zu spielen – oder innerhalb dieser Gemeinschaft die eine sanktionierte Sonderrolle, nämlich die des Schamanen zu übernehmen. Als Vermittler zu der Welt der Geister gilt er als ein zwar zentral wichtiges Mitglied des Stammes, zugleich aber hat er soviel Nähe zu den Geistern, wie er Distanz zu seinen Stammesangehörigen hat.

Die Frage aus psychodynamischer Sicht ist nun: Wie bewältigt ein Mensch in diesem skizzierten Umfeld den partiellen Ausstieg aus der Gemeinschaft? Und warum tut er dies? Ich schlage vor, von einer mehr oberflächlichen Betrachtungsweise ausgehend, schrittweise zu versuchen, tiefere seelische Schichten zu erfassen.

Wie bereits bei den Pubertätsinitiationen hervorgehoben wurde, dienen Struktur und Dramatik der Initiation (z. B. der Gang in die ängstigende Wildnis, rituelle Verletzungen) in systemischer Sicht der Beherrschung der Neidgefühle der Gruppe auf die neu zu erwerbenden Privilegien der Initianden einerseits und der Zügelung der Macht und Größenphantasien der Initianden andererseits. Es besteht die Gefahr der »Explosion von Größenphantasien«[51], und es paßt hierzu, wenn bei den Jenissej-Ostjaken den zukünftigen Schamanen die folgende Geschichte erzählt wurde: Einst rühmte sich ein Schamane, daß er Fähigkeiten von großer Bedeutung erworben habe. Da fragte ihn eines Tages ein

Adler, worin denn diese Fähigkeiten bestünden. Daraufhin erwiderte der Schamane: »Siehst du den Felsen dort droben? Auf den bin ich gestern geflogen!« »Du meine Güte«, entgegnete der Adler, »auf diesen Felsen fliege ich immer, um meine Notdurft zu verrichten!«[52]

Die Gemeinschaft hat ein Interesse daran, daß der zukünftige Schamane der Gemeinschaft dienlich und nicht eigennützig-narzißtisch handelt, was sich nicht nur auf eventuelle Formen der Bezahlung bezieht (die in manchen Fällen bescheiden ist), sondern auch auf den »narzißtischen Gewinn«, der in ungebremsten Größenphantasien und entsprechendem Verhalten bestünde.

Es erscheint schwierig, aus den vorliegenden Berichten von Schamaneninitiationen die inneren Konflikte, Spannungen oder Streßzustände einigermaßen verläßlich zu rekonstruieren, die auslösend für die Initiationen sein könnten. So können im folgenden nur Hypothesen formuliert werden. Ich sehe zumindest drei Bereiche wesentlicher Konfliktmöglichkeiten:

a) Faszination des Kandidaten durch einen ihm bekannten Schamanen, den er sich bewußt oder unbewußt zum Vorbild erwählt. Angst/Streß kann auftauchen angesichts der hervorgehobenen Stellung sowie in Hinblick auf die Schwierigkeit des zu Erlernenden und zu Erleidenden (Gang in die Einsamkeit einerseits, Erlernen der schamanischen Techniken, Stammesmythologie, Heilkunde etc. andererseits).

b) Bestimmung zum Schamanen durch den Stamm, die Familie, die Eltern oder einen anderen Schamanen. Angst und Streß können hier größer sein, wenn z. B. der Auserwählte nicht mit der Wahl übereinstimmt.

c) Überführung einer Außenseiterposition (mit der Gefahr der Ausstoßung oder Unterwerfung) in die in dieser Kultur dafür einzig mögliche adäquate Form – die des Schamanentums. Nach Findeisen/Gehrts[53] sind viele zukünftige Schamanen von Anbeginn auffällige Kinder: »Menschenscheue und ein trauriges, ganz in die Problematik der eigenen Psyche versenktes Dasein ist das Los dieser jungen, von der Vorsehung Gezeichneten.« Welche Arten psychischer Auffälligkeiten hier gemeint sind, muß letztlich offenbleiben.

Eine Außenseiterposition kann auch durch schwere gesellschaftliche Verfehlungen entstehen – und sekundär in eine notwendige Vorbedingung des Schamanentums umgedeutet werden. So berichtet z. B. der Polarforscher Rasmussen: »In gewissen Fällen kann der Umgang gegen die Natur übernatürliche Fähigkeiten verleihen. Ein Mann, der zu seiner Mutter in intimem Verhältnis gestanden hatte, wurde dadurch ein großer und berühmter Schamane. Sonst betrachtet man Blutschande für absolut ehrlos.«[54]

In einer Außenseiterposition kann ein Stammesmitglied bei allen massiven Konflikten mit der Gruppe geraten. Wenn sich der Konflikt nicht lösen läßt, bleiben nur drei Wege offen: Unterwerfung unter die Gruppe, partieller oder totaler Ausstoß aus der Gruppe – was eine existentielle Gefährdung darstellt – oder »Flucht« in die Funktion des Schamanen.

Angst und Streß sind für alle genannten Gründe und Formen der Außenseiterpositionen in Stammesgesellschaften aus den schon mehrfach genannten Gründen stark ausgeprägt. Die genannten Spannungs-, Streß- und Angstzustände können zu einer psychischen (z. B. depressive Verstimmung), psychosomatischen (z. B. Zwölffingerdarmgeschwür) oder körperlichen Erkrankung (z. B. über den Mechanismus der Resistenzminderung für Infektionen) führen. Auch kann eine seelische Anspannung zur verminderten Achtsamkeit und damit zu einem Unfall führen, sofern dieser nicht sogar unbewußt selber konstelliert wird. Eine Erkrankung kann dann eine Entlastungsfunktion haben und zusätzlich dem Klärungsprozeß dienlich sein. Zumindest ist auch uns in unserer Kultur aus eigenem Erleben bekannt, daß nach einer schweren Krankheit oder einem schweren Unfall für eine mehr oder weniger lange Zeit eine geschärfte Wahrnehmung für das existiert, was für uns wichtig und bedeutsam für den eigenen Lebensweg ist. Ob dafür eine von dem eigenen Verhalten unabhängige Krankheit oder ein Unfall »in Dienst genommen wird« (vgl. z. B.

die Pockenerkrankung im Beispiel des nganassanischen Schamanen), oder die Erkrankung/der Unfall selbst herbeigeführt werden, ist zweitrangig. Die so entstandene Krise hat in den Stammeskulturen eine bereitgestellte Form zur Verfügung, die der schamanischen Initiation. Während ein Patient in unserer Kultur als neurotisch, psychotisch etc. diagnostiziert und behandelt würde, kann in den Stammeskulturen dies völlig anders gesehen werden – nämlich als Zeichen der Berufung oder als Krise der Initiation zum Schamanen (»Schamanenkrankheit«). Durch diese (Um-)Deutung bzw. durch das »reframing« (neue Rahmung eines Problems, Einnehmen einer anderen Sichtweise) erfolgt eine wirksame psychische Entlastung. Dies sind auch bei uns wirksame psychotherapeutische Hilfsmittel.

Das Ich des Berufenen darf im Rahmen dieser Konzeption zusammenbrechen – aus eigener Sicht wie auch aus der Sicht der Stammesmitglieder. Der Kandidat erfährt gerade dadurch Zuwendung und Nähe. Dieser quälende Prozeß der Überforderung der bisherigen Bewältigungsmechanismen des Ichs, verbunden mit dem Abschied von alten Selbstdefinitionen, der Angst und Ungewißheit vor der angestrebten, neuen Selbstdefinition als Schamane, die daraus resultierenden qualitativen neuartigen Beziehungen zu den Stammesmitgliedern: Dieser Prozeß wird entsprechend der Projektionsneigung nicht (nur) als innerer, psychischer Prozeß wahrgenommen, sondern als von außen zugefügter. In plastisch-bildhafter, regressiv-imaginativer Weise tauchen die kulturspezifischen Geister auf, die den Kandidaten zerstückeln – ein durchaus zutreffendes Bild für den ablaufenden seelischen Prozeß! Wenn sich der Initiant in dieser Phase, wiederum entsprechend den Erwartungen an einen zukünftigen Schamanen, für einige Zeit in die ansonsten gefürchtete Einsamkeit zurückzieht, steigert dies notgedrungen seine Ängste und ist zugleich auch eine Erfahrung, diesen Gang in die Wildnis, in die von anderen gemiedene Zone, gewagt und überstanden zu haben.

Durch die Pflege der Angehörigen und die Einordnung dieses Prozesses in das sozial hoch angesehene Muster der Schamanenkrankheit kann es zu einer schrittweisen Re-Organisation des Ich bzw. Selbst kommen. Wenn dieser Prozeß erfolgreich zum Abschluß gebracht werden soll, muß der Initiierte nun (spätestens) einen »Lehrschamanen« suchen, von dem er in die Heilkunde, die Mythen des Stammes etc. eingeführt wird.

Es soll bei diesem – idealtypisch geschilderten – Ablauf einer schamanischen Initiation natürlich auch nicht übersehen werden, daß dieser Prozeß scheitern kann. So wie manche die Berufung ablehnen (also z. B. die Klärung ihrer Konflikte ablehnen!), so können auch alle nur denkbaren »Zwischenlösungen« den Ausgang dieser potentiell transformativen Krise darstellen. Die Re-Organisation kann auf einem geringeren Niveau als dem Ausgangsniveau stattfinden (in der westlichen Psychiatrie spräche man dann von einer »Defektheilung«), es kann auch lediglich der alte Status wiederhergestellt werden. Wird das spezielle Modell der Schamanen-Initiation nicht übernommen, kann auch eine andersgeartete »gereifte Persönlichkeit« oder »außergewöhnliche Persönlichkeit« das Ergebnis sein.

Aus dem Blickwinkel der Strukturtheorie der Psychoanalyse könnten wir sagen, daß das Ich des Initianten gestärkt aus der Krise hervorgeht – gestärkt durch die Erfahrung, die Krise überstanden zu haben, durch die Integration bislang unerträglicher Vorstellungen und Erlebnisse (z. B. den von Rasmussen berichteten Mutter-Sohn-Inzest) und durch die von der Kultur bereitgestellte neue Identität als Schamanen, die per definitionem eine ständige Arbeit an den psychischen Prozessen bei sich selbst und den anderen in den Séancen erfordert. Damit im Zusammenhang steht eine Veränderung des Über-Ichs, das weniger ängstlich-einengend und verbietend ist als das der anderen Stammesmitglieder. Die überstandene Krise und der »berufsmäßige« Kontakt mit den Geistern, das Amt des Beobachters und Wächters über die Tabubrüche der anderen, schafft einen freieren Umgang mit den eigenen Normen und Geboten. Aspekte des eigenen Unbewußten, des Es, sind dementsprechend weniger ängstigend und können besser als zuvor gelebt und erlebt werden. Das Selbst hat in der Identifikation mit der Rolle des Schamanen wesentlich an Stabilität gewonnen.

Beachtenswert erscheinen schließlich noch die Veränderungen in der Qualität der Objektbeziehungen. Der Schamane ist in eine marginale Position zur Gruppe geraten, seine Hilfe wird gesucht, er wird bewundert, geachtet – aber auch gefürchtet; bei Mißerfolgen kann die Bewunderung bzw. die Idealisierung sogar in Haß und Verfolgung umschlagen, z. B. in eine Tötung des Schamanen bei Versagen in einer Krankenbehandlung.[55]

Die Schutz- und Hilfsgeister, die jeder Schamane in größerer Zahl hat (vgl. Maus und Hermelin im geschilderten Beispiel des nganassanischen Schamanen), lassen sich als Ersatz für die veränderten, also gelockerten realen Objektbeziehungen zu den Stammesangehörigen verstehen. Verschiedene theoretische Beschreibungen sind hierfür möglich. So kann es sich z. B. um stützende Identifikationen mit der realen Kraft beobachteter Tiere handeln, es können ebenso auch Projektionen/Abspaltungen unbewußter Persönlichkeitsanteile sein, mit denen auf diese Weise ein konstruktiv-hilfreicher Kontakt aufrechterhalten wird. C. G. Jung spricht z. B. von unbewußten autonomen Komplexen, welche projiziert erscheinen, da sie keine genügende Anbindung an das Ich haben.[56]

Gemeinsam ist diesen Interpretationen, daß der Schamane als Teil einer neuen, imaginierten Gruppe aufgefaßt wird, die ihm nun – wie die Stammesgruppe in Fragen des täglichen Überlebens – Schutz und Hilfe im mental-psychischen oder transpersonalen Bereich gewährt. Die Wogulen charakterisieren den Schamanen deshalb z. B. als »einen Geister und Götter habenden Mann«.[57]

Zu den Veränderungen der Objektbeziehungen gehören

Ein usbekischer männlicher Schamane in Frauenkleidung; Beispiel für die rituelle Doppelgeschlechtigkeit.

meines Erachtens auch die gelegentlich berichteten tansvestitischen und androgynen Verhaltensweisen. Hier können sich zwar bleibende Rollenkonflikte zeigen, besonders für ein androgynes Verhalten wäre jedoch eher die Dokumentation der Ganzheit und der Unabhängigkeit zu betonen:

»Der Androgyne wird gerade deshalb für höherstehend erachtet als jedes Geschlecht für sich, weil er die Ganzheit und folglich die Vollkommenheit verkörpert.«[58]

Mit diesen Überlegungen, die C. G. Jung einem »Individuationsprozeß« zuordnen würde, bewegen wir uns im Rahmen üblicher psychodynamischer Vorstellungen. Es ist fraglich, ob diese Betrachtungsweise ausreicht. Zumindest sollen einige weitere Aspekte (Archetypisches, Regression auf praenatale Zustände, Überlegungen zur Ekstase als transpersonalen Bereich) abschließend diskutiert werden.

Die erstmals von van Gennep herausgearbeitete Dreiteilung der Initiationsverläufe (Séparation, Marge, Agrégation) eröffnet einen Zugang zum Jung'schen Begriff des Archetypus. Nach Jung haben wir es hier mit dem Archetyp der Initiation zu tun. Jung versteht unter dem Begriff des

Archetyps eine der menschlichen Psyche innewohnende Struktur im Sinne eines unanschaulichen Wirkfaktors im Unbewußten«.[59] Die Archetypen können gegenüber dem durch Verdrängung erworbenen persönlichen Unbewußten als der »unbewußtere Teil des Unbewußten« beschrieben werden. Freud erkannte diese Phänomene durchaus an. Er sprach von der »Vererbung psychischer Dispositionen« und ausdrücklich auch von »einer Massenpsyche, einer Kontinuität im Gefühlsleben der Menschen«.[60] In einer ausgreifenderen Betrachtungsweise könnte auch von dem, nach Jung die gesamte Entwicklung steuernden, »Archetyp des Selbst« gesprochen werden.[61]

Die Schamanenkrankheit, später auch deren Abkömmling, die Jenseitsreisen in den Séancen, die der Marge (Übergangszeit) in einer Initiation entsprechen, können als Ausgestaltung regressiver, präödipal-ozeanischer Phantasien aufgefaßt werden. Der Rückzug in eine Höhle oder auch das immer wieder berichtete imaginierte Hindurchschlüpfen durch ein Loch, einen engen Kanal etc., können als symbolische Regression in den Mutterleib verstanden werden: »Es spricht vieles dafür, daß wir mit dem Vorgang der Schamanenreise, der im wesentlichen eine introversive, imaginative Tiefenregression ist, einen Grundvorgang menschlicher Restitution vor uns haben, der in kulturell verschiedener Weise als Initiation, mythische Projektion, rituelles Mysterium, als Märchen oder als innere Reifungserfahrung in der individuellen Entwicklung und als schöpferischer Prozeß sich ausformen kann ... In psychologischer Begrifflichkeit handelt es sich dabei um eine Mutterleibsregression, durch die die pränatale psychische Befindlichkeit mit dem nachgeburtlichen Lebensbezug bzw. das vorgeburtliche Selbst mit dem nachgeburtlichen, realitätsbezogenen Ich, wieder verknüpft wird. Diese innere Wiederanbindung im Vorgang der Tiefenregression ist immer verbunden mit Phantasien des Grauens, des Schreckens und der Qual, mit dem symbolischen Überschreiten der Geburtsschwelle...«[62]

Diese Erlebnisse hat der Schamane in einem außergewöhnlichen Bewußtseinszustand, den wir Ekstase oder auch »shamanic state of consciousness« (SSC)[63] nennen. Es stellt sich hier die Frage, ob in diesem Bewußtseinszustand Erfahrungen möglich sind, die uns im Wachbewußtsein generell nicht zugänglich sind. Ich denke an Flugerlebnisse, an transpersonale Phänomene wie Gespräche mit Tieren und Pflanzen, Wiedergeburtserlebnisse, Präkognition etc. – ist das alles nur Projektion, gar ein psychopathologisches, also krankhaftes Phänomen, oder haben wir es möglicherweise mit einer noch tieferen Schicht des Unbewußten zu tun, die erst in den ekstatischen Zuständen zugänglich ist?[64] Liegen hier Strukturen bereit, die zwar aus der Phylogenese gespeichert sind, später jedoch blockiert wurden? Wir geraten hier auf ein wissenschaftlich kaum erforschtes und wohl auch gern gemiedenes Feld, auf dem die okkulten und esoterischen Phantasien nur um so besser gedeihen. »Die Theorie bestimmt, was wir beobachten können!« bemerkte Einstein zu Heisenberg[65], und es tauchen schnell Ängste um die eigene wissenschaftliche Reputation auf, wenn sich ein Wissenschaftler in diese Grenzbereiche begibt.[66] Erste Ansätze zu einer Bearbeitung dieses Bereichs unternimmt die transpersonale Psychologie, die sich selber als vierte Kraft der Psychologie nach Behaviorismus, Psychoanalyse und humanistische Psychologie sieht. Besonders die Arbeiten von Christina und Stanislav Grof über die transformativen und spirituellen Krisen sind hier hervorzuheben: »Transpersonale Krisen dieses Typs zeigen große Ähnlichkeit mit dem, was die Anthropologen die schamanischen oder Initiationskrankheiten nennen... Die Erfahrungen von Menschen, deren transpersonale Krise stark schamanische Züge hat, kreisen um physisches Leid und Todesbegegnung, gefolgt von Wiedergeburt und Elementen des Aufstiegs oder des magischen Fluges. Ferner spüren solche Menschen eine besondere Verbundenheit mit den Elementen der Natur und treten in Kommunikation mit Tieren oder Tiergeistern.

Nicht selten kommt es zu einem Aufwallen außerordentlicher Kräfte und Heilimpulse... Wie die Initiationskrise kann auch die transpersonale Episode vom schamanischen Typ, angemessen unterstützt, zu guter Anpassung und überdurchschnittlichem Funktionieren führen.«[67] Grof grenzt diese transformativen und spirituellen Krisen, die im wesentlichen den von Ellenberger beschriebenen »schöpferischen Krankheiten« bzw. den »Plusheilungen« entsprechen, klar von psychotischen, speziell schizophrenen Prozeßpsychosen ab, deren Existenz er damit, anders als manche Vertreter der Antipsychiatrie, gar nicht in Frage stellen will.[68] Es geht statt dessen um die Beschreibung einer Form von Entwicklungskrisen, für die in unserem Kulturkreis bislang nicht genügend Verständnis existiert. Mit den schamanischen Initiationen haben wir offensichtlich einen Jahrtausende alten Modellfall für diesen tiefgreifenden Krisentyp vor uns. Die »Behandlung« dieser Krisen erfolgt in unserer Kultur entweder gar nicht – oder nach einer psychiatrischen Etikettierung mit Tranquilizern oder Neuroleptika. Das Ehepaar Grof und andere Autoren empfehlen statt dessen eine mitfühlende Begleitung des Betreffenden, getragen von einem Verständnis dieses spezifischen Prozesses.[69]

Diesen Fragen wird im nächsten Kapitel anhand der Jenseitsreisen in den Séancen der Schamanen nachgegangen. Außerdem werde ich bei der Besprechung schamanischer Anteile der heutigen Psychotherapie darauf zurückkommen.

FUNKTIONEN UND TECHNIKEN DER SCHAMANEN

Die (selbst)heilende Funktion des Schamanisierens

Wenn wir in diesem Buch den Phänomenen der Initiation nachgehen, muß zwangsläufig die Frage auftauchen, warum ein ganzes Kapitel den Funktionen und Techniken des Schamanisierens gewidmet ist. Hier sind zwei Aspekte anzuführen: bezogen auf die Gemeinschaft und bezogen auf den Schamanen selbst. So führt z. B. Drewermann zu Recht aus: »Ein Schamane beglaubigt seine Berufung vor den Augen der Stammesmitglieder, indem er die Bilder, die ihn selbst von schwerer Krankheit befreit haben, zum Wohle einzelner in dramatischer Form aktualisiert«.[70] Angefangen bei dem Gefühl, daß die bisherigen Mechanismen der Lebensbewältigung nicht mehr greifen (Séparation) über die Phase der schweren Verunsicherung und Umschichtung aller Werte und Einstellungen in der Marge bis hin zur Ausrichtung auf eine neue Sichtweise der Welt, eine neue Identität in der Agrégation – all diese Phänomene der Initiation finden sich in den Séancen der Schamanen in verkürzter, dramatisch dargestellter Form wieder. Die Jenseitsreisen in den Behandlungen entsprechen in dieser Sichtweise der ursprünglichen Marge der Initiation. Indem der Schamane seinen Stammesmitgliedern durch die Re-Aktualisierung seiner ursprünglich eigenen Erlebnisse hilft, macht er immer die Erfahrung, den Kampf mit den Geistern zu bestehen, ihnen zum Wohle aller kämpferisch oder besänftigend entgegenzutreten, er festigt seine Identität. Ohne Hilfe für die Sorgen und Nöte der Gemeinschaft, für Krankheit und

Entsprechend den Vorstellungen christlicher Missionare in den vo-
rigen Jahrhunderten galten die Schamanen als Teufelsbündler; die
Abbildung zeigt sowohl das Herbeirufen der (Hilfs-)Geister
durch das Trommeln als auch das Stadium der Besessenheit durch
den herbeigerufenen Geist, der hier nun als Teufel dargestellt ist.

Ausbleiben des Jagdglücks, könnte für den Schamanen die
Gefahr der eigenen erneuten Erkrankung bestehen. Die
Tätigkeit des Schamanen hat somit auch eine selbstheilende
Funktion, ursprüngliche Selbst-Initiation und spätere altru-
istische schamanische Tätigkeit sind in ihrer Struktur und
Funktion eng aufeinander bezogen.[71]

Zwischen Skepsis und Leichtgläubigkeit

Eine positive Sichtweise der schamanischen Tätigkeiten in
ihrem sozialen Umfeld wird heute zwar weitestgehend geteilt, ist aber keineswegs immer selbstverständlich gewesen.
Während die christlichen Missionare in den Schamanen
»Teufelsbündler« sahen, wurden die Schamanen von der

säkularisierten Völkerkunde des 19. Jahrhunderts zu Schwindlern abgewertet. Bekannt wurde der Ausspruch, der Schamane sei ein Betrüger, der »seine psychische Anlage zum Besten seines Magens zu verwerten« wisse.[72] Im 20. Jahrhundert wurden die Schamanen, wie gezeigt, mit einer Vielzahl medizinischer (Pseudo-)Diagnosen belegt: Sie galten allgemein als psychopathologische Erscheinungen, mal als hysterische Neurotiker, mal als Schizophrene oder Epileptiker. In jüngerer Zeit ist das Pendel von der Entwertung zu seinem Gegenpol, der Idealisierung, hin ausgeschlagen. Schamanen und Schamanismus haben Konjunktur, sie gelten als Psi-Meister, als Jogi oder Meister des Todes, gar als direkte Helfer für die Probleme unserer Zeit und unserer Kultur. Während derartige idealisierende Vereinfachungen sich über den notwendigen Kontext jeden Handelns und über die vielfältig sich gegenseitig bedingenden Voraussetzungen schamanischer Tätigkeiten hinwegsetzen und damit leicht zurückzuweisen sind, bleibt auch für kritische, gar skeptische Beobachter manches ebenso verwirrend wie bedenkenswert. Daß Schamanen bei ihren Séancen Effekte hervorrufen können, die streng wissenschaftlich nicht oder zumindest nur sehr unzureichend erklärt werden können, läßt sich anhand vieler Erfahrungsberichte aufzeigen. Ein eindrucksvolles und amüsantes Beispiel liefert eine Erzählung, die seit etwa 1930 im Iliusk-Gebiet im Nordosten Sibiriens kursiert. Sie bildete den Auftakt zum ersten der beiden Sonderhefte »Shamanism« der amerikanischen Zeitschrift »Soviet Anthropology & Archeology«(1989): Der örtliche Dorfsowjet hatte die jakutische Schamanin Alychhardaachh aufgefordert, ihre Kunst aufzugeben und sich selbst als Scharlatan zu bezeichnen. Daraufhin lud die Schamanin die Mitglieder des Dorfsowjet zu einer Demonstration ihrer Fähigkeiten ein. Die örtlichen Sowjets ließen sich auf dieses Spiel ein. Sie besuchten Alychardaachh in ihrer Hütte und ließen sich auf den vorbereiteten Bänken nieder. Sie wurden von der Schamanin begrüßt, die dann die Séance einleitete, indem sie am Feuer zu tanzen und ihre Hilfsgeister anzurufen begann. Sie trommelte und tanzte sich in Ekstase. Dann rief die Schamanin das Wasser herbei, worauf Wasser in die Hütte flutete, bis es den Männern an die Knöchel reichte. Endlich befahl sie den Männern, ihre Hosen auszuziehen – was alle auch befolgten. Sodann erging das Kommando, sie sollten ihre Geschlechtsteile in die Hand nehmen. Hier brach Alychhardaachh die Séance ab. Die konsternierten Männer baten die mächtige Schamanin um Verzeihung für ihre Zweifel, verbeugten sich tief und schworen, sie nie wieder zu belästigen.[73]

Wir haben es hier mit einer vielfach kolportierten Erzählung zu tun, der neben allem Wahrheitsgehalt zunächst einmal eine Funktion zukommt: Es ist eine Erzählung vom erfolgreichen Widerstand der traditionellen spirituellen Kräfte gegen die sowjetischen Beherrscher und die aufgepfropfte kommunistische Ideologie. Die Erzählung gibt unverblümt den Glauben an die Wirksamkeit schamanischer Handlungen zu erkennen, einschließlich der Beherrschung der Elemente. Was hier als Tatsache erzählt wird, kann aus unserer Sicht am ehesten als suggestiv-hypnotisches Gruppenphänomen verstanden werden: Die Dorfsowjets, die vermutlich durchaus ambivalent eingestellt waren, hin- und hergerissen zwischen traditionellen Vorstellungen und neuer Ideologie, wurden durch das Trommeln und Tanzen in einen Trancezustand versetzt und erlebten eine von der Schamanin geführte Gruppen-Imagination.

Weniger leicht – vermeintlich oder real – zu durchschauen sind die berichteten Phänomene einer Séance, die Waldemar Bogoras, der Altmeister der sibirischen Völkerkunde, berichtete:

Im Jahre 1901, als ich unter den Eingeborenen der Beringsee arbeitete, überquerte ich mit einer Gruppe asiatischer Eskimos den Kanal zur St.-Lorenz-Insel, die zu den Vereinigten Staaten gehört.

In dem Dorf Chibukak wohnte ich im unterirdischen Hause eines gewissen Abra. Er war ein ziemlich klappriger alter Mann von vielleicht 80 Jahren; bei diesen Eingeborenen kommt weißes Haar erst in sehr hohem Alter vor. Abra entstammte einer alten Schamanenfamilie. Der Name seines Großvaters, ebenfalls Abra, war schon berühmt in den Geschichten seines Stammes, von denen ich einige aufschreiben konnte. Ich bat Abra, mir seine Schamanenkünste zu zeigen, aber aus Angst vor dem amerikanischen Baptistenpfarrer, der zugleich oberster (und einziger) Beamter, Arzt und Schulmeister des Dorfes war, lehnte er ab. Ich erhielt dann von dieser kirchlichen und weltlichen Respektsperson die Genehmigung zu einer schamanischen Séance, mußte allerdings versprechen, daß kein Eingeborener an dem teuflischen Vergnügen teilnehmen würde. Was den alten Schamanen und mich betraf, so folgerte der Amerikaner vermutlich, daß unsere ohnehin verdammten Seelen kaum weitere Gefahren heraufbeschwören konnten.

Wir waren also allein, der Schamane und ich, in der Schlafkammer seines unterirdischen Hauses. Abra hatte fast alle Kleidung abgelegt. Er nahm meine beste, doppelte amerikanische Wolldecke und legte sich zwei ihrer Zipfel auf die nackten Schultern. Die beiden anderen Ecken gab er mir zu halten. »Nicht loslassen!« warnte er und begann langsam aus der etwa drei Meter langen Schlafkammer herauszukriechen. Die Decke schien durch seltsame Kräfte an den Schultern zu haften. Sie spannte sich, und ich fühlte, wie die Ecken, die ich hielt, meinen Händen zu entgleiten drohten. Ich stemmte mich mit den Füßen gegen einen quer über den Fußboden laufenden Balken, aber die Spannung der Decke riß mich fast hoch, und zwar ganz gegen meinen Willen. Dann, mit einer heftigen Bewegung, steckte ich unvermittelt die Arme samt Decke tief hinter den Holzrahmen, der die Lederverkleidung der Kammerwand hielt. Die Schlafkammer und ich wurden gewissermaßen eins. »Jetzt wollen wir doch mal sehen«, dachte ich.

Die Spannung nahm weiter zu, und siehe da, die ganze gerahmte Wand hob sich zu beiden Seiten rechts und links von mir. Der Mondschein flutete ins Haus und vertrieb die Dunkelheit. Ein flacher Bottich mit Wasser und halbgetautem Schnee, der zu meiner Rechten stand, stürzte um, und eiskaltes Wasser lief mir über die Knie. Rechts von mir fiel ein Stapel Eisentöpfe, Eßschalen,

Schöpfkellen und Löffel mit großem Krach und Geklapper in sich zusammen. Ich dachte, mir würde jeden Moment das ganze Haus um die Ohren fliegen, und aus purem Selbsterhaltungstrieb ließ ich die Decke fahren. Wie ein Stück Gummi sprang und hüpfte sie durch den Raum. Schlagartig kam ich zu mir und sah mich um. Es gab keinen Mondschein in der Kammer. Der Wasserbottich stand da, wo er hingehörte, ebenso die Töpfe und Teller. Es war alles in bester Ordnung. Der Schelm von einem alten Schamanen hatte mir seinen Willen aufgezwungen und all die seltsamen Dinge vorgegaukelt.

Ich fand dieses saubere Kunststückchen um so beachtlicher, als er es an einem Skeptiker wie mir ausprobiert hatte, der doch gewissermaßen mit einer Haltung persönlichen Widerstands an die ganze Sache herangegangen war. Dazu kam, daß in unserem Fall die übliche Menge der Gläubigen gefehlt hatte, die dem Schamanen sonst gewaltig den Rücken stärkt. Abra war es gelungen, im Alleingang meinen Willen und Verstand zu überwinden. Und nun rief er mit einem gewissen Übermut in der Stimme vom Vorraum her: »Aber die Decke gehört mir!« Gegenstände nämlich, die durch Geisterhand gegangen sind, werden für den Gebrauch gewöhnlicher Menschen untauglich, wenn nicht gar gefährlich, und man muß sie dem Schamanen überlassen.[74]

In diesem Bericht, der die Ereignisse dieses Abends möglicherweise verkürzt wiedergibt, fällt zunächst einmal auf, daß eine Einstimmung mittels Trommeln, Tanzen, eventuell auch ein Gebrauch von Drogen, fehlt. Damit fehlt auch der ansonsten stets so wichtige Zeitfaktor, es scheint, als seien Abra und Bogoras ohne Umschweife zur Sache gekommen. Wie aber können wir dann, zumal bei einer ablehnend-skeptischen Haltung von Bogoras, die Ereignisse verstehen? Eine suggestiv-hypnotische Beeinflussung ist unter diesen Bedingungen nur schwer als derart erfolgreich vorstellbar.

Um der Beantwortung dieser Frage näherzukommen, werden im folgenden das Umfeld und der Ablauf schamanischer Séancen näher beschrieben. Daß es sich um eine Annäherung handelt, »daß ein ›volles und umfassendes‹ Verstehen zum Glück ein Vorrecht der Götter ist und uns Menschen versagt bleibt«,[75] sei dabei von vornherein einschränkend hervorgehoben.

Das bio-psycho-soziale Krankheitsverständnis

Wie schon bei der Beschreibung der Initiationsphänomene soll auch hier auf den Ur-Schamanismus Bezug genommen werden. Um das Umfeld zu verstehen, in dem Schamanen in archaischen' Gesellschaften bzw. Stammeskulturen tätig wurden, müssen wir uns in Erinnerung rufen, daß der einzelne sich viel stärker mit seinen Mitmenschen, der sozialen Gemeinschaft und der Natur verbunden fühlt, als dies bei uns heute der Fall ist. Es besteht eine Ich-Organisation, deren Funktionieren auf die Beteiligung der anderen Gruppenmitglieder angewiesen ist (»Gruppen-Ich«). Dementsprechend sind identifikatorische Beziehungsmuster zu beachten, wie die generelle Bereitschaft zur Identifizierung, die Bereitschaft, an Aktivitäten anderer zu partizipieren, die Neigung zur bewußten wie auch unbewußten Introjektion begehrter Eigenschaften des anderen und das empathisch-dialogische Mitschwingen.[76]

Auf dieser Kulturstufe besteht ein als ganzheitlich zu bezeichnendes allgemeines Lebens- und Krankheitsverständnis. Leib und Seele werden nicht getrennt gesehen, sondern ganz im Gegenteil sogar in ihren sozialen Verflechtungen erfaßt. Von einem die psycho-sozialen Verflechtungen berücksichtigenden Standpunkt aus lassen sich zumindest drei große Gruppen von Krankheitsursachen und Behandlungsmethoden aus dem überreichen transkulturellen Material herausschälen:

a) Krankheit wie auch ausbleibendes Jagdglück oder Unwetter galten häufig als Folge eines ethischen Fehlverhaltens, vor allem eines Tabubruches. Diese Auffassung findet sich in allen Kulturen in Afrika, Süd- und Nordamerika sowie in Nord- und Südostasien.[77] Die Aufstellung von Tabus, deren Verletzung, das Entdecken der Tabuverletzung als (vermeintliche) Ursache einer Krankheit etc., schließlich das öffentliche Beichten und die Sühnehandlungen bildeten eine funktionale Einheit. Entweder sprechen die den Schamanen reitenden Hilfsgeister direkt aus seinem Mund, reden auch mit den Anwesenden (»kontrollierte Besessenheitstrance«[78]), oder der Schamane erfährt auf der Jenseitsreise von den Tabubrüchen als Ursache des Unglücks. Seine Aufgabe ist es dann, bei seiner Rückkehr die Anwesenden zum Bekennen und zur Sühne anzuleiten. Über die sozialen Interaktionen nach der Rückkehr des Schamanen von seiner Jenseitsreise findet sich bei Rasmussen ein eindrucksvoller Bericht:

Für einen Augenblick herrscht Stille. Niemand bricht das Schweigen, bis der Schamane sagt: »Ich habe etwas zu sagen.« Alle Anwesenden antworten: »Laß hören.« Und in feierlicher Geistersprache fährt er fort: »Worte werden laut.« Und jetzt müssen die Anwesenden alle Tabubrüche bekennen, die sie begangen haben. »Es ist vielleicht meine Schuld«, rufen alle zusammen, Männer und Frauen, aus Furcht vor dem Verhungern, und alle beginnen von ihren Missetaten zu berichten. Die Namen aller zum Haus Gehörenden werden aufgerufen, und alle müssen bekennen; dabei kommt mehr ans Licht, als irgendwer sich hätte träumen lassen. Jeder erfährt die Geheimnisse seines Nachbarn. Aber trotz all der Geständnisse spricht der Schamane vielleicht weiter wie einer, der unglücklich ist und einen Fehler gemacht hat. Immer wieder bricht er in Ausrufe aus wie: »Ich suche die Gründe in Dingen, die gar nicht geschehen sind; ich spreche als einer, der gar nichts weiß!« Es gibt also immer noch Geheimnisse, die der endgültigen Beseitigung der Not im Wege stehen, und deshalb beginnen jetzt die Frauen, alle Namen durchzugehen, einen nach dem anderen, denn immer sind es ihre Tabubrüche, die die größte Gefahr bedeuten. Bei einigen der Namen ruft der Schamane erleichtert: »Taina, Taina!«

Es kann sein, daß die betreffende Frau nicht anwesend ist, und in diesem Fall schickt man nach ihr. Manchmal sind es Mädchen oder junge Frauen, und wenn sie hereinkommen, weinend und elend, so ist dies ein Zeichen dafür, daß sie gute Frauen sind, gute, reuevolle Frauen. Wenn sie so zerknirscht und weinend dastehen, bricht der Schamane wieder in seine Selbstanklagen aus: »Ich sehe und entdecke etwas, wo gar nichts ist! Ich sehe und entdecke etwas, wo nichts zu finden ist! Wenn es doch etwas gibt, so mußt du es sagen.« Und jetzt gesteht diese Frau: »Ich hatte eine Fehlgeburt, aber ich habe nichts gesagt, weil ich Angst hatte und weil es in einem Haus geschah, wo viele andere waren.« Sie wagte es nicht, über ihr Mißgeschick zu sprechen, weil alle anderen Hausbewohner schwer davon betroffen worden wären, denn es gilt ein Gesetz, daß jedermann in einem Haus, in dem sich eine Fehlgeburt ereignet, alles Quituptequ: alle »weichen Dinge« wegwerfen muß, d. h. alle Felle, alle Kleider und damit natürlich auch die vielen Seehundfelle, mit denen die Schneehütten ausgekleidet sind.

Zudem konnte eine Fehlgeburt ja auch unbemerkt bleiben und als normale Menstruation gedeutet werden. Erst wenn der Schamane die Betreffende als Ursache für Takanakapsaluks Zorn und die daraus entstandene Not der Menschen benannte, erinnerte sie sich, daß auf ihrem Menstruationsfell (ein Stück dichtes Karibufell, das die Frauen als Menstruationseinlage verwenden), etwas gewesen war, das wie »dickes Blut« ausgesehen hatte. Sie hatte dem damals keine besondere Bedeutung beigemessen und daher auch nichts gesagt, aber jetzt fällt es ihr wieder ein. Jetzt liegt endlich der Grund für Takanakapsaluks Zorn offen zu Tage, und alle sind froh, daß die Gefahr eines großen Unglücks damit abgewendet ist. Niemand zweifelt daran, daß es am nächsten Tag reiche Jagdbeute geben wird, und am Ende empfindet jeder für den Missetäter schon fast ein Gefühl der Dankbarkeit.[79]

Da bei derartig einschneidenden Tabu-Forderungen, deren es viele gab, Tabu-Verletzungen die Regel waren, ergab sich eine Möglichkeit, durch Beichte und Sühne vermeintlichen Einfluß auf das Unbeherrschbare und Unberechenbare zu gewinnen und somit dem lähmenden Gefühl des Ausgeliefertseins Widerstand entgegenzusetzen. Auf diese Weise werden ganz real psychische und physische Reserven mobilisiert und die Wahrscheinlichkeit einer Heilung oder des Jagdglücks durch positive Motivation, Vertrauen und größere Ausdauer erhöht.

Nebenbei sei angemerkt, daß dieses gedankliche System – wie die meisten westlichen psychotherapeutischen Theorien – gewissermaßen »wasserdicht« ist, d. h. ein Versagen der Beichte und Sühne führt keineswegs zu einem Zweifel an den Erklärungshypothesen, sondern zunächst einmal zu der Vermutung, daß der letztlich entscheidende Tabubruch noch nicht gebeichtet worden ist. In unsere Sprache übersetzt hieße es, daß die zugrundeliegende psychodynamisch wirksame pathogene Konstellation noch nicht erkannt, analysiert oder durchgearbeitet worden ist.

b) Interaktionelle Konflikte (bei Enttäuschungen, Einschränkungen, Neid, Eifersucht etc.) können in kleinen sozialen Gemeinschaften oft nur mühsam unter Kontrolle gehalten werden, was nicht nur für archaische Gesellschaften, sondern zum Beispiel auch für heutige kleine Dorfgemeinschaften gilt:

Als ich mein Grundstück in Bollingen kaufte, kamen die Nachbarn zu mir und sagten:»Wir leben in guter Nachbarschaft, denn sehen Sie, in einer so kleinen Gemeinde müssen wir uns alle irgendwann gegenseitig helfen, wir können uns deshalb keinen Streit leisten.« Das stimmt: Man braucht nur einmal im Winter dorthin zu fahren und im Schnee steckenzubleiben, und schon müssen die Nachbarn das Auto mit herausziehen. Man kann es sich nicht leisten, zu streiten, und man geht immer helfen, wenn ein Nachbar in Schwierigkeiten ist. Die ganze Gruppe besteht aus etwa fünf Häusern. Die Leute hassen sich gegenseitig ganz menschlich und im normalen Rahmen. Sie haben ihre Schattenprobleme und ihre seit Generationen bestehenden Schwierigkeiten, aber sie lassen sie nie ganz hochkommen. Man kann es sich nicht erlauben, denn sie sind das, was man eine Schicksalsgemeinschaft nennt.
Auch beim Bergsteigen können sich die fünf Leute, die an einem Seil sind, keinen Streit leisten. Sie mögen sich hassen oder lieben, soviel sie wollen, doch jenseits von Sympathie oder Antipathie ist

es eine lebenswichtige Schicksalgemeinschaft, und so ist es auch bei den primitiven menschlichen Gesellschaften.[80]

Was aber passiert mit den nicht auslebbaren, oft auch nicht ausrückbaren Affekten und Konflikten? Sie müssen intrapsychisch bewältigt werden, zum Teil aber werden sie, um das Individuum erst einmal zu entlasten, in die Außenwelt projiziert: »Nicht ich bin neidisch – sondern der andere! Nicht ich hasse dich – sondern du haßt mich!« Wenn aus den genannten Gründen des Zusammenhalts der Gemeinschaft eine Projektion auf Personen dieser Gemeinschaft nicht sinnvoll ist, dann kann der Betreffende statt dessen durch Verschiebung erleben, daß er von Dämonen verfolgt wird, verhext ist, daß ein böser Geist in ihn eingedrungen ist, oder daß ein pathogener, krankmachender Gegenstand in ihn hineingehext wurde. Die Rolle des Schamanen besteht dann darin, sich in die betreffende Person einzufühlen und Möglichkeiten zu eröffnen, um den Konflikt, symbolisch oder real, zu lösen bzw. zu lindern. Wo in westlichen Psychotherapien ein Konflikt benannt und »ausdiskutiert« wird, erfolgt hier eher eine entlastende Handlung. Ein gutes Beispiel scheint mir die Šar-Besessenheit in Somalia zu sein. Die Krankheitssymptome zum Beispiel der vom Šar-Geist besessenen Ehefrauen reichen von Depressionen oder Verwirrtheitssymptomen bis zu verschiedenen körperlichen/psychosomatischen Symptomen. Die typische epidemiologische Situation ist die einer unter starkem Druck stehenden Ehefrau, die in der kargen Umgebung um das eigene Überleben und das ihrer Kinder kämpfen muß und unter tatsächlichen oder eingebildeten Vernachlässigungen ihres Ehemannes leidet. Das Los einer verheirateten Somali-Frau bietet wenig Beständigkeit und Sicherheit. Sie muß die lange Abwesenheit ihres Ehemannes, der seinen männlichen Hirtenpflichten nachgeht, ertragen, sie ist ihren Eifersuchtsgefühlen und Spannungen in der Polygynie ausgesetzt, wodurch fortwährend ihre ohnehin unsichere Ehe bedroht ist, da Scheidungen nicht selten sind und von den Männern sehr leicht durchgesetzt werden können. Daher überrascht es auch nicht, wenn die Leiden vieler Ehefrauen, ob nun von deutlichen Körpersymptomen begleitet oder nicht, von ihnen als Besessenheit von Šar-Geistern ausgelegt werden. Im Rahmen des Šar-Kultes ist es bekannt, daß Kleider, Parfüm und Leckereien, die den Geistern geopfert und von den Frauen entgegengenommen werden, die Šar-Geister günstig stimmen. Erst wenn diese kostspieligen Forderungen erfüllt und auch alle anderen Kosten des von einer erfahrenen Schamanin geleiteten therapeutischen Tanzes, genannt »den Šar schlagen«, von den Männern beglichen wurden, besteht Aussicht auf ein Verschwinden der Symptome.[81]

Anstatt die Männer, von denen sie sich enttäuscht, gedemütigt und vernachlässigt fühlen, direkt anzugreifen – was wohl nur wenig Aussicht auf Erfolg hätte – bleiben die Frauen mit ihren psychischen Spannungszuständen allein. Das führt nach einiger Zeit, entsprechend den gesellschaftlich vorgefertigten Mustern, zu einer psychischen Symptombildung (z. B. Depressionen) oder zu psychosomatischen Symptomen. Je nach den ehelichen Verhältnissen sind die somalischen Ehemänner normalerweise bereit, einen oder zwei solcher Anfälle von Šar-Besessenheit – wenn auch wegen der Kosten nur widerstrebend – hinzunehmen. Die Schamanin hat hierbei eine deutlich ausgleichende, Entlastung schaffende Vermittlerrolle.

Dieses Beispiel, das natürlich nicht dem Ur-Schamanismus, sondern einer späteren Ausformung in diesem Jahrhundert entstammt, illustriert meines Erachtens recht plastisch, wie mittels Verdrängung, Verschiebung der Affekte, Somatisierung etc. ein Weg gefunden wird, interkationelle Konflikte kulturspezifisch zum Ausdruck zu bringen. Anders als ein moderner Psychotherapeut greift die Schamanin die Geister-Zuordnung des Leidens auf, stellt dann aber mit den vom Ehemann geforderten Leistungen sehr wohl den

Bezug zum eigentlichen Verursacher her. Der Konflikt wird entschärft, auch wenn eine direkte Auseinandersetzung der Eheleute vermieden wird.

c) Chronische oder akute Überlastungen der Leistungsfähigkeit des Ichs als des Steuerungszentrums der Persönlichkeit zwischen eigenen Wünschen, Gewissensanforderungen und Anforderungen der Umwelt stellen die dritte große Gruppe von Krankheitsursachen dar. Hierhin gehören auch die Vorstellungen von schädigenden Einflüssen während des Schlafzustandes oder bei einem plötzlichen, schreckhaften Erwachen. »Verlust der Seele«[82] könnte dann z. B. die schamanische Diagnose lauten. Aufgabe des Schamanen ist es dann, die Seele zu suchen, sie zu befreien und zurückzugeleiten. Da die ganze soziale Gruppe der Behandlung beiwohnt, erfährt der Erkrankte eine große Unterstützung durch seine Lebensgemeinschaft. Der Schamane und die anderen Anwesenden nehmen also die Funktion eines Hilfs-Ichs ein. Stellvertretend für den Kranken kämpft und verhandelt der Schamane mit den Geistern, berichtet in dramatischer Form mythische Geschichten vom Kampf mit den Geistern und verwendet Beschwörungsformeln zum Schutz des Patienten.

Trotz der genannten unterschiedlichen Krankheitsursachen und den daraus abzuleitenden unterschiedlichen Behandlungen haben die schamanischen Behandlungen einen in wesentlichen Punkten gleichen Verlauf. Er besteht in einer wechselseitigen Einstimmung von Schamane und Patienten bzw. Gruppe, der kontrollierten Besessenheitstrance und/oder den Jenseitsreisen des Schamanen und den anschließenden Behandlungen entsprechend den Erkenntnissen des Schamanen während der Trancezustände und/oder Jenseitsreisen. Die Stadien dieses Prozesses werden im folgenden näher beschrieben.

Wechselseitige Einstimmung

Die Mitglieder eines Stammes oder Clans, dessen Angehöriger auch der Schamane ist, teilen die meisten Schwierigkeiten und Probleme des täglichen Lebens, wie die Sorge um die Jagd, das Essen, das Wetter, die Erkrankung eines oder mehrere Mitglieder der Gruppe. Zwischenmenschliche Probleme bleiben der Gruppe ebenfalls nicht verborgen. Lediglich Träume, Wünsche und Hoffnungen sowie geheimgehaltene Tabubrüche können eine mehr oder weniger lange Zeit »Privatsache« sein in einer archaischen Gesellschaft, in der es kaum eine Privatsphäre in unserem Verständnis gibt. Deshalb ist es für den Schamanen wie für die Stammesangehörigen von gleicher Wichtigkeit, wie das Ergebnis schamanischer Bemühungen ausfällt. Es gibt ein enormes kollektives Interesse, eine ungeheure Spannung, die es wahrscheinlich macht, daß der Schamane inspiriert wird, daß seine Sensibilität sich voll auf die anstehende Problematik und deren Lösung ausrichtet. Hinzu kommt in einigen Fällen die Überzeugung, daß nicht nur bei der Initiation des Schamanen, sondern auch bei späteren eventuellen Mißerfolgen in der Behandlung ein Verwandter des Schamanen sterben muß – Grund genug für das Interesse aller am Erfolg der schamanischen Behandlung![83]

Die wechselseitige Einstimmung kann Stunden, aber auch mehrere Tage in Anspruch nehmen. Je weniger der Schamane mit der Gruppe, zu der er gerufen wird, vertraut ist, desto mehr ist der subtile Aufbau eines Vertrauens- oder Erwartungsverhältnisses notwendig.

Der Prozeß der Einstimmung umfaßt folgende Schritte:

– Entscheidung der Gruppe für die Inanspruchnahme schamanischer Hilfe. Diese Entscheidung erfolgt erst, wenn die realen Mittel zur Krisenbewältigung erschöpft sind, also eine mehr oder weniger große Notsituation bereits eingetreten ist.[84]

– Verhandlung mit dem Schamanen über Zeit, Ort und Honorar: »Schon die Einladung des Schamanen durch ein Mitglied der Familie sowie die Festsetzung des Honorars haben einen ritualen Charakter.«[85]

– Herrichten des Platzes (Zelt, Schneehütte etc.) für das öffentliche Ereignis nach den Anweisungen des Schamanen, was von allen mit Neugier verfolgt wird.

– Psychophysische Einstellung des Schamanen durch Fasten, Gebete, auch durch ein rituelles Bad, was bei den beobachtenden Stammesmitgliedern einen Zustand erwartungsvoller Gestimmtheit hervorruft.

– Eruierung der Lebensumstände des Erkrankten, besonders vor Ausbruch der Erkrankung. Dies geschieht zum Teil durch Helfer des Schamanen, die an dieser Stelle manchmal geradezu als Spitzel zu bezeichnen sind. Auf diese Weise werden dem Schamanen zum Teil konkrete Informationen hinterbracht, die dieser dann zum großen Erstaunen des Publikums einzusetzen weiß.

Alle Vorbereitungen, wie die eigentliche Behandlung auch, sind öffentlich, eine gemeinschaftliche Angelegenheit, nicht das Problem eines einzelnen, wie in unserer Gesellschaft. Während der Einstimmung des Schamanen kommt es bereits zu mehr oder weniger ausgeprägten Veränderungen seines Wachbewußtseins, zu einer Öffnung gegenüber ungewußten Prozessen. In diesem Zustand, wie auch in der nachfolgenden Ekstase der Jenseitsreise, besteht eine erhöhte Sensibilität. Das Unbewußte versteht das Unbewußte, wie es einmal Sigmund Freud so treffend formulierte.[86] Auch dies ist aber zunächst einmal lediglich die Beschreibung einer oft zu beobachtenden Tatsache, nicht ihre Erklärung. In einer anderen, z. B. spirituellen Sichtweise könnte von einer Wahrnehmung der Aura oder der Chakren gesprochen werden.

Kontrollierte Besessenheitstrance und Jenseitsreisen

Das Hauptcharakteristikum der schamanischen Behandlung, gerade auch in Abgrenzung zu derjenigen des Medizinmannes und Heilers, ist die rituelle Ekstase, das Aussicherherausgetretensein in einen rauschartigen Zustand.[87]

Anders als von Eliade und Pater Wilhelm Schmidt beschrieben, waren es jedoch nicht nur die Jenseitsreisen, auf denen der Schamane seine Erkenntnisse sammelte. Der Schamane kann seine (Hilfs-)Geister auch direkt zu sich rufen, er wird dann von ihnen »geritten«. Es kommt zu einer kontrollierten Besessenheitstrance, während der die Geister durch den Mund des Schamanen sprechen und sich auch mit den Anwesenden austauschen. Im Anschluß an dieses Herbei- und in sich Hineinrufen der Geister – aber auch ohne diese erste Phase – kann der Schamane sich auf seine Jenseitsreise begeben, auf der er dann von seinen Hilfsgeistern begleitet und geschützt wird. Es kann in diesem Zusammenhang von einem transpersonalen Erlebnisprozeß gesprochen werden, von einem Erlebnis also, das das Individuum aus den Selbstgrenzen in den Bereich des Nicht-Selbst herausführt.[88]

Jenseitsreisen müssen in Gesellschaften mit einem Gruppen-Ich, wo alles Böse nach draußen projiziert wird (die erste und einfachste Ausformung des Jenseits eben), als höchst gefährlich gelten, als von allen – außer dem Schamanen – zu meidende Unternehmung. Der Schamane hilft sich in dieser psychisch schwierig zu bewältigenden Situation durch die Anrufung seiner Hilfsgeister: Der partielle Verlust des Kontaktes zu den Stammesangehörigen wird dadurch ausgeglichen, der Schamane wird Teil einer neuen Gruppe.

Es gibt verschiedene, sich gegenseitig ergänzende und potenzierende Techniken, um die veränderten Bewußtseinszustände herbeizuführen:

– Psychologische Techniken: Hierzu gehören die bereits beschriebenen wechselseitigen Einstimmungen mit der Herstellung eines bestimmten Ambientes, Anlegen der Schamanenkleidung etc.

– Soziale Techniken: Der Schamane begibt sich zwar in einen veränderten Bewußtseinszustand, grenzt sich also gegen das Alltagsbewußtsein seiner Zuschauer ab. Zugleich aber wird er durch die wechselseitige Einstimmung getragen. Für alle Phasen der schamanischen Behandlung gilt: »Wie sehr auch der Schamane unbewußt zu handeln scheint, so verliert er doch nur ganz selten den Kontakt zu seiner Zuhörerschaft, deren Stimmungsveränderungen er beeinflußt und die mit ihren Reaktionen wiederum auf ihn Einfluß nehmen«.[89]

– Physiologische Techniken: Hierzu können sexuelle Enthaltsamkeit, asketisches Fasten bzw. die Verwendung nur ganz bestimmter Nahrungsmittel gehören. So wird von den Irtysch-Ostjaken berichtet, daß der Schamane nach ganztägigem Fasten am Abend ein Bad nehme, drei oder sieben Pilze esse und einschlafe. Nach einigen Stunden erwacht der Schamane und verkündet zitternd und bebend, was ihm die Geister durch ihren Boten geoffenbart haben, welchem Geist man opfern muß, wer den Erfolg der Jagd vereitelt hat etc. Daraufhin verfällt der Schamane wieder in tiefen Schlaf, am nächsten Tage schreitet man schließlich zu den verlangten Opfern.[90]

Ganz entscheidend für die Trance-Induktion ist die Verwendung der schnell, regelmäßig, evtl. auch in wechselndem Rhythmus und über einen langen Zeitraum geschlagenen Schamanen-Trommel. Das Trommeln übertönt eventuell ablenkende Geräusche, es hilft bei der Konzentration einerseits und wirkt andererseits destabilisierend auf die normalen Denkprozesse, so daß ein Wechsel der Bewußtseinszustände leicht erreicht wird. In neueren Untersuchungen werden auch Beziehungen des Trommelns zu pränatalen Erfahrungen diskutiert. In einer berühmt geworde-

Jakutischer Schamane, der mit Hilfe seiner Trommel die Hilfsgeister ruft und dabei in einen Trancezustand (»schamanic state of consciousness«, SSC) gerät. Die Aufnahme entstand um 1910.

nen Untersuchung spielte Salk in einem Zimmer für Neugeborene Aufnahmen des menschlichen Herzschlags von 72 Schlägen pro Minute ab. Während des Experiments wurde diese »Geräuschkulisse« Tag und Nacht ohne Unterbrechungen geboten, ganz entsprechend der akustischen Situation der Ungeborenen im mütterlichen Uterus. Eine Kontrollgruppe von Neugeborenen erhielt keine derartige Beschallung. Das Ergebnis war aufschlußreich: In der Neugeborenengruppe, die den Herzschlag hörten, schrien ein oder mehrere Babys gleichzeitig während 38 Prozent der Zeit, während in der Kontrollgruppe ein oder mehrere Babys 60 Prozent der Zeit schrien.[91] Es ist anzunehmen, daß die bereits pränatalen akustischen Wahrnehmungen des Herzrhythmus eine prägende Bedeutung für unser Musik- und Rhythmuserleben haben. Das Trommeln der Schamanen, um einen Trancezustand zu erreichen, bringt Janus mit der pränatalen Wahrnehmung des mütterlichen Herzschlages in Zusammenhang, so wie überhaupt der Trancezustand und die sogenannte Schamanenreise als imaginative Aktualisierungen und Symbolisierungen von prä- und perinatalen Erfahrungen aufgefaßt werden können: »Wenn man in dieser Weise Schamanenreise und Mutterleibsregression zusammenbringt, dann gilt der Zusammenhang: Die Trommel und die Rassel induzieren die Trance der foetalen Regression, die dann in der Schamanenreise imaginativ realisiert wird.«[92]

– *Pharmakologische Techniken:* Der Gebrauch von Psychedelika (wie Amanita muskaria Yagé; Peyote – mit dem Hauptwirkstoff Meskalin – und Ayahuasca), aber auch von Alkohol und Nikotin werden immer wieder berichtet. Die Drogen werden hier in einem klar definiertem Zusammenhang und mit klarer Zielsetzung verwendet. Entsprechend der vorbereitenden Einstimmung und den von allen Anwesenden geteilten Erwartungen und Kenntnissen des gemeinsamen mythologischen Hintergrunds ist das Auftauchen spezifischer Bilder und Erlebnisse für den Schamanen mit großer Wahrscheinlichkeit zu erwarten. Wie sehr Erwartungen und Umfeld die Erlebnisse eines »Trips« bestimmen, ist auch heutigen Drogenbenutzern bestens bekannt. In einer berühmten Studie, der sog. »Harvard-Karfreitagsstudie«[93] wurde diese Beeinflussung der Drogenerlebnisse getestet. In dieser Studie bekamen Theologiestudenten und Professoren während eines Karfreitagsgottesdienstes in der March Chapel der Harvard-Universität entweder das Psychedelikum Psilocybin oder ein Placebo. Bei der Auswertung ließen sich die geschilderten Psilocybin-induzierten mystischen Erlebnisse von denen der christlichen Mystiker früherer Jahrhunderte nicht unterscheiden!

Ein typisches Beispiel für eine schamanische Jenseitsreise

bildet der ausführliche Bericht des Eskimo-Schamanen Aua, wie er von Rasmussen aufgezeichnet worden ist. Es handelt sich um eine Jenseitsreise, die wegen ausbleibenden Jagdglücks – also einer drohenden Hungerkatastrophe – unternommen wurde. In ihren Grundzügen entspricht diese Séance sowohl dem ursprünglichen Initiationsmuster als auch den ansonsten stattfindenden Jenseitsreisen bei anderen Anlässen (wie z. B. Krankheit und Wetter). Stichworte zur Einordnung der berichteten Phänomene, entsprechend den vorstehenden theoretischen Überlegungen, sind in den Text eingefügt:

Wenn der Fang mißrät, muß ein Geisterbeschwörer unter das Meer hinab zu der Herrscherin der Seetiere, um ihr die Tiere zu entreißen, über die sie allzu geizig wacht. Die Vorbereitung zu einer Niederfahrt auf den Meeresgrund sind ganz dieselben wie für eine Reise ins Tagland. Alle Gäste im Hause müssen wieder mit geschlossenen Augen dasitzen, nichts an ihrer Kleidung darf stramm sitzen. Ihre Leibriemen und ihre Schnürbänder in den Pelzstiefeln müssen gelöst werden. Dann setzt der Geisterbeschwörer sich auf seinen Platz. Ist es Winter und lebt man in der Schneehütte, so soll er zuhinterst auf der Bank auf dem bloßen Schnee sitzen; ist es Sommer und lebt man im Zelt, dann auf der bloßen Erde. Hier bleibt er eine Weile sitzen und ruft ohne Unterlaß seine Hilfsgeister an, indem er ständig wiederholt: »Der Weg wird mir bereitet, der Weg öffnet sich vor mir!« Alles Volk im Hause antwortet dann im Chor: »So soll es sein!«
Wenn der Schwarm der Hilfsgeister endlich herbeigekommen ist, öffnet sich die Erde unter dem Beschwörer, manchmal schließt sie sich allerdings sogleich wieder, zu guter Letzt ruft er: »Nun ist der Weg mir offen!« Worauf alle im Hause antworten: »Möge der Weg ihm offenbleiben!«
Nun hört man, erst unter der Bank und später unter dem Hausgang und unter der Erde, stets den gleichen Ruf: »Halala – he-he-he, Halala – he-he-he!« Der Laut entfernt sich mehr und mehr und hört schließlich ganz auf. Dann weiß man, er ist auf dem Wege zur Herrscherin der Seetiere.

Die Zuhörer werden durch die Anweisungen, die Augen geschlossen zu halten, sich bequem zu setzen etc. in einen entspannten regressiven Zustand versetzt, in der sie für Suggestionen hochempfänglich sind. Bei seiner Loslösung von den Stammesmitgliedern ersetzt der Schamane seine gelockerten realen Bezüge durch die Hilfsgeister. Die Einstimmung zur Jenseitsreise erfolgt als interaktioneller, gemeinsamer Prozeß.

Unterdessen vertreiben sich die Leute im Hause die Zeit mit dem Singen von Geisterweisen. Hierbei kann es geschehen, daß die Kleider, die der Beschwörer abgeworfen hat, lebendig werden und im Hause umher über die Köpfe, die mit geschlossenen Augen singen, dahinfliegen. Dazwischen hört man tiefe Seufzer und die Atemzüge von längst Gestorbenen. Dies sind die Namenseelen des Geisterbeschwörers, welche ihm zu Hilfe kommen. Sobald man sie beim richtigen Namen nennt, hören die Seufzer auf, und Totenstille herrscht im Haus, bis ein anderer Verstorbener zu seufzen beginnt. Alle Lampen im Hause sind ausgelöscht, man hört nur das Stöhnen, das Seufzen und das Atmen der Toten. Es klingt dumpf und verhalten, wie wenn die Geister wie Seetiere im Wasser und im Meere wären; zwischendurch hört man ein Plätschern und ein Pusten von Tieren, die Luft holen. Ein Lied namentlich wird dabei ständig wiederholt. Nur der Älteste im Stamm hat das Recht, es anzustimmen:

> Wir strecken die Hände aus,
> zu helfen Deinem Aufstieg.
> Wir sind ohne Speise,
> ohne Beute an Tieren,
> in der Höhlung, der Pforte, der Haustür
> erscheine, tauche auf,
> grabe Dich hoch, tauche auf.
>
> Wir sind ohne Speise,
> und wir legen uns nieder,
> und wir strecken die Hände aus,
> zu helfen Deinem Aufstieg.

Vor den großen Geisterbeschwörern öffnet sich der Weg – durch die Erde ins Meer hinab – von selbst, sie fahren ihn hinab, ohne auf Hindernisse zu stoßen, gleichsam wie im Fall durch ein Rohr, das die Namenseelen offenhalten, damit der Zauberer wieder zurückkehren kann.

Zu den Hilfsgeistern kommen hier die Seelen der Verstorbenen hinzu, die ebenfalls dem Schamanen helfen. Der Bericht zeigt eindrucksvoll, wie auch die Zuhörer sich in einen trance-ähnlichen Zustand voll gespannter Erwartung hineinbegeben. Der Weg durch das Rohr in das Meer hinab scheint eine starke pränatale Symbolik aufzuweisen: Durch den Geburtskanal begibt sich der Schamane ins intrauterine Fruchtwasser, wo er die Konfrontation mit der Urmutter zu bestehen hat und von wo aus er wiedergeboren wird.

Kommt er zum Hause des Weibes und findet, daß davor eine Windmauer errichtet ist, dann ist sie dem Menschen feindlich gestimmt. Der Beschwörer soll sich dann sofort gegen die Mauer werfen und sie über den Haufen treten und der Erde gleichmachen. Ihr Haus ist wie ein gewöhnliches Menschenhaus, nur das Dach fehlt, nach oben zu ist alles offen, damit sie von ihrem Platz bei der Lampe die Wohnplätze der Menschen im Auge behalten kann. Alle Arten von Fangtieren, Robben, bärtige Seehunde, Walrosse und Wale, sind rechts von ihrer Lampe in einer Wake versammelt, wo sie pustend und atmend daliegen. Nur für die Haie hat sie einen anderen Platz, diese leben in ihrem Nachttopf, weswegen auch Haifleisch nach Urin schmeckt.

Das einzige Hindernis für den Eintritt des Geisterbeschwörers ist ein großer Hund, der quer vor dem Hauseingang liegt und den Weg versperrt. Man sagt, daß sie mit dem Hund verheiratet war, bevor sie vom Sturmvogel entführt wurde. Der Hund zeigt die Zähne und knurrt gefährlich wie ein bissiges Tier, das nicht gestört werden will; oft liegt er da und knabbert an den Knochen eines Menschen, der noch lebt. Ohne zu zögern und Furcht zu zeigen, soll der Zauberer ihn zur Seite schieben und ins Haus springen. Hier stößt er auf den Vater, der ihn packen und zu den Seelen sperren möchte, die ihre Sünden büßen. Daraufhin muß er hurtig sagen: »Ich bin noch aus Fleisch und Blut!«, dann geschieht ihm nichts. Zum Zeichen ihres Zornes sitzt die Mutter der Seetiere mit dem Rücken zur Lampe, mit dem Rücken zu allen Fangtieren, die sie sonst zu den Küsten hinaufsendet. Ihr Haar, über ihr Antlitz und ihre Augen hinabgespült, ist unordentlich und zerzaust. Sogleich beim Eintritt soll der Geisterbeschwörer sie bei der einen Schulter fassen und ihr Antlitz zur Lampe und zu den Tieren hin wenden, er soll ihr übers Haar streichen und es freundlich glätten. Er sagt: »Die da oben dürfen den Seehunden nicht mehr an den Vorderflossen aus dem Meere helfen.«

Daraufhin antwortet das Weib: »Eure eigenen Sünden und die Leichtfertigkeit eurer Weiber mit den Geburten sperrt den Weg.«

Die ganze mythologische Vorstellungswelt des Stammes wird aufgeboten, so, wie sie später den wartenden Zuhörern erzählt wird. Der Schamane erweist sich in dieser Erzählung als kenntnisreicher Held, der zahlreiche Gefahren zu bestehen hat, um seiner Gemeinschaft zu helfen. Als Ursachen des ausbleibenden Jagdglücks werden Verfehlungen/Tabubrüche genannt, ohne daß diese einer einzelnen Person zugeordnet würden.

Der Zauberer muß jetzt alle seine Kunst aufwenden, um ihren Zorn zu beschwichtigen. Sobald sie besänftigt ist, greift sie nach den Tieren und läßt sie einzeln auf den Boden fallen. Es beginnt ein Wehen, wie wenn ein Stromwirbel sich im Hause erhöbe, die Tiere verschwinden im Meer. Das bedeutet Großfang und Überfluß.

Nun ist es für den Zauberer an der Zeit, zu seinen wartenden Lagergefährten zurückzukehren. Man hört ihn schon von weitem heraneilen. Der Braus seiner Fahrt kommt näher und näher, mit einem gewaltigen »plu-a-he-he!« taucht er bei seinem Platz hinter dem Vorhang auf: »Plu-plu«, wie ein Seetier, das, seine gewaltigen Lungen zusammengepreßt, aus der Tiefe aufschießt.

Einen Augenblick ist es still. Keiner darf dieses Schweigen brechen, bis der Zauberer sagt: »Ich habe etwas auszurichten.« Alle im Hause antworten: »Laß uns hören, laß uns hören!« Und der Beschwörer fährt in der feierlichen Sprache der Geister fort: »Wort will aufsteigen!«

Und dann müssen alle im Hause den Bruch des Tabu bekennen, dessen sie sich schuldig gemacht haben.

Zur Illustration dieses Berichts mag eine ungewöhnliche und eindrucksvolle Moche-Keramik, die aus Peru um 500 n. Chr. stammt, dienen. Dieser Sprung über Zeiten, Ort und Kulturen verdeutlicht, wie sehr die hier vorgestellten Phänomene relativ kulturunabhängige Grundmuster darstellen. Es handelt sich bei diesem mittelgroßen Moche-Steigbügel-Gefäß (Höhe 24 cm) um eine sehr ungewöhnliche Darstellung. Vergleichsstücke sind bisher nicht bekannt, obwohl die Terrakotten zum Teil mit Modeln in Serie gefertigt wurden. Wahrscheinlich handelt es sich um eine Grabbeigabe und ist Zeugnis der »irdenen Bibliothek« einer ansonsten schriftlosen Kultur. Die Figur besteht aus einem recht naturalistisch geformten Kopf mit Gesichtsbemalung, einem Stirnband, das vorn einen Jaguarkopf zeigt und am Hinterkopf ein pilzartiges, gepunktetes Gebilde hält (als Hinweis auf Drogenwirkung). Am Kopf bzw. Hals setzen zwei Arme an, die auf einem Körper ruhen, der als beidseitig flache Trommel gebildet ist. Die Hände umfassen eine plastisch modellierte Angelschnur, an der ein Fisch hängt. Die beige und rotbraun bemalte Terracotta zeigt auf der schmalen Vorderseite des Trommelkörpers neben Angelschnur und Fisch noch einen gemalten Fischer, der einen Fisch an einem Haken in die Höhe hält. Auf der Rückseite ist die Trommel unbemalt, auf der einen flachen Seite mit einem großen Fisch verziert, der von einem Kranz von Punkten umgeben ist, auf der anderen Seite ist keine Bemalung angebracht.

Was bedeutet diese ungewöhnliche Skulptur? Ein Fischer bei der Arbeit? – Wohl kaum, denn Jaguarhaupt, »Pilz« und Trommelkörper passen keineswegs zu dieser einfachen Tätigkeit. Sie sind eher Hinweise auf einen Schamanen, auch wenn wir in dieser bereits sehr weitgehend ausdifferenzierten Kultur nur noch mit Einschränkungen von Schamanen im eigentlichen Sinn sprechen können. Drogen- und trommelinduzierte Jenseitsreisen als zentrales Charakteristikum der schamanischen Tätigkeit können bei dieser Skulptur jedoch durchaus dargestellt worden sein, die Trommel als wichtigstes Requisit ist sogar mit dem Körper der Figur identisch. Das Jaguarhaupt auf dem Stirnband verweist auf eine hochgestellte, angesehene Persönlichkeit, da der Jaguar das zentrale heilige Tier vieler präkolumbischen Kulturen war. Die ungewöhnliche Gesichtsbemalung wäre ein letzter Hinweis auf die außergewöhnliche Funktion dieser Figur.

Nach dieser Interpretation könnte die Skulptur in ganz ungewöhnlicher Weise den kompletten Ablauf einer schamanischen Séance darstellen! Die hypothetische Szenenfolge beginnt mit der Rückenansicht. Neben dem bei all diesen Figuren vorhandenen typischen Steigbügelausguß, der heutzutage diesen Gefäßen den Namen gibt, ist lediglich der »Pilz« als polychrom bemaltes Objekt zu erkennen. Die schmale Rückseite der Trommel und die in dieser Stellung linke Trommelbreitseite sind ohne eigene Darstellung mit einer monochromen, beigen Glasur bzw. Bemalung versehen. Im Kontext der Gesamtdarstellung könnte dies heißen: »Wir haben keine Fische gefangen! Das Glück beim Fischen hat uns verlassen! Wir rufen einen Schamanen zur Hilfe, der sich mittels Drogen (Pilz) und seiner Trommel auf eine Jenseitsreise begibt, um die Ursache für das Ausbleiben der Fische zu erforschen.«

In der Seitenansicht wird angedeutet sichtbar, daß der Schamane angelt, eventuell vielleicht sogar schon einen Fisch an der Angel hat (Angel und Fisch sind plastisch auf den Rundkörper aufmodelliert). In der Vorderansicht mit dem weit in die Ferne in eine jenseitige Welt blickenden Gesicht, wird nun das Angelmotiv klar erkennbar, die aufgemalte Figur hat den Fisch bereits aus dem Wasser herausgeholt und hält ihn in die Höhe. Drehen wir die Skulptur ein letztes Mal um 90 Grad, so sehen wir, daß das Problem behoben ist – der Fisch (die Fische) sind wieder da, der Fischreichtum den Menschen zurückgegeben.

Sehr vieles von dieser Geschichte, die diese Skulptur zu erzählen scheint, kennen wir nicht, weder den mythologi-

Der komplette Ablauf einer schamanischen Séance scheint auf
dieser Skulptur dargestellt. Ungewöhnlich ist die Verwendung der
Trommel als Körper des Schamanen. Die Skulptur ist 24 cm hoch,
beige und braun bemalt; sie entstammt der Moche III-IV-Kultur
(um 500 n. Chr.) im Gebiet des heutigen Peru.

schen Hintergrund, noch die konkreten Riten, nicht einmal die konkrete Verwendung der Skulptur ist uns bekannt. Aber erscheint sie nicht trotzdem, auch allen kulturellen, zeitlichen und örtlichen Unterschieden zum Trotz, wie eine Illustration des Berichts von einer Séance des Eskimo-Schamanen Aua?

Außerkörperliche Erfahrungen in anderen Kulturen

Jenseitsreisen sind – darauf sei ausdrücklich hingewiesen – durchaus kein Privileg der Schamanen oder gar ein Ausdruck einer (aus westlich-überheblicher Sicht) vermeintlich primitiven Kulturstufe. Berühmt wurden z. B. die visionären Erlebnisse des schwedischen Erfinders, Naturforschers und Philosophen Emanuel Swedenborg (1688–1772). In zwei Christusvisionen (1744 und 1745) erlebte er die Welt der Engel und Geister. Er gab daraufhin seine berufliche und wissenschaftliche Tätigkeit auf, um sich ganz der Aufarbeitung und Verbreitung des visionär Geschauten zuzuwenden. Immanuel Kant widmete ihm eine Abhandlung unter dem Titel »Träume eines Geistersehers, erläutert durch Träume der Metaphysik« (1766). Es ist nicht zu verwundern, daß in unserem Jahrhundert von einem angesehenen Psychiater wie Karl Jaspers bei Swedenborg rückblickend die Diagnose einer Schizophrenie gestellt wurde. Andere, speziell spirituelle Hypothesen werden kurz und bündig zurückgewiesen:

Das Zentrum dieser Probleme ist im Grunde die Frage der objektiven Existenz einer Geisterwelt gleichsam in einer anderen Dimension. Diese Geisterwelt soll entweder objektiv mit Mitteln dieseitiger sinnlich-räumlicher Erfahrung, vielleicht gar experimentell, »bewiesen« werden; dann entstehen die Versuche über Telepathie u. dgl., die, wie man weiß, bisher nirgends zu einwandfreien Ergebnissen geführt haben und deren logische Voraussetzungen in den meisten Fällen unklar geblieben sind. Darüber haben wir hier nicht zu reden.[95]

Eine sehr viel breitere Basis für die Diskussionen außerkörperlicher Erfahrungen ergibt sich aus den inzwischen zahlreichen Berichten zu den sogenannten Nah-Todeserfahrungen. Diese Visionen von Menschen, die für kurze Zeit klinisch tot waren, haben nicht den Charakter des als-ob, sondern es sind tief aufwühlende Erlebnisse mit oftmals lebensverändernder Qualität.[96] Diese Visionen haben somit eine andere Qualität und vor allem Intensität als z. B. nächtliche Träume oder Wachträume in katathymen Bilderleben, in der aktiven Imagination oder der autogenen Imagination.[97] Auch wenn die Wachträume der zuletzt genannten psychotherapeutischen Methoden oft derart eindrücklich sind, daß es sehr gut vorstellbar ist, daß unter anderen soziokulturelle Bedingungen diesen Erlebnissen ebenfalls Realitätscharakter zugeschrieben werden könnte!

Es wird immer wieder kontrovers diskutiert, ob die berichteten Phänomene realen Erlebnsisen entsprächen, oder Projektionen des Unterbewußten in die äußere Welt seien. Für den Projektionscharakter spricht zunächst einmal die Beobachtung, daß die Berichte soziokulturell-historische Vorstellungen widerspiegeln: So nehmen z. B. Visionen des Fegefeuers und Höllenvorstellungen in den entsprechenden Berichten des europäischen Mittelalters breiten Raum ein, sie fehlen in heutigen Nah-Todes-Erlebnissen fast gänzlich. Ein anderes Beispiel zeigt sich beim Motiv des Weges. In der zeitgenössischen Nah-Todes-Literatur fehlt die Gabelung des Weges, der in den mittelalterlichen Berichten aus didaktischen Gründen in einen schmalen und einen breiten Weg aufgeteilt wurde, Abstieg und Aufstieg entsprechend der Lehre der Kirche symbolisierend. In den modernen Berichten wird hingegen stets von einer Bewegung von der Dunkelheit ins Licht, vom Tod in den Himmel berichtet – ohne Weggabelung.[98]

Damit sind die Jenseitsvisionen als transpersonale Erlebnisse jedoch keineswegs abqualifiziert als lediglich individuelle imaginative Erfahrungen. Zum einen können wir bei den Jenseitsvisionen, ebenso wie bei den in diesem Zusammenhang oft berichteten Gesprächen mit Geistwesen, mit Tieren, Pflanzen etc. annehmen, daß es uns mit Hilfe von Drogen, trommelinduzierter Trance etc. gelingen kann, Bereiche in uns zu öffnen, Grenzen zu passieren, die für das Alltagsbewußtsein verschlossen sind. Dann können Reinkarnationserlebnisse ebenso erlebbar wie auch theoretisch denkbar werden, wie ein Kontakt mit sehr archaischen Formen unseres Bewußtseins bis hin zu unserer »Tiernatur«, deren Wieder-Beleben dann z. B. auch das Gespräch mit einer Schnee-Eule ermöglicht, wie es Hans Peter Duerr beschreibt.[99]

Auf der anderen Seite stehen die praktischen Folgerungen, die aus diesen Erfahrungen der Jenseitsvisionen gezogen werden. Aus der Unmittelbarkeit und Kraft der Visionen werden sowohl neue individuelle Lebensentwürfe als möglicherweise auch missionarische Aktivitäten gestaltet. Jenseits dessen, was wir uns lediglich ausdenken und spekulieren, werden dabei tief in uns verborgene Sehnsüchte, Ängste und Phantasien an der Gestaltung unseres bewußten Lebensentwurfes beteiligt.[100] In Zeiten schneller gesellschaftlicher Entwicklung und damit des kulturellen Umbruchs stellt sich die Frage nach dem eigenen Standpunkt immer wieder neu und dringend. Es ist dann nicht nur die Frage nach der Herkunft und dem Tod, sondern vielmehr noch die Frage: Wo stehe ich heute angesichts meiner kulturellen Abstammung, wenn ich mit so vielen Lebensentwürfen, Religionen und Überzeugungen anderer Menschen aus anderen Kulturen konfrontiert werde und damit notwendigerweise meine eigenen Überzeugungen relativiert werden? In dieser Situation sich immer wieder »gründen« zu können, Kontakt zu bekommen zu ureigensten Bedürfnissen wie auch zu uns alle verbindenden Gemeinsamkeiten, bei Anerkenntnis aller Unterschiede, ist eine konkret zu erlebende Hilfe. Die Jenseitsreisen der Schamanen sind uns heute keineswegs vollkommen fremde, nicht nachvollziehbare Erfahrungen einer fernen Kulturstufe. Die Fähigkeit, Jenseitsreisen zu erleben (sei es als Nah-Todes-Visionen, Drogenerfahrungen, Nacht- oder Wachträume etc.), ist in uns allen angelegt – die Frage ist lediglich, ob, wie und wozu wir diese Fähigkeiten nutzen.

Gegenidentifizierung und Übernahme der Symbolbildung

Nach der wechselseitigen Einstimmung von Schamane und Publikum und der »Besessenheit« und Jenseitsreise des Schamanen sind bis zum Beginn der dritten und letzten Phase der (Be-)Handlung viele Stunden, oft auch schon mehr als ein Tag vergangen. Der Schamane kehrt von seiner Jenseitsreise mit Informationen über die Ursachen der Krankheit, des fehlenden Jagdglücks oder des Unwetters und die zur Beseitigung der Verursachung notwendigen Maßnahmen zurück. Hierbei geht es um Bekenntnisse von Tabubrüchen, um Ich-Stützung bei psychophysischer Überlastung oder um (symbolische/reale) Hilfen bei interaktionellen Konflikten. In einem Bericht zu dieser dritten Phase der schamanischen Behandlung bei den Paviotso in Nordamerika heißt es:

Die Schamanen kommen singend aus der Trance zurück, bis sie das volle Bewußtsein erlangt haben. Sie beeilen sich, ihr ekstatisches Erlebnis kundzutun, und wenn die Krankheitsursache in einem Gegenstand liegt, der in den Körper des Patienten eingedrungen ist, schreiten sie nun zur Extraktion. Sie saugen an dem Körperteil, den sie in der Trance als Sitz der Krankheit erblickt haben. Im allgemeinen saugen die Schamanen direkt an der Haut; manche saugen durch einen Knochen oder ein Rohr aus Weidenholz. Während der ganzen Operation singen Dolmetscher und Anwesende im Chor, bis der Schamane ihnen durch heftiges Schütteln der Glocke Einhalt gebietet. Das herausgesaugte Blut spuckt der Schamane in ein kleines Loch, dann wiederholt er die Zeremonie, d. h. er nimmt einige Züge aus seiner Pfeife, tanzt um das Feuer und beginnt wieder zu saugen, bis er den magischen Gegenstand herausgezogen hat. Diesen Gegenstand, ein Steinchen, eine Eidechse, ein Insekt, einen Wurm, zeigt er rundherum, wirft ihn in das kleine Loch und deckt ihn mit Staub zu. Die Gesänge und das rituelle »Rauchen« der Pfeife gehen weiter bis Mitternacht; dann macht man eine Pause von ½ Stunde, während der den Anwesenden Essen angeboten wird nach den Weisungen des Schamanen, der aber selber nichts nimmt. Dabei wird darauf geachtet, daß kein Brösel auf die Erde fällt; das Übriggebliebene wird sorgfältig eingegraben. Erst kurz vor der Morgendämmerung geht die Zeremonie zu Ende.[101]

Die Vorstellungskraft des Schamanen als eines kreativ begabten und ausgebildeten Menschen gibt einem zuvor als unberechenbar erlebten Geschehen Gestalt, das beängstigende Chaos wird geordnet durch die in dieser Kulturgemeinschaft bekannten Mythen und deren Aktualisierung in dramatischen Berichten, Pantomimen, Gesängen und Tänzen. Wie moderne Psychotherapeuten haben auch die Schamanen ihren spezifischen sozial, historisch und kulturell eingebundenen »narrative point of origin«. Hier wie dort geht es nicht um Wahrheit, sondern um das in der jeweiligen Kultur für wahr und wirksam Erachtete. Das affektive, konflikthafte Geschehen wird gedanklich faßbar gemacht, bekommt eine sozial verbindliche Form. Diese Form kann unterschiedlich aussehen, es kann sich um Anweisungen zur Durchführung von Riten handeln, um Beschwörungsformeln, um eine Medizin, um einen Fetisch oder auch, wie im zitierten Beispiel, um das Vorweisen eines konkreten Gegenstandes, der angeblich die Krankheit bzw. den Krankheitsdämon darstellt. Letzteres scheint eine recht wirksame suggestive Technik zu sein.[102]

Dieser dritte Schritt der schamanischen Heilung läßt sich

am besten im Sinn einer »Gegenidentifizierung« verstehen: Das geschwächte Ich des Patienten (bzw. auch die Zuschauergruppe) identifiziert sich mit dem starken Ich des Schamanen, der ja offensichtlich die Krankheit, die Ursache des Unglücks etc. kennt, benennen, aushalten, gestalten und überwinden kann.[103] Die Übernahme/Annahme der symbolischen Gestaltung, die in die mythischen Vorstellungen des Kulturkreises eingebunden ist, führt entweder den Patienten in die Gemeinschaft zurück und gibt ihm ein intersubjektiv kommunizierbares Modell an die Hand, wie das zuvor unfaßbare Geschehen zu verstehen sei, bzw. gibt der ganzen Gemeinschaft eine Vorstellung von den Ursachen z. B. des ausbleibenden Jagdglücks. Auf diese Weise wird das bislang passiv Erlittene überführt in etwas – unter Führung des Schamanen – aktiv zu behandelndes. Hierdurch werden Kräfte und Reserven mobilisiert, die in jeder Hinsicht die Wahrscheinlichkeit eines Erfolges vergrößern.

Kurz zusammengefaßt wäre der Ablauf der schamanischen Behandlung zu kennzeichnen als Identifizierung des Schamanen mit dem Patienten (bzw. mit den Gefahrensituationen des Stammes), symbolische Gestaltung in einem regressiven Prozeß von Trance und Ekstase und schließlich Gegenidentifizierung des Patienten (der Gruppe) mit dem Schamanen und seinen Gestaltungen. Die Prozesse von Identifizierung und Gegenidentifizierung sind dabei natürlich stets gleichzeitig im Wechselspiel wirksam, allerdings in einem unterschiedlichen Ausmaße, so daß nur die jeweils vorherrschende Richtung benannt werden kann.

Wir können in diesem Konzept neben der Hilfs-Ich-Funktion des Schamanen auch das Konzept der Abreaktion erkennen. Lévi-Strauss bezeichnet in diesem Sinn den Schamanen auch als einen »professionellen Abreagierer«, der die Abreaktion für den Kranken bzw. die Gemeinschaft vollzieht, die sich mit ihm identifiziert.[104] Hier erkennen wir das aus unserem Kulturkreis bekannte Phänomen der Katharsis, der seelischen Reinigung und Abreaktion, wieder. In der

82

Theorie der griechischen Tragödie nach Aristoteles dient die Hervorrufung von »Jammer« und »Schaudern« einer Reinigung der Zuschauer von diesen Affekten – ein therapeutischer Prozeß, wo Theater und Therapie noch vereinigt sind.

Erfolg und Mißerfolg

Im Königreich Chimor im Bereich des heutigen Peru wurden Heiler für ihre Dienste reich belohnt. Starb jedoch ein Patient während der Behandlung, wurde der Behandler zu Tode gepeitscht. Anschließend wurde, wie Antonie de La Clanacha 1638 berichtete, die Leiche des Heilers an den Körper des verstorbenen Patienten gebunden, der mit allen Ehren beigesetzt wurde, während die Leiche des Heilers als Beute für die Raubvögel über der Erde liegengelassen wurde.[105]

Was hier für relativ späte Nachfahren der Ur-Schamanen in Stammeskulturen beschrieben wird, macht anschaulich deutlich, daß unter der Oberfläche einer hohen Anerkennung häufig Ablehnung, Neid, Angst und Gehässigkeit lauern, die Beziehungen zum Schamanen sind also als durchaus ambivalent zu bezeichnen. So kann es nicht verwundern, daß immer wieder berichtet wird, daß Schamanen die Behandlung bei ihnen hoffnungslos erscheinenden Fällen ablehnten.[106]

Wenn wir abschließend versuchen, die Erfolgsquoten schamanischer Behandlungen ansatzweise auszuloten – wissenschaftlich relevante quantitative Untersuchungen hierzu sind mir nicht bekannt – so können wir, cum grano salis, zu folgenden Aussagen gelangen:
– Bei körperlichen Leiden dürfte die Erfolgsquote der schamanischen Medizin ungefähr der unserer Ärzte im 19. Jahrhundert entsprochen haben. Viele Krankheiten konnten noch nicht kausal behandelt werden (z. B. Tuberkulose),

ärztlich-mitmenschliche Zuwendung und die Hoffnung auf Erfolg, ja der Glauben an die Wirksamkeit der eingesetzten Maßnahmen, führten jedoch zumindest zu einer unspezifischen Resistenzstärkung. Daneben besaßen die Schamanen Kenntnisse der Heilkräuter, ein Wissensschatz, der uns nicht genügend bekannt geworden ist und lange Zeit auch lediglich belächelt wurde.

– Bei psychogenen und psychosomatischen Erkrankungen (z. B. neurotischen Depressionen, Angstzuständen, konversions-hysterischen Gangstörungen, psychosomatischen Erkrankungen wie manchen Formen von Kopfschmerzen, Asthma bronchiale, Entzündungen des Magen-Darm-Traktes) können die Erfolge der Schamanen sehr wohl denen moderner Psychotherapie entsprochen haben. Auf die höchst unterschiedlichen theoretischen und praktischen Ansätze im Vergleich zur gegenwärtigen Psychotherapie wird die Sprache noch im Kapitel »Psychotherapie als Initiation?« kommen. Eine Verbindung westlicher Psychotherapie zum Schamanismus ergibt sich am ehesten von Seiten der transpersonalen Psychologie, die sich nun auch in unserem Kulturkreis mit Wiedergeburtserlebnissen, Jenseitsvisionen etc. befaßt. Im Bereich der Psychoanalyse sind hier Forschungen zur prä- und perinatalen Psychologie zu nennen.[107]

Eine ganz andere Frage hingegen ist es, wenn heutzutage sogenannte Schamanen aus ihrem Kulturkreis zu uns »importiert« werden und hier – ohne gemeinsame Vorgeschichte und bei massiv unterschiedlicher Sozialisation – ihre Fähigkeiten zeigen sollen. Ebenso fraglich ist es, wenn in Kursen Schamanen ausgebildet werden sollen.[108] Partielle Fähigkeiten und Möglichkeiten des Schamanismus können sicherlich vermittelt und trainiert werden, der beim Schamanismus jedoch mit zu bedenkende soziale, historische und kulturelle Kontext ist und bleibt ein anderer.

Bei, nach westlicher medizinischer Theorie, notwendigen medikamentösen oder chirurgischen Eingriffen (z. B. bei

Asthma bronchiale, bei Magen-Darm-Geschwüren, bei Herpes-Infektionen) dürften die Erfolge schamanischer Behandlungen denen einer Placebo-Therapie entsprechen (Placebo = Scheinmedikament ohne Wirkstoff). Dabei müssen wir uns die nachgewiesene enorm hohe Erfolgsquote der Placebo-Therapie vor Augen führen. Es kann durchaus als das effektivste Heilmittel bezeichnet werden, das je erdacht wurde! Solange Heilmittel mit Enthusiasmus angewendet werden, zeigen sie zu einem großen Teil eine Wirkung, die nur zum Teil pharmakologisch erklärbar ist, zu einem wesentlichen Teil jedoch auf der »Droge Arzt«, wie Michael Balint es nannte, beruht – und hierin sind den westlichen Ärzten die Schamanen sowohl in ihrem gezeigten und dargestellten Engagement als auch in den Erwartungen der Patienten weit voraus: »Wirkungsvoller als jeder moderne Psychotherapeut, jeder Künstler oder Theaterfachmann, aber auch wirkungsvoller als ein zelebrierender Priester vermag der Schamane auf die Psyche der Gruppe einzuwirken, sie immer wieder zu verlebendigen, schöpferisch zu machen und ihr gesundes, produktives Gleichgewicht wieder herzustellen.«[109]

Alle diese Überlegungen zu Erfolgen und Mißerfolgen bewegen sich auf dem Boden (tiefen)psychologischer Untersuchungen und Überlegungen. Ziel dieses Ansatzes war es, Funktionen und Techniken der Schamanen aus unserer westlichen Sichtweise soweit zu analysieren, wie es uns aus der Distanz zu den Phänomenen des Ur-Schamanismus in kleinen Stammeskulturen noch möglich ist. Häufig müssen wir uns auch mit späteren Erscheinungsformen des Schamanismus zufriedengeben. Damit sollen zugleich aber auch die Grenzen dieses Ansatzes ausgelotet werden: Welchen Zugängen öffnen sich Menschen in Ekstase? Welche außerkörperlichen Erfahrungen sind möglich – oder handelt es sich nur um Projektionen des Unbewußten? Was heißt es, wenn wir sagen, daß das Unbewußte das Unbewußte versteht? Dem so oft nicht Erklärbaren, das zumindest vorerst lediglich dokumentiert werden kann, wird an einigen Stellen der folgenden Kapitel nachgegangen. Dies erscheint mir angesichts der unsicheren Quellenlage beim Schamanismus sinnvoller als eine stets leicht hinterfragbare Interpretation von mehrfach kolportierten Texten über Schamanen.

2. Das Erbe des Schamanismus

Initiationen in den Formen der Religion

Der Schamane ist Vermittler zu den Mächten des Jenseits (den Ahnen, Geistern, Göttern) in den Kulturen, in denen sich ein Priestertum noch nicht herausgebildet hat. Wenn am Übergang vom Jäger- und Nomadentum zu den Agrargesellschaften ein eigener Priesterstand sich zu etablieren beginnt, behalten sowohl die religiösen Mythen und Rituale als auch die Priester selbst – als Erben einer der beruflichen/gesellschaftlichen Funktionen der Schamanen – spezifische Merkmale des Schamanismus bei. Dies wird anhand der Phänomene der Initiation in einigen Mythen und Religionen dargestellt, bevor die dreimalige Verwendung der Initiationsstruktur in den Berichten vom Leben Jesu von Nazareth anhand der Evangelien nachgezeichnet wird. Berichte über konkrete Initiationserlebnisse heute veranschaulichen anschließend, daß das über die Schamanen Gesagte nicht nur einer fernen Zeit und Kultur angehört, sondern sich hier und heute spontan einstellen kann. Es ist für unsere Zeit und Kultur charakteristisch, daß über derartige Erlebnisse kaum gesprochen wird und sie aus dem wissenschaftlichen Diskurs weitestgehend ausgeschlossen sind.

Anmerkungen zu den Phänomenen der Berufung und der Initiation in der Ausbildung der Priester heute werden dieses Kapitel abschließen.

Die Unvermeidbarkeit der Initiationsstruktur

Die Initiationserfahrung wohnt dem religiösen Erleben inne: »Man kann nur dann zu einer höheren Seinsweise gelangen oder an einem neuen Einbruch des Heiligen in die Welt und in die Geschichte teilhaben, wenn man im profanen, unerleuchteten Dasein ›abstirbt‹ und zu einem neuen, regenerierten Leben aufersteht.«[1]

Eliade spricht in diesem Zusammenhang zutreffend von der »Unvermeidbarkeit der Initiation«. Dies gilt sowohl für denjenigen, der in die religiöse Welt und ihre Geheimnisse eingeführt wird, als auch für die Geschichten vieler Götter, Heiligen und Helden selbst. Beispiele aus sehr unterschiedlichen Zeiten und Kulturen können dies belegen.

Gilgamesch: Das Scheitern einer Initiation

Daß durchaus nicht jede Initiation gelingt, sondern vielfältige Gefahren, unvorhersehbare Widrigkeiten und eigenes Unvermögen den positiven transformativen Prozeß stets gefährden, läßt sich am Gilgamesch-Epos[2] als der heute bekanntesten altorientalischen Dichtung aufzeigen. Gilgamesch war sumerischer König der ersten Dynastie von Uruk, einem Stadtstaat in Süd-Mesopotamien (heutige Ruinenstätte Warka im Irak). Er lebte um 2600 v. Chr. Als Sohn der Göttin Minsun und eines Sterblichen (nach sumerischer Tradition ein »Hoher Priester« der Stadt Uru) galt er zwar als göttliche Natur, war aber sterblich. Dies wurde ihm schmerzlich bewußt, als sein einstiger Widersacher und späterer Freund Enkidu, ein von den Göttern gesandter, behaarter »Urmensch« von seiner Verurteilung durch die Götter träumt, erkrankt und zwölf Tage später stirbt.

In Gilgamesch, der bis dahin als ein Heldentaten und Abenteuer suchender Despot geschildert wurde, vollzieht sich nun eine unerwartete Wandlung. Er beweint den Tod seines Freundes und verweigert das Begräbnis. Erst als sich die ersten Zeichen der Verwesung zeigen, gibt er seine Hoffnung auf, ihn durch sein Klagen wieder ins Leben zurückrufen zu können und ordnet ein prunkvolles Begräbnis an. Nach dem Verlust des Freundes (seines Alter ego?!) ist er unabweisbar mit der Frage bzw. Angst konfrontiert, ob er nicht auch sterben werde. Der Gedanke an den Tod verfolgt ihn, heroische Heldentaten sind ihm kein Trost mehr.

Gilgamesch begibt sich auf eine (Jenseits-)Reise zu dem von den Göttern an das Ende der Welt entrückten Sintfluthelden Utnapischtim, der mit der Gestalt des Noah in der Bibel zu vergleichen ist. Der Weg dorthin führt über mehrere Stationen der Prüfung, die initiatischen Charakter haben, z. B. das von Skorpionmenschen bewachte Tor und die Überquerung des Wassers des Todes. Von Utnapischtim wird ihm, dem ursprünglich aktiven, heroischen Kämpfer auferlegt, den Schlaf zu besiegen, sechs Tage und sieben Nächte zu wachen. »Dies ist zweifellos die härteste Initiationsprüfung: Den Schlaf zu besiegen, ›wach‹ zu bleiben, das kommt einer Umwandlung der menschlichen Verfaßtheit gleich. Dürfen wir es so verstehen, daß Utnapischtim im Wissen darum, daß die Götter die Unsterblichkeit nicht gewähren würden, Gilgamesch vorschlägt, sie vermittels einer Initiation zu erlangen?« fragt Eliade.[3] Die Prüfung erfordert keine heroischen Taten, sondern Konzentration – und Gilgamesch versagt, schläft unverzüglich ein für sechs Tage und sieben Nächte! Er, der den Tod besiegen und die Unsterblichkeit erlangen möchte, besiegt nicht einmal den »kleinen Tod«, wie der Schlaf (z. B. in der japanischen Sprache) genannt wird.

Nach dem Wecken rüstet sich der klagende Gilgamesch zur Rückkehr. Auf Drängen seiner Frau verrät Utnapischtim ihm im letzten Moment doch noch das Geheimnis der Götter, nämlich den Ort, wo die Lebenspflanze in den unterirdischen Gewässern wächst. Gilgamesch pflückt daraufhin diese Pflanze auf dem Grunde des Meeres. Wir können sagen: Er taucht hinab ins Unbewußte, wo die Zeit keine Rolle spielt, wo die tiefere Lebensweisheit verborgen liegt. Glücklich tritt er die Heimreise an. Nach einigen Tagen des Marsches nimmt Gilgamesch ein Bad in einer Quelle. Vom Duft der Pflanze, die Gilgamesch noch nicht verzehrt hat (!) angezogen, steigt eine Schlange aus dem Wasser, frißt die Pflanze und wirft ihre Haut ab. Statt Gilgamesch hat so die Schlange, die ihre Haut wie ein abgelebtes Leben zurücklassen kann, die Unsterblichkeit erlangt. Gilgamesch ist gescheitert, er wird sterben müssen wie alle anderen Menschen auch. Er hat das Geschenk, das er trotz mißlungener Initiation-Prüfung erhalten hatte, nicht richtig und rechtzeitig zu nutzen gewußt. Symbolisch gesehen leitet der erneute Einstieg ins Wasser – diesmal nicht in das Meer (des Unbewußten), sondern nur in eine (junge) Quelle – das Scheitern ein. Da Gilgamesch die Lebenspflanze außerdem noch nicht gegessen, nicht in sich aufgenommen hat, ergeben sich aus tiefenpsychologischer Sicht folgende Deutungshypothesen: Im Gang auf den Grund des Meeres können wir sowohl das Eintauchen ins (eigene, kollektive) Unbewußte sehen, als auch eine Regression zu den Ursprüngen bis hin zum Eintauchen ins Fruchtwasser des mütterlichen Uterus – eine Hypothese, die wir schon bei den Initiationen und Jenseitsreisen der Schamanen aufgestellt haben. Was er hier als tiefste Lebensweisheit erfährt – das Unaussprechliche, die spirituelle Erfahrung – schleppt er unassimiliert wie eine Trophäe mit sich herum. Es wirkt fast, als wollte er das tiefgeschaute Geheimnis prahlerisch auf dem Marktplatz von Uruk öffentlich zur Schau stellen. Dieses Versäumnis (Unfähigkeit?) der Assimilierung/Inkorporation der Pflanze erinnert daran, daß er sie ja nicht wirklich durch eigene Leistung erworben, sondern trotz seines Versagens beim Wachen durch Information über den Standort geschenkt bekam. Das Nichterworbene, nur Geschenkte, kann er nicht wirklich als etwas Eigenes in sich aufnehmen!

Wenn wir den Aspekt des Mütterlichen im Eintauchen in das Meer akzeptieren, so könnte das Baden in einer Quelle im Vergleich dazu eher einer sexuellen Einlassung entsprechen. Als Gilgamesch sich – in dieser Sichtweise nun – der Sexualität, der menschlichen Zeugung, der menschlichen Art, durch eigene Kinder unsterblich zu werden, hingibt, verliert er endgültig das göttliche Kraut des ewigen Lebens, den tieferen Kontakt zu den offenbarten Geheimnissen, den Kontakt zum Unbewußten, das keine Zeit kennt. Die Pflanze wird von der Schlange, einem Symbol des Unbewußten, verschluckt, verbleibt damit im Unbewußten (bei den Göttern).

Osiris

Im Mythos des ägyptischen Gottes Osiris stehen sein Todesschicksal und seine Auferstehung im Mittelpunkt. Nach einer der zahlreichen Versionen des Mythos ertrank Osiris im Nil. Nach einer der späteren Versionen, die offensichtlich mehr Faszination ausstrahlten, wurde Osiris von seinem Bruder Seth ermordet und zerstückelt. Als Gott der Wüste, der Dürre, der Stürme und des Unwetters herrschte Seth über die Randgebiete der Welt und war ursprünglich Schutzgott der ägyptischen Könige. Da er in der späteren Fassung des Mythos zum Mörder des Osiris wurde, verfemte ihn die Spätzeit jedoch als Verkörperung des Bösen.

Isis, die Schwester und Gattin des Osiris, sammelte die verstreuten Leichenteile, fügte sie zusammen, belebte sie und empfing von dem wiedererstandenen Osiris den gemeinsamen Sohn Horus, den Gott mit dem Falkenkopf. Durch ihre Zauberkunst bewahrte sie das Kind Horus vor allen Gefahren und zog es in den Sümpfen des Nildeltas auf. Das häufig dargestellte Motiv der Isis mit dem Horusknaben auf den Knien verbreitete sich mit dem Isiskult in hellenistischer Zeit nach Griechenland, von hier aus schließlich im ganzen römischen Weltreich. Diese verbreitete und beliebte Darstellung wurde später zum Vorbild der Darstellung Marias mit dem Jesusknaben. Der erwachsene Horus forderte den Mörder seines Vaters heraus, besiegte Seth und trat als Erbe seines Vaters Osiris das Königstum an, während Osiris im Totenreich regierte.

Wir finden hier eine klassische Initiationsstruktur, in welcher die von den Schamanen berichtete Zerstückelung als Vorbedingung der Wiedergeburt im Zentrum steht, hier noch erweitert um die Zeugung und Geburt des Kindes Horus, die Wiedergeburt im eigenen Kind. In Verbindung mit der Sonnenverehrung durch die Ägypter (Tod der Sonne am Abend, Auferstehung am Morgen – bzw. Verschlingen und Gebären der Sonne durch die Göttin Nut) erfreute sich Osiris mit seinem analogen Schicksal von Tod und Wiedergeburt (daneben aber auch Isis als Retterin und Horus als Sohn und Rächer) größter Popularität, wie auch Freud erkannte: »Kein anderes Volk des Altertums hat so viel getan, um den Tod zu verleugnen, hat so peinlich vorgesorgt, eine Existenz im Jenseits zu ermöglichen, und dementsprechend war der Totengott Osiris, der Beherrscher dieser anderen Welt, der populärste und unbestrittenste aller ägyptischen Götter.«[4]

Dionysos

Nach der griechischen Mythologie war Dionysos Sohn des Zeus und seiner irdischen Geliebten Semele. Als sie auf Anraten der eifersüchtigen Zeus-Gattin Hera begehrte, Zeus in seiner wahren Blitzgestalt zu sehen, verbrannte sie als Sterbliche. Zeus nähte den noch ungeborenen Sohn in seinen Schenkel ein und trug ihn bis zur Geburt aus. Noch bei Homer galt Dionysos, dieser eigen-sinnige, ekstatische Halbgott, nicht als olympischer Gott, später wurde er hingegen zum beliebten Gott der Fruchtbarkeit und Vegetation des Weines und der Ekstase. Zum Mythos des Dionysos gehört – wie bei Osiris – seine Tötung und Wiederauferstehung. Nachdem die Titanen, die Gegenkräfte zur Weltordnung der olympischen Götter, den Knaben Dionysos mit Kreiseln, Würfeln und anderem Spielzeug abgelenkt hatten, töteten sie ihn, zerstückelten ihn, kochten ihn in einem Kessel und rösteten ihn am Spieß, bis Zeus sie mit seinem Blitz erschlug. Nach unterschiedlichen Versionen des Mythos wird Dionysos entweder von Athene aus dem geretteten Herzen wiedergeboren oder von Demeter und Rhea aus den Gliedern erneut zusammengesetzt. Zerstückelung, Kochen oder Durchgang durch das Feuer sind uns als Wesensmerkmale schamanischer Initiationen gut bekannt. Das »Verbrechen« der Titanen entspricht also einem Initiationsprozeß: Erst durch Tötung, Zerstückelung und Wiedergeburt wird dem Kind des Zeus und einer Sterblichen die Göttlichkeit und Unsterblichkeit zuteil, kann es – gerade als Kind – Symbol des Neubeginns werden.

Das Phänomen der Zerstückelung finden wir später auch bei Begleitern und Anhängern des Dioysos, die ihn im Rausch und in Ekstase folgten, junge Tiere zerfleischten, zerstückelten und sie roh verschlangen. Die Einverleibung des Tierischen diente der immer neuen Symbolisierung der Nähe zum Tierischen, der Aufhebung der Distanz zwischen Mensch und Tier, zwischen Bewußtem und Unbewußtem, zwischen Kultur und Natur.[5]

Über die Initiationsriten im Kult des Dionysos ist nur wenig bekannt. Die Texte spielen auf heilige Tänze und rituelle Mahlzeiten vor den dionysischen Grotten an. Der zentrale Vorgang der Initiation bestand vermutlich in der Enthüllung des Phallus: Das Vorzeigen des Phallus stellte einen religiösen Vorgang dar, denn es handelte sich um das Zeugungsorgan des Dionysos. Erinnert sei in diesem Zusammenhang auch an die Linga, jene phallisch geformten Kultsteine im hinduistischen Kult, die die Präsenz des Gottes Shiva anzeigen und das Geheimnis seiner Schöpferkraft symbolisieren. In der modernen westlichen Welt ist eine solche religiöse Erfahrung kaum nachvollziehbar, denn im

Unterschied zu den Mysterien hat das Christentum – gerade auch in bewußter Abgrenzung gegen diese – die direkte oder symbolische Darstellung der Sexualorgane und des Sexualaktes aus den religiösen Riten ausgeschlossen.[6]

Odin

Nach dem Zeugnis der altisländischen Sagen- und Liedersammlung »Edda« ist Odin (identisch mit Wotan) der oberste Gott der Asen, des bedeutendsten nordgermanischen Göttergeschlechts. Vergleichbar Dionysos ist er der Gott der Dichtkunst und der Ekstase, hier jedoch in ihrer Form der aggressiven Raserei, des Berserkertums. Er ist außerdem Toten- und Kriegsgott und der (Er-)Finder der germanischen Schriftzeichen, der Runen. Es existieren verschiedene Erzählungen, wie er sich das Wissen der Runen – Symbole der Weisheit und der magischen Kraft – aneignete. So wird von Mimir, dem Wächter der Quelle der Weisheit zu Füßen der Welteneshe Yggdrasil (vgl. Schamanenbaum und Kreuzsymbolik), berichtet, der Odin das Recht zugestand, von dieser Quelle zu trinken. Odin mußte dafür ein Auge opfern, das er in der Quelle versteckte. Odin ist als der einäugige Gott bekannt. Das körperliche Opfer, das er bringen mußte, eine beeindruckende bleibende Verstümmelung, ist hoch. Auf symbolischer Ebene ergibt sich als Deutung, daß er ein Auge nach innen richtete (zur Quelle), zum eigenen wie auch kollektiven Unbewußten, von wo er sein tieferes Wissen, seine Weisheit erlangte.

Nach einer anderen Quelle hing er neun Tage am Baum Yggdrasil, »von der Lanze verletzt und dem Odin geopfert, ich selbst mir selbst geopfert ohne Nahrung und Trank, da offenbarten sich die Runen auf meinen Ruf hin.«[7]

Dieser symbolische Tod am Baum oder Galgen mit der Selbstverletzung und der Opferung an sich selbst als Gott weist natürlich enge Parallelen zum Tode Christi am Kreuz auf. Wie dieser hängt er hilflos zwischen Himmel und Erde, wir können darin eine besonders eindrucksvolle Symbolisierung der Marge erkennen. Die Selbstverletzung mit der Lanze wird von C. G. Jung als Akt der Vereinigung mit sich selbst, als symbolische Selbstbefruchtung, ja geradezu Selbstvergewaltigung, auch als Selbst-Mord (Mord des Selbst) gesehen, um in Kontakt zu kommen mit verborgenen, verdrängten, unbewußt gewordenen Anteilen seines Selbst – der Quelle der Weisheit.[8] Mit der Überwindung des Todes kann dieses Wissen mitgenommen werden in das bewußte Leben, der tragende Kontakt zum eigenen wie auch kollektiven Unbewußten ist hergestellt.

Beide, auf den ersten Blick höchst unterschiedliche Versionen vom Erwerb der Runen erweisen sich auf symbolischer Ebene als eng verwandt.

Die geschilderten Beispiele von Gilgamesch, Osiris, Dioynsos und Odin weisen über alle großen regionalen und zeitlichen Unterschiede hinweg eine auffällige Ähnlichkeit mit dem Grundschema aller archaischen Initiationen, vor allem mit derjenigen der Schamanen auf. Wo – wie bei Gilgamesch – die Phänomene der Zerstückelung oder zumindest des rituellen Todes fehlen, sogar der »kleine Tod«, der Schlaf, nicht überwunden werden kann, mißlingt die Initiation. Außer bei Odin, dem obersten Gott, ist Hilfe von außen notwendig, um die Zerstückelung zu überwinden – Osiris wird von Isis zusammengefügt, Dionysos von Athene oder Demeter und Rhea. Wer den Tod überwunden hat, ist unsterblich geworden. Die in den Kult initiierten Menschen identifizieren sich mit dem Leiden und der Überwindung des Todes und nehmen so an der Erneuerung, an der Überwindung ihrer eigenen Todesfurcht teil und gelangen zu einer neuen, nicht mehr nur auf die körperliche, sondern auf die spirituelle Existenz ausgerichteten Seinsweise.

Die Initiationsstrukturen in den Evangelien vom Leben Jesu

Die Berichte über die Initiationserlebnisse der Schamanen entstammen keinen Beobachtungen, sondern den mündlichen Berichten im Anschluß an diese subjektiven Erlebnisse. Was bei der Niederschrift durch Forscher vor Ort (z. B. Rasmussen 1926), erst recht durch spätere Autoren, die sich nur noch auf länger zurückliegende Berichte oder Mitteilungen von Dritten stützen konnten, aus Unkenntnis bzw. bewußten oder unbewußten Interessen und Intentionen verändert wurde, ist im nachhinein kaum oder gar nicht zu entwirren. Trotzdem sind – wie dargestellt wurde – einige in ihren Grundzügen konstant wiederkehrende Elemente zu entdecken, die zur Grundlage für Hypothesen – z. B. über die Initiationen – werden konnten.

Diese Quellenlage finden wir auch in der Bibel wieder. Die zwischen ca. 65 und 100 n. Chr. in griechischer Sprache verfaßten vier Evangelien des Neuen Testaments stammen nicht von Augenzeugen des Geschehens, sondern gehen bereits auf eine mündliche und schriftliche Tradition zurück. In der Sicht der historisch-kritischen neutestamentlichen Wissenschaft[9] handelt es sich um Glaubenszeugnisse, die die »frohe Botschaft« (griechisch »evangelion«) von Leben, Tod und Auferstehung Jesu vermitteln. Wenn wir die Evangelien als um einen historischen Kern herum entwickelte religiöse Botschaften betrachten, dann sind Fragen nach den strukturellen Eigenschaften des Textes zu stellen. Es geht auch hier nur um die behauptete »Unvermeidbarkeit der Initiationsstruktur«. Die Evangelien verwenden die Initiationsstruktur an den zentralen Stellen der berichteten Lebensgeschichte Jesu – bei der Geburt, der Taufe und bei der Kreuzigung/Auferstehung. Es geht an diesen Stellen um Wandlung, Einführung in eine neue Lebens- oder Seinsstufe, wobei Todes- und (Wieder-)Geburtsphänomene auftauchen, in allen Fällen in Verbindung mit Zerstückelungsphänomenen. In jeder der drei Verwendungen der Initiationsstruktur stehen andere Aspekte des komplexen Geschehens im Vordergrund. Die zweite, um die Taufe zentrierte Initiationsmitteilung weist dabei deutliche Parallelen zu den bekannten Schamaneninitiationen auf.

Erste Initiationsstruktur: Von der Geburt Jesu zur Weihnachtsgeschichte

Die Evangelisten Markus und Johannes machen keine näheren Angaben zur Geburt Jesu, Matthäus und Lukas geben unterschiedliche Berichte. Matthäus berichtet von der jungfräulichen Schwangerschaft Marias, von der Geburt zu Bethlehem und von der Flucht nach Ägypten wegen des bevorstehenden Kindermordes durch Herodes. Nach der Rückkehr aus Ägypten zieht Josef mit seiner Familie nach Nazareth. Der Evangelist Lukas berichtet ebenfalls von der jungfräulichen Empfängnis, dann folgt aber die bei den anderen Evangelisten nicht genannte Aufforderung zur Volkszählung am Herkunftsort, womit eine logische Erklärung gegeben wird, warum Josef mit der hochschwangeren Maria Nazareth verläßt, um nach Bethlehem zu ziehen. In einer Notunterkunft wird Jesus zur Welt gebracht. Von der Flucht nach Ägypten und von einem Kindermord berichtet Lukas nicht.

Unterschiede in den Evangelien ergeben sich u. a. aus dem Bemühen, die Erfüllung alttestamentarischer Prophezeiungen z. B. in Micha 5,1 (Geburt in Bethlehem) und in Hosea 11,1 (Rück-Ruf des Sohnes aus Ägypten) in die Heilsgeschichte erzählerisch zu integrieren. Es handelt sich nicht notwendigerweise um Berichte von realen Geschehnissen.

Im Bewußtsein der Christen haben sich diese bei Matthäus und Lukas beschriebenen Ereignisse weiter verändert zu einer Weihnachtsgeschichte, die nun deutlichere Hinweise auf eine Initiationsstruktur enthält als die einzelnen Quellen für sich: Nachdem Maria, wie verheißen, schwanger geworden war, verläßt sie mit dem ihr angetrauten Mann Josef den gewohnten Lebensraum Nazareth (Séparation). Sie unternehmen eine Reise ins Ungewisse, zumal Maria hochschwanger ist, »unbehaust« wird das göttliche Kind geboren (Marge). Es folgt die Flucht nach Ägypten wegen des Kindermordes (Zerstückelungsmotiv der Marge: die Menschenkinder müssen sterben – das göttliche Kind lebt). Nach Jahren schließlich erfolgt die Rückkehr nach Nazareth (Agrégation), wo Jesus aufwächst.

Wenn wir die Bibel aus dem Blickwinkel der Traditionen des Altertums lesen, muß es auffallen, daß Jesus als Halbgott dargestellt wird – als Sohn Gottes und einer Sterblichen. Dies entspricht ganz den bekannten, z. T. sehr viel älteren Zeugnissen, angefangen bei Gilgamesch und Dionysos über die Berichte einiger ägyptischer Pharaonen über ihre Abstammung von göttlichen Vätern (um so ihren Herrschaftsanspruch zu legitimieren) bis hin zu Gautama Buddha, der in Gestalt eines Elefanten oder eines sechs Monate alten Kindes in die rechte Seite seiner Mutter eindrang, wie es im Mythos geschildert wird.

Die Unsterblichkeit – das Göttliche – ist den Halbgöttern nicht von vornherein gegeben, es muß im Laufe des irdischen Lebens durch Prüfungen vom Typ der Initiationen erlangt werden – das Irdische muß zunehmend und mühsam abgestreift werden, um das Göttliche zur vollen Entfaltung gelangen zu lassen. Daß dies nicht immer gelingt, wurde am Beispiel von Gilgamesch geschildert. Am Beispiel von Osiris und Odin wurde aufgezeigt, daß selbst Götter Initiationen zu bestehen haben.

Auch Jesus wird mehreren Prüfungen vom Typ der Initiationen unterworfen – als Mensch, als Gott, als Halbgott? Dies wurde zu einem erbittert ausgetragenen Streitpunkt zwischen den christlichen Glaubensrichtungen. Dieser Streit wurde auf dem Konzil von Chalkedon im Jahre 451 n. Chr. entschieden: Jesus Christus sei wahrer Gott und wahrer Mensch zugleich gewesen, wesenseins mit dem Vater nach der Gottheit und zugleich wesenseins mit uns nach der Menschheit.[10] In Abgrenzung gegen die unzähligen Halbgötter in anderen, konkurrierenden Religionen wurde diese Interpretation zum Dogma erhoben.

Zweite Initiationsstruktur: Taufe und Versuchung Jesu

Am Beginn des öffentlichen Wirkens Jesu steht seine Taufe durch Johannes im Jordan. Hierbei wurde ihm seine Messiaswürde offenbart: »Dieser ist mein geliebter Sohn...« (Matthäus 3,16; vgl. Markus 1,11 und Lukas 3,22). Nach Lukas 3,1 ff. (»Es war im 15. Jahr der Regierung des Kaisers Tiberius...«) lassen sich hierdurch die Jahre 28 bzw. 29 n. Chr. für das Wirken des Johannes ermitteln, Jesus soll damals ungefähr 30 Jahre alt gewesen sein (Lukas 3,23).

Die Taufe stellt die Séparation, die Ablösung vom alten Status und Wiedergeburt aus Wasser und Geist dar. In Johannes 3,3–5 beschreibt Jesus selbst später das Wesen der Taufe:

Jesus antwortete und sprach zu ihm: Wahrlich, wahrlich ich sage dir: Es sei denn, daß jemand von neuem geboren werde, so kann er das Reich Gottes nicht sehen.
Nikodemus spricht zu ihm: Wie kann ein Mensch geboren werden, wenn er alt ist? Kann er auch wiederum in seiner Mutter Leib gehen und geboren werden?
Jesus antwortete: Wahrlich, wahrlich, ich sage dir: Es sei denn, daß jemand geboren werde aus Wasser und Geist, so kann er nicht in das Reich Gottes kommen.«

In späterer, nachchristlicher Zeit wurde der Gesamtablauf der Initiation im Vorgang der Taufe noch sehr viel deutlicher herausgestellt. Das Taufbecken wurde sowohl mit dem Grab verglichen, in das der Täufling sein bisheriges irdisches Leben legt, als auch mit dem Mutterschoß, aus dem er zum ewigen Leben geboren wird. Das Wasser dient dabei sowohl der spirituellen Reinigung, der Abtötung des bisherigen Lebens als auch als »Fruchtwasser« dem Wachstum und Gebären des neuen Lebens.[11]

Obwohl in der Taufe wie in einer Keimzelle der Initiationsablauf enthalten ist, folgt die eigentliche Übergangs- und Wandlungszeit (Marge) erst mit dem Gang Jesu in die Wüste (Einsamkeit), wo er 40 Tage und 40 Nächte fastet und vom Satan versucht wird (Markus 1,12–13; Matthäus 4,1–11; Lukas 4,1–13) – eine Initiationsprüfung, die in ihrer Struktur derjenigen Gautama Buddhas mit seiner Versuchung durch Mara, den Gott des Todes, eng verwandt ist. Das Motiv der Zerstückelung findet sich allenfalls in sublimierter Form in der Auseinandersetzung mit dem Teufel. In sehr direkter Form ist es auf einem Nebenschauplatz des Geschehens präsent: Bald nach der Taufe Jesu wird Johannes der Täufer enthauptet.

Dreimal wird Jesus von Satan in der Wüste in Versuchung geführt (Abfolge hier nach Lukas 4,11–13). Die Versuchungen werden hier auf zwei Ebenen interpretiert, auf der individuellen Reifungsebene des Initianten sowie auf einer überindividuellen, religiösen Ebene des Verantwortungsgefühls Jesu für die Menschheit.[12]

Erste Versuchung

Der Teufel aber sprach zu ihm: Bist du Gottes Sohn, so sprich zu dem Stein, daß er Brot werde.
Und Jesus antwortete und sprach zu ihm: Es steht geschrieben: »Der Mensch lebt nicht allein vom Brot, sondern von einem jeglichen Wort Gottes« (Lukas 4,3–4)

Jesus als der Fastende und von Hunger Geschwächte soll einen Stein in Brot verwandeln – eine typische Wunschvorstellung der Behebung der Not in Mangelsituationen; Durstige träumen von Wasser, Hungrige vom reich gedeckten Tisch. In einer ersten Annäherung ist es somit eine Anforderung an die Fähigkeit zur Selbstbeherrschung körperlicher Bedürfnisse.

Das Brot wird nun aber nicht als Versuchung angeboten,

sondern es wird unterstellt, Jesus könne es sich selber »zaubern«. Damit werden die Macht- und Größenphantasien angesprochen, sich über reale menschliche Grenzen hinwegsetzen zu können (immer wieder auftretenden) Mangel in Überfülle (Steine gibt es genug) verwandeln zu können. Aus der Wüste könnte ein Schlaraffenland werden. Die Fähigkeit zur Selbstbeherrschung und zur Zügelung der eigenen Macht- und Größenphantasien ist wesentliches Kennzeichen der Ich-Stärke und -Reife und ist wesentliche Voraussetzung für das schamanische Tätigwerden zum Wohle der sozialen Gemeinschaft.

Jesu Antwort weist über diese Aspekte der Frage hinaus. Er verweist auf das Wort Gottes und damit auf den gleichberechtigten Stellenwert von körperlicher und geistiger, spiritueller Nahrung. Es geht ihm nicht um ein Entweder-Oder, sondern um ein Sowohl-Als-auch. In einer überindividuellen, eher religiösen Betrachtungsweise könnte die Versuchung in der unterschwelligen Frage liegen, ob Gott nicht angesichts des Hungers und Leids in der Welt seine Allmacht dazu gebrauchen sollte, die reale körperliche, ja existentiell gefährdete Not zu lindern oder zu beheben, letztlich sogar das Paradies hier auf Erden entstehen zu lassen. Damit aber würde der Mensch verkürzt auf seine oralen Grundbedürfnisse. So existentiell wichtig deren Befriedigung ist, so wichtig sind auch die Sehnsüchte des Menschen nach Sinn, Orientierung und Spiritualität. Darauf zielt die Antwort Jesu. Diese Antwort können wir als eine schamanische Aussage lesen, der Schamane ist ja gerade der Vermittler zu den Mächten des Jenseits, zu den Geistern, Göttern, zu Gott. Er ist derjenige, der die spirituelle Nahrung für seine soziale Gemeinschaft bereithält, sie immer wieder neu erkämpft auf seinen Jenseitsreisen, die Re-Aktualisierungen seiner ursprünglichen Initiationserfahrungen sind.

Zweite Versuchung:

Und der Teufel führte ihn auf einen hohen Berg und zeigte ihm alle Reiche der ganzen Welt in einem Augenblick und sprach zu ihm: Alle diese Macht will ich dir geben und ihre Herrlichkeit; denn sie ist mir übergeben, und ich gebe sie, welchem ich will. So du nun mich willst anbeten, so soll es alles dein sein.
Jesus antwortete ihm und sprach: Es steht geschrieben: »Du sollst Gott, deinen Herrn, anbeten und ihm allein dienen«. (Lukas 4,5–8)

Bei der zweiten Versuchung werden Machtphantasien angesprochen – die Herrschaft über die Welt. Es geht, in tiefenpsychologischer Terminologie, um die Herausforderung bzw. Beherrschung anal-narzistischer Größen – und Machtphantasien, die dem Dienst am Mitmenschen entgegenstehen. Wie bei der Initiation der Schamanen geht es auch hier darum, daß der »Kandidat« sich als reif erweist, sein Amt nicht zum persönlichen Vorteil zu mißbrauchen.

In einer überindividuellen Betrachtungsweise kann für Jesus die Versuchung allerdings auch darin gelegen haben, die (teuflische) weltliche Macht zu übernehmen, gerade um allen Menschen, die in Not sind, helfen zu können. Notfalls mit dem Teufel paktieren, wenn anders Ordnung und Heil der Menschheit nicht zu erreichen sind – die Herrscher, die Unterdrücker, die Ausbeuter also mit ihren eigenen Waffen schlagen! Der gute Zweck »heiligt« dann die Mittel: Wo zum Besten aller gehobelt wird, da fallen Späne. Es ist der Traum vieler großer Herrscher und Ideologen, eine weltumspannende Macht zu erreichen – mit dem erklärten und selbstgeglaubten Ziel, die Verhältnisse auf der Erde ein für allemal zum Guten zu wenden (gegenwärtig sind wir Zeugen vom Ende des jüngsten Experimentes dieser Art, dem Kommunismus). Jesus entgeht dieser Hybris und anerkennt als der auf Erden Wandelnde seine Grenzen. Damit unterwirft er sich Gott. Er verbleibt in der schamanischen Rolle des dienenden Mittlers: Diener Gottes und des Jenseits, wie auch Diener seiner sozialen Gemeinschaft in der Not.

Dritte Versuchung:
Und er führte ihn gen Jerusalem und stellte ihn auf des Tempels Zinne und sprach zu ihm: Bist du Gottes Sohn, so laß dich von hinnen hinunter;
denn es steht geschrieben: »Er wird befehlen seinen Engeln von dir, daß sie dich bewahren.
Und auf Händen tragen, auf daß du nicht etwa deinen Fuß an einen Stein stoßest.«
Jesus antwortete und sprach zu ihm: Es ist gesagt: »Du sollst Gott, deinen Herrn, nicht versuchen.« (Lukas 4,9–12)

Hier wird die ewige Sehnsucht des Menschen nach Beweisen für das Wirken Gottes angesprochen und damit auch die urmenschliche Sehnsucht nach Geborgenheit und Halt. In den Anfechtungen in der Wüste, der Gottesferne, der Nacht, der Verzweiflung – in dieser Situation wird die Sehnsucht und Suche nach Halt immer größer und dringlicher. Das Ergebnis des Initiationsprozesses als einer Umwandlung hängt jedoch von der Fähigkeit des Initianten ab, den Zustand der Unsicherheit und Umstrukturierung so lange wie möglich auszuhalten. Die Versuchung, auf altbekannte, aber zu überwindende Bewältigungsstrategien zurückzugreifen ist groß: sich z. B. von den Eltern oder vermeintlich anderen starken Vertrauenspersonen wieder trösten und versorgen zu lassen, statt sich auf die eigenen Kräfte zu verlassen. Auch der innerliche Ersatz der Eltern durch eine entsprechend geformte Gottesvorstellung gehört hierher. In den Stammeskulturen wurden deshalb z. B. Statuen, Ahnen und Götterdarstellungen vernichtet, wenn sie sich als unwirksam zur Abwendung von Gefahren erwiesen, also kein Zeichen ihrer konkreten Hilfe gegeben hatten. Eine sehr viel reifere Struktur des Ich ist notwendig, um auf einen Glauben zu vertrauen, der zu seiner Festigung nicht der Bestätigung durch real abrufbare Erfahrungen bedarf, der von Mißerfolgen nicht zu erschüttern ist.

Auf einer überindividuellen Ebene fällt auf, daß Satan bei dieser dritten Versuchung »gelernt hat« und bei seiner Versuchung das Wort Gottes im Munde führt. Das erinnert an gelehrte Dispute, in denen sich die Kontrahenten Bibelzitate um die Ohren schlugen. Der zweifelhafte Charme dieses Unternehmens ist auf literarischem Gebiet im Roman »Der Name der Rose« von Umberto Eco nachzulesen. Das Verfahren entspricht alten Traditionen, als die Auslegung der Schrift vor aller Beobachtung rangierte. Es zählten nicht die Beobachtungen von Galileo Galilei oder von Johannes Kepler, sondern die Worte der Heiligen Schrift.

Es ist eindrucksvoll, wie hier das Thema der Rückversicherung bei Gott durch ein angefordertes Zeichen Gottes in Form der sprachlichen Rückversicherung durchgespielt wird: Kampf per Zitierung Gottes, also per Versteck der eigenen Unsicherheit hinter dem Wort der Autorität. Jesus antwortete zwar selber mit einem Bibelzitat, aber genau in der Weise, daß mit dem Versteckspiel Schluß gemacht wird: »Du sollst Gott, deinen Herrn, nicht versuchen!« (5. Moses 6.61) ihn also nicht als Schutzschild mißbrauchen. Man soll sich der eigenen Unsicherheit stellen, den Gang in die Wildnis ebenso wagen wie den Gang zum Mitmenschen.

Markus und Matthäus berichten, daß zum Abschluß der Versuchung die Engel des Herrn zu Jesus traten. Wenn wir die berichteten Ereignisse, über deren Wirklichkeitsgehalt wir nichts aussagen können, als eine Initiationsstruktur betrachten, dann entsprechen sie dem aus dem Schamanismus bekannten Erwerb der Hilfsgeister.

Nach dieser Prüfung in der Wüste nimmt Jesus seine Aufgabe als Wanderprediger, Heiler und Verkünder des Reiches Gottes auf (Agrégation). Im Rückgriff auf den Schamanismus können wir sagen: Das sind die bekannten Tätigkeiten und Fähigkeiten der großen Schamanen. Wir sehen den eindringlichen Gebrauch einer bildkräftigen Sprache (was einem künstlerischen Aspekt entspricht), eine ausgedehnte Tätigkeit als Heiler[13] (wobei die liebende Zuwendung im Vordergrund steht) und die Tätigkeit als religiöser Vermittler zu Gott.

Dritte Initiationsstruktur: Tod am Kreuz und Auferstehung

Der Tod Christi wird zur dritten Initiation, wobei diese nun eine bedeutsame andere Struktur annimmt als die vorhergehende, schamanisch geprägte. Die Séparation, das Ende seiner Lehr- und Heilstätigkeit (Matthäus 26, Markus 14) liegt zwei Tage vor dem Osterfest. Jesus versammelt die Jünger:

Da sie aber aßen, nahm Jesus das Brot, dankte und brach's und gab's den Jüngern und sprach: Nehmet, esset; das ist mein Leib. Und er nahm den Kelch und dankte, gab ihnen den und sprach: Trinket alle draus;
das ist mein Blut des neuen Testaments, welches vergossen wird für viele zur Vergebung der Sünden. (Matthäus 26,26–28)

Die eigentlich zur Marge gehörenden Zerstückelungsphänomene werden hier vorweggenommen und entscheidend verändert. Der Leib wird durch den Laib Brot auf eine symbolische Ebene gehoben, und der uralte passive Zerstückelungsritus mit Einverleibung des Leibes durch die Geister wird in eine aktive Gabe Jesu an die Jünger gewendet: Das ist eine grundlegende Veränderung der schamanischen Zerstückelungserlebnisse in der Initiation. Vor dem Beginn der Marge wird auch den Jüngern eine Initiationsprüfung auferlegt, die sie – vergleichbar mit Gilgamesch – nicht bestehen:

Wachet und betet, daß ihr nicht in Anfechtung fallet! Der Geist ist willig; aber das Fleisch ist schwach. (Matthäus 26,41)

Die Jünger scheiterten ebenso, wie Petrus mit seinem dreimaligen Verleugnen Jesu bald darauf scheitert. Die Bedeutung dieser »peinlichen« Vorfälle ist evident – letztlich zählen nicht die menschlichen Tugenden und Laster, es ist entscheidender Buße zu tun und die Hoffnung nicht zu verlieren. Wie das Beispiel der Jünger – exemplarisch des Petrus – zeigt, kann das Himmelreich vom Menschen in seiner Begrenztheit nicht Stück um Stück aktiv erworben werden, vielmehr bedürfen die Menschen der Zuwendung und Gnade Gottes.

Verhaftung, Prozeß und Hinrichtung am Kreuz kennzeichnen die Phase der Umstrukturierung und Verwandlung. Gleich Odin schwebt Jesus zwischen Himmel und Erde am Kreuz – aufstrebender Lebensbaum und waagrechter Totenbaum zugleich.[14]

Das Motiv der Zerstückelung findet sich nun noch einmal in abgemilderter Form, jetzt in klassischer Weise als passiv erlittenes Geschehen: im Würfelspiel um die Kleider Jesu, um die »zweite Haut« des Menschen. Mit dem realen Tod Jesu wird die Idee des Opfers »ins Zentrum gerückt und überhöht wie nie zuvor: Das Sterben des Gottessohnes ist das einmalige und vollkommene Opfer«.[15] Die Initiationsstruktur wird auch dieses Mal vollendet durch die auch aus anderen Mythen, wie bei Osiris und Dionysos bekannte Auferstehung oder Wiedergeburt des Hingerichteten. Damit erfolgt die Einführung in den neuen Status, die Agrégation.

Die Niederfahrt zur Hölle zwischen Tod und Auferstehung ist kein Bestandteil der Evangelien. Was in manchen Versionen des Glaubensbekenntnisses der Christen dennoch anklingt, ist allerdings eine stimmige Vervollständigung der Initiationsstruktur, indem zwischen Tod und Auferstehung die (bislang fehlende!) Jenseitsreise eingeschoben wird! Sie entstammt den Apokryphen, also jenen Schriften, die aus dem Kanon des Neuen Testaments ausgeschlossen wurden – aber zumindest in diesem wichtigen Detail ins Glaubensbekenntnis zurückgeholt wurden.

Unabhängig von allen religionsgeschichtlichen Fragen und Entwicklungen, die von den Evangelien zum Glaubensbekenntnis geführt haben, muß meines Erachtens die unbewußt wirkende Kraft der Initiationsstruktur hin zu ihrer eigenen Vervollständigung diskutiert werden.

Der kritische Geist heute, der für das leere Grab eine

rationale »Erklärung« sucht, hat die Auswahl zwischen einer dreisten Lüge der Jünger, einem Raub des Leichnams (vgl. Matthäus 27,64) und einem Scheintod Jesu. Mit dieser Diskussion würden wir jedoch auf eine in der Realität eben nicht entscheidbare Frage zurückfallen, wo es doch – wie zu Beginn des Kapitels festgestellt – um späte, von vielfältigen religiösen Interessen geleitete Heilsberichte geht. Wie die Balken eines Kreuzes laufen im Leben Jesu Tod und (Wieder-)Geburt aufeinander zu: Was mit der Geburt Jesu und dem Kindermord zu Bethlehem begann, rückt in der Taufe Christi (als Verdichtung des Todes – und Wiedergeburtsmotiv in sich selbst) mit der baldigen Enthauptung Johannes des Täufers zusammen, um sich zu Ostern im Tode Christi und seiner Auferstehung zu kreuzen. Die nachgewiesenen Initiationsstrukturen in den Evangelien sollen dabei den Empfänger der »frohen Botschaft« per Identifikation zur eigenen Wandlung anregen.

Die Erzählstruktur hat – wie jede gute formale Gestaltung – die Aufgabe, dem Inhalt dabei zum bestmöglichen Ausdruck zu verhelfen. Der Kern der äußerst komplexen Bibelberichte ist der Wandlungs- also Initiationsauftrag Jesu, wie er ihn in Markus 1,15 formuliert: »15. Die Zeit ist erfüllt, und das Reich Gottes ist herbeigekommen. Tut Buße und glaubt an das Evangelium.«

Das Insistieren auf der Initiationsstruktur ist eine angemessene Form, diese Botschaft bewußt wie unbewußt zu transportieren. Wo dies in den Evangelien noch nicht optimal geschehen ist, wurde es in späteren Bearbeitungen (Weihnachtsgeschichte, Glaubensbekenntnis) nachgeholt.

Von Saulus zu Paulus
Religiöse Initiationserlebnisse heute

Als letztes großes Beispiel für ein spontanes Initiationserlebnis auf dem Boden des Neuen Testaments bezeichnet
Drewermann den Apostel Paulus, seinen Zusammenbruch
vor Damaskus und seine daraus folgende Wandlung von
Saulus zu Paulus.[16] Entsprechend der Grundthese dieses
Buches, daß die Priester (Pfarrer, Mönche, Nonnen etc.) zur
»Erbengemeinschaft der Schamanen« zu zählen sind, müßten spontane Initiationserlebnisse auch heute bei dieser Berufsgruppe zu finden sein. Dies gilt gerade auch dann, wenn
von der katholischen Kirche offiziell die bewußte, eigenver-
antwortliche Entscheidung in den Vordergrund gerückt
und spontanen Berufungs- und Initiationerlebnissen derzeit
offensichtlich kein besonderer Stellenwert beigemssen
wird.

Dementsprechend machte ich bei meinen Nachfragen
mehrfach die Erfahrung, daß die Bedeutung spontaner
Initiationserlebnisse von meinen Gesprächspartnern keineswegs geleugnet wurde – konkrete Beispiele schienen
auch jeweils bekannt zu sein –, letztlich kam es zumeist
jedoch nicht zu einem Gespräch darüber.

So haben sich die beiden ersten Initiationserlebnisse im
Laufe der Arbeit an diesem Thema fast »zufällig« dort finden lassen, wo ich sie zunächst weder gesucht noch vermu-
tet hatte – nämlich in meiner eigenen psychotherapeutisch-
psychoanalytischen Praxis. Ein kurzer, nicht aus dem professionellen kirchlichen Bereich stammender Initiationsbe-
richt ist vorangestellt. Er zeigt anschaulich die Verknüpfung
von religiösem Erleben bzw. Handeln und den – zunächst
vollkommen unbewußten – lebensgeschichtlichen Grundlagen.

In der analytischen Psychotherapie von Eva M., einer
evangelischen Theologin, waren ihre Initiationserlebnisse
nie Thema gewesen; sie konnten nun vor dem uns gemein-

sam bekannten lebensgeschichtlichen Hintergrund besprochen werden. Im dritten und letzten Beispiel wird die »Berufung wider Willen« eines katholischen Gemeindepfarrers
ausführlich dargestellt.

Eine Taufentscheidung als Initiation

Wie bereits anhand der Taufe Jesu durch Johannes den
Täufer dargestellt wurde, ist die Taufe an sich ein typisches
Initiationsritual. Im ursprünglichen Ritual des Untertau-
chens (auf das alte Leben bezogene Todessymbolik mit
Reinwaschen von den Sünden) und des Auftauchens aus
dem (Frucht-)Wasser in ein neues Leben, in die neue christliche Gemeinschaft hinein, ist die Todes- und Wiederge-
burtssymbolik deutlich zum Ausdruck gebracht. Heute
wird mit der üblich gewordenen Kindstaufe eine symbolisch stark reduzierte Form der Taufe vollzogen.

Kerstin A. war im siebten Monat mit ihrem ersten Kind
schwanger, als sie in sich einen immer stärker werdenden
Drang spürte, sich taufen zu lassen. Gleichzeitig spürte sie
eine Unruhe und eine ihr nicht erklärliche tiefe Traurigkeit.
Es war, als ob sie sich ganz dringend, noch vor der Geburt
ihres Kindes, taufen lassen müsse. Die Motive ihres Empfin-
dens waren ihr nicht einsichtig, vor allem deshalb nicht, weil
sie in einem Elternhaus aufgewachsen war, in dem ihre
Eltern selber aus der Kirche ausgetreten waren und sich stets
abfällig über die Kirche geäußert hatten. Dementsprechend
waren sie und ihre jüngere Schwester auch nicht getauft
worden. Sie hatte dies nie als Nachteil oder Versäumnis
empfunden, obwohl die Großmutter in der Kindheit durchaus abends oft mit ihr gebetet hatte.

Frau A. wandte sich an ihren Pfarrer, führte die notwendigen Gespräche und wurde noch, wie es ihrem Gefühl nach
dringend notwendig war, vor der Entbindung getauft. Danach fühlte sie sich ruhig und »irgendwie geborgen«, nahm
auch am Leben der Gemeinde teil. Die Zeit als junge Mutter

mit ihrem kleinen Sohn konnte sie sehr genießen, es war rückblickend die glücklichste Zeit in ihrem Leben. Sie ließ ihn, wie auch ihr zwei Jahre später geborenes Kind, bald nach der Geburt taufen.

Von außen betrachtet, erscheint diese zwar recht unauffällige, jedoch von starken innerem Druck geprägte und in Gang gesetzte Taufentscheidung als ein Initiationsprozeß bzw. auch als eine »spirituelle Krise«, in der Frau A. zu Gott fand, geradezu innerlich dazu gerufen und gedrängt worden war. Dies war auch insofern für sie selber verwunderlich, als sie sich ansonsten von Eltern und Ehemann sehr abhängig fühlte und sich eher der Meinung anderer fügte. Ihre Entscheidung, sich taufen zu lassen, hatte sie hingegen in einer für sie ganz ungewöhnlichen Weise allein – gegen äußeren Widerstand und Unverständnis – verantwortet und verwirklicht.

Mehr als zehn Jahre dauerte es, bis Frau A. plötzlich ihre Taufentscheidung vor ihrem lebensgeschichtlichen Hintergrund verstand. Es war gegen Ende der analytischen Psychotherapie, als sie mir von ihrem Tauferlebnis erzählte – auch hier in der Analyse ging nun eine Beziehung zu Ende, würde in einem Monat die »Entbindung« erfolgen. Dies war vermutlich der Auslöser, sich an die Zeit vor ihrer ersten Entbindung und an die eigene Taufe zu erinnern. Während der Schwangerschaft hatte sie sich wertvoll gefühlt, als eine Frau, die Leben schenken kann – vor allem aber war sie innerlich nicht allein. Die bevorstehende Geburt war für sie ein Loslassen, ein Verlust der innigen, innerlichen Beziehung. Hinzu kam die Angst, ein Mädchen zu gebären. Sie wollte keine Tochter, konnte diese tiefe Abneigung aber nicht begründen. In der Analyse, in die sie wegen einer schweren neurotischen Depression mit ausgeprägten Selbstmordtendenzen gekommen war, wurde ihr der sexuelle Mißbrauch durch den Vater ebenso bewußt wie die gefühlsmäßige Entfernung zur Mutter. Die Mutter hatte ihr nie beigestanden, ihr Bluten aus der Scheide als blutige

Blasenentzündung oder ähnliches mißdeutet. Der Vater war demgegenüber ihr »liebevoll« zugetan. So mußte sie paradoxerweise Schutz, Sicherheit und Geborgenheit bei dem suchen, der sie immer wieder ängstigte und ihr unerklärliche Schmerzen zufügte.

Eine große Stütze war ihre Großmutter, die warmherzig um sie besorgt war, die vermutlich auch vom Mißbrauch wußte, mit der sie aber trotzdem nicht über ihre Mißbraucherlebnisse sprechen konnte. Bei aller Abwertung des Religiösen und der Kirche durch die Eltern war die Großmutter die einzige Person, die Kerstin etwas von der Bibel erzählte und auch mit ihr betete. Als die Großmutter starb, war dies für sie ein schlimmer Verlust.

Ihre Angst, selber eine Tochter zu gebären, war durch das eigene Erleben als Tochter motiviert, durch ein drohendes Bewußtwerden des mühsam Verdrängten. Gleichzeitig erinnerte die bevorstehende Geburt als Trennungserlebnis an die Trennung von der Großmutter, auf deren Schutz sie sich auch nach deren Tod angewiesen fühlte und an deren Grab sie oft viele Stunden verbracht hatte. Die Taufe stellte in dieser Situation eine Entlastung dar: Sie fühlte sich der Großmutter in deren gelebter Religiosität näher, konnte sich teilweise mit ihr identifizieren und sich geschützt fühlen. Dadurch konnte sie die Trennung von ihrem Kind besser verkraften. Außerdem wurde die ins Bewußtsein drängende Erinnerung an den sie schmerzhaft mißbrauchenden Vater durch ein inneres, gutes Bild von Gott-Vater kompensiert.

In der Bindung an Gott durch die Taufe konnte die emotionale Abhängigkeit vom Vater, vom Ehemann und von dem Kind in ihrem Bauch, das sie bald loslassen mußte, ein Gegengewicht bekommen. So ist auch ihr Drang zu verstehen, sich noch vor der Entbindung taufen zu lassen. Diese Zusammenhänge stellte Frau A. selber her, wieder hatte sie ein Stück ihrer so oft bedrängenden, unklaren und doch so mächtigen Gefühle und Stimmungen verstehen können. Bei einer Schilderung ihres Tauferlebens zu Beginn der Analyse hätten weder sie noch ich ihr damaliges Empfinden verstehen können.

Initiation: Vom unechten zum echten Erlebnis

Aufgrund meiner frustrierenden Recherchen über religiöse Initiationserlebnisse wandte ich mich an Frau Eva M., die von 1988 bis 1992 bei mir in analytischer Psychotherapie gewesen war. Sie hatte evangelische Theologie studiert, als Pfarrerin gearbeitet und unterrichtete evangelische Religion an einem Gymnasium. Ich hatte sie als eine sehr intelligente, gut informierte und vor allem auch kritische Frau kennengelernt. Ich fragte an, ob sie mir mit Literatur oder konkreten Hinweisen weiterhelfen könne. Zu meiner Überraschung berichtete sie bei dem daraufhin vereinbarten Treffen über zwei eigene Initiationserlebnisse. In der Analyse, die erfolgreich verlaufen war und zu anhaltender Beschwerdefreiheit geführt hat, waren diese Erlebnisse zu keiner Zeit Thema gewesen!

Frau Eva M. hatte sich im Sommer 1988 auf Anraten ihres behandelnden Internisten bei mir zur Psychotherapie vorgestellt. Seit Ende 1987 litt sie zunehmend an Luftnot, konnte nicht ausreichend durchatmen, sprach dadurch nur noch leise und konnte kaum noch, schließlich gar nicht mehr unterrichten. Hinzu kamen Ängste, das Haus zu verlassen, überhaupt alleine zu sein. Eine körperliche Ursache dieser Beschwerden war ausgeschlossen worden. Die seelischen, zum großen Teil unbewußten Konflikte, die hinter der Atemnot standen, konnten wir im Laufe der 300 Stunden dauernden psychoanalytischen Therapie aufarbeiten. Wesentliche Punkte, vor allem bezogen auf das Verständnis der Initiationserlebnisse, werden hier kurz dargestellt.

Das Erleben von Frau M. drehte sich um ihre Beziehung zur Mutter. Die Mutter hatte ihr stets vermittelt, daß sie »nicht richtig sei« (zu dick, zu dumm, zu uninteressant). Sie könne froh sein, daß die Mutter sich so sehr um sie kümmere – im Gegensatz zum Vater, dessen Interesse sich ganz auf die sieben Jahre ältere Schwester von Frau M. konzentrierte. So gab es schließlich in Evas Vorstellung nur die Mutter, deren Liebe sie nicht verlieren durfte, die Mutter repräsentierte die Welt, ohne die Mutter war sie »mutterseelenallein«, fühlte sich verlassen und nicht lebensfähig.

Die Mutter hatte – aus welchen eigenen Gründen auch immer – ein Interesse an einer symbiotisch engen Beziehung zu ihrer jüngsten Tochter und forderte, daß die Tochter ganz so werde wie sie selber – pietistisch fromm, ganz auf Gott ausgerichtet, weltlich-sündige Vergnügen verachtend. Frau M. wiederum wehrte sich innerlich gegen diese als vollkommen überzogen erlebten Forderungen der Mutter, wußte sich jedoch emotional nicht dem Einfluß der Mutter zu entziehen. In ihrem Selbstbild war sie nichts wert, mußte sich stets anstrengen, um überhaupt wahrgenommen zu werden, ein Bruch mit der Mutter war für sie sie deshalb nicht vorstellbar. Auch als die Mutter 1985 an einer Lungenkrebserkrankung verstarb (erstickte!), war Frau M. keineswegs befreit. Die Forderungen und Normen der Mutter steckten in ihr, sie trug das Bild der Mutter in sich.

In der äußeren Realität hatte sie zu einem Kompromiß gefunden und sich – äußerlich – gegen die Mutter abgegrenzt. Sie stürzte sich in rastlose Aktivität (Theater, Kino, Restaurantbesuche, zahlreiche Freundschaft). Dabei erlebte sie sich in ihren Beziehungen immer als die Gebende – schließlich mußte sie entsprechend ihrem Selbstkonzept froh sein, daß der andere sich überhaupt mit ihr abgab. Nicht nur hierin zeigte sich, wie aktuell die Einschätzungen und Zuschreibungen der Mutter geblieben waren, auch in der überzogen wirkenden Aktivität, der rastlosen Unruhe war deutlich zu erkennen, wie sehr Frau M. permanent gegen die verinnerlichte Forderung der Mutter, so zu sein wie sie selber, ankämpfen mußte. Ruhe konnte sie sich nie gönnen, dann entstand sofort das Gefühl, wieder wie in der

Kindheit von der Mutter ins Zimmer verbannt zu sein, lebendig begraben zu sein, während draußen das Leben pulsiert. Dann auch fühlte sie sich wieder ausgeliefert, von den Forderungen der Mutter erdrückt, sich selbst mit ihren Bedürfnissen ganz und gar unterdrückt.

Das erreichte labile Gleichgewicht wurde gestört, als mehrere Ereignisse kurz nacheinander zusammentrafen. Zum einen begegnete sie einer Frau, die sie im Verhalten so sehr an die Mutter erinnerte, daß es ihr die Luft nahm – erstmalig traten für einige Stunden die Atembeschwerden auf. Dann zog sie mit ihrem jetzigen Lebenspartner zusammen in ein gemeinsam gekauftes Haus – und prompt entstand die Angst, im Zusammenleben sich wieder so ausgeliefert zu fühlen wie einst der Mutter, dann dem früheren Ehemann. Letztlich entscheidend schien uns jedoch ein zeitliches, lebensgeschichtliches Zusammentreffen. Die Mutter hatte sich selber von einer ursprünglich als lebenslustig geltenden Frau zu einer pietistisch frommen Frau gewandelt, als Eva M. zehn Jahre alt war. Nun wurde die Tochter von Frau M. 1988 zehn Jahre alt, und damit wurden – in Identifikation mit der Tochter wie mit eigener Mutter gleichermaßen – die alten Erinnerungen und Konflikte noch einmal hochaktuell. Die Atemnöte und Ängste erschienen uns im nachhinein wie ein Kompromiß. Sie wollte bewußt ihr bisheriges Leben weiterführen, nicht so werden, wie die Mutter wurde, als sie selber zehn Jahre alt war. Aber sie konnte sich dem Sog, der verinnerlichten Forderung der Mutter, nicht entziehen. Die Luftnot und die Ängste hielten sie zu Hause fest, so wie die Mutter sie einst zu Hause festgehalten, von den sündigen weltlichen Vergnügungen ferngehalten hatte.

Neben der Klärung dieser Zusammenhänge war es in der Therapie für Frau M. die größte Überraschung, als sie feststellen mußte, daß ihr der Vater gar nicht gleichgültig gewesen war. Sie entdeckte ihre Sehnsucht nach dem Vater, auch ihre schwere Enttäuschung darüber, daß er sich der Schwester zugewandt hatte und ihr nicht geholfen hatte (wie der Schwester), von der Mutter sich emotional zu entfernen.

Das waren die wesentlichen Erkenntnisse der therapeutischen Zusammenarbeit, einer Zusammenarbeit, die von Distanz geprägt war. Frau M. hatte gelernt, ihre wahren Bedürfnisse vor der Mutter zu verheimlichen, äußerlich zu gehorchen – »Aber wie es innen aussieht, das geht keinen etwas an!« Das konnte sie oft selbst nicht mehr erkennen, das ging lange Zeit auch mich nichts an. Ich wurde als »Fachmann« auch auf Abstand gehalten, aus Angst, ich könne sonst zuviel Macht über sie bekommen wie die Mutter, der frühere Ehemann oder der jetzige Freund. Erst nach Abschluß der Therapie konnte sie mir schriftlich mitteilen, wie gut ihr die Therapie getan habe. Ich spürte aus dem Brief und den beigelegten bedeutsamen Geschenken (zwei ihr wichtige Taschenbücher und eine Postkarte ihres Lieblingsbildes »Das offene Fenster« von A. Menzel), daß eben doch mehr zwischen uns entstanden war als nur die Beziehung zwischen einem kühl analysierenden Fachmann und einer sich widerwillig mitteilenden Frau.

Das war der Ausgangspunkt unseres Gespräches über ihre Initiationserlebnisse, die in der Analyse nie Thema gewesen waren, weil sie den – damals zutreffenden – Eindruck gehabt hatte, ich sei für derartig religiöse Themen nicht offen. Nun war sie erstaunt über mein Interesse und auch bereit, über ihre Erlebnisse zu berichten. Zuvor wurde ich jedoch erst einmal über den Pietismus informiert.[17]

Wie ich es von ihr erwartet hatte, konnte Frau M. mir in wenigen Sätzen die Grundzüge des Pietismus verdeutlichen, den Boden, auf dem ihre Lebensgeschichte und ihre Initiationserlebnisse erst umfassend zu verstehen sind. Die Mutter stammte, wie ich erst jetzt erfuhr, aus einer kleinen Freikirche in Schlesien, den sog. Altlutheranern. Als die Mutter nach dem Krieg nach Deutschland kam, war sie von der Freizügigkeit der hiesigen evangelischen Kirche erschreckt. Ein Theologe wie Rudolf Bultmann, der das Evangelium wissenschaftlich-kritisch interpretierte und entmythologisierte, war für sie geradezu der Teufel in Person. Die Mutter schloß sich der pietistischen Glaubensrichtung innerhalb der evangelischen Kirche an, jene aus dem 17. Jahrhundert stammenden Gegenbewegung zur Kühle und Ritualarmut der reformatorischen Kirche. Frau M. erlebte bei der Mutter, daß es drauf ankommt, Gott zu spüren, reale Begegnungserlebnisse zu haben – möglichst mit Datum und Uhrzeit! Wer derartige Begegnungs- und Bekehrungserlebnisse nicht vorzuweisen hatte, der gehörte nicht wirklich dazu.

Die Mutter fühlte sich in diesen pietistischen Kreisen wohl und geborgen. 1965, als Eva M. 15 Jahre alt war, nahm die Mutter sie für ein verlängertes Wochenende mit in ein christlich-pietistisches Heim in der Schweiz. Es waren ca. 200 Personen dort versammelt, jeden Abend predigte ein »wortgewaltiger Mann Gottes«. Die Schrecknisse der Hölle und des Verderbens wurden an die Wand gemalt, und es entstand ein großer Gruppendruck, nach vorne zu gehen, seine Sünden zu bekennen und sein Herz Jesu zu übergeben. Auch sie habe sich diesem starken emotionalen Druck nicht widersetzen können und sei am vierten Abend nach vorn gegangen und habe sich bekehrt. Die Mutter sei stolz auf sie gewesen!

Aber diese Bekehrung, dieses Erleben sei nicht echt gewesen, war das Ergebnis des psychischen Drucks der Predigten und des Gruppenprozesses. Nach wenigen Wochen brach Frau M., wie in einer gestauten Gegenreaktion, aus der Enge der pietistischen Glaubens- und Verhaltensvorstellungen aus – aber natürlich heimlich! Eine offene Rebellion gegen die Mutter war ihr undenkbar: »Das war keine Denkkategorie für mich!« Die Mutter repräsentierte zwar eine als schrecklich empfundene Form von Religion, aber andere Formen wurden gleichzeitig von Frau M. gar nicht wahrgenommen. So konnte sich Frau M. sogar – mit ausdrücklicher Billigung der Mutter – aus dem Religionsunterricht der

Schule abmelden, weil der Lehrer dort aus der Sicht der Mutter sowieso nicht fromm genug war.

Heimlich entfloh Eva M. aus ihrem Zimmer, besuchte Kinovorführungen, traf sich mit Freundinnen, führte ein doppeltes Leben zwischen offizieller Unterordnung und heimlicher Rebellion. Nach dem Abitur wollte sie Medizin studieren und machte deshalb ein Krankenpflegepraktikum. Nun offiziell tagsüber aus der Obhut der Mutter entschlüpft, versuchte sie soviel als möglich von dem nachzuholen, was ihre Klassenkameradinnen schon real oder vermeintlich erlebt hatten. Sie hatte mehrere, relativ wahllose sexuelle Kontakte, trank Alkohol, besuchte Diskotheken etc. Die Mutter erklärte sich zwar mit der Wahl der Medizinstudiums einverstanden, forderte aber von der Tochter, zuvor ein Jahr die Bibelschule zu besuchen. Wieder wußte Frau M. nicht, wie sie sich dieser Forderung hätte entziehen sollen. So ging sie nach Seeheim bei Darmstadt, wo eine amerikanische pietistische Gruppe eine Bibelschule mit Internat unterhielt. Da sie von der Mutter die Erwartungen und die Terminologie bestens kannte, galt sie in der Bibelschule als Schülerin, die zu allen guten Hoffnungen Anlaß gab. Bald bemerkten aber die Mitschüler, welch »Kuckucksei« sie in ihrer Mitte hatten. Während der »stillen Zeit« am Morgen, wenn die anderen über ein Wort Gottes meditierten, hatte sie Kopfhörer auf und hörte Popmusik; während sie am Unterricht mehr oder weniger aufmerksam teilnahm, äußerte sie sich im privaten Umgang mit den Mitschülern unverhohlen abfällig und kritisch.

Für sie unverständlicher- und unerwarteterweise wurde jedoch kein Druck auf sie ausgeübt. Man ließ sie in ihrem Protest gewähren, und gerade dadurch wuchs der innere Druck immens. Es gelang nicht, die innere Konflikthaftigkeit zwischen Auflehnung und Unterwerfung nach außen zu verlagern; sie wurde durch die gewährende Haltung der Mitschüler und Lehrer auf sich und ihren ungelösten inneren Konflikt zurückgeworfen: »Man ließ mich gewähren –

aber mein innerer Druck wuchs, ich ging fast kaputt! Ich schaffte es einfach nicht mehr, das Programm dort über mich ergehen zu lassen.« Schließlich war der Drang, die Schule zu verlassen, so übermächtig, daß Eva M. sich den Lehrern offenbarte und zugleich um Hilfe bat, ihre Entscheidung der Mutter verständlich und annehmbar zu machen. Auch hier stieß sie wieder auf Verständnis und Akzeptanz. Es wurde zwar gesagt, daß man ihr die Auseinandersetzung mit der Mutter nicht abnehmen könne, aber man wolle ihr gerne helfen. Was ihr damals überhaupt nicht klar gewesen sei, so Frau M. heute, war, daß dieses Verlassen der Bibelschule – zumindest in ihrer damaligen Vorstellungswelt – den Bruch mit der Mutter bedeutet hätte! Eine undenkbare Vorstellung. Zunächst aber ging sie nach dem offenbarenden Gespräch mit den Lehrern wie auf Wolken, fühlte sich erleichtert und befreit.

Um 22 Uhr wurde auf allen Zimmern das Licht gelöscht: »Ich konnte an diesem Abend aber nicht schlafen. Meine Zimmernachbarin im Doppelzimmer schlief tief und fest. Plötzlich wurde ich unglaublich aufgewühlt, mußte wahnsinnig heulen, war völlig aufgelöst, ohne es einordnen zu können. Ich war überrumpelt. Es griff etwas nach mir, wie eine fremde Macht.« Diesen Zustand der Panik hielt Frau M. alleine nicht aus, sie lief zu einer Mitschülerin in einem anderen Zimmer, zu der sie Vertrauen hatte. Sie fühlte sich in größter Not. Die Mitschülerin nahm sie in den Arm und betete mit ihr, nachdem sie sich mühsam beruhigt hatte. Das ganze Erlebnis dauerte ungefähr zwei bis drei Stunden. Als sie schließlich wieder in ihr Zimmer zurückging, dachte sie noch: »Morgen ist das wieder vorbei!« Morgen sollte ja der Tag ihres Verlassens der Schule sein, damit auch der Tag ihres sowohl erwarteten wie auch zutiefst gefürchteten Bruchs mit der Mutter. »Am Morgen merkte ich aber, daß da eine Kehrtwendung in mir passiert war – der Kampf war raus, es war Ruhe in mir! Und plötzlich sagte mir das etwas: Daß Gott mich liebt! Die, die ich vorher gewesen war, war nicht mehr da! Meine Pläne vom Vortag waren weg, bedeutungslos.« Statt die Schule zu verlassen, blieb sie, wie ursprünglich geplant, das ganze Jahr. Sie wurde nach diesem nächtlichen Erlebnis geradezu zur bekehrten Vorzeigeschülerin der Klasse. Erst im Verlauf dieses Jahres entschied sie sich schrittweise (und mit einer bleibenden Ambivalenz) gegen das ursprünglich angestrebte Medizinstudium und für ein Theologiestudium.

Bis heute ist für Frau M. dieses nächtliche Erlebnis der entscheidende Wandel in ihrem Gotteserleben und Gottesverständnis. Bis heute bezieht sie aus diesem Erlebnis ihre religiöse Sicherheit, ihren Halt, ihr Vertrauen auf Gott. In dieser Nacht endete ein Lebensabschnitt, endete ein nicht mehr auszuhaltender innerer Druck, platzten die geschmiedeten Pläne für den weiteren Lebensweg: »In einem übertragenen Sinne kann man durchaus sagen, daß ich zerstückkelt war – alles, was vorher galt, war weg. Ich weiß nicht, was ich in dieser Nacht noch alles erlebt hätte, wenn ich allein gewesen oder geblieben wäre. Aber ich konnte ja nie alleine bleiben, ich bin zu meiner Mitschülerin regelrecht geflüchtet.«

Aus psychoanalytischer Sicht erscheint dieses zweite, »echte« Initiationserlebnis in einer extremen Anspannungssituation als die unerwartete Lösung eines unlösbar erscheinenden Dilemmas. Das von der Mutter vermittelte Gottesbild ihrer Kindheit blieb ihr immer fremd, es war ein einengender, strafender Gott. Als sie sich von dieser Gottesvorstellung und damit auch der ganzen pietistischen Glaubensrichtung befreien will, bedeutet dies für sie eine unlösbare Aufgabe, da sie darin einen Bruch mit der Mutter verspürt. Diesen Bruch ihrer symbiotischen Beziehung kann sie (sich) nicht leisten – eine weitere Unterwerfung unter die Mutter und deren Glaubens- und Gottesauffassung kann sie jedoch auch nicht mehr ertragen. In dieser unmöglich und auswegslos erscheinenden Situation findet sie ein ganz neues Gottesbild, wird ihr, wie sie es selbst erlebt, in einem dramatischen inneren Prozeß eine neue Gotteserfahrung geschenkt. Aus dem aufgezwängten Gott wird Gott-Vater, der sie liebt, den sie – wie den realen Vater – immer vermißt hat. Diesem Gott-Vater kann sie sich anvertrauen, nun hat sie neben der starken Abhängigkeit von der Mutter eine intensive Beziehung zu Gott. Sie hat sich mit der Erfahrung dieses Gottes keineswegs zur Mutter unterworfen, sondern endlich ein Stück Distanz zur vereinnahmenden Mutter geschaffen, die Distanz, die ihr durch den emotionalen Rückzug des leiblichen Vaters immer gefehlt hat. Das erlebt sie als Ruhe, als sie am Morgen nach der dramatischen Nacht aufwacht.

Ein Nebenaspekt war schließlich, daß die Mutter von der Verfolgerin zur Verehrerin der eigenen Tochter wurde. Die Mutter war beglückt und begeistert vom Bekehrungserlebnis ihrer Tochter, ein Erlebnis, das sie in dieser Form nie gehabt hatte. Sie verzieh ihrer Tochter auch alle nun gebeichteten Ausschweifungen und hatte, zum größten Erstaunen von Eva M., noch weit ausschweifendere Phantasien darüber, was die Tochter möglicherweise alles angestellt haben könnte! Diese positive Einstellung der Mutter änderte sich erst wieder, als Frau M. im Studium sich zu einer kritischen Theologin entwickelte. Daß die äußerst schwierige Beziehung zur Mutter und die Enttäuschung am Vater aber noch nicht gelöst waren, zeigte später die Erkrankung, die Frau M. in Therapie führte.

Einer psychodynamischen Interpretation ihres Initiationserlebnisses steht Frau M. offen gegenüber, auch sie sieht heute sehr wohl die Zusammenhänge mit ihrer Lebensgeschichte und ihrer damaligen aktuellen Lebenssituation. Vor allem betont sie die Bedeutung des von der Mutter geprägten pietistischen Umfeldes, in dem sie aufgewachsen ist und welches erst den Nährboden abgab für die geschilderten Erlebnisse. Sie betont jedoch auch, daß das damalige Erleben für sie über ein bloßes Verstehen hinausgehe, eine ganz andere Qualität habe. Sie rede sonst nicht über dieses

Erlebnis, es sei als etwas Wertvolles in ihr, gebe ihr Sicherheit und Halt – das genüge.

Berufung wider Willen

Die Suche nach einem katholischen Priester, einem Pater oder einer Nonne, der oder die bereit wäre, über eigene Initiationserlebnisse zu berichten, zog sich hin. Ich wurde mehrfach weiterverwiesen, ein positives Ergebnis der Recherchen blieb zunächst aus. Schließlich erfuhr ich von einem katholischen Pfarrer in Süddeutschland, der bereit sei, über sein Initiationserlebnis zu berichten. In einem ersten Telefonat teilte er mir mit, daß er ursprünglich Medizin habe studieren wollen, dann aber von der Frage bedrängt worden sei: »Was willst du in deinem Leben mit Gott anfangen?« Wie gegen seinen Willen habe er sich mit dieser Frage beschäftigen müssen. Schließlich habe er Theologie studiert, seine ganzen bewußten Lebenspläne über den Haufen geworfen. Er sehe darin seine Berufung zum Priesteramt durch Gott.

Wir vereinbarten einen Gesprächstermin, das Gespräch fand Ende September 1994 statt. In meiner Schilderung folge ich im wesentlichen unserem damaligen Gesprächsverlauf; theoretische Überlegungen sind zum Abschluß angefügt.

Michael L. wurde 1955 geboren. Ein schlanker, hochgewachsener Mann in legerer Kleidung empfängt mich auf dem Bahnhof – gegenseitige Erkennungsmerkmale sind Alter, Größe und leicht ergraute Haare beiderseits. Das Erkennen ist kein Problem, ein tragfähiger Kontakt stellt sich schnell her. Mit seinem Kleinwagen fahren wir zu seinem Pfarrhaus, wo wir uns in sein Wohnzimmer zurückziehen. Es ist mit Fichtenholzmöbeln eingerichtet, an den Wänden hängen gerahmte Reproduktionen und Plakate von Mark Rothko, Paul Klee, Joan Miro und Francis Bacon. Die Auswahl der Bilder gefällt mir, vor allem die Reproduktion eines spröden Alterswerkes von Miro. Daß die Bilder keine bloß zufällige Dekoration sind, sondern sich dem Kunstverständnis und -interesse von Michael L. verdanken, wird von ihm bestätigt.

Michael L. entstammt einer Arztfamilie mit fünf Kindern. Der Vater hatte eine Praxis als Internist, die er seinem ältesten Sohn Michael eines Tages übergeben wollte. Eine ältere Schwester wurde Krankengymnastin, die andere Apothekerin. Auf ihn als Mittleren in der Geschwisterreihe folgte wiederum eine Schwester, zum Schluß sein Bruder Thomas. Er hielt sich oft in der Praxis seines Vaters auf, der Beruf des Arztes schien seinen Neigungen und Interessen zu entsprechen. Der Vater, der ansonsten in der Familie wenig präsent war und hinter der dominanten Mutter zurückstand, unterstützte dieses Interesse seines ältesten Sohnes. Bereits vor dem Abitur wurde auf Spaziergängen ausgerechnet, wann Michael mit dem Studium und der Facharztausbildung fertig sei und die Praxis des Vaters übernehmen könne. Der sechs Jahre jüngere Bruder Thomas äußerte als Berufswunsch, Tierarzt zu werden.

Die Eltern waren religiös eingestellt, die Mutter mehr als der Vater. Der gemeinsame sonntägliche Gang zum Gottesdienst war eine Selbstverständlichkeit, die nie in Frage gestellt wurde – auch nicht zu Zeiten der Pubertät. Bis zum 15. Lebensjahr war Michael Ministrant, allerdings ohne ein erinnerliches größeres Interesse an religiösen Fragen. Gott galt ihm als »prima causa« – »irgendwo mußte die Welt ja herkommen«. Überhaupt – so Michael L. heute – habe er sich in seiner Jugend nicht tiefgründige Gedanken gemacht.

Wie isoliert stehen zwei Erinnerungen aus der Kindheit. In der dritten Volksschulklasse kam ein Pater in die Schule und verteilte u. a. Zettel mit der Frage: »Was willst Du werden?« Er habe »Priester« geantwortet, was er rückblickend nicht recht verstehen könne. Der Pater rief daraufhin die Eltern an, um auf eine gediegene religiöse Ausbildung in einem Internat zu drängen. Der Familienrat tagte – und lehnte ab. Eine zweite, ebenso isoliert dastehende Erinnerung bezieht sich auf einen Spaziergang mit der Mutter und einem 15jährigen Cousin, als Michael elf Jahre alt war. Sein Cousin fragte seine Mutter: »Wie merkt man denn, daß man Priester wird?« Er könne sich noch genau an die Antwort der Mutte erinnern: »Wenn es soweit ist, merkst du das schon.« Das Verhältnis zur Mutter war eng, die Mutter war der Mittelpunkt der Familie. Die Familie wiederum war immer der Mittelpunkt aller weiteren Aktivitäten. Es gab ein Drinnen in der Familie und ein Draußen – zwischen beiden lag eine Zäsur, eine Mauer. Die Familie erlebte er wie eine Schutz gebende Burg. Drinnen herrschte in seiner damaligen Wahrnehmung Vertrauen, Verläßlichkeit, Harmonie und Friede, gegen draußen schirmte die Familie sich ab. Tiefergehende Außenkontakte waren weit weniger wichtig als ein guter Zusammenhalt in der Familie: »Wir hatten viele, letztlich jedoch oberflächliche Kontakte. Wir waren Vorzeigekinder, bei uns war alles in Ordnung. Es war so eine Art »heilige Familie«. Ich war aber schon als Kindergartenkind derjenige, der manchmal dieses Familiensystem sprengte, indem ich nach außen trug, wie es bei uns zuging. Das galt dann als schlimme Verfehlung.« Harte Auseinandersetzungen in der Pubertät fehlten, alles in der Familie lief – zumindest oberflächlich und aus der Sicht des heranwachsenden Michael betrachtet – vollkommen problemlos und klar ab. Das Verhältnis zur Mutter wird in der Rückschau als symbiotisch-eng bezeichnet. Mit dem Vater fanden keine Auseinandersetzungen statt, da er sich entzog und auch auf Sticheleien, an die Michael L. sich noch gut erinnern kann, nicht einging. Da der Durchschnitt der Abiturnoten nicht ausreichte für den Numerus clausus des Medizinstudiums, verpflichtet sich Michael für zwei Jahre zum Sanitätsdienst beim Militär. Erstmalig war er getrennt von der Familie, »aber ich fühlte mich nicht einsam – der Schutzengel der Familie ist mir nachgegangen«. Vom Vater erhielt er für die Zeit bei der Bundeswehr einige Verhaltenshinweise – nicht auffallen, nicht der erste und nicht der letzte sein etc. – mehr habe der Vater ihm kaum je mit auf den Weg gegeben. Bis September 1974, als er ein Jahr und drei Monate bei der Bundeswehr war, lief das Leben seinen gewohnten und vorgezeichneten Weg.

Und dann kam die unbequeme Frage: »Was willst du in deinem Leben mit Gott anfangen? Entspricht das, wie du lebst, dem Willen Gottes?!« Diese Fragen gingen mir einfach nicht aus dem Kopf! Diese Fragen haben mein Denken gefangengenommen, ich habe mich dagegen gesträubt, bin aber trotzdem immer wieder zu diesen Fragen zurückgekehrt. Ich habe in dieser Zeit auch intensive Bilder meiner Zukunft vor dem inneren Auge gehabt – wie ich Mitte Vierzig dasitze mit Arztpraxis, Frau und Kindern. Ich würde Gott wie bisher einen guten Mann sein lassen, sonst nichts. Reicht das aus? Und wenn ich sterbe – hat das gereicht?! Ich hatte dann eine Gerichtsszene vor Augen – wie stünde ich dann da? Dann kam auch bald das Gegenbild zu Praxis und Familie: Wenn du ein Leben führen willst, das Gott wohlgefällig ist, dann mußt du Priester werden! Da bin ich erschrocken über diese Folgerung! Das wollte ich nun wirklich nicht! Ich habe wieder NEIN gesagt zu diesem Gedanken, wochenlang. Gleichzeitig wunderte ich mich über mich selber, denn ich hatte noch nie eine Frage gewälzt, die mich wochenlang beschäftigte. Außerdem sagte ich mir immer wieder, daß ich keine Fähigkeiten für und auch keine wirklichen Vorstellungen von einem Priesterberuf hätte. Schließlich ging ich in eine Bibliothek und informierte mich über die Priesterausbildung. Berufsbild und Studium, wie ich sie dort beschrieben fand, stießen mich ab!

Geredet habe ich in dieser Zeit mit niemandem über meine Gedanken – auch nicht mit Gott im Gebet. Es war zunächst ein reines Gedankenspiel, das erst allmählich immer ernstere Züge annahm. Irgendwann wurde mir dann klar, daß ich ganz real die Möglichkeit zum Wechsel hatte. Dann kam auch wieder das Bild: Ich sitze da mit Frau und Kindern, bin Arzt – und ich bin unzufrieden! Ich hatte ja keine Möglichkeit, einen anderen Lebensweg einzuschlagen – und ich war zu feige gewesen. Und das bereust du dann nach zwanzig Jahren, dachte ich mir. Neben mein vorgezeichnetes Gleis »Medizin« legte sich das Gleis »Priester« – ich konnte springen. Ich mußte es riskieren, mußte es ausprobieren. Wichtig war allerdings schon das Bewußtsein, meine Entscheidung gegebenenfalls revidieren zu können.

In dieser Situation ging ich Anfang Dezember 1974 zu einem Soldaten-Gottesdienst. Gottesdienste hatten in dieser Zeit eine neue, tiefere Bedeutung für mich gewonnen, die Predigten sprachen mich mehr an als früher. Als ich die Kirche verließ, sah ich am Schriftenstand im Kirchenvorraum ein Schild mit der Aufschrift »Willst du Priester werden?«. Ich nahm mir eine der Informationspostkarten.«

Als Michael L. Antwort auf seine Anfrage bekam und ein erstes Gespräch mit dem Regens eines Priesterseminars hatte, war dies nach drei Monaten der inneren Auseinandersetzung das erste Gespräch mit einem Außenstehenden. Er fühlte sich einerseits zum Priesterberuf hingezogen, andererseits interessierte ihn jedoch weder das Theologiestudium, noch hielt er sich für fähig, als Priester tätig zu sein. »Ich fühlte mich wie ›ferngesteuert‹«, sagte er rückblickend.

Zu Weihnachten 1974 entschloß er sich, seine Eltern und Geschwister über seine Entscheidung zu unterrichten. Er war unruhig, hatte Herzklopfen, Angst vor den Reaktionen. So dauerte es bis kurz vor Mitternacht, bis er sich endlich aufraffen konnte: »Ich muß euch mal was sagen ... ich habe mich entschlossen, Priester zu werden.« Keine Erklärung, keine Schilderung des inneren Ringens um die Entscheidung, eine nackte Mitteilung. Es herrschte Stillschweigen. Dann begann seine jüngere Schwester zu weinen. Schließlich äußerte der Vater, daß er von diesem Plan nicht angetan sei, denn er wolle ihm doch eines Tages die Praxis übergeben. Die Mutter hingegen akzeptierte den Entschluß ihres ältesten Sohnes. Dann wurde nicht weiter darüber geredet, so wie über schwierige Themen in der Familie auch sonst nicht geredet wurde.

Nach diesem von vielen Ambivalenzen und inneren Kämpfen geprägten Berufungserlebnis folgte nach Abschluß der Bundeswehrzeit im Mai 1975 der Eintritt ins

Priesterseminar. Die inneren Auseinandersetzungen waren damit jedoch noch keineswegs beendet. Er saß sein Pflichtpensum in den theologischen Vorlesungen ab, fühlte sich vom Lehrstoff jedoch überhaupt nicht angesprochen. Fachliteratur las er drei Semester so gut wie gar nicht, statt dessen interessierte er sich für Philosophie, vor allem für Sartre, Kierkegaard und den Existenzialismus. Er war begeistert von einem Satz wie: »Ich kann mich entscheiden, heute ein Heiliger zu sein und morgen eine Hure.« Er empfand einen »Freiheitsrausch« angesichts eines solchen Satzes. »Daß man das denken konnte, faszinierte mich! Zu Hause war demgegenüber alles eng gewesen! Jetzt stand mir alles offen.« Daneben hatte er begonnen, jeden Morgen zu meditieren und einige spirituelle Bücher zu lesen. Besonders angesprochen fühlte er sich von zwei Büchern von Carlo Caretto. Abends war er gern gesehener Gast auf Studentenfeiern, diskutierte viel und trank gern mehr als nur einen Schoppen Wein. Er war gern auffällig und modisch gekleidet, genoß es, Blicke auf sich zu ziehen. Eine engere oder gar sexuelle Beziehung zu Frauen suchte er jedoch nicht.

Ungefähr ab dem dritten Semester kam es zu starken Auseinandersetzungen mit der Mutter. Galt sie ihm bisher als unantastbar, fast als eine Heilige (!), so änderte sich das nun radikal. Im christlichen Ideal der Armut (»Ich weiß gar nicht, wo ich das damals aufgeschnappt habe«) fand er einen Ansatzpunkt zur Kritik seiner Mutter. Während der Vater viel arbeitete und sehr sparsam war, gab die Mutter gern Geld aus. Er warf ihr vor, daß sie z. B. eine Ledergarnitur für das Wohnzimmer oder ein Cabriolet gekauft habe. Er kritisierte, daß vom Christentum in der Familie zwar immer geredet worden sei, daß aber nicht konsequent danach gelebt werde. Er begann, sich gegen die Dominanz der Mutter in der Familie und gegen ihre Vereinnahmungstendenzen zur Wehr zu setzen: »Da sind bei uns zu Hause Welten zusammengebrochen! Aber eine wirklich gute und konstruktive Auseinandersetzung über diese Fragen war nicht möglich. Das blockte die Mutter ab. Sie jammerte, sie sah in allem ein Familiendrama! Ich war der böse Bube. »Bring den Teufel nicht nach Hause!« sagte die Mutter. Ihm selber ging es in diesen Auseinandersetzungen schlecht, es war eine schmerzliche Zeit der Loslösung aus der Familie, speziell von der Mutter. Den Höhepunkt erreichte dieser Trennungs- und Loslösungsprozeß in einem Traum: »Ich ging in diesem Traum in einem heftig geführten Streit mit dem Messer auf meine Mutter los, um sie zu erstechen! Im letzten Moment vor der Tat bin ich dann wohl aufgewacht – aber so ganz genau weiß ich das nicht mehr.« Mit diesem Traum fand die Auseinandersetzung mit der Mutter zu einem vorläufigen Abschluß, eine Distanz war hergestellt, er fühlte sich nicht mehr so vereinnahmt, sie blieb fortan in einer gewissen Distanz. Rückblickend sieht Michael L. in diesen Auseinandersetzungen um seine Trennung aus der engen Beziehung zur Mutter das zentrale Thema jener Zeit. Im vierten Semester stand das Vordiplom an. Er besorgte sich nun endlich die theologischen Standardwerke und bekam nun auch Zugang zum Lehrstoff. Das weitere Studium nach dem bestandenen Vordiplom absolvierte er mit zunehmendem Interesse.

Soweit die Schilderung der lebensgeschichtlichen Ereignisse. Auf der formalen Ebene finden wir die bekannten Phänomene der Initiation deutlich repräsentiert. Besonders eindrucksvoll ist das Sträuben gegen die Berufung dargestellt, ein Phänomen, das auch auf den Berufungen der Schamanen diskutiert wurde. Der eigentliche Ablauf der Initiation mit Séparation, Marge und Agrégation läßt sich leicht nachvollziehen. So gibt er seinen bisherigen Berufswunsch, Arzt zu werden wie der Vater, auf und schlägt einen ganz anderen Weg ein, was nicht nur berufliche, sondern auch weitreichende persönliche Konsequenzen hat (Zölibat). Diese Loslösung vom alten Status (Séparation) führt in eine dramatische Übergangszeit (Marge): »Da sind bei uns zu Hause Welten zusammengebrochen!« Es ist eine Phase der Desintegration, der Umwertung aller Werte, bis hin zum Traum vom Tötungswunsch gegen die Mutter. In der zunehmenden Identifikation mit dem Studium, dem Lehrstoff und der Rolle als Priester zeigt sich die schrittweite Agrégation, die Einführung in den neuen Status, die mit der öffentlichen Amtseinführung als Pfarrer endet.

Dieser Sichtweise des Ablaufs der Erlebnisse als Initiationsprozeß kann sich Michael L. anschließen. In einem der Bücher von Carlo Caretto, die Michael L. in den siebziger Jahren las, fand ich die folgende Passage angestrichen: »Niemand kann Gott sehen, ohne zu sterben, sagt die Schrift. Das heißt: Ihn von Angesicht zu Angesicht schauen ist nur denen möglich, die hindurchgegangen sind durch das Stadium des Todes.«[18] Er hat hier eine geradezu klassische Beschreibung des Initiationsphänomens – ohne daß es hier ausdrücklich so benannt wird – im Buch als für sich wichtig gekennzeichnet.

Der Ruf Gottes, den er als Frage innerlich wahrnahm und dem er sich schließlich nicht entziehen konnte, ist für ihn eine spirituelle, transpersonale Erfahrung, die sein Leben verändert hat. Jetzt ist er vierzig Jahre alt und in sein Amt als Gemeindepfarrer hineingewachsen. Seine Entscheidung hat er nicht bereut.

Von einem psychiatrischen Standpunkt ließe sich nun überlegen, ob die Fragen, mit denen Michael L. sich gegen seinen Willen, wie er es empfand, beschäftigen mußte, einen Zwangscharakter hatten im Sinne von Zwangsgedanken. Eine solche Betrachtungsweise scheint aber nur bei oberflächlicher Annäherung stimmig, da im vorliegenden Falle – ganz im Gegensatz zu typischen Zwangsphänomenen – eine konstruktive Entwicklung in Gang kommt. Auch läßt sich das als-ob-Gefühl »ferngesteuert zu sein« nicht mit einer schizophrenen Symptomatik in Beziehung bringen, wo das Gefühl der Willensbeeinflssuung eine ganz andere Qualität aufweist. Es scheint mir jedoch angebracht und notwendig, derartige »Differentialdiagnosen« zu bedenken, gerade weil

Berufungs- und Initiationserlebnisse in den unterschiedlichsten Religionen immer wieder mit neurotischen Störungen (vor allem Hysterie), Epilepsie und Schizophrenie in Verbindung gebracht wurden.[19] Eine derartige Einengung auf Krankheitsphänomene greift zu kurz, wie es bereits für den Schamanismus ausführlich dargestellt wurde.

Eher ergibt sich eine Möglichkeit zum Verständnis der geschilderten Erlebnisse aus einer psychodynamischen Betrachtungsweise, ohne daß die Erlebnisse auf diesen Blickwinkel hin eingeengt werden sollen. Hier ist zunächst auffällig, daß die Familie z. T. in einer Art beschrieben wird, wie wir sie bei der Beschreibung von Stammeskulturen bereits kennengelernt haben: das Trennende, Aggressive muß innerhalb des Stammes/der Familie verdrängt und verleugnet werden – die Familie gilt als harmonisch, gar »heilig«, pubertäre Auflehnung wird nicht sichtbar, Diskussionen wie um die Berufung zum Priester werden vermieden, es gibt einen »Schutzengel der Familie«, der Michael sogar zur Bundeswehr folgt – also einen kollektiven, keinen individuellen Schutzengel. Die Familie umgibt sich mit einem Wall nach draußen, wo das Feindliche und Böse geortet wird (»Bring den Teufel nicht nach Hause!«). Innerhalb dieer aus der Familientherapie bekannten Familienkonstellation[20] besteht ein enges, gewissermaßen symbiotisch-enges Verhältnis des ältesten Sohnes Michael zur Mutter.

Zu fragen ist an dieser Stelle, ob die geschilderten Kindheitserinnerungen (Priester werden zu wollen und »Wie merkt man...«) auf langfristige, aber eher unterschwellige Beeinflussungen durch Wünsche der Mutter hinweisen könnten. Erinnert sei in diesem Zusammenhang an die spontane Zustimmung der Mutter bei der Mitteilung des Berufswunsches. Auch die Namensgebung in der Familie könnte einen diesbezüglichen Hinweis abgeben; während Michael und sein Bruder Thomas biblisch-christliche Namen erhielten, bekamen die Mädchen durchweg »weltliche« Namen. Namen als Programm der Mutter? Jedenfalls haben die Schwestern geheiratet, Michael und sein Bruder Thomas wählten beide den Priesterberuf! Michael L. selber bringt sein enges Verhältnis zur Mutter damit in Zusammenhang, daß er zwar gern per Verhalten und Kleidung die Blicke der Schülerinnen auf sich zog, jedoch keinen näheren Kontakt aufnahm. Es scheint ihm, als sei die Position der Freundin/Ehefrau bei ihm durch die so enge Beziehung zur Mutter blockiert gewesen.

Der Vater war keine ausreichende Hilfe, um sich per Identifikation mit ihm aus der Mutterbindung zu lösen. Diese Identifikation wurde im Beruf zwar zunächst gesucht und angestrebt, aber diese Perspektive scheint angesichts eines als schwach und sich den Konfrontationen entziehenden Vaters (trotz seiner beruflichen Erfolge als Internist) wenig vielversprechend. Michael L. geriet – so könnte eine psychodynamische Hypothese formuliert werden – gegen Ende der Bundeswehrzeit und angesichts des nahenden Medizinstudiums in ein Dilemma. Einerseits wollte er sich zwar bewußt mit seinem Vater identifizieren, seine Position per Praxisübernahme eines Tages einnehmen, andererseits erschien diese Position (z. B. auch des schwachen Mannes bei einer starken Frau) auch nicht erstrebenswert. Einerseits wollte er die symbiotische enge Beziehung zur Mutter aufrecht erhalten, andererseits spürte er immer deutlicher die darin liegende Vereinnahmung und Behinderung der Selbständigkeit. Angesichts der verinnerlichten Familienstruktur als Burg gegen das nach draußen projizierte Böse bot sich ihm eine Trennung, ein Bruch mit der Familie, zunächst nicht als Ausweg an, hätte seine Möglichkeiten zu diesem Zeitpunkt überfordert. Eine bewußte, rein intellektuelle Entscheidung für den Priesterberuf bot auch keine Lösung, da sie eine willentliche (»mutwillige«) Enttäuschung/Entwertung des Vaters einerseits und eine Unterwerfung unter die Wünsche der Mutter andererseits bedeutet hätte.

In diesem Dilemma drängen sich ihm – wie von außen kommend – Bilder und Fragen auf, die diese Problematik treffend widerspiegeln; er sieht sich am Ziel des bislang bewußt gewählten Weges, unglücklich, als einer, der sein Ziel verfehlt hat. Statt zur »Einsicht« in die geschilderten Konflikte, wie es im Rahmen einer Psychotherapie angestrebt würde, kommt es, so könnten wir sagen, zu einer »Durchsicht« – hinter den unlösbar erscheinenden Konflikten öffnet sich ein Weg, indem aus einem lediglich aktiven Entschluß, Priester zu werden, ein mehr passives, sich ihm aufdrängendes Erlebnis wird. Der Ruf Gottes ermöglicht ihm, sich Vaters Ruf ohne zu große Schuldgefühle zu entziehen; gleichzeitig entspricht die Befolgung des Rufes durch Gott keiner Unterwerfung unter die Wünsche der Mutter. Zu ihr kann er nun sogar mit Hilfe des Armutsideals auf Distanz gehen. Er verläßt die Familienburg, mit all den Ängsten, Zweifeln und auch Schuldgefühlen, die damit verbunden sind (vgl. hierzu auch die Tötungsabsicht im Traum!) – und er landet in den Armen von »Mutter Kirche«. Hier nun kann er, in Distanz zur Ursprungsfmailie, einen Teil seiner familiären Identifikationen zum Wohle der Gemeinschaft konstruktiv einbringen: Die bei der Mutter erlebte Nähe kann er als Fähigkeit zur verstehenden und liebevollen Zuwendung in seine Arbeit mit Hilfesuchenden einbringen. Seine Identifikation mit dem Arbeitseifer und der Sparsamkeit des Vaters entspricht einem kirchlichen Ideal und ermöglicht ihm – darin durchaus auch dem klassischen Arztideal entsprechend –, die eigenen Bedürfnisse zum Wohle der anderen hintenanzustellen. Hierzu paßt es schließlich auch, daß er z. B. von moderner Kunst fasziniert ist, auch den Kölner Kunstmarkt besucht, sich jedoch keine originalen Kunstwerke kauft. Er begnügt sich mit Reproduktionen – und er hat auch keine Ledersessel und kein Cabriolet, wie ich gleich zu Beginn unseres Zusammentreffens feststellte.

Ob er der zum Priesteramt geeignete junge Mann war, der aufgrund seiner Lebensgeschichte von Gott in dieses Amt gerufen wurde – wie es Michael L. erlebt und was einer spirituellen, transpersonalen Sichtweise entspricht –, oder ob er einen ungewöhnlichen intrapsychischen, weitgehend unbewußt ablaufenden Prozeß der Konfliktlösung und Selbstheilung durchlief, wie ich es vorstehend zu skizzieren versucht habe, bleibt eine Frage der Einstellung und Interpretation. Aber stellen diese beiden Annahmen notwendigerweise einen Gegensatz oder Widerspruch dar? Eine Bewußtmachung der Konflikte durch »Einsicht« hätte die damalige Verarbeitungskapazität des Zwanzigjährigen vermutlich überfordert – und exakt an dieser Stelle scheint sich ihm der Blick zu öffnen (»Durchsicht« statt »Einsicht«) für einen hinter den derzeit unlösbar erscheinenden Konflikten liegenden Lösungsweg. Die besondere Erlebnisqualität der Berufung und Initiation entzieht sich einer psychodynamischen Rekonstruktion. Bei den tiefgreifenden, die Persönlichkeit wandelnden Initiationserlebnisse haben Mystiker immer wieder zum Vergleich mit dem Liebeserleben gegriffen, das sich ebenfalls in seiner Erlebnisqualität nicht »erklären« oder »begründen« läßt. An dieser Stelle müssen künstlerische, vor allem poetische Beschreibungen zur Hilfe genommen werden. Die Beziehung zu Gott wird dabei immer wieder als Inbegriff des höchsten Liebeslebens beschrieben (vgl. z. B. die Liebeslyrik des Johannes vom Kreuz 1961–1964). Bei dem von Michael L. geschätzten und seinerzeit intensiv gelesenen Carlo Caretto heißt es an einer Stelle: »Verstünde die Welt doch, daß die Suche nach Gott das tiefste Liebeserlebnis ist! Verstünde die Welt doch, daß ein Heiliger kein verkümmerter Mensch ist, sondern einer, der verstanden hat, wo die wahre Liebe zu finden ist!«[21]

Existenz und Maske
Anmerkungen zur Berufung und Initiation der Priester heute

Der zukünftige Schamane muß eigene soziale und lebensge-schichtliche Probleme krisenhaft verarbeiten, um schließlich im Berufsbild des Schamanen (als Heiler, Priester und Künstler zugleich) seine innere Heimat und äußere Existenzform zu finden. Eigene Konflikthaftigkeit einerseits und gesellschaftliche Vorgaben andererseits (Mythen des Stammes, bekannte Rituale, Erwartungen der Gemeinschaft) werden in den visionären Jenseitsreisen der Schamanen immer wieder aufs neue aktualisiert, verschmolzen, zum Wohl der Gemeinschaft wie auch des Schamanen selbst (Reaktivierung der Selbstheilungskräfte) in dramatischer Form zur Darstellung gebracht. Was davon läßt sich bei einem der Erben des Schamanen, dem heutigen Priester, wiederfinden?

In seinem Buch »Kleriker – Psychogramm eines Ideals« hat Eugen Drewermann[22] eine umfassende Studie zur Psychodynamik der katholischen Erben, dieser »Schattenbrüder des Schamanen«, vorgelegt. Den Ausführungen von Drewermann wird in Diskussionen oft vorgeworfen, daß sie allenfalls für die Priesterausbildung vor dem Zweiten Vatikanischen Konzil – also bis zu Beginn der sechziger Jahre – Gültigkeit hätten. Drewermann, so heißt es, habe seine persönlichen Enttäuschungen und Verletzungen in unzulässiger Weise verallgemeinert und schließlich auch noch auf die inzwischen veränderte Gegenwart bezogen.

Trotzdem sollen nun zum Abschluß dieses Kapitels einige kritische Überlegungen in Anlehnung an Drewermann vorgestellt werden. Dies geschieht u. a. auch deshalb, weil es einerseits unrealistisch wäre anzunehmen, daß die von Drewermann beschriebenen Phänomene trotz aller stattgefundenen Veränderungen seit dem Konzil vollkommen verschwunden wären, und weil andererseits die hier

diskutierten Phänomene der stets subjektiven Initiationserlebnisse auch heute eher ein Schattendasein führen.[23]

Im Unterschied zu den Schamanen, so führt Drewermann aus, wird die Berufung der Kleriker primär keineswegs als das Ergebnis einer positiv verlaufenden transformativen Krise gesehen, sondern als Berufung durch Gott
und zugleich als bewußte Entscheidung eines erwachsenen
Menschen. Die psychogenetischen Anteile dieser Entscheidungen werden nicht reflektiert. Bei einer derartig in die
Lebens- und Berufsentwicklung einschneidenden Entscheidung läßt die Ausblendung der lebensgeschichtlichen Entwicklung hin zu dieser Entscheidung/Berufung schnell an
Verdrängung der konflikthaften Anteile der Entscheidung
und ihre Projektion auf das (individuelle) Gottesbild denken. Der Nachteil eine solchen Umgangs mit der eigenen
Entscheidungsgeschichte ist darin zu sehen, daß sowohl das
Verdrängte als auch das Projizierte einer adäquaten Be- und
Verarbeitung nicht mehr zugänglich sind. Hier könnte –
nebenbei bemerkt – einer der Gründe liegen, mit Bibelzita-
ten zu operieren ggf. sogar zu kämpfen (vgl. hierzu die
zweite Versuchung Christi in der Wüste sowie die literarische Gestaltung im Roman »Der Name der Rose« von
Umberto Eco), anstatt nach der jeweils tieferen Bedeutung
des Wortes Gottes für das eigene Erleben und das eigene
Geworden-Sein zu fragen. Statt u. a. auch rückwärts zu
blicken, um den Blick nach vorn klar zu bekommen (was
u. a. der Methodik der Psychoanalyse entspräche), um gesellschaftliche und religiöse Erfordernisse in Einklang mit
eigenen Bedürfnissen und Erfahrungen zu bringen, droht
das Wort Gottes zum alleinigen Sprachrohr des Über-Ich
zu werden.

Die Verdrängung der Kindheit und Pubertät mit ihren
Konflikten und Kämpfen verwandelt sich zu einer Kind-
lichkeit in der Einstellung gegenüber »Mutter-Kirche«. Es
geht um Gehorsam, Unterordnung – aber nicht gegenüber
einem als mächtig erkannten Gott, sondern gegenüber einer

von Menschen getragenen Institution. Drewermann schreibt zutreffend: »Ein Schamane übernimmt sein Amt innerhalb des Lebens eines Stammes aus der Kraft seiner eigenen Persönlichkeit; ein katholischer Kleriker tritt in den Stand seiner Berufung ein um den Preis, daß zwischen seiner Person und seinem Amt eine tiefe Zäsur liegt. Das Amt, das er bekleiden soll, ergibt sich gerade nicht aus seiner Person, sondern aus den objektiv vorgegebenen Strukturen der Kirche; er wird zwar aufgefordert, in das Amt, das ihn bekleiden soll, hineinzuwachsen, aber das Problem ist ähnlich wie in der Geschichte vom Kampf zwischen David und Goliath (1. Samuel 17,1–51): Man kann nur wirklich gut ›kämpfen‹, wenn man sich so bewegen kann, wie es einem entspricht – der ›Panzer Saulus‹ sieht vielleicht ›richtiger‹ aus, bleibt aber etwas Übergestülptes, Künstliches und Abgeleitetes.«[24] Das Visionäre, Ekstatische und Prophetische als zutiefst individuelle Glaubenserfahrung wird auf diese Weise eliminiert und ist de facto von der Amtskirche auch stets argwöhnisch betrachtet worden, hat sogar die Inquisition auf den Plan gerufen. Es ist – wie auch schon zu Zeiten des Johannes vom Kreuz im 16. Jahrhundert – die Frage, ob dem Menschen zugetraut wird, sich mit freien Willen (d. h. notwendigerweise: bei weitgehender Selbsterkenntnis durch Selbstkonfrontation gleich welcher Art!) in allem Gott zu unterstellen (»heilige Freiheit«) – oder ob die Amtskirche ängstlich darauf achtet, die Wege des Menschen zu reglementieren, um ihn vom Abgrund des Verderbens fernzuhalten (»heiliger Gehorsam«).[25] Der Gehorsam vor der Lehrmeinung der Amtskirche stellt für viele Kleriker die Unterordnung des Ich bzw. Selbst unter ein externes Über-Ich-Diktat dar. Sich selbst wie auch den Gläubigen gegenüber argumentiert ein so sozialisierter Priester nur noch aus der Position des Über-Ichs heraus (Du sollst, Du darfst, Du darfst nicht).

Obwohl das primäre Anliegen jeder Kirche die Beziehung des Menschen zu Gott, das Selbstverständnis des

Menschen angesichts seiner Gotteserfahrung ist, eignet sich nichts besser zur Aufrechterhaltung der beschriebenen Über-Ich-Problematik als die möglichst rigorose Beschneidung der Sexualität. Enorm viele psychische Energien katholischer Priester werden verbraucht (wahrlich verpulvert), um den Forderungen nach sexueller Enthaltsamkeit nachzukommen, die Sehnsucht nach einer Frau und eigenen Kindern zu unterdrücken – oder, wie gefordert, in die Liebe zu Gott und den Mitmenschen zu sublimieren. Angesichts der genannten menschlichen Grundbedürfnisse und der grundlegenden Sehnsüchte kann dies – ohne Schaden an Leib und Seele zu nehmen – keineswegs von allen geleistet werden. Statt dessen wird der Mechanismus der Bindung an die Amtskirche in Gang gestzt. Wer die Ausklammerung der Sexualität bzw. deren vollkommene Sublimierung verlangt, kann mit größter Sicherheit davon ausgehen, daß der andere schuldig wird, sofern er sich auf diese Forderung per Identifikation mit dem Aggressor eingelassen hat. Die Kirche, die das Verbot auferlegt, ist dann zugleich die Institution, die die Vergebung bei Übertretungen des Verbotes anbietet: Es ist dies ein sicheres System der Bindung des Klerikers (wie auch vieler Gläubigen) an die Institution. Einen Wert der Sexualität im religiösen Ritus hat das Christentum im Gegensatz zu den Mysterien des Altertums, oder auch im Unterschied zum Hinduismus und Tantrismus, nie gekannt.[26] Eine Initiation als tiefgreifende Auseinandersetzung mit sich selbst, dem eigenen Gewordensein, die dann aus freier Entscheidung in eine weitgehend gesellschaftlich und historisch vorgeformte neue Struktur (sei es Schamane, Priester, Psychotherapeut) hineinführt – eben das ist es, was die Priesterausbildung durch einseitige Betonung des zweiten Aspekts zu versäumen scheint. Es wäre eine ausführliche transkulturelle Studie wert, den schamanischen Elementen in Berufungs- und Initiationserlebnissen sowie in der Berufsausübung bei den Priestern und Priesterinnen der Weltreligionen nachzuforschen.

Die hier vorgestellten Überlegungen können das komplexe Thema nur andeuten; vielleicht ist – wie so oft bei der Einbeziehung auch mystischer Erfahrungen – ein Gebet (Gedicht?!) des Philosophen und Theologen Nikolaus von Kues (1401–1446) als Abschluß und Ausblick geeignet:

Niemand kann sich dir nähern, da du unnahbar bist. Daher erfaßt dich niemand, es sei denn, du schenkst dich ihm. Wie wirst du dich mir geben, wenn du nicht erst mich selbst mir gibst? –
Und wie ich im Schweigen der Betrachtung ruhe, antwortest du mir, Herr, in der Tiefe meines Herzens.
Und du sagst: Sei du dein, so werde ich dein sein! O Herr, du Beglückung in aller Wonne, du hast es zur Sache meiner Freiheit gemacht, daß ich mein sein kann, wenn ich so gewollt habe. Gehöre ich nicht mir selbst, so gehörst auch du nicht mir.[27]

Kunst und Initiation

Um eine konkrete Aufgabe zu lösen (Krankenbehandlung, Klärung der Ursachen für ausbleibendes Jadglück etc.) ruft der Schamane seine Hilfsgeister zu sich und/oder begibt sich auf eine Jenseitsreise. Im veränderten Bewußtseinszustand stellt er, wie wir heute sagen, den Kontakt her zum eigenen Unbewußten wie auch zu dem des Patienten oder der gemeinsamen sozialen Gruppe. Das in der Jenseitsreise Geschaute gestaltet der Schamane in Erzählungen, Gesängen, Pantomimen, Tänzen, also in einem künstlerisch gestaltenden Prozeß von hoher Komplexität. Seine kreative Tätigkeit beruht, wie bereits ausführlich dargestellt wurde, sowohl auf der Re-Aktualisierung eigener Initiationserlebnisse in den Jenseitsreisen als auch auf seinen gelernten und trainierten Fähigkeiten und seinem Wissen, das er sich in seiner oft jahrelangen Lehrzeit erworben hat. All dies geschieht in den Stammeskulturen nicht um der »Kunst« willen, sondern ist ein integraler Bestandteil der schamanischen Tätigkeit, die eine klare Trennung in künstlerische, priesterliche und heilende Tätigkeitsbereiche noch nicht kennt. Entsprechend der These von den Künstlern als Erben einer der Funktionen des Schamanen stellt sich nun die Frage, ob und wie sich die aus dem Schamanismus bekannten Phänomene der Berufung, Initiation und der Gestaltung der Jenseitsreisen in Leben und Werk der Künstler heute widerspiegeln.

Berufungs- und Initiationserlebnisse von Künstlern heute

Im Unterschied zu Priestern und Psychotherapeuten führen Berufungserlebnisse den zukünftigen Künstler weder (oder nur sehr selten) in einen beamteten Status (vgl. Priester), noch in ein fest umrissenes Abrechnungssystem für erbrachte Leistungen (vgl. Psychotherapeuten). Eher führt der eingeschlagene Weg in gesellschaftliche Randbereiche und für weitaus die meisten ins finanzielle Aus.[28] Diese gesellschaftliche Realität bedingt es, daß nur diejenigen Personen einen künstlerischen Berufsweg einschlagen und durchhalten können, die eine hohe Motivation und ein beachtliches Durchhaltevermögen angesichts realer Alltagsprobleme haben.

Wie schon für die Schamanen beschrieben wurde, sind spontan auftretende Berufungserlebnisse keine zwingende Vorbedingung des Berufes. So gibt es in den Künsten z. B. Familientraditionen, die neben vererbten Begabungen für die Berufswahl entscheidend sein dürften. Zu denken ist vor allem an die Familie Bach im 17. und 18. Jahrhundert, die über mehrere Generationen hinweg große Musiker und Komponisten hervorbrachte.

Künstlerische Begabungen können in beruflich entsprechend tätigen Familien natürlich gut erkannt und gefördert werden. Die Berufung erfolgt dann sozusagen durch die Familie, vergleichbar alten Handwerkstraditionen. So lernte z. B. auch Pablo Picasso sein »Handwerk« beim Vater, der allerdings bereits 1894 seinem 13jährigen Sohn Pinsel und Farben übergab und sich selbst von der Malerei zurückzog, als er die hohe Begabung seines Sohnes erkannte. Daß große künstlerische Leistungen der Vorfahren auch zum Hemmnis werden können, ist ebenfalls bekannt. Wer einer Familie entstammt, die bislang keinen Kontakt zur Kunst oder zu künstlerischen Berufen hatte, wird entweder mit Widerständen konfrontiert sein (»...brotlose

Kunst«!) oder auch gefördert werden, sofern er z. B. auf eine verborgene Phantasie oder geheime Wünsche eines oder gar beider Elternteile trifft. Die Voraussetzungen und die aktuellen zwischenmenschlichen und intrapsychischen Konstellationen sind so vielfältig, daß die Berufungserlebnisse wie auch die Art des Umgangs mit diesem Erlebnis nur an einzelnen konkreten Beispielen dargestellt werden können. Dies soll anhand der poetisch überformten Berufungsgeschichte von Fritz Schwegler (geboren 1935) sowie Berichten über Peter Gilles (geboren 1953) und Astrid Feuser (geboren 1951) erfolgen.

Fritz Schwegler

Fritz Schwegler wurde 1935 in dem kleinen Dorf Breech bei Göppingen geboren. Nach einer Schreinerlehre unternahm Schwegler ausgedehnte Reisen und studierte Bildhauerei an der Kunstakademie Stuttgart sowie in London. 1970 verbrachte er mehrere Monate in Japan, wo er sich mit der Lehre des Zen beschäftigte. Er war fasziniert von der Möglichkeit, über die Kontemplation und Versenkung zur »intuitiven Erleuchtung« zu gelangen, zu Bildern, Einfällen, Sätzen, die auf den ersten Blick bar jeder Logik sein können – vergleichbar einer Eigentümlichkeit zen-buddhistischen Erfahrung (z. B. »Lausche dem Klang einer Hand«). Schwegler realisierte seine Einfälle als kleine Skulpturen, dann als Reliefs. Später ging er dazu über, seine Einfälle als »Urnotizen« zu sammeln und jeweils nur einen Teil daraus in immer anderen Zusammenstellungen zu realisieren als Skulptur, Bild oder Buch, wobei Text-Bild-Kombinationen für ihn typisch sind. 1975 wurde Fritz Schwegler als Professor für Bildhauerei an die Kunstakademie Düsseldorf berufen, wo er bis heute lehrt.

In seinem 1979 erschienenen Buch »Der ganze Winter ist übertrieben« hat Schwegler einen Text vom 26. März 1974 publiziert, worin er seine Initiation schildert:

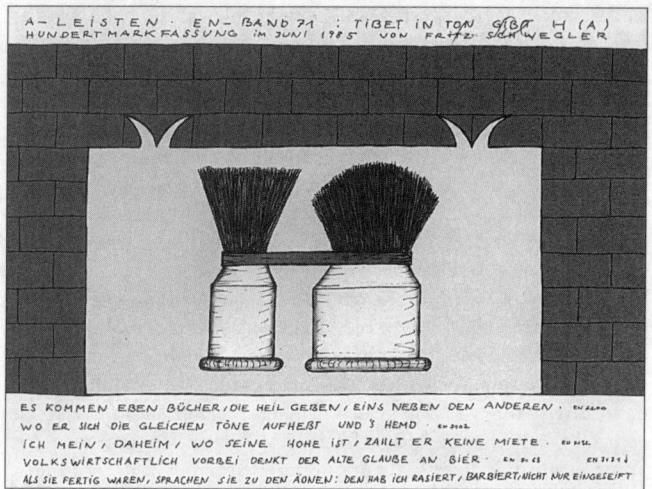

*Fritz Schwegler (geboren 1935), typische Text-Bild-Arbeit; mehr-
farbige Druckgraphik, 1985, Format 21 cm×29,7 cm.*

Vor nunmehr ca. 25 Jahren hatte ich einmal im Nachbarort Adel-
berg zu tun und fuhr abends, den leeren »Gummiwagen« ziehend,
heimwärts. Durch die Felder ging der Weg, der nachher in den
»weiten Wald« mündete, den man ein Stück zu durchqueren hatte.
Ich befand mich noch im Bereich der Ausgangsgemeinde, als mir
ein älterer Mann begegnete in kargen, aber sauberen Kleidern. Er
war sehr freundlich, ich ging langamer, und er spazierte ein Stück
Wegs mit mir, denn er hatte anscheinend große Muße. Er fragte
mich nach meinem Tun, nach Wünschen und Plänen, und natürlich hatte ich, 18jährig etwa, viele Vorstellungen, aber auch noch
nichts besonders Klares und Wichtiges. Meine Welt spielte sich im
Dorf ab, Feuerwehr, Gesangverein, Landjugend, christlicher
Jungmännerverein, auch noch Tanzstunde – und allenfalls am
Wochenende einige Kinobesuche in der Kreisstadt, die man mit
dem Omnibus erreichen konnte. Alles, was ich heut' noch weiß,
ist, daß ich damals sicher »etwas« wollte. Und wahrscheinlich half
mir der Alte auf die Sprünge, indem er sagte, er wohne im Wald in
einer Höhle, dies sei der Eingang in einen Bereich, wo unendlich

141

viele Schätze lagern, so etwa wie in der Höhle des Ali Baba. Und er sagte mir, ich könne kommen und davon holen soviel ich wolle, und ich dachte mir, dann gehst damit in die Stadt und verkaufst die Sachen bei den einschlägigen Händlern. Geld interessierte mich dabei weniger, vielmehr eine gewisse Art von Freiheit, die ich dadurch erreichen würde. Ich würde ein bescheidener Mann bleiben, aber man würde doch sehr die Dinge schätzen, die ich daher bringe und somit auch mein Dasein, das unmittelbar die Bedingung ist, jene seltsamen und kostbaren, oft nie gesehenen und völlig unerforschten Dinge überhaupt zu Gesicht zu bekommen. – Inzwischen sind viele Jahre vergangen. Der Alte hielt sein Wort. Aber ich durfte die Schätze nicht lastkarrenweise abholen, es gab überhaupt keinen Weg dahin für praktische Befahrung, d. h. physische Benutzung. Ich wurde schlichtweg jedes Mal entführt, stand dann dort wohl vor den realen Dingen, bekam sie in die Arme gedrückt, sah alle die Möglichkeiten, die darin stecken, eine Art Sprengkraft, die diese Erde um tausend Erden erweitern könnte. Ich vermute, daß ich das alles nicht richtig fassen konnte und deshalb am Anfang nur noch simple Zeichen im Kopf hatte, als ich wieder zurück war und den realen Erdbedingungen gegenüberstand. Aber sie waren so brennend, daß ich sehen wollte, was es wirklich sei und anfing, in Stein, Holz, Metall die Vorbilder nachzuformen. Gleichzeitig nahm ich das Studium in der Kunstakademie auf, besuchte allerlei Ausstellungen, las einschlägige Bücher.[29]

Da dieser Text die Ebenen der Realität und des Irrealen, Phantastischen vermischt, scheint es gerechtfertigt, diesen Text wie einen Traum zu behandeln. Der »leere Gummiwagen« deutet das Gesamtthema des Berichts an: Bereitsein, etwas aufnehmen, offen sein für Neues. Daneben können – das angegebene Alter (18 Jahre) bedenkend – aber auch sexuelle Phantasien beim Lesen auftauchen. Der leere Gummi-Wagen wäre dann ein Präservativ, die Landschaftsbeschreibung stünde – wie häufig in Träumen – für den weiblichen Körper, der in den »weiten Wald« mündende Weg mündete dann in die Schambehaarung, die in der Sprache der Liebenden oft als »Wald« oder »Wäldchen« bezeichnet wird. Schließlich kommt die Sprache sogar auf eine Höhle im Wald, wo viele Schätze lagern – und damit wäre der junge Mann dann am Ziel seiner (sexuellen) Träume angelangt. Der weise alte Mann könnte als Vater-Projektionsfigur verstanden werden, der dem »Sohn« die sexuelle Betätigung gestattet.

In diesem ersten interpretativen Ansatz wäre nun also die sexuelle Initiation – der erste Geschlechtsverkehr – mit der Initiation des Künstlers, mit der Eröffnung des Zugangs zu den verborgenen Reichtümern des Unbewußten, gleichgesetzt. Geschlechtsverkehr, Befruchtung und Geburt eines Kindes (die Schätze, die aus der Höhle hervorgebracht werden) können dann auch als Symbole des künstlerischen Zeugens und Hervorbringens gesehen werden. In einem anderen interpretativen Zugang können wir die klassischen Elemente einer Schamaneninitiation erkennen. Schamanen ziehen sich während ihrer Initiationserlebnisse oft in die Einsamkeit, z. B. eine Höhle, zurück, was symbolisch als Rückkehr in den mütterlichen Uterus erscheint, wo die Reichtümer des eigenen wie kollektiven Unbewußten gefunden werden können. Mühsam, Stück für Stück, müssen diese Reichtümer ans Tageslicht geholt, also realisiert werden. Der alte Mann hätte hier dann die Funktion des »weisen Alten«, des Lehrers bei spirituellen Jenseitsreisen, die Funktion eines Guru, eines Seelenführers, eines Schutz- oder Hilfsgeistes, wie immer wir es auch bezeichnen möchten (vgl. hierzu auch die Beschreibung der Initiation von C. G. Jung!). Daß es sich beim Gang in die Höhle um eine »Jenseitsreise« handelt, wird deutlich zum Ausdruck gebracht (»...als ich wieder zurück war und den realen Erdbedingungen gegenüberstand.«). Ängstigende, aggressiv-zerstörerische Elemente stehen in diesem Bericht nicht im Vordergrund, sind aber zumindest genannt: »...eine Sprengkraft, die diese Erde um tausend Erden erweitern könnte.«

Dieser Bericht einer Initiation als Künstler ist – in der Rückschau – selber wiederum künstlerisch gestaltet. Die vorgeschlagenen interpretativen Ansätze sind Betrachtungen von unterschiedlichen Standpunkten aus und stellen keine Gegensätze dar, sondern ergänzen sich. Abgesehen davon gehört die Verwendung erotisch-sexueller Symbole oder gar sexueller Ausdrücke zu den gebräuchlichen Mustern, um spirituelle und mystische Erfahrungen auszudrücken.[30]

Peter Gilles

Peter Gilles wurde 1953 als einziges Kind seiner Eltern in Köln geboren, wo er aufwuchs und heute als freischaffender Künstler lebt.[31] Ebenso wie seine Eltern hatte er als Kind und Jugendlicher keinen Kontakt zur aktuellen Kunst, besuchte aber mit seinem Vater fast jeden Sonntag eine der Kölner Kirchen, um die Architektur und Sakralkunst anzuschauen.

Als Schüler war er sehr an der aktuellen Musikszene interessiert, womit das Ausprobieren zahlreicher Drogen Hand in Hand ging. Nach der Schule machte er eine Lehre als Reproduktionsfotograf.

Während der Schulzeit hatte er seine erste enge Freundin mit intimen sexuellen Kontakten. Während des Sommerurlaubs 1969, den Peter Gilles mit seinen Eltern verbrachte, verstarb seine Freundin im Krankenhaus, vermutlich infolge eines illegalen Schwangerschaftsabbruches. Als er aus dem Urlaub zurückkehrte, war sie bereits beerdigt. Gilles, der sich dieser Freundin sehr eng verbunden gefühlt hatte, war von diesem tragischen Ereignis so erschüttert, daß er ihren Tod partiell verleugnen mußte. So kam es dazu, daß er in einem seelischen Ausnahmezustand nach der Beerdigung seiner Freundin sie wieder ausgraben wollte. Als er dies in die Tat umzusetzen begann, wurde er von der Polizei gestellt. Es erfolgte eine gerichtliche Verurteilung zu einer Jugendstrafe – an vier Wochenenden mußte Peter Gilles »hinter Gitter«. Auf dem Weg zum Gefängnis – er hatte

noch etwas Zeit – kam er an der ehemaligen Kölner Galerie Siebrasse vorbei, wo er stehenblieb und sich die für ihn ungewöhnlichen Beispiele aktueller Kunstproduktionen anschaute. Als er dann in seiner Einzelzelle saß, zog er einen in der Wand vergessenen Nagel heraus und begann damit auf dem Zellentisch zu zeichnen, eine Zeichnung einzuritzen. Dies war seine erste »freie Zeichnung« überhaupt. Mit diesem Ereignis der Wochenendhaft, dem zufälligen Galeriebesuch und der aus innerer Spannung und Langeweile zugleich begonnenen Zeichnung begann schlagartig die künstlerische Arbeit als Zeichner, bald schon als Performance-Künstler. Später kamen malerische und plastische Arbeiten sowie Environments hinzu.

Peter Gilles (geboren 1953)
»o. T.« (kretische Göttin mit
Schlangen in den erhobenen
Armen), Eigenblutanthro-
pometrie, Kohle und Graphit
auf Papier, 1985,
110 cm × 238 cm.

Bei diesem geradezu als »klassisch« zu bezeichnenden Initiationsverlauf (realer Tod der engen Freundin, Wiedergeburtsphantasien mit dem Versuch, sie auszugraben, Gefängnisaufenthalt als Einsamkeits- und Höhlenerlebnis) verwundert es nicht, daß die hierin enthaltenen Themen im späteren künstlerischen Werk immer wieder neu gestaltet wurden und werden (vgl. hierzu die Performance »R.E.M.«, S. 294 ff.).

*Astrid Feuser (geboren 1951) »Entzweiung«, Öl auf Leinwand,
1975/76, 175 cm × 280 cm.*

Astrid Feuser

Die Gemälde und Zeichnungen von Astrid Feuser (geboren
1951 in Düsseldorf) hatte ich zumindest seit Anfang der
80er Jahre auf der jährlich stattfindenden »Großen Kunst-
ausstellung in NRW« in Düsseldorf immer wieder mit großer Faszination betrachtet. Dabei war im Laufe der Jahre
eine Wandlung ihres Stils unübersehbar. Zunächst hatte ich
ihre Gemälde im Zusammenhang mit der Gruppe »Axiom«
(gegründet 1977, zusammen mit Rissa und Bernd Finkeldei)
kennengelernt. Es waren großformatige Gemälde von intensiver Farbigkeit in einer flächigen, glatten Malweise –
mitten in einer dramatischen Bewegung zur Pose erstarrte
Figuren, dem Betrachter in ihrer realistisch anmutenden
Darstellungsweise ebenso nahe als auch von ihm wie durch
eine unsichtbare Glasscheibe getrennt, in eine irreale fremde
Welt entrückt. Anfang bis Mitte der achtziger Jahre brach
die flächige Malweise auf, Mal- und Zeichenweise wurden

Astrid Feuser, »Maikäfermann (links) und Ohrensaug- bzw.
-quetschmaschinchen«, Zeichnung, 1982, 48 cm × 64,3 cm.

freier, vielfältiger und expressiver. Die Spannung der inhaltlichen Darstellungen wurde nun auch formal sichtbar. In
dieser Zeit wurde noch ein vordergründig naturalistischer
Darstellungsansatz und ein klassisch-akademischer Bild-
aufbau beibehalten, auch wenn bereits das menschliche
Antlitz zeichnerisch angegriffen, zerkratzt und zum Teil
übermalt wurde.

Diese Übergangszeit endete im Oktober 1985, als der
Künstlerin ein großes Gemälde nach langen Anstrengungen
mißlang und sie aus Frustration und Enttäuschung zum
Zeichenstift griff. Ganz neue Bilder entstanden: »Wem will
ich eigentlich beweisen, daß ich eine Hand oder ein Gesicht
naturalistisch zeichnen kann?!« Plötzlich fühlte sie sich frei,
das Gelernte und formal Beherrschte über Bord zu werfen
und den aus ihrem Inneren aufsteigenden Figuren und Geschichten, einer ganz anderen Realität, Form zu geben.

147

*Astrid Feuser, »Die Schamanen kommen nach Haldern«, farbige
Zeichnung, 1986, 30 cm × 40 cm.*

Diesen neuen Zeichnungen kann sich der Betrachter kaum
entziehen, er wird hineingezogen in eine oft archaisch anmutende Bildwelt, die Anklänge an Kinderzeichnungen
und an Art brut aufweist. Die bei der ersten Werkphase
festzustellende Distanziertheit ist einem unmittelbaren An-
gesprochensein des Betrachters gewichen.

Dieser von mir – von außen – beobachtete Wandel der
Bilder konnte viele Ursachen haben. Erst als ich 1993 einen
Fernsehfilm zum Thema »Wiedergeburt« sah, worin Astrid
Feuser kurz über ihre eigenen Reinkarnationserlebnisse berichtete, wurde ich hellhörig. Aufgrund der knappen Informationen vermutete ich, daß die mir bekannte Stilentwick-
lung im Werk von Astrid Feuser der bildnerische Ausdruck
von außergewöhnlichen seelischen Erlebnissen, möglicherweise eines Initiationsprozesses, sein könnte. Bei einer Ausstellung sprach ich Astrid Feuser an, wir verabredeten ein
Treffen in ihrem Atelier im Januar 1994. Die nachfolgenden

Angaben basieren auf diesem und einem weiteren Gespräch im August 1994 sowie einem autobiographischen Text aus dem Jahre 1991, den die Künstlerin mir freundlicherweise zur Verfügung stellte.

Tatsächlich bezeichnet Astrid Feuser die nachfolgend zu schildernden Ereignisse Ende 1984 als ihre »zweite Geburt«, als eine Initiationserfahrung, ja geradezu als eine klassische spirituelle Krise.

Einige zum Verständnis und zur Interpretation der Erlebnisse notwendige Angaben zur Lebensgeschichte sollen vorangestellt werden. Astrids Vater war Prokurist in einem mittelständischen Unternehmen der Papierindustrie. Die Mutter hatte kurz nach dem Krieg eine Ausbildung als Lehrerin abgeschlossen, war dann jedoch nicht in diesem Beruf tätig, sondern blieb als Hausfrau und Mutter zu Hause. Astrid galt als braves, aber auch anstrengendes Kind, weil sie voller Ideen und stets mit deren Realisierung beschäftigt war. Außerdem wollte sie lieber ein Junge sein und »Max« heißen. Lange Zeit stellte sie sich taub, wenn sie Astrid gerufen wurde und reagierte nur auf Max.

Ihr Vater konnte sehr wortgewaltig und sprachlich aggressiv werden (»Die würde ich alle platt machen!« – »Da müßte man eine Atombombe reinschmeißen!«), aber es war, zumindest rückblickend betrachtet, eine eher hilflose und nicht adäquat integrierte Aggressivität, die im Kontrast stand zu seinem sozial gänzlich angepaßten Verhalten. Am ehesten noch zu Karneval konnte der Vater seine Macht – und Aggressionsphantasien ausleben, da war er Kommandant in einem Karnevalsverein (»Ich hatte den ganzen Saal in der Hand! Sie haben mir aus der Hand gefressen!«).

Entsprechend der Karnevalsbegeisterung des Vaters wurde Astrid als Elfjährige Kinder-Karnevalsprinz in Düsseldorf – wohlgemerkt Prinz (Max!) und nicht Prinzessin. Gegenüber dem Vater und der Selbstdefinition als Junge blieb die Mutter und ihre Rolle in der Familie in unseren Gesprächen vollkommen blaß.

Als Astrid zehn Jahre alt war, wurde ein Bruder geboren. Dies könnte ihr ermöglicht haben, sich mit Eintritt der Pubertät von ihrer eigenen Sohnesidentifikation zu lösen und nahezu von heute auf morgen ihre Identität als Mädchen und Tochter anzunehmen.

Den auf Sicherheit ausgerichteten Bedürfnissen und Erwartungen der Eltern folgend studierte Astrid Feuser zwar an der Kunstakademie, wurde aber dann doch Studienrätin für Kunst und Werken am Gymnasium. Arbeit in der Schule und freie künstlerische Arbeit liefen nebeneinander her. Dies war für sie zunächst nicht nur ein Kompromiß mit den Forderungen der Eltern, sondern entsprach auch ihren eigenen Wünschen nach Sicherheit bzw. ihrer Angst vor den wirtschaftlichen Unwägbarkeiten einer freischaffenden Künstlerin.

Die Spannungen zwischen dem Wunsch nach ungestörter künstlerischer Arbeit und freien Entscheidungen einerseits und den Anforderungen eines geregelten Schulalltags wurden immer größer. Auf diesem Hintergrund müssen schließlich die Ereignisse betrachtet werden, die am 23. November 1984 um 13 Uhr 30 begannen. An diesem Tag hatte sie sich in ihrer Schule sehr über ihre Schüler geärgert und hatte sogar Nachsitzen als Strafmaßnahme angekündigt. Auf der Fahrt nach Hause war sie unkonzentriert – und an der ersten roten Ampel fuhr sie auf den vor ihr stehenden Wagen auf. Es entstand nur relativ geringfügiger Sachschaden, aber der Aufprall war immerhin heftig genug, daß sie mit dem Kinn auf das Lenkrad aufschlug, allerdings ohne dadurch bewußtlos zuwerden. Auf dem Weg von der Unfallstelle nach Hause stellten sich, für sie ungewöhnlich, rasend starke Kopfschmerzen ein, vor allem rechtsseitig. In ihren autobiographischen Aufzeichnungen, die an einen imaginären Zuhörer/Leser gerichtet sind, heißt es:

Und zu Hause angekommen, war ich geschafft, ich vermag es dir kaum zu beschreiben. Die Die-Von-Der-Anderen-Seite-Kommen waren eingedrungen in mein Hirn und in mein Nervensystem. Sie räumten auf und aus. Kein Stein blieb mehr auf dem anderen. Sie krempelten mein ganzes Leben um. Bombardierten mich mit fremden Gedanken. Öffneten mir Augen und Ohren, Nase und Mund, Gefühl und Verstand für ihre, »außersinnlich« genannte Welt. Und ich drehte durch – fast.

Hätte jemand vor diesem Erlebnis mir gesagt »Reinkarnation« oder »Astralwelt« oder »Chakra« oder »Aura« – nun, ich hätte ihn ausgelacht. Jetzt sagten die Die-Von-Der-Anderen-Seite-Kommen zu mir: »Reinkarnation« und »Astralwelt« und »Chakra« und »Aura« und noch viele andere Sachen, die ich nicht verstand und total verrückt fand. Sie sagten mir das nicht nur, sie zeigten es mir auch, alles auf einmal und ohne Vorwarnung.

Mein Körper rebellierte, reagierte mit hämmernden, klammernden, zwingenden Kopfschmerzen, Tag und Nacht, pausenlos. Das Nervensystem war überfordert. Völlige Apathie wechselte mit einem irrwitzigen Aufgedrehtsein. Ich lag auf der Couch und betrachtete die vielen Zeichnungen, die dieser gegenüber an der Wand hingen, unfähig, mit der Fülle der optischen Reize etwas anzufangen. Richtete ich meinen Blick jedoch auf ein einzelnes Blatt, so sah ich es wie nie zuvor, ja es erschien in einer noch nie gekannten Präsenz, es kam förmlich von der Wand auf mich zu. Ich wendete den Blick ab, konnte es nicht ertragen, vergrub den Kopf zwischen den Armen, zog die Beine an, kauerte mich in einer völlig verdrehten Haltung, halb auf die Couch und halb daneben, schlief ein und erwachte nach mehr als drei Stunden ohne nur ein Glied gerührt zu haben, verzerrt und verbogen wie vorher. Ich stand auf und erging mich in hast- und rastloser Hyperaktivität, dabei jedoch unfähig, irgend etwas wirklich zu tun, nicht in der Lage, einen klaren Gedanken zu fassen, geschweige denn ihn für mehr als ein paar Sekunden zu halten. Das Sprechen wurde mir schwer, die Lippen zitterten, ich verhaspelte mich, konnte nichts richtig herausbringen. Ich weinte, rannte ziellos herum und schlief, schlief, schlief. Harry brachte eine Blume ins Haus, deren Duft ich durch alle Zimmer wahrnehmen konnte, auch wenn ich in der oberen Etage unseres Hauses war (sofern ich es geschafft hatte, die Treppe hinaufzukommen), quasi durch die Zimmerdecke hindurch. Da war es wieder, dieses gleiche Phänomen, ein einzelner Sinnesreiz in übersteigerter Schärfe, wo mich jedoch die Fülle völlig aus dem Konzept brachte. Und immer diese hämmernden Kopfschmerzen.

In diesem zitternden, schmerzenden Körper, irgendwo in einer kleinen Ecke hatte sich jedoch der Verstand zurückgezogen, ganz konzentriert saß er da und beobachtete dieses alles und analysierte es, was er auch später nie lassen konnte. Es war ein tüchtiger Verstand, ließ sich nicht ins Bockshorn jagen, und wenn er jetzt nicht am Zuge war, so wartete er eben. Sah sich die Lage an, sammelte neue Informationen und hoffte auf seine Chance.

Er war es auch, der mich zum Schulmediziner trieb bzw. zu deren mehreren, denn niemand konnte helfen. Weder die Kopfschmerzen verschwanden, noch kehrte das normale Lebensgefühl zurück. Zur Sicherheit ließ mich der kleine, aber quicke Verstand prüfen, ob ein organischer Defekt vorliege, ein Hirntumor, wer weiß. Ich war völlig gesund. Meßgeräte und Elektroden, die an meinem Körper befestigt worden waren, konnten keinen Defekt feststellen.«

Astrid Feuser war 6 Wochen krank geschrieben. Eine chronologische Erinnerung an die Ereignisse dieser Zeit besteht nicht, auch keine Erinnerung an das Weihnachtsfest 1984, das in diese Zeit hineinfiel. Als eine letzte therapeutische Möglichkeit sah sie das autogene Training an. Auf der Suche nach einem Therapeuten, der ihr das autogene Training vermitteln könne, stieß sie durch eine Zeitungsanzeige auf eine Heilpraktikerin, die in ihrem Heimatort eine Praxis eröffnet hatte. Dort lernte sie zwar nicht das autogene Training, machte aber entscheidende andere Erfahrungen:

Frau P. saß in der Geistheilpraxis, und nachdem ich mein Herz ausgeschüttet hatte, auch von einem Ausbruch der Tränen in meiner Verzweiflung überrumpelt worden war, fragte mich Frau P. mit der größten Selbstverständlichkeit: »Hören Sie auch?« Ich stutzte. Ich wußte intuitiv, daß sie »hellhören« gemeint hatte. Damals konnte ich es nicht, aber das war nicht wichtig. Entscheidend war die Selbstverständlichkeit, mit der Frau P. gefragt hatte. Ich war nicht verrückt. Ich war ganz normal, »nur« hatte sich mein Bewußtsein erweitert. Ich war zur außersinnlichen Wahrnehmung fähig geworden.

Dann gab mir Frau P. ein Buch. Es behandelte ein Thema, von dem ich noch nie etwas gehört hatte, ein Standardwerk »Die Chakras« von Leadbeater (1987). Ich brachte es nach Hause, und Harry ging auf die Barrikaden. »Schundliteratur« und andere unfeine Ausdrücke fielen (...). Ich jedenfalls las das Buch wie ein Verhungerter, ja eigentlich las ich es nicht, ich aß es auf, mit Haut und Haaren, Papier und Pappe. Ja, wirklich, es war ein Gefühl, als würde ich essen, physische Speise in meinen physischen Körper hineinstopfen. Das Buch rutschte in den Magen hinein, aber konnte ihn nicht füllen. Ich bekam andere Werke, Frau P. überließ sie mir bereitwillig, und ich fraß sie auf und wurde und wurde nicht satt. Mein Bauch wollte mehr und mehr und bekam es auch; Bücher über »Buddhismus« und »Wiedergeburt«, die geistigen Körper des Menschen, Yin und Yang – egal, alles, alles, alles verschlang ich in rastloser Gier. Und es dauerte lange, bis der erste Hunger gestillt war, jahrelang.

Die Kopfschmerzen waren nach wenigen Gesprächen mit der Heilpraktikerin/Geistheilerin verschwunden. Astrid Feuser konnte wieder arbeiten, sowohl in der Schule als auch in ihrem Atelier. Das Leben lief äußerlich seinen gewohnten Gang, selbst der künstlerische Stil blieb noch für ein knappes Jahr unverändert (!) – gerade trainierte, eingeübte Fertigkeiten wie eine »künstlerische Handschrift« können einer inneren Veränderung eine Zeitlang einen Widerstand entgegensetzen.[32]

Der Prozeß der Wandlung, der Marge, kann in diesem Fall auf die Zeit vom 23. November 1984 bis zu den ersten neuen Zeichnungen im Oktober 1985 bezogen werden. Inzwischen war der Drang, sich den als immer lästiger empfundenen Verpflichtungen als Lehrerin zu entledigen, immer größer geworden. Allerdings bestanden auch Sorgen um die materielle Sicherheit. Auf der Grundlage der tiefgreifenden Erlebnisse, die bereits zu einem inneren Wandel geführt hatten, kam Astrid Feuser eine Eingebung, die ihr Sicherheit vermittelte:

Ich weiß es noch wie gestern, es war wie eine Offenbarung gewesen. Mitten auf der Straße, inmitten von Lärm und Trubel, kam es mir wie eine Erleuchtung. Plötzlich wußte ich:

Ich werde immer sein.
Wenn ich immer bin, dann wird Gott mich immer ernähren.
Wenn Gott mich immer ernährt, dann tut er es auch jetzt.

Dies war einfach und logisch.
Es gab nichts daran zu deuteln.
Ich konnte mich für die Freiheit entscheiden, das sichere Leben aufgeben und den Sprung ins kalte Wasser wagen. Ein Leben in Freiheit, ohne die sogenannte »Sicherheit«, ohne regelmäßigen Sold, aber eben ein Leben in Freiheit. Alles das, was ich mir immer gewünscht hatte. Tags darauf ging ich und erklärte meinen Austritt aus dem Gebunden-Sein und kündigte meinen Schuldienst.«

Astrid Feuser beendete noch das laufende Schuljahr, ließ sich dann vom Dienst beurlauben, schließlich kündigte sie ganz. Sie lebt jetzt, zusammen mit ihrem Mann Harry, als freischaffende Künstlerin am Niederrhein. Die spirituelle Entwicklung wird von ihr als noch längst nicht abgeschlossen betrachtet, einen großen Teil ihrer Zeit widmet sie sich neben der erfolgreichen künstlerischen Arbeit ihren spirituellen Erfahrungen, Übungen und Überlegungen.

Auch aus heutiger Sicht betont Astrid Feuser, daß vor dem 23. November 1984 ihre jetzigen Erlebnisse, Gedanken und Überlegungen ihr emotional und intellektuell vollkommen fremd und unbekannt gewesen seien. Das gleiche gilt für mich als Gesprächspartner. Vor der Auseinandersetzung mit der Initiation und den damit einhergehenden, oft äußerst befremdlich wirkenden Ereignissen, hatte ich eine ablehnende, eher amüsierte Einstellung zu diesen Phänomenen. Eigene Erlebnisse (vgl. »Eine klinische Mitteilung«) und Berichte wie der von Astrid Feuser haben meine Einstellung geändert. Zunächst galt es, eine rein neurologisch/psychiatrische Sichtweise zu überwinden. Natürlich lassen die Kopfschmerzen an eine Schädelprellung denken – Ausmaß und Ausgestaltung der Beschwerden passen jedoch nicht zur Ursache; dann ist auch eine psychiatrische Erkrankung zu diskutieren (eine Geisteskrankheit aus dem Formenkreis der Schizophrenien). Astrid Feuser berichtet von Veränderungen der optischen Wahrnehmungen, Störungen des formalen Denkablaufes, eine große Affektlabilität. Die geschilderten Geruchserlebnisse könnten als Geruchshalluzinationen interpretiert werden. Der Auffahrunfall könnte als zufällig bezeichnet werden oder im Zusammenhang mit einer bereits begonnenen Konzentrationsstörung und Gereiztheit gesehen werden. Allerdings liegen keine wirklich beweisenden Symptome für eine schizophrene Erkrankung vor und der Ausgang der Krise im Sinne einer »Plusheilung« – es geht Astrid Feuser besser als je zuvor – spricht eher für einen krisenhaft verlaufenden Wandlungsprozeß, denn etwa für eine psychiatrische Erkrankung.

Wenn ich nun versuche, aus einem psychodynamischen Blickwinkel die geschilderten Ereignisse zu betrachten, verweist die Selbstdefinition als Junge (Max), gerade auch die Rolle als Karnevalsprinz (!) auf eine – offensichtlich auch von den Eltern akzeptierte (gewünschte?) – Identifizierung des Mädchens Astrid entweder mit dem Vater oder mit einem sehnlichen Wunsch der Eltern nach einem Sohn. Schon als Kind scheint Astrid das Unvereinbare vereint zu haben – sie ist rein äußerlich und im ersten Kontakt ein braves Mädchen – und sie ist Max, der ersehnte Sohn. Sie ist ein eher anstrengendes Kind, das hinter der braven Fassade immer und überall Widerstand zu leisten versucht. Astrid Feuser erinnert sich, wie sich von jeher alles in ihr gegen äußeren Druck gesträubt habe, aber auch, daß sie sich zunächst oft dem Druck nicht zu entziehen wußte. Brave Anpassung einerseits und Abgrenzung, Widerstand und das Pochen auf Selbständigkeit andererseits bestanden (und bestehen?) bei ihr nebeneinander.

Entsprechend den Wünschen und Drängen der Eltern

nach Absicherung wird sie später Studienrätin, gleichzeitig hat sie ihre Identität als Künstlerin. In der ersten Stilphase sind ihre Bilder thematisch voller Spannung – der Malauftrag ist jedoch glatt, geglättet, »wie geleckt«. Die Spannung bleibt. Möglicherweise besteht eine untergründige, aber abgespaltete Wut, z. B. darüber, von Anbeginn des Lebens nicht adäquat als Mädchen wahrgenommen worden zu sein, oder auch eine Wut aufgrund einer ursprünglichen Hilflosigkeit gegenüber dem machtvoll erscheinenden Vater, dem sie sich sowohl sehr nahe fühlte, vor dessen verbalen Tiraden sie sich als Kind aber auch fürchten mußte. In der Schule entsteht außerdem eine Dauerstreß-Situation, weil sich Astrid Feuser einerseits mit der Widerborstigkeit der Kinder identifizieren kann und gleichzeitig die Erziehungsideale der Eltern in sich trägt (vgl. Vaters Ausspruch: »Die würde ich alle platt machen!«).

Mit der Initiationskrise 1984/85 kommt es dann zu einer ungewöhnlichen Konfliktlösung. Die hochambivalente Beziehung zum Vater wird – in dieser Betrachtungsweise nun – in ihren positiven Anteilen auf Gott-Vater übertragen, bei dem sie sich sicher und geborgen fühlt, grundlegend sicher im Vergleich zu der vertraglichen Rundumversicherungen des leiblichen Vaters. Und sie erreicht damit sozusagen die Quadratur des Kreises: Sie bleibt geborgen, sogar mehr als je zuvor – und sie ist vollkommen frei von irdischen Bindungen! Das Gefühl der absoluten Aufgehobenheit in Gott läßt irdische Absicherungen überflüssig werden, so daß hier eine kritische Distanz bis hin zur Ablehnung (z. B. staatlicher Altersvorsorge) gelebt werden kann. Gefügigkeit bzw. Hingabe (an Gott) einerseits und Auflehnung (z. B. gegen bürgerliche Normvorstellungen) andererseits können auf verschiedenen Ebenen gleichzeitig gelebt werden. In der Sichtweise der klassischen Psychoanalyse[33] wäre hier dann von einer typischen »analen Ambivalenz« zu sprechen (Unterwerfung versus Widerstand). Durch Einführung der Spaltung in eine kritische Intellektualität auf der einen und ein spirituell-magisches Denken und Erleben auf der anderen Seite wird die Ambivalenz zwar nicht aufgelöst, aber doch erträglich und lebbar. Ängste und Schuldgefühle wegen der Auflehnung (ggf. weitgehend unbewußt – aber wirksam) sind durch das Vertrauen auf Gott ebenfalls gut beherrschbar geworden. Daß Astrid Feuser am Gottesbild vor allem Jesus als Identifikationsfigur und Ansprechpartner wichtig ist, könnte auf die Sohnesthematik ihrer Kindheit bezogen werden. Schließlich macht sie mit Vaters Karneval ernst. Karneval dient nicht mehr als Ventil der unterdrückten Regungen, gilt nicht mehr als »fünfte Jahreszeit« (wie man in Köln so treffend sagt), also als außerhalb der normalen Zeit stehend. Statt dessen integriert sie Inhalt und Form in ihrer künstlerischen Arbeit, es entstehen archaisch anmutende Zeichnungen von großer Eindringlichkeit, die innere Welt kann künstlerisch sichtbar, damit auch gestaltet und handhabbar gemacht werden.

Die vorstehenden psychodynamischen Hypothesen werden von Astrid Feuser nicht akzeptiert. Speziell die Beziehung zwischen ihren Erfahrungen mit dem leiblichen Vater und ihrem Gottesbild wird von ihr zurückgewiesen. Darüber hinaus teilte mir die Künstlerin in einem ausführlichen Brief vom 11. September 1994 ihre eigene Auffassung zu ihren Wutgefühlen und inneren Spannungen aus spiritueller Sichtweise mit:

Meine Wut entstammt vielen früheren Inkarnationen und den damit verbundenen traumatischen Erlebnissen und vor allem der grundsätzlichen Wut, als Geistwesen in einem physischen Körper inkarniert sein zu müssen, obwohl ich da natürlich selbst »schuld« bin. Man könnte natürlich auch umgekehrt sagen: Weil meine Individualisierung seit Schöpfungsbeginn durch einen komplexen emotionalen »Knoten«, den man als »Wut« benennen könnte, gekennzeichnet ist, mußte ich entsprechende Inkarnationen mit entsprechenden Erlebnissen durchlaufen. Was nun meinen Vater und, wie ich langsam erkenne, andere Familienangehörige/Großvater mütterlicherseits, Bruder, evtl. meine Mutter, betrifft, so

sieht diese Beziehung aus geistiger Sicht so aus: Geistwesen pfle-
gen in Gruppen zu inkarnieren, z. B. in familiären Bindungen. Ich
habe also meine »Wut« nicht, weil ich einen ebenfalls wütenden
Vater habe, sondern es haben sich gleichgesinnte Geistwesen in
einer zumindest streckenweise gleichzeitig verlaufenden Inkarnation getroffen, um aneinander zu lernen (der jeweils andere ist dein
Spiegel), wobei auch natürlich karmische Verflechtungen eine
große Rolle spielen. Dies trifft um so mehr in diesem konkreten
Fall »Astrid – Josef« (= mein Vater) zu. Denn hier kann ich mich
zumindest an eine konkrete Inkarnation erinnern, aus der viel
Karma in diese jetzige Inkarnation herübergekommen ist. Aus
dieser wesentlich komplexeren Sicht kann man das temporäre
Wütchen eines Kindes gegenüber einem verbal überlegenen Vater
eher milde belächeln und muß diesem nicht so einen großen Stellenwert beimessen.

Die Darstellung der psychodynamischen Hypothesen
einerseits und der spirituellen Sichtweise andererseits zeigt
die verschiedenen Bezugssysteme deutlich auf – das eine
Mal die individuelle Lebensgeschichte, das andere Mal
transpersonale, über viele Reinkarnationen gehende karmische Verflechtungen. Das »Wütchen« des Kindes in Feusers
Brief erscheint in einer psychoanalytischen Sichtweise dann
als Bagatellisierung und die spirituelle Sichtweise als Flucht
vor der Auseinandersetzung mit der individuellen Lebensgeschichte. Umgekehrt erscheinen die psychodynamischen
Hypothesen in einer spirituellen Sichtweise als geradezu
hoffnungslos zu kurz greifend.

Eine Brücke zwischen diesen Sichtweisen ist schwer zu
finden; einen der wenigen Vermittlungsversuche zwischen
den oft geradezu »feindlichen« (d. h. sich gegenseitig insge-
heim aber offen entwertenden) Betrachtungsstandpunkten
hat Ken Wilber unternommen, indem er dem jeweils wahr-
genommenen Verlauf der Grenze zwischen Selbst und
Nicht-Selbst verschiedene Grade des Bewußtseins zugeordnet hat. Jeder Bewußtseinsebene ordnet Wilber dann einen
oder mehrere besonders geeignete Zugangswege der Selbsterfahrung (oder auch Therapie) zu.

Der angenommene Ursprung der geschilderten Erlebnisse (»narrative point of origin«) ist bei jeder der hier vorgestellten Sichtweisen (neurologisch-psychiatrische, psychodynamische und spirituelle) ein anderer. Astrid Feuser hat für sich und ihre Sichtweise eine klare Entscheidung gefühlt und getroffen.

Die Kunstakademie oder Der Anfang des Neuen findet stets im Chaos statt

Und hier folgt die versprochene Nutzanwendung. Nehmt einige Bogen Papier und schreibt 3 Tage hintereinander ohne Falsch und Heuchelei alles nieder, was euch durch den Kopf geht. Schreibt, was ihr denkt von euch selbst, von euren Weibern, von dem Türkenkrieg, von Goethe, von Fonks Kriminalprozeß, vom Jüngsten Gerichte, von euren Vorgesetzten – und nach Verlauf der drei Tage werdet ihr vor Verwunderung, was ihr für neue, unerhörte Gedanken gehabt, ganz außer euch kommen. Das ist die Kunst, in drei Tagen ein Originalschriftsteller zu werden!

Was Ludwig Börne (1823) hier beschrieb, wurde erst mit dem Surrealismus als »automatisches Schreiben« in die Kunst eingeführt. Mit dieser Methode sollen die eigenen Erwartungshaltungen wie auch die inneren Abhängigkeiten von Konventionen und Tabuvorschriften gelockert werden, um dem Unbewußten zu einer freieren Entfaltung zu verhelfen. Es geht also um die Herstellung des besseren Kontakts zum Unbewußten durch Umgehung der Abwehrstrukturen des Ichs, damit um die Befreiung vom einengenden Diktat des Über-Ich. Damit sind die Bedingungen für das Entstehen von Kunst sicherlich noch nicht ausreichend benannt, wohl aber gute Voraussetzungen für eine künstlerische Entwicklung angedeutet. Es geht darum, sich – zumindest vorübergehend – von Vorbildern zu befreien, und zu experimentieren, um sich auf die eigenen Fähigkeiten, Möglichkeiten, Ansichten, kurzum das zutiefst Subjektive des Erlebens einzulassen. Damit sind wir von den Berufungserlebnissen als erstem Schritt zu den entwicklungsunterstützenden Bedingungen der künstlerischen Ausbildung gelangt. Für die bildende Kunst sind dies die Kunstakademien. Allerdings ist die künstlerische Ausbildung eine der ganz wenigen in der Gesellschaft, die auch ohne Reglementierungen, ohne organisierte Ausbildung verlaufen kann, wobei der »Initiant« bzw. Lernende durch Selbststudium und/oder wechselnde Lehrer/Anreger auch außerhalb der Institutionen seinen beruflichen Weg gehen kann. Hierin besteht, verglichen mit den Priestern und Psychotherapeuten, aber auch verglichen mit fast allen anderen Berufen, die engste Parallelität zur beruflichen Entwicklung der Schamanen. Dies gilt dann auch hinsichtlich der Berufsausübung – wer erfolgreich praktiziert, wird anerkannt – sonst aber wird er gemieden und wird kaum sein Auskommen finden können.

Diese Freiheit, die die Umwertung der Werte ermöglicht, gehört zu den Grenz- und Wandlungsphänomenen der Marge, wie sie von den Initiationslagern beschrieben werden. Die Freiheit bis hin zum Chaos sind die Vorbedingungen, damit alte rigide Strukturen sich lösen und neue, bessere, flexiblere entstehen können. Skurrile Aktionen einschließlich Drogen und vor allem Alkoholexzessen können zum chaotischen Anteil dieser Übergangzeit dazugehören – müssen es aber nicht. Einige »Düsseldorfer Impressionen«[34] sollen das Gesagte illustrieren.

»Man muß sich das vorstellen: Da naht der Meister, und dann ist Korrektur. Der Delinquent kommt mit einer Mappe. Der Meister teilt diese Mappen schweigend in zwei Häufchen ein, das Gute und das Schlechte. Und alle stehen außen herum, und keiner sagt ein Wort. Irgendwie muß man sich da ja wehren.« Robert Hartmann gehörte zu einer kleinen Gruppe von Studenten, denen der Beuys-Stil zu abgehoben vorkam. [...] »Da wurde ja auch diese spezielle Mystik betrieben und dieses: ›Denken ist Plastik‹, ›Wo ist oben‹ ›Hast du Kant gekannt‹ und all diese dummen Sprüche, eben der erweiterte Kunstbegriff. Da hat uns eben der Hafer gestochen.« [...] Beuys belegte mit seinen Schülern drei Räume, zwanzig, neunzehn und dreizehn. In diesem Raum dreizehn versammelten sich neben Hartmann und Angermann auch die anderen Unzufriedenen [...]. Da der jährliche Rundgang bevorstand, der den Studenten die Gelegenheit bot, ihre Fähigkeit auch außerhalb der Klasse beweisen zu können, wollten die fünf ihre Verachtung für die Seichtheiten der Avantgarde drastisch formulieren. Sie schwärmten im Haus aus und sammelten alles, was auf Gängen und im Keller an vergessenen schlechten oder halbfertigen Arbeiten zu finden war. Der »Akademieschrott« wurde mit Schildern und Preisen versehen, und sogar Eintritt wurde erhoben. Am Abend fand eine Eröffnung statt, die in einer Saalschlacht endete [...]. Die entsetzten Reaktionen, die die Ausstellung und das abendliche Durcheinander hervorriefen, ließ die Gruppe spüren, daß sie ein Machtinstrument besaß. »Wir haben gemerkt, daß es funktioniert. Wenn wir den Leuten so und so kommen, dann wird es für uns so und so ausgehen« (Angermann). Raum 13 und die Akademieschrottausstellung wurden zur Institution. [...] Unter dem Titel »Kunst und Wahnsinn« lief ab Februar 1970 eine Reihe von mehr oder minder drastischen Aktionen ab, die begleitet wurden von Flugblättern »Kunst und Wahnsinn«. Da haben wir irgendwoher große Holzkisten bekommen und haben uns darein gesetzt. Jedes Mal, wenn einer vorbeiging, haben wir die aufgemacht, dann erschrak der furchtbar und wir haben alle »Kunst und Wahnsinn« gerufen. In diesen Kisten haben wir eine Mäusezucht gemacht. Der Angermann hatte 2 oder 3 Mäuse, die haben wir da angesiedelt, daraus wurden nach 4 Wochen ca. 50. Die hatten wir dann in Raum 13, bis der Hausmeister das merkte« (Hartmann). Eine Woche lang zog die Gruppe mit einer großen Pauke und anderen Instrumenten von Klasse zu Klasse, um jeden Raum zu besichtigen.

Diese Aktion wurde dann davon begleitet, daß wir einen Teerwagen, der in der Akademie war, angezündet haben. Nebelschwaden, man konnte nichts mehr sehen. Wir saßen in den Kisten. Der Beuys wurde aus der Klasse geholt, um dem ein Ende zu machen« (Hartmann).

Diese Aktionen sind auf den ersten Blick nichts anderes als Streiche, wie sie Schüler häufig spielen. Sie verrieten aber einen beginnenden Überdruß junger Künstler an Werten, die mit dem alltäglichen Verhalten nicht mehr in Einklang standen.

Derartige Aktionen wider alle Regeln können nur entstehen, wenn die Akademie einen Freiraum eröffnet – ob sich das Chaos dann in dieser Weise äußerlich zeigen muß, ist eine andere Frage. Das innere Chaos, das eine große Verunsicherung darstellt, ist oft sehr viel größer und kann bei einer entsprechenden seelischen Ausgangslage auch einmal in eine seelische Dekompensation hineinführen. Hier ist die Fähigkeit der Künstler, auch in diesen Phasen noch das Konstruktive und damit Kreative zu sehen – also eine positive Konnotation vorzunehmen – sicherlich größer als die entsprechenden Fähigkeiten der meisten Psychotherapeuten. Bedingt durch die psychotherapeutische Fachsprache und die tägliche Arbeit mit psychisch leidenden Menschen richtet sich deren Blick oft zu schnell auf die Aspekte des Mangels, des Konflikts, die krankhaft erscheinenden Verhaltensweisen. Daß Künstler wiederum die Seiten des Leidens dann oft unterschätzen, ist die Kehrseite ihrer gewährenden Offenheit.

Die dargestellten Aspekte des Chaotischen als Ausdruck der Wandlungsphänomene in der Marge fanden ihren Ausdruck schließlich noch in einem beachtenswerten Detail. Zumindest in den sechziger und siebziger Jahren war es an der Akademie weitgehend nicht üblich, daß die Studenten ihre Bilder signierten.[35] Eine eventuell doch angebrachte Signatur löste dann schnell die hämische Nachfrage aus: »Du meinst wohl, das Bild sei fertig?!?«. Die Frage nach der Signatur ist keineswegs nebensächlich, sondern offenbart einen weiteren zentralen Aspekt der Marge: Die Initianten sind in den Stammeskulturen Menschen (noch) ohne (neuen) Namen, die Namenlosigkeit gehört zum Prozeß der Wandlung. Weder hat der Betreffende sich bereits »einen Namen gemacht«, noch ist ihm ein Name verliehen worden; ersteres bezieht sich auf die Leistung, letzteres auf den äußerlich sichtbaren Abschluß einer Initiation, wenn z. B. einer Nonne oder einem Mönch bei den endgültigen Gelübden ein neuer, kirchlicher Name verliehen wird. Erinnert sei in diesem Zusammenhang auch daran, daß die russischen Revolutionäre (Lenin, Stalin, Trotzki etc.) neue Namen annahmen, eben diejenigen, unter denen sie uns bekannt sind. Diese Namen dienten nicht nur als »Decknamen« angesichts politischer Verfolgungen (dann hätten sie später wieder aufgegeben werden können), es sollten äußerlich sichtbare Zeichen eines inneren Wandels sein. In diesem Zusammenhang läßt sich das Vermeiden der Bildsignatur als sinnfälliger Ausdruck der Übergangszeit (Marge) als Zeit der Namenlosigkeit an der Akademie verstehen.

Neben diesen chaotischen Aspekten stehen die konstruktiven, wozu die Vermittlung handwerklicher Techniken ebenso gehört wie kunstgeschichtliche Vorlesungen und Informationen über aktuelle künstlerische Problemstellungen. Da viele, keineswegs alle Kunstprofessoren an der Akademie selbst auch künstlerisch tätig sind, besteht die Möglichkeit, daß die Studenten nicht nur durch Kritik ihrer Arbeit lernen, sondern auch durch ein »Lernen am Modell«, indem sie dem »Meister« auch einmal über die Schulter schauen können oder als Assistenten vorbereitende Arbeiten übernehmen können.

Da es bei allen Teilbereichen der ursprünglichen schamanischen Tätigkeiten um sehr von der Persönlichkeit geprägte Handlungen geht, kommt dem »fitting« zwischen Student und künstlerischem Lehrer eine ebenso große Bedeutung zu wie in der psychotherapeutischen oder seelsorgerischen Arbeit. »Fitting« bezeichnet das »Zueinander-Passen« zweier (ggf. mehrerer) Menschen und gilt z. B. in der heutigen Psychotherapieforschung als wesentlich mitentscheidend für den Therapieerfolg. Abgesehen von den Probesemestern an den Kunstakademien suchen Studenten und Professoren sich deshalb einander aus. Diesem Prozeß des Aussuchens kann sicherlich ein entscheidender Anteil an Erfolg oder Mißerfolg der künstlerischen Entwicklung an der Akademie zugeschrieben werden.

Das Ende der Akademiezeit – die Agrégation, die Einführung in einen neuen Status, z. B. den des freischaffenden, bildenden Künstlers – kann mit dem Verlassen eines Initiationslagers verglichen werden. Finanzielle elterliche Zuwendungen und staatliche Ausbildungsförderungen enden mehr oder weniger abrupt, es findet eine finanzielle Abnabelung statt, die ggf. hilft, eine (bei Studierenden aller Fachrichtungen) bis in die Mitte des 3. Lebensjahrzehnts verlängerte (kindliche) Abhängigkeitssituation zu beenden. Dabei nun – im Gegensatz zu den meisten anderen Berufen – auf kein festes soziales Netz zu stoßen mit geregelten Arbeitszeiten, Aufstiegschancen und entsprechendem Einkommen, stellt einerseits einen weiterbestehenden Freiraum dar, andererseits eine große Belastung.

Damit endet das Thema der Initiation allerdings noch nicht. Die Akademie ist für die meisten Künstler lediglich die letzte öffentliche Initiation an der Schnittstelle von Individuum und Gesellschaft. Individuelle, oft sehr dramatische Prozesse der Initiation können sich im weiteren Leben noch mehrfach abspielen – dies soll an Leben und Werk von Joseph Beuys im einzelnen dargestellt werden.

»Kunst ist ja Therapie«
Phänomene der Initiation bei Joseph Beuys

Die Aktionen und der Schamanismus

Zur Eröffnung der Ausstellung »Joseph Beuys ... Irgendein Strang ...« am 26. November 1965 in der Düsseldorfer Galerie von Alfred Schmela fand die Aktion »Wie man dem toten Hasen die Bilder erklärt« statt.

Beuys hatte den Kopf (ohne Hut) mit Honig und Blattgold bedeckt und hielt einen toten Hasen auf dem Schoß. Ein Bein des Schemels, auf dem Beuys saß, war mit Filz umwickelt. Unter dem Schemel lagen ein Mikrophon, ein

Knochen und etwas entfernt davon eine Filzsohle, während Beuys sich eine Eisensohle an den rechten Fuß gebunden hatte. Das Publikum war ausgesperrt und konnte nur durch die Scheibe in den Raum blicken.

Beuys stand auf, ging mit dem Hasen unter dem Arm umher und ließ ihn mit der Pfote die Bilder berühren. Schließlich kehrte er zu seinem Schemel zurück und begann dem Hasen – kaum hörbar für die Zuschauer – die Bilder zu erklären.

Beuys ist in dieser Aktion ganz auf den Hasen konzentriert, den er wie ein lebendes Wesen behandelt, mit dem er sich austauscht. Gleichzeitig betont Beuys die Abschirmung nach außen, zu den Zuschauern, die jedoch die eigentlichen Adressaten der Aktion sind. Beim Umhergehen wird durch die Eisenplatte am rechten Fuß das unterschiedliche Fußniveau als leichtes Hinken sichtbar. Damit sind bereits die Elemente benannt, die wir aus den schamanischen (Be-)-Handlungen kennen. Wie ein Schamane agierte Beuys vor Publikum für dieses, aber nicht mit ihm. Er hat sich für die soziale Gemeinschaft auf eine Jenseitsreise begeben (die selber nicht Teil der Aktion ist!), wofür das Hinken eine transkulturell verwendete Symbolisierung darstellt: Mit den Beinen in verschiedenen Bereichen, verschiedenen Höhen zu stehen, bedeutet, sich in unterschiedlichen Bereichen bewegen zu können – in denen der Lebenden wie der Toten, der Ahnen, Geister und Götter. Ginzburg hat in seinem Buch über den »Hexensabbat«[36] reiches transkulturelles Belegmaterial für diese Bedeutung des Hinkens, das Beuys auch in anderen Aktionen einsetzte, gesammelt. Eine Entsprechung findet dieser Aspekt des Verbindens getrennter Bereiche auch in der Verwendung von Honig als organischer Substanz und Gold als anorganischer auf dem Kopf des Künstlers.

Auf dieser (nachträglich!) symbolisierten Jenseitsreise stellt Beuys sein Treffen mit einem tierischen Hilfsgeist dar, der für ihn eine ganz besondere Bedeutung hatte, wie er in einem Interview erklärte: »Der Hase hat direkt eine Beziehung zur Geburt... Für mich ist der Hase das Symbol für die Inkarnation. Denn der Hase macht das ganz real, was der Mensch nur in Gedanken kann. Er gräbt sich ein, er gräbt sich einen Bau. Er inkarniert sich in die Erde, und das allein ist wichtig. So kommt er bei mir vor. Mit Honig auf dem Kopf tue ich natürlich etwas, was mit Denken zu tun hat. Die menschliche Fähigkeit ist nicht, Honig abzugeben, sondern zu denken, Ideen abzugeben. Dadurch wird der Todescharakter des Gedankens wieder lebendig gemacht. Denn Honig ist zweifellos eine lebendige Substanz. Der menschliche Gedanke kann auch lebendig sein. Er kann aber auch intellektualisierend tödlich sein, auch tot bleiben, sich todbringend äußern, etwa in politischem Bereich oder der Pädagogik.«[37] Damit hat Beuys seine durch die Aktion vermittelte Mitteilung an das Publikum benannt: Es geht ihm um eine Demonstration, wie das Denken und Handeln des heutigen Menschen beschaffen sein soll: Durch die Herstellung des Kontakts mit dem Tierischen, der anderen Welt, soll das rein rationale, ausschließliche diesseitig-materialistische Denken erweitert, verlebendigt werden. Beuys selber identifizierte sich gerne mit dem Hasen: »Das ist wirklich ein wahres Stück Beuys. Ich bin kein Mensch«, hat Beuys einmal halb scherzhaft, halb ernst gesagt, »ich bin ein Hase«. Und ein andermal verstieg er sich zu der Behauptung: »Ich bin ein ganz scharfer Hase!« (...) Fest steht, daß der Hase für ihn jenes Geschöpf war, mit dem er verschüttete Mythen und Riten wieder neu beleben zu können glaubte. Beuys verstand den Hasen tatsächlich als ein Organ des Menschen, als ein Außenorgan. Seine enorme Fruchtbarkeit, seine Fähigkeit, Haken zu schlagen, seine Grenzgängereigenschaften, seine Steppenherkunft, seine Manie, sich einzugraben, sein dunkler Charakter – dies alles bewegte Beuys, ihn als sein ureigenes Tier anzusehen.[38]

Wenn hier nun Aspekte des Schamanismus, der Jenseitsreisen, des Kontaktes zu Tieren etc. benannt werden, so stellt sich natürlich die Frage nach dem Stellenwert dieser Phänomene im Werk von Joseph Beuys.[39] Beuys hat die Bezüge seiner Arbeit zum Schamanismus und damit auch zum Initiationsprozeß gesehen und keineswegs abgelehnt: »Ich habe ja die Figur des Schamanen wirklich angenommen... Nun allerdings nicht, um zurückzuweisen, in dem Sinn, daß wir wieder zurückmüssen, wo der Schamane seine Berechtigung hatte, weil das ein ganz spiritueller Zusammenhang war, sondern ich benutze diese alte Figur, um etwas Zukünftiges auszudrücken, indem ich sage, daß der Schamane für etwas gestanden hat, was in der Lage war, sowohl materielle wie spirituelle Zusammenhänge in eine Einheit zu bekommen.«[40]

Wenn wir versuchen, diese von Beuys benannte Verwendung schamanischer Aspekte in seiner Arbeit näher zu bestimmen, so ist als erstes klar herauszustellen, daß Beuys keine realen Initiationsrituale mit all ihrer – auch körperlich als Schmerz erfahrbaren – Dramatik durchführte. Seine Aktionen in direkter Weise als Initiationsrituale zu verstehen, wäre ein Mißverständnis. Wenn wir in den Aktionen die Aspekte der schamanischen Séancen, der (Be-)Handlung der Gesellschaft durch den Schamanen sehen, wobei ja Initiationsaspekte re-aktualisiert werden (!), kommen wir den Beuysschen Aktionen schon näher. Auffallen muß dabei jedoch, daß ein zentrales Moment der schamanischen Handlung fehlt, nämlich die Ekstase mit der Jenseitsreise, worauf bereits Heller aufmerksam gemacht hat. Die engen Beziehungen zu den Behandlungen der Schamanen kann trotzdem aufgegriffen werden, wenn wir verstehen, daß nur ein Teil daraus in den Beuys'schen Aktionen zum Tragen kommt: Nämlich der letzte Teil der Behandlungen, wenn der Schamane dem wartenden, erwartungsvollen Publikum in szenischer Weise Mitteilung macht von seinen – nun bereits abgelaufenen – Jenseitsreisen! (Nur einige Aktionen wie »der Chef« (1964) in der Galerie René Block, Berlin, oder »Coyote« (1974) in der Galerie René Block, New

York, haben auch noch Anklänge an ekstatisches Erleben, allerdings in einer gewissermaßen »homöopathischen Verdünnung«.)

In aktions- und bildkräftiger Form stellt Beuys in seinen Aktionen dem Publikum seine »Visionen« vor – hierin den Schamanen vergleichbar, die nach der Rückkehr von ihrer Jenseitsreise ihrer sozialen Gemeinschaft einen dramatischen Bericht erstatten.

Zusammenfassend ist also festzustellen, daß deutliche Unterschiede sowohl zu den Initiationen als auch zum Gesamtablauf einer schamanischen Séance bestehen, da eine vergleichbare Struktur der Aktionen von Beuys nur zum letzten Teil der schamanischen (Be-)Handlung, zum dramatischen Bericht des Schamanen von seiner Jenseitsreise, aufgezeigt werden kann. Ein Mit-Hineinnehmen von Trance-Zuständen in die Aktionen kommt allenfalls annäherungsweise gelegentlich vor – es ist in unserer Gesellschaft ein individuelles, nicht-öffentliches Geschehen.

Nun wäre es mehr als oberflächlich und kaum erfolgreich, wollte ein Künstler versuchen, lediglich angelesenes Wissen über Schamanismus und Initiation in seinem Werk fruchtbar werden zu lassen. Ein glaubwürdiger und wirksamer Weg kann nur über das eigene Erleben dieser Phänomene verlaufen, die sich spontan immer wieder neu aktualisieren können, da das Bedürfnis nach und die innere Notwendigkeit (in Krisensituationen) zur Initiation im Unbewußten auch des heutigen Menschen bereitliegt. Wir kommen damit zur Beschreibung zweier Initiationsstrukturen im Lebenslauf von Joseph Beuys.

Initiationsstrukturen im Lebenslauf von Joseph Beuys

Das Leben von Joseph Beuys (1921–1986) ist heute ein nachlesbarer Lebenslauf – also ein Text. Er besteht, wie jeder Lebenslauf, einerseits aus nachprüfbaren Daten, andererseits aus subjektiven Erlebnissen und drittens aus bewußten und unbewußten Auslassungen, gegebenenfalls auch aus Hinzufügungen und (Ver-)Färbungen.

In zwei Passagen dieser das Leben des Künstlers widerspiegelnden Texte[41] lassen sich, worauf schon oft hingewiesen wurde, deutliche Initiationsstrukturen erkennen: beim Flugzeugabsturz auf der Krim im Winter 1943 und bei der schweren depressiven Krise von Ende 1954/Anfang 1955 bis zur deutlichen Besserung im April, schließlich zur weitgehenden Genesung im August 1957.

Die erste Initiationstruktur

Im Winter 1943 wurde Beuys auf der Krim mit seiner Ju 87 von der russischen Flak getroffen und stürzte hinter den deutschen Linien ab. Beuys berichtete, daß er beim Aufprall der Maschine hinausgeschleudert und unter dem zertrümmerten Heck eingeklemmt worden sei. Er erlitt einen doppelten Schädelbasisbruch sowie Arm-, Bein- und Rippenbrüche. Wie durch ein Wunder sei er von einer Gruppe nomadisierender Tataren gefunden und in ihr Zeltlager gebracht worden.

Mehr tot als lebendig sei er mit den Heilmitteln der Tataren behandelt worden: Seine Wunden seien mit Fett behandelt, er selber sei in Filz eingewickelt worden. Nach acht Tagen sei er von einem deutschen Suchkommando gefunden und in ein deutsches Militärlazarett gebracht worden. Es ist nachträglich schwer zu entscheiden, was real stattgefunden hat, was subjektiv erlebt und was nachträglich hinzugefügt wurde. Die dargestellten Fakten wurden von Buchloh ebenso in Frage gestellt wie von Müller. Tatsächlich soll der Absturz der Maschine in der Nähe eines in deutscher Hand befindlichen Flugplatzes geschehen sein, und Beuys soll sofort mit einem Krankenwagen in das deutsche Lazarett gebracht worden sein.

Daß die Frage nach der Realität letztlich jedoch vollkommen zweitrangig ist, ergibt sich aus der Initiationsstruktur, die diesem Bericht von Beuys selber gegeben wurde. Nehmen wir die Möglichkeit spontaner Imaginationen während bewußtseinsgetrübter Zustände nach dem Absturz angesichts der realen schweren Verletzungen an, so können wir die Schilderungen zumindest als subjektive Wahrheiten akzeptieren. Sie entsprechen sowohl den Initiationsberichten der Schamanen (von den Geistern gepflegt zu werden etc.), als auch denen anderer heutiger Personen (vgl. hierzu spontane Initiationserlebnisse heute, S. 200 ff.).

Selbst wenn Beuys – ähnlich dem poetisch überformten Bericht von Fritz Schwegler – sein Erlebnis bewußt im Sinn einer Initiationsgeschichte ausgestaltet und verändert haben sollte, so wäre das bei seiner prinzipiellen Gleichsetzung von Lebenslauf und Werklauf als künstlerische Arbeit zu akzeptieren.

Offen bleibt die Frage, inwieweit dieses Todes- und Wiedergeburtserlebnis nach dem Krieg in der Realität dazu führte, daß Beuys sich in der Kunstakademie Düsseldorf einschrieb, statt das Medizinstudium aufzunehmen, für das er sich vor dem Krieg entschieden hatte.

Die zweite Initiationsstruktur

Bedingt durch die zahlreichen Angaben von Freunden werden die Fakten der zweiten Initiation im Lebenslauf – eine schwere depressive Krise von 1954/55 bis 1957 – bislang nicht angezweifelt. Die Séparation als Loslösung vom alten Status läßt sich durch mehrere Fakten belegen. Abgesehen von seinem schlechten Gesundheitszustand (Nachwirkungen der Kriegsverletzungen), mangelnder künstlerischer Anerkennung, dementsprechenden finanziellen Sorgen, Abgang von der Kunstakademie im Frühjahr 1954 und damit Verlust des Meisterschülerateliers, kam es zu einem letzten Auslöser für diese Krise durch die Auflösung der Verlobung durch seine damalige Verlobte zu Weihnachten 1954.

In der nun folgenden Marge als einer lang anhaltenden depressiven Krise, wurde Beuys u. a. auch in psychiatrischen Kliniken behandelt. Es wird ferner berichtet, daß er sich einmal wochenlang in der Wohnung eines Freundes einschloß, der zu dieser Zeit verreist war. Auf Klingeln öffnete er nicht. Als Freunde schließlich durch das Fenster in die Wohnung eindrangen, fanden sie Beuys in einem total verdunkelten Zimmer, er hatte bereits Beinödeme und sagte, er wolle sich auflösen. Er sagte, er brauche nichts mehr, nur einen Rucksack. In dieser Zeit ließ Beuys sich von einem Schreiner in Kleve eine Kiste machen, die er mit Teer beschmierte. Später erinnerte er sich, daß er den Zwang verspürt hatte, sich in diese Kiste zu setzen und einfach mit dem Leben aufzuhören. Hierzu paßt auch, daß Beuys sich damals, seinen eigenen späteren Erinnerungen nach, in Tibet einmauern lassen wollte. Es sind dies die aus den schamanischen Initiationen bekannten Phänomene, Imaginationen bzw. »Tiefenregressionen« mit Höhlen- und Todesvorstellungen als Vorbedingung für eine Wiedergeburt.

Als aufschlußreiche Nebenbemerkung zur Thematik der Kisten sei hier angeführt, daß Vitrinen – als vorderseitig verglaste Holzkästen – eine eigene Werkgruppe bei Beuys bilden. Die ersten Vitrinen wurden zudem auch noch von einem Sargtischler angefertigt.[42]

In den Zeichnungen dieser Krisenzeit waren neben Darstellungen eines Mädchens auf einem Elch vor allem Todes- und Grabbilder vertreten. Franz-Joseph van der Grinten berichtete: »Was während der Krise häufig vorgekommen und nachher wieder etwas zurückgetreten ist, waren Todesvorstellungen, Grabbilder. Beherrschend war das Thema des Hockergrabes, wo jemand also wie ein ägyptischer Würfelhocker in einer Grabhöhle sitzt, das hat er während der Krise sehr häufig gezeichnet, und es hat in dieser Krise einige Dinge gegeben, die er eigentlich sonst gar nicht gemacht hat, die fast Reflektionen der eigenen Arbeit sind, beispielsweise Darstellungen des Bildhauers merkwürdigerweise, ein Bildhauer bei der Arbeit, solche Dinge.«[43] Arbeiten, die die eigene Person und Tätigkeiten thematisieren, können in Zeiten großer Verunsicherung als ein Versuch der Selbstvergewisserung, der Suche nach Halt, gar als eine Art Beschwörung der eigenen Fähigkeiten aufgefaßt werden.

Auf dem Bauernhof seiner Freunde und Sammler, der Gebrüder und der Mutter van der Grinten erholte sich Beuys langsam. In einem Interview berichtete Frau van der Grinten über diese Zeit:

Da Beuys so viele einflußreiche Freunde hatte, die ihm alle ernstlich helfen wollten, wurde vieles versucht. Er hatte viele Gastaufenthalte gehabt bei den jeweiligen Freunden, und die hatten eine grundverschiedene Stellung im Leben untereinander. Zuletzt war er bei einem Arzt. Da hat Hans ihn besucht, und da war er noch nicht gebessert. Und da kam Hans nach Hause und sagte: »Ich habe mal überlegt, er ist immer gern zu uns gekommen, und bei dir haben schon so viele sich wohlgefühlt. Sollen wir nicht Beuys zu uns einladen?!« Dann habe ich gesagt: »Ich hätte nichts dagegen, aber ich bin noch selbst innerlich so wund von Papas Todesfall, daß ich mich nicht fähig fühle, anderen Leuten zu helfen – ich habe selbst mit mir noch genug zu tun.«

Aber davon wollte Hans gar nichts wissen. Er sagte: »Du kannst es mal versuchen.« Und aus Liebe zu meinen Söhnen habe ich dann gesagt: »Ja, ich will es dann tun.« Und dann ist Beuys gekommen, aber er kam nicht herein und ging auch wieder weg. Und da sagte Hans: »Es nützt gar nichts, daß ich das sage. Wenn du das nicht selber sagst: er soll zu uns kommen, dann geht er wieder weg.« Und dann bin ich ihm nachgerannt und hab' ihn in Kranenburg eingeholt und hab' gesagt: ›Herr Beuys, Sie fahren doch wohl nicht nach Kleve, ohne guten Tag oder ohne mir guten Tag gesagt zu haben.‹ – ›Nein‹, sagte er. Ich sagte: ›Dann kommen Sie mit!‹ Und er drehte sich um und kam mit und ist direkt sechs Wochen hier geblieben.

Ich war noch in schwarzer Trauerkleidung, noch ganz schwarz angezogen. Beuys bekam dann Franz Josephs Zimmerchen und sein Bett. Franz Joseph war ja in Bonn, und Hans war dann hier und bewirtschaftete den Hof, der verwaist war. Am anderen Morgen, wie wir dann gefrühstückt hatten, war er, Beuys, doch aufgestanden, und dann sagte ich, er könnte ja gut mit Hans zum Feld gehen. Und das hat er auch getan, aber nicht jeden Tag und nicht jeden Tag regelmäßig. Es kam wieder zu einem innerlichen Schock, so daß er keine Luft hatte. Und dann stand er nicht auf und blieb im Bett liegen, bis es dann wieder etwas besserging, dann ging er wieder mit.

Er konnte jede Arbeit, ganz gleich welche. So was Geschicktes habe ich nie gesehen. Und die Gespräche bei den Mahlzeiten, das war für mich eine große Anregung. Einmal sprachen wir über den Krieg, über Kunst, über Politik, über fremde Länder, über Blumen, jedes Gebiet beherrschte er. Zum Schluß hatte er nicht mehr die rechte Freude an der Arbeit, blieb den ganzen Tag im Bett liegen, rauchte und wollte nicht essen. Und dann kam Franz Joseph zum Wochenende wie immer nach Hause und sagte: »Was siehst du schlecht aus. Wenn das so weitergeht, dann wirst du krank, anstatt Beuys gesund.« Und dann erzählte ich ihm, wie die Verhältnisse lagen, daß ich damit nicht fertig würde, daß er gegen sich selber wütete, und dann hat Franz Joseph gesagt: »Gut, dann soll er wieder abreisen, wir haben dann jetzt genug für ihn getan«. Dann habe ich Beuys das gesagt. Und am anderen Morgen, als er seine Sachen gepackt hatte und wegfahren wollte, kam er zu mir und bedankte sich und sagte: »Frau van der Grinten, ich bin sehr gerne bei Ihnen gewesen, und ich gehe nicht gerne weg.« Und dann sagte er: »Ich glaube es, aber so, wie jetzt die letzten Tage waren, halte ich das nicht aus. Wenn Sie so gegen sich selber gehen und den Herrgott und gegen jede Vernunft wüten, das kann ich nicht ansehen«. Ja, der Herrgott, der wäre nicht mit ihm. »Ja«, sagte ich, »er ist ganz bestimmt mit Ihnen. Der hat Ihnen das Talent und die Kunst ins Herz gelegt. Und wenn Sie Ihrer Mutter versprechen: Ich komme nach Hause, und Sie bleiben einfach hier und lassen sich gar nicht hören, meinen Sie, daß Ihre Mutter das nicht kränkt? So etwas, das kann ich nicht gutheißen, und damit werde ich auch nicht fertig. Sie glauben doch wohl nicht, daß mein Leben nur eitel Sonne gewesen ist. Neben der Arbeit habe ich auch viel Sorgen und Nöte gehabt. Und wie mein Mann tödlich verunglückt war, da mußte ich in derselben Stunde aber noch die Kühe melken und die Schweine füttern, also die Pflicht, die hielt nicht still, die mußte erfüllt werden, und so müssen Sie auch denken. Pflicht muß ein Mensch haben. Und wenn Sie sich die Pflicht aufbauen, dann wird das andere von selber kommen.«

Das hat er sich ruhig angehört. Ich habe das auch gar nicht in harten oder strengen Worten gesagt, denn ich mochte ihn ja gut leiden, und ich wollte ihm wirklich helfen. Das hatte er auch wohl empfunden. Und dann fragte er, ob er dann noch mal wiederkommen dürfte. Dann ist er weggefahren, und zwei Tage später war er wieder da für einen kurzen Besuch. So ist die Freundschaft geblieben, und er war wieder gesund.«[44]

Beuys selber hat die Ereignisse dieser schweren Zeit in der Rückschau als einen Umstrukturierungs- und Klärungsprozeß (ganz im Sinne der Marge als Übergangszeit) verstanden und beschrieben:

»...denn im Grunde mußte etwas absterben. Ich glaube, diese Phase war für mich eine der wesentlichsten insofern, als ich mich auch konstitutionell völlig umorganisiert habe; ich hatte zu lange einen Körper mit mir herumgeschleppt. Der Initialvorgang war ein allgemeiner Erschöpfungszustand, der sich allerdings schnell in einem regelrechten Erneuerungsvorgang umkehrte. Die Dinge in mir mußten sich völlig umsetzen, es mußte bis in die Physis hinein eine Umwandlung stattfinden. Krankheiten sind fast immer auch geistige Krisen im Leben, wo alte Erfahrungen und Denkvorgänge abgestoßen bzw. zu durchaus positiven Veränderungen umgeschmolzen werden.«[45]

Nach einem mehrmonatigen Aufenthalt bei seinen Eltern in Kleve bezog Beuys 1958 im alten Klever Kurhaus am Tiergarten ein neues Atelier. Als er nach seiner Depression erstmals wieder unter Menschen ging, lernte er beim Karnevalsfest in der Düsseldorfer Kunstakademie im Frühjahr 1958 Eva Wurmbach kennen, die er im September 1959 heiratete.

Es begann eine arbeitsreich-nachdenkliche Zeit, er las sehr viel naturwissenschaftliche Literatur und entwickelte Grundlagen seines erweiterten Kunstbegriffs. Beuys anerkannte durchaus die Erfolge der naturwissenschaftlichen und materialistischen Weltsicht, sah jedoch auch die Gefahr der Verflachung und Eindimensionalität, wenn es nicht gelingen sollte, die Beziehungen zu mythischen Vorstellungen und spirituellen Bereichen erneut, auf einer neuen Ebene, herzustellen. Dies wurde zum Ziel seiner künstlerischen Arbeit. Die tiefgreifenden Wandlungserlebnisse wurden sozusagen nun zu einem auf die gesamte Gesellschaft bezogenen künstlerischen Programm.

1961 erfolgte die Berufung als Professor an die Kunstakademie Düsseldorf. Hierin könnte der Abschluß des Prozesses der Agrégation gesehen werden.

In der Literatur ist die Bedeutung der Beziehung von Joseph Beuys zu Frauen/zum Weiblichen im Hinblick auf seine depressive-initiatorische Krise bislang nicht genügend beachtet worden: Die ungewollte, als Schock erlebte Trennung von seiner Verlobten steht Weihnachten 1954 mit auslösend am Anfang: »Frau und Elch« (erinnert sei an die Hirschgeweihmasken der Schamanen!) ist ein häufiges Thema seiner Zeichnungen dieser Zeit: Als Uterus-Symbolik tauchen Kisten auf, in die er sich setzen will, auch sein Wunsch, sich in Tibet einmauern zu lassen, ist hier zu nennen.[46] Die Mutter der Gebrüder van der Grinten ist entscheidend an der Genesung beteiligt, ebenso hat die Feldarbeit auf dem Hofe van der Grinten große heilende Bedeutung – die Arbeit an/in der Erde, Mutter Erde, was in der Identifikation mit dem Hasen zum Ausdruck kommt, der sich (mehr allerdings noch das Kaninchen) in die Erde gräbt und fruchtbar ist. Schließlich und endlich steht die Beziehung zu seiner zukünftigen Frau mit am Ende der Krise.

Leider liegen über die Beziehungen zur leiblichen Mutter Johanna Beuys, geborene Hülsermann, nur spärliche Angaben vor – passend zu dem Ausspruch: »Das Verhältnis zu meinen Eltern kann man nicht als eng bezeichnen.«[47] Die Mutter wird als zurückhaltend geschildert, für Zärtlichkeiten war kein Platz. In der Zusammenschau lassen diese Angaben sich zu der tiefenpsychologischen Hypothese verdichten, daß es Beuys in zentraler Weise um die Aufnahme einer emotional tragfähigen Beziehung zur Mutter ging (abstrakter formuliert: zum weiblichen Prinzip o. ä.). Die sicherlich weitgehend unbewußten Sehnsüchte und inneren Auseinandersetzungen konnte Beuys von der rein individuellen auf eine allgemein bedeutsame Ebene heben und für die Öffentlichkeit sinnfällig als ein wesentliches Problem unserer Zeit in Bildern, Objekten und Aktionen gestalten. Die gelungene Verarbeitung eigener lebensgeschichtlicher (initiatorischer) Problematik wird so zur Grundlage der künstlerischen Mitteilung. »Kunst ist ja Therapie«, hat Beuys in einem Interview gesagt. Wie bei den Schamanen als beruflichen Vorläufern der Priester, Psychotherapeuten und Künstler ist diese Therapie immer nach zwei Seiten gerichtet: Es sind therapeutische Handlungen für einzelne bzw. die soziale Gemeinschaft – und es sind zugleich selbsttherapeutische Handlungen. In den Re-Aktualisierungen der Initiationsstrukturen wird die Verarbeitung der eigenen Problematik immer wieder bekräftigt, sich selber immer neu als gelungen bestätigt.[49]

Initiation und Kunst
Drei Mit-Teilungen an die Gesellschaft

Anhand von zwei Multiples – »Zwei Fräulein mit leuchtendem Brot« (1966) sowie »Initiation Gauloise« (1976) – und der Aktion »Coyote – I like America and America likes me« (1974) soll die künstlerische Gestaltung einiger Phänomene der Initiation im Werk von Joseph Beuys abschließend dargestellt werden.

»Zwei Fräulein mit leuchtendem Brot« (1966)
WZ Schellmann Nr. 2

Dieses Multiple besteht aus zwei unterschiedlich großen, zusammengeklebten Papieren mit einem Schreibmaschinentext und einem aufgeklebten, mit dunkelbrauner Farbe übermalten Schokoladenriegel. Das Gesamtformat beträgt 72×20×1,5 cm, die Gesamtauflage 500 Exemplare. Auch wenn dieses Multiple im Werkverzeichnis die Nr. 2 trägt, so ist es doch das erste, das dem eigentlichen Charakter der Multiples entspricht. Beim Multiple Nr. 1 handelt es sich um ein Buch mit beigelegten, vollkommen unterschiedlichen Originalzeichnungen. Insofern ist es aufschlußreich, gerade bei diesem Multiple die Aspekte eines Initiationsablaufs aufzuzeigen.

In Anlehnung an das Bibelwort »Der Mensch lebt nicht vom Brot allein« (vgl. hierzu die Beschreibung der Initiationsstruktur im Leben Jesu S. 96 ff.) verweist Beuys bereits im Titel dieses Multiples auf das Geistige (leuchtendes Brot). Beuys hat sich in einem Interview ausführlich zu diesem frühen Multiple geäußert:

Das Brot, also eine Substanz, die die elementarste Substanz für die menschliche Ernährung darstellt, hat in dem Wort vom leuchtenden Brot die Bedeutung, daß es seinen Ursprung im Geistigen hat, also daß der Mensch sich nicht vom Brot allein ernährt, sondern vom Geist. Eigentlich in derselben Weise wie die Transsubstantiation, Wandlung einer Hostie im alten Kirchenbrauch. Da wird formuliert: Dies ist nur scheinbar, äußerlich Brot, aber in Wirklichkeit ist es Christus, d. h. also Transsubstantiation von Materie [...]. Bei dem Multiple mit den Fräuleins wird sozusagen mit dem Brot eine Reise unternommen.

Da sind im ersten Passus, bevor diese Brücke kommt, wo die bemalte Schokolade da ist, im oberen Teil des Objekts die U-Bahn-Stationen von Paris. Und nachher kommen Stationen, die eigentlich nur aus Menschennamen bestehen. Zunächst ist die Reise wie eine Art äußere Reise, sogar eine, die sehr unterirdisch ist, ja, der Materiebegriff taucht hier in der Reise noch einmal auf, indem man sozusagen in die Materie hineingeht, also unter die Erde, deswegen die U-Bahn-Namen.

Nachher tauchen Namen auf, die höher liegen, also am freien Licht liegen. Vor allen Dingen tauchen Menschennamen auf. Damit ist gemeint, daß die Reise dann durch die Menschen geht, eigentlich durch die Seelen geht. (...) Und dann tauchen Berge auf, Grand Ballon und so was, also Kuppeln, Höhen tauchen auf.

Und dieser Charakter zeigt, wie das gemeint ist mit dem leuchtenden Brot.

[...] anstelle des Brotes taucht hier die Schokolade auf. Der Sinn der Schokolade ist ja, daß sie in gewisser Weise im Zusammenhang mit dem Begriff vom leuchtenden Brot eine Transformation erfährt durch eine Art Gegenbild, daß nämlich sich gar nichts verändert. Es wird zwar manipuliert mit der Schokolade – die wird ja bekanntlich bemalt mit einer braunen Farbe –, aber dieses Braun hat eigentlich dieselbe Farbe wie Schokolade von sich aus schon hat. Also durch Wiederholung des Gleichen wird im Rückschlagprozeß etwas hervorgerufen. Und wenn man dann den Begriff »leuchtendes Brot« dazunimmt, dann hat man in etwa das, woran ich interessiert bin, den Prozeß, daß etwas davon ausgeht oder strahlt oder, wie soll man sagen, Information davon ausgeht oder... man in einem Empfindungsbereich ist, den man nachvollziehen kann oder ahnen kann oder so etwas. Vielfach kann man die Dinge ja nur ahnen, die gemeint sind. Das ist mir recht, daß man sie zunächst nur ahnen kann...«[50]

In einer sehr ungewöhnlichen, bis zu diesem Zeitpunkt in der Kunst nicht bekannten Weise wird hier von Beuys in

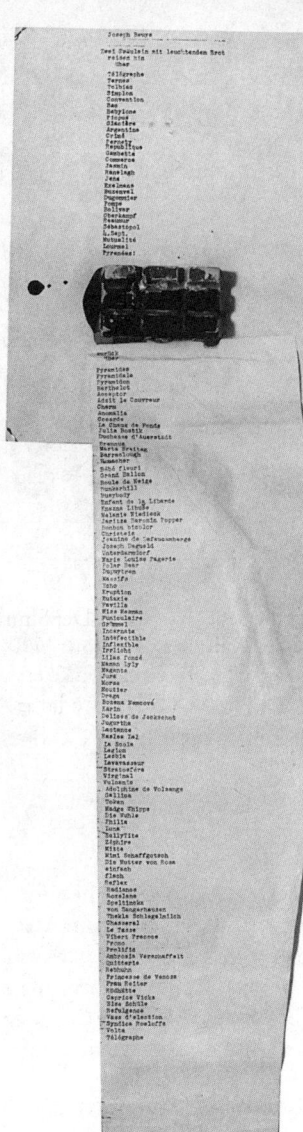

dem sozusagen von oben nach unten zu lesenden Multiple das Motiv der Jenseitsreise (Verwendung von Metro-Namen, Verlauf des Textes unter der bemalten Schokolade als Brücke, Substanzverwandlung) gestaltet.

»Initiation Gauloise« (1976)

WZ Schellmann Nr. 190

Es handelt sich bei diesem Multiple um eine Farblithographie im Format 55×75,5 cm, in einer Auflage von 185 Exemplaren, die gestempelt und mit Bleistift auf »1958–1974« datiert ist, jedoch erst 1976 als Edition erschien. Beuys hat diese Arbeit unter Verwendung einer Metro-Karte von Paris gestaltet. Die beiden organisch anmutenden Zeichen am rechten Rand (sowie der am

Joseph Beuys (1921–1986), »Zwei Fräulein mit leuchtendem Brot«, WZ Schellmann Nr. 2; mit dunkelbrauner Farbe übermalter Schokoladenriegel auf Schreibmaschinentext, 1966, Auflage 500 Exemplare, 72 cm × 20 cm × 1,5 cm.

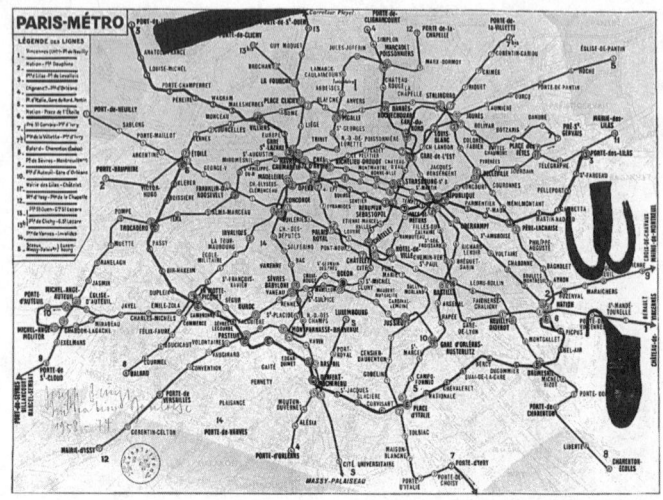

Joseph Beuys, »Initiation Gauloise«, WZ Schellmann Nr. 190; Farb-lithographie, 1958–1974 datiert, erschienen 1976, 55 cm × 75,5 cm.

oberen Rand ins Bild hineinragende Balken?) sollen sich thematisch auf gallische Initiierungsriten beziehen. Bereits zu römischer Zeit war Paris (Lutetia Parisiorum) ein wichtiger Handelspunkt zwischen den keltischen Parisii und den Römern.

Wiederum gibt der Titel einen wichtigen Hinweis, und offensichtlich ist die Aussage dieser Arbeit derjenigen der »Fräulein mit leuchtendem Brot« enger verwandt, als es auf den ersten Blick erscheinen könnte. Aus den einzelnen Metro-Stationen des Multiples von 1966 ist hier das komplette Netz mit allen Stationen und Strecken geworden, ein Plan der unterirdischen Verkehrsadern von Paris. So kann man sich unter der Erde, in der Erde orientieren. In übertragener Form haben wir es dann mit einer Landkarte des Unbewußten zu tun.

Während die »Fräulein...« einen kompletten Initiationsprozeß mit »Anreise«, unterirdische Reise, Transsubstantiation und Auftauchen aus der Tiefe, hinauf zu den Höhen zur Darstellung brachten, wäre diese Arbeit eine ganz auf den Abstieg, die Marge, konzentrierte. Dabei muß der Gegensatz zwischen klarem Plan und geheimnisvollen Zeichen auffallen. Zwei Zeitpunkte eines Prozesses könnten gemeint sein: Was dem Initianten zu Beginn geheimnisvoll erscheint, liegt gegen Ende der Marge wie ein klarer Plan (der Jenseitsvorstellungen und Mythen des z. B. gallischen Stammes) vor ihm. Von dieser Spannung oder, anders ausgedrückt, diesen beiden unterschiedlichen Zeitpunkten des Initiations- und Wandlungsprozesses handelt diese Arbeit (zur Zweizeitigkeit vgl. die beiden Subphasen der Marge – die Phase der Desintegration und die darauf folgende Phase der Neuorganisation).

»Coyote – I like America and America likes me« (1974)

Aktion zur Eröffnung der René Block Galerie New York, im Mai 1974[51]

Die Aktion begann bereits auf dem Flug von Europa nach Amerika, dem zweiten Besuch von Joseph Beuys in der »Neuen Welt«. Am Flughafen wurde Beuys in Filz gewikkelt und so in einem Krankenwagen zur Galerie gebracht. Die Galerie war durch ein Gitter in einen »Käfig« und in einen öffentlich zugänglichen Zuschauerraum geteilte. Die Galerieräume hatte Beuys, wie René Block berichtete, für die Dauer der Aktion zum extraterritorialen Gebiet (!) erklärt.[52] Im geschlossenen Teil verblieb Beuys für drei Tage (Donnerstag 23. bis Samstag, 25. Mai 1974) jeweils ca. acht Stunden mit dem Coyoten »Little John«, der aus einem privaten Zoo stammte. »Der Mann hatte Objekte und Elemente aus seiner Welt mitgebracht, um sie in diesen Raum zu stellen, schweigende Repräsentanten seiner Ideen und seines Vertrauens. Er stellte sie dem Coyoten vor. Der Coyote reagierte auf Coyotenart: Er forderte sie mit seiner Geste des In-Besitznehmens. Eines nach dem anderen wurden sie ihm gezeigt, und auf eines nach dem anderen pißte er langsam und entschlossen: Filz, Spazierstock, Handschuhe, Taschenlampe und Wall-Street-Journal.«[53] Beuys hatte ein Repertoire von sich wiederholenden Bewegungen und ein Zeitkonzept mitgebracht. Immer wieder wickelte er sich in eine der Filzbahnen, zog die Handschuhe an, nur der Spazierstock ragte dann noch aus diesem Gebilde. Die Reaktionen des Coyoten reichten von Nichtbeachtung bis zu wütenden Angriffen auf die Gestalt in Filz. Die Sequenzen endeten, indem Beuys die Filzhüllen abwarf und drei Töne auf der Triangel anschlug, die frei von seiner Brust hing. Nach zehn Sekunden der Stille folgte Lärm, das Röhren von Turbinen, von einem Tonband hinter der Barriere hineingeworfen in den Raum.

So vergingen langsam die Tage und Sequenzen. Die feuchte schwitzige Hitze tut ihre Wirkung auf den bekannten Hut des Mannes, der sich dadurch in eine sehr abseitige Gestalt verwandelt. Mensch und Tier rücken näher zusammen: Es war, als wären sie immer dort gewesen. Und jetzt ging die Zeit zu Ende. Der Mann nahm das Stroh des Tieres und verstreute es langsam im ganzen Raum. Er verabschiedete sich von Little John, drückte ihn an sich, ohne den Schmerz der Trennung zu verbergen. In Filz isoliert wurde der Mann in den Krankenwagen getragen, zum Flughafen geschafft, zurück in die Welt, wo er Joseph Beuys ist. Die Reaktion des Coyoten hat er nicht gesehen. Als Little John sich plötzlich allein in der Gegenwart der Menschen fand, verhielt er sich zum ersten Mal wie ein gefangenes Tier, schweifte mit echten Wolfsschwüngen auf und ab, hin und her, nachsuchend und winselnd.

»Der Geruch der Angst färbte die Luft rings um ihn her.«[54] Es gibt zweifellos unterschiedliche Möglichkeiten einer Annäherung an diese ungewöhnliche Aktion, hier sollen nun lediglich die Aspekte der Initiation herausgearbeitet werden, wie sie sich – gerade auch ohne Reflexion – dem Betrachter und dem sich nachträglich per Fotos, Buch oder Film Informierenden darstellen.

Die Dreischrittigkeit des Initiationsprozesses wird von

Aktion »Coyote« von Joseph Beuys mit dem Coyoten Little John in New York im Mai 1974, Fotos: Caroline Tisdall.

Beuys deutlich dargestellt. Zur Séparation gehören die Loslösung vom alten Kontinent Europa (wo die Aktion eigentlich schon beginnt) und die Fahrt im Krankenwagen vom Flughafen zur Galerie. Hierin liegt eine Parallele zu dem von Beuys berichteten Krim-Erlebnis, als er von den Tataren in Filz eingewickelt worden sein soll.

Mit dem Hineingehen in den Käfig, wo er auf den lebenden Coyoten trifft, kennzeichnet Beuys den Beginn einer szenisch dargestellten Marge. Es handelt sich also nicht – darauf sei nochmals verwiesen – um eine real erlebte Marge einer eigenen Initiation, sondern um eine szenische Darstellung, die mit den dramatischen Darstellungen der Schamanen im letzten Teil ihrer Séancen zu vergleichen ist, wenn sie im Anschluß (!) an ihre Tranceerlebnisse (Jenseitsreisen) ihre Erlebnisse für die Zuschauer mittels Rezitation, Gesang, Tanz etc. zur Darstellung bringen. Die Zuschauer sollen beeindruckt und ein innerer Wandel in Gang gesetzt werden. Sekundär – wie bei jeder Darstellung der re-aktualisierten Initiationserlebnisse in den Jenseitsreisen – hat dies dann auch auf den Künstler/Schamanen eine heilende Wirkung.

Das Zurückziehen in einen Käfig erinnert an die schon mehrfach erwähnte Tiefenregression, an die intrauterinen Phantasien des Eingeschlossen- aber auch Geborgenseins. Zugleich stellt diese Szene eine Begegnung mit »dem Tierischen«, dem triebhaften Pol der Persönlichkeit dar. Wenn der Coyote dann die Filzbahnen attackiert, in die Beuys sich von Zeit zu Zeit in einem ritualisierten Ablauf einwickelte, wird der zerstörerische Aspekt der Marge (Phase der Desintegration) deutlich – ein Zerreißen der »zweiten Haut« des Menschen, als welche die Kleidung zu Recht bezeichnet werden kann.

Ebenso wichtig wie diese individuumzentrierten Aspekte erscheinen die gesellschaftsbezogenen, wie sie in der Verwendung des Wall-Street-Journals (Kapital) und der Turbinengeräusche (Technik) als die »Götter der Weißen« einem heiligen Tier der Indianer, dem Coyoten, gegenübergestellt werden. Aus dem heiligen Tier der Ureinwohner Amerikas ist in der von weißen Einwanderern bestimmten kulturellen Entwicklung der USA ein »gemeiner Coyote« geworden, ein entwertetes Tier also – vergleichbar dem Schwein in unserer Kultur (vgl. hierzu die Performance »R.E.M.« von Peter Gilles, S. 294). Damit ist der Coyote auch ein Repräsentant der entwerteten Anteile des Selbst, der entwerteten indianischen Anteile der amerikanischen Kultur. Der Coyote war auch ein Meisterverwandler und »Meistverwandler«, wie Elias Canetti[55] hervorhebt, der ihn bereits mit dem Schamanen als Meister der Verwandlung in Beziehung setzt. Duerr berichtet allerdings von durchaus zwiespältigen Einstellungen der Indianer und ihrer Schamanen zu diesem eigentümlichen, kaum greifbaren Wesen.[56] Trotz dieser Einschränkung ist der Prozeß der Entwertung dieses Tieres und damit der Indianer, ihrer Kultur und ihrer Gottesvorstellungen durch die Weißen das zentrale Thema, und darauf bezieht sich auch Beuys, wenn er sagt: »Man könnte sagen, wir sollten die Rechnung mit dem Coyoten begleichen. Erst dann kann diese Wunde geheilt werden.«[57] Das ist es, was Beuys den amerikanischen Bürgern vermitteln will – es ist eine auf die amerikanische Gesellschaft (auf andere Kulturen natürlich leicht übertragbar) ausgerichtete, sehr bildkräftige Inszenierung, die zu einer Re-Integration des kollektiv Verdrängten anregen soll. Das Verlassen des Käfigs und der Rückflug nach Deutschland entsprechen einer Darstellung der Agrégation, der Einführung in den alten/neuen Status. Er ist alt, weil es sich um eine Rückkehr nach Deutschland handelt, er ist neu, weil auch der Künstler selbst eine Erfahrung mitgenommen hat, nicht mehr der gleiche ist wie vor der Reise nach New York. Ob auch einigen der damaligen Zuschauer und der heutigen Rezipienten ein Stück nachdenklicher, offener, bereiter zum Austausch mit den verdrängten Anteilen ihrer selbst wie auch ihrer Kultur geworden sind durch diese Aktion? Das zumindest ist ihr Anspruch.

INITIATIONEN IN DER PSYCHOTHERAPIE/
-ANALYSE

Strukturelle Ähnlichkeiten zwischen Berufungs- und Initiationserlebnissen der Schamanen und der psychotherapeutischen bzw. psychoanalytischen Ausbildung sind u. a. von Autoren wie Mircea Eliade, Henry F. Ellenberger, Claude Lévi-Strauss und Rainer Waßner[58] mehr oder weniger ausführlich dargestellt worden. Wir wollen deshalb im folgenden zu klären versuchen, inwieweit diese Analogen tragfähig sind, welche »Einblicke von außen«, vom Schamanismus her, sich ergeben. Dazu sollen die Selbst-Initiationen von Sigmund Freud und Carl Gustav Jung, die Ellenberger als »schöpferische Krankheiten« dieser beiden großen Begründer psychotherapeutischer Schulen beschrieb, den Schilderungen heutiger Berufungs- und Initiationserlebnisse vorangestellt werden. Den Abschluß dieses Kapitels werden kritische Überlegungen zu den heutigen Formen »verordneter Initiation« in der psychotherapeutischen/-analytischen Ausbildung bilden.

Die Selbst-Initiation von Sigmund Freud

In der Zeit zwischen ca. 1894 und der Veröffentlichung seines Buches »Die Traumdeutung« (1900) verflechten sich vier Entwicklungslinien im Leben von Sigmund Freud (1856–1939): Seine neurotischen Störungen, seine Freundschaft mit dem Berliner Hals-Nasen-Ohren-Arzt Wilhelm Fließ, seine Selbstanalyse und die Ausarbeitung der Grundprinzipien der Psychoanalyse, wovon besonders »die Traumdeutung« Zeugnis ablegt. Dieser Zeitraum soll im Folgenden unter dem Aspekt der Selbst-Initiation bzw.

auch der »schöpferischen Krankheit«, wie Ellenberger[59] es bezeichnet, dargestellt werden.

Freud hatte als Neuropathologe begonnen und war aufgrund seiner überzeugenden Leistungen auf diesem Gebiet im Jahre 1889 habilitiert worden. Sein wissenschaftliches Interesse wandte sich dann dem Kokain zu (bis 1887). Dabei verpaßte er, nach eigenen Angaben, die Gelegenheit, zu Ruhm zu gelangen, da nicht er, sondern sein Freund Carl Koller die lokalanästhetisierende Wirkung des Kokains am Auge fand – angeblich aufgrund eines Hinweises von Sigmund Freud. Unter dem Druck ungünstiger wirtschaftlicher Verhältnisse verlagerte sich sein Forschungsinteresse in klinische Bereiche, hier vor allem auf das Studium der Hysterie und die Behandlungsmöglichkeiten durch Hypnose. In Zusammenarbeit mit dem bekannten Wiener Nervenarzt Josef Breuer (1842–1925), der ihm für lange Zeit ein Gönner und väterlicher Freund war, entwickelte er – angeregt durch Breuers Patientin Anna O. – die »talking cure«, wobei er die freie Aussprache an die Stelle der hypnotischen Beeinflussung setzte.

Mit seinen Hypothesen zum sexuellen Ursprung der hysterischen Neurosen geriet er jedoch bereits um 1894 in ein zunehmendes Spannungsverhältnis zu Breuer, der ihm bei der Entwicklung dieser Hypothesen nicht zu folgen vermochte. Nur mit mancherlei Schwierigkeiten gelang es noch, gemeinsam die »Studien über Hysterie« (1895) zu veröffentlichen, danach kam es zum Zerwürfnis.

Getrieben von dem Wunsch nach einer großen Entdeckung, die ihm Ehre, Ruhm und endlich auch ein angemessenes Einkommen für seine wachsende Familie sichern sollte, arbeitete Freud in den folgenden Jahren an seiner Traumdeutung und den Beweisen für eine Verursachung der Neurosen durch sexuelle Ereignisse in der Kindheit. Daneben auch, wie Erdheim hervorhebt, an einer Bewältigung seiner eigenen Größen- und Machtphantasien, indem er sich immer wieder in den Erkenntnisprozeß miteinbezog und seine eigenen unbewußten Motive – nicht nur die seiner Patientinnen – analysierte.[60]

Auf diesem Weg in wissenschaftliches Neuland fühlte er sich isoliert und einsam. Sein ursprüngliches Arbeitsgebiet, auf dem er habilitiert worden war, hatte er ebenso hinter sich gelassen wie seine Begeisterung für Charcot. Auch in Breuer hatte er keinen Ansprechpartner mehr. Es gibt aber, wie Ellenberger betont[61], trotzdem keinen Beweis dafür, daß Freud wirklich isoliert war, noch weniger dafür, daß er während jener Jahre von seinen Kollegen schlecht behandelt wurde. Am 2. Mai 1896, als Freud z. B. vor der Gesellschaft für Psychiatrie und Neurologie in Wien einen Vortrag hielt, in welchem er seine Theorien von der frühen sexuellen Verführung als Ursache der Hysterie darstellte (eine Theorie, die er selber recht bald in einem Brief an Fließ vom 21. September 1897 zurücknahm!), bemerkte Kraft-Ebing, der den Vorsitz führte, die Freud'schen Theorien klängen wie ein wissenschaftliches Märchen – nichts desto weniger schlug er Freud im Januar 1897 für die Ernennung zum außerplanmäßigen Professor vor.

In diesen knappen Angaben lassen sich die Phänomene der »Séparation«, der Ablösung vom alten Status sowie der Beginn der Marge als Übergangs- oder Inkubationszeit des schöpferischen Prozesses deutlich erkennen. Angriffe und Unverständnis wurden von Freud sehr viel stärker empfunden als Zuwendung und Lob. Die Gefährdungen der Marge hat er in zahlreichen depressiven Anwandlungen, Mut-, Hoffnungslosigkeit und Selbstzweifeln, die sich bis zu Todesängsten steigern konnten, erfahren. Hinzu kamen Migräneanfälle, die ihn gelegentlich arbeitsunfähig machten, Herzbeschwerden (anfallsweises Herzrasen und Angina pectoris) sowie eine ausgeprägte Reiseangst, die sich vor allem darin ausdrückte, daß er befürchtete, nicht rechtzeitig den Zug am Bahnhof zu erreichen. So stand er manchmal bereits eine Stunde vor Abfahrt des Zuges auf dem Bahnsteig.[62] Sein Freund und Biograph Ernest Jones schreibt über diese Zeit: »Gerade in den Jahren, in denen seine Neurose ihren Höhepunkt erreichte (1897–1900), war Freud auf dem Höhepunkt seiner schöpferischen Leistung, zwei Tatsachen, zwischen denen zweifellos ein Zusammenhang besteht. Die neurotischen Symptome müssen einer der Wege gewesen sein, auf denen das unbewußtere Material an die Oberfläche zu kommen suchte, und es ist fraglich, ob Freud ohne diese Bedrängnis so große Fortschritte gemacht hätte.«[63] Freud selber sprach davon, daß sein Bewußtsein manchmal stark getrübt gewesen sei, »komische Zustände, die dem Bewußtsein nicht faßbar sind. Dämmergedanken, Schleierzweifel, kaum hie und da ein Lichtstrahl.«[64]

Bei fehlenden genauen zeitlichen Zuordnungen zwischen Symptomen und aktuellen lebensgeschichtlichen Ereignissen lassen sich aus heutiger Sicht für die geschilderten Symptome dieser Zeit lediglich einige psychodynamische Hypothesen anbieten: So könnte die Reiseangst auf symbolischer Ebene zu verstehen sein als Angst, den Zug der Zeit zu verpassen, den er weder mit seinen neuropathologischen noch mit seinen Studien über Kokain erreicht hatte. In den Herzbeschwerden könnten sich Trennungsängste thematisieren, so die Trennung von bisherigen gesicherten wissenschaftlichen Gebieten oder von wichtigen Beziehungspersonen wie Josef Breuer. Die lebenslang bestehende Migräneneigung könnte mit Freuds Zurückhaltung bei aggressiv geführten wissenschaftlichen Auseinandersetzungen in Zusammenhang gebracht werden. Die fehlende oder zu geringe narzißtische Zufuhr dieser Zeit (nicht ausreichende Anerkennung, ausbleibende Integration seiner Theoriefragmente) könnte zu den berichteten Selbstzweifeln, Selbstentwertungen und gelegentlich der Angst vor Vernichtung (Todesangst) geführt haben. Vor allem jedoch ist die Obsession, die Verbissenheit auffällig, mit welcher Freud an seinem Ziel, allen Rückschlägen, Schwierigkeiten und Widerständen zum Trotz, über Jahre hinweg festhielt – und er fand Wege, seine Schwierigkeiten kreativ zu bewältigen:

»Wenn man sich fragt, mit welchen Umständen in Freuds Leben seine Neurose zeitlich zusammenfiel, so kommen nur zwei Dinge in Betracht: Die bevorstehende Erforschung des Unbewußten und seine erstaunliche Abhängigkeit von Fließ.«[65]

Aus dem Blickwinkel der Initiation, unter welchen diese Lebensphase Freuds hier betrachtet wird, läßt sich die Erforschung des eigenen Unbewußten als »Jenseitsreise« und die Beziehung zu Wilhelm Fließ als die Beziehung zu einem »Hilfsgeist« verstehen.

Nach dem Tode des Vaters, am 23. Oktober 1886, setzte ab etwa Juli 1897 Freuds intensive Selbstanalyse ein.[66] Freud begab sich auf persönliches und wissenschaftliches Neuland: »Der Hauptpatient, der mich beschäftigt, bin ich selbst«, schrieb er in einem Brief an seinen Freund Wilhelm Fließ vom 14. 8. 1897. Er entdeckte eigenes biographisches Material, deutete es im Rahmen seiner Lebensgeschichte und versuchte zugleich, einen theoretischen Rahmen dafür zu entwerfen. Teile seiner Selbstanalyse flossen in die Arbeit an seinem Buch »Die Traumdeutung« (1900) ein, das zahlreiche autobiographische Mitteilungen und eigene Träume enthielt. Er arbeitete vom Ende 1897 bis September 1899 an diesem Buch. Es erschien bereits im November 1899, auch wenn es als Huldigung an das neue Jahrhundert und in seinem erwarteten, auf den Autor rückwirkenden Glanz mit der Jahreszahl 1900 versehen wurde.

Die Beziehung zu dem Berliner Arzt Wilhelm Fließ ist, von wenigen Textpassagen abgesehen, vor allem durch den Briefwechsel bekannt geworden, wobei allerdings nur Freuds Briefe an Fließ erhalten geblieben sind. Sie beginnen mit dem Jahre 1887, nehmen zwischen 1895 und 1900 in ihrer Anzahl deutlich zu (27–44 Briefe Freuds an Fließ pro Jahr, davon die meisten Briefe im Jahre 1899) und enden bereits 1902 nach einem Zerwürfnis der Freunde. Wegen der Distanz Berlin – Wien ist es in erster Linie eine Brieffreundschaft, die lediglich von wenigen Treffen, in einem etwas großspurigen Ton »Kongresse« genannt, untermauert wurde.[67]

Wenn wir versuchen, die Bedeutung von Wilhelm Fließ als »Hilfsgeist« in psychoanalytische Terminologie zu übersetzen, so können wir am ehesten wohl von einer »idealisierenden Übertragung« im Sinn von Heinz Kohut[68] ausgehen. Kohut geht von einer innerpsychischen Wiederbelebung der »idealisierten Elternimagines« aus, also von dem großartigen Bild der Eltern, das sich das kleine Kind macht, um seine eigene reale Hilflosigkeit zu kompensieren: Vater/Mutter kann alles, Vater/Mutter ist der/die Größte! Solange das Ich bzw. Selbst des Kindes noch schwach ist, darf kein Schatten, kein Zweifel auf dieses Bild fallen, das sich das Kind von einem oder beiden Elternteilen macht. So idealisierte Freud in seiner unruhig suchenden, als einsam und gefährlich erlebten Zeit der »Marge« den im fernen Berlin lebenden Fließ zwecks eigener Teilhabe an dessen phantasierter Größe. Es ist eindrucksvoll zu lesen, wie Freud in diesen Briefen die zum Teil ausgesprochen skurrilen Hypothesen seines Freundes über die »Nasen-Reflex-Neurosen« und seine pseudowissenschaftlichen Berechnungen über Lebenszyklen immer wieder lobte, als Entdeckungen feierte, – seinerseits aber offensichtlich auch stets mit »narzißtischer Zufuhr« reichlich versorgt wurde. Immer wieder bedankt sich Freud für das Interesse, das Verständnis und die Anerkennung seines Freundes.

Die Beziehung zu Fließ und das Bemühen, Fehler des idealisierten Freundes um keinen Preis wahrzunehmen, finden sich im zentralen Traum der »Traumdeutung« , und zwar in dem berühmten »Traum von Irmas Injektion«. Freuds Deutung, von ihm selber als entscheidender Durchbruch für seine Traumdeutung bezeichnet, scheint wesentlich dazu zu dienen, Wilhelm Fließ von einem operativen Kunstfehler bei einer Nasenoperation (er vergaß einen etwa 50 cm langen Gazestreifen, was zu massiven Komplikationen führte) bei der Patientin Irma reinzuwaschen![69]

Mit der Veröffentlichung der »Traumdeutung« und mit dem Abschluß der zentralen Arbeiten an seiner Selbstanalyse, der er sich in stark eingeschränktem Umfang bis zu seinem Lebensende allerdings fast täglich widmete, fanden die neurotischen Symptome allmählich zu einem Ende, endete die Marge, diese unruhige und über weite Strecken quälende Übergangszeit der Selbst-Initiation. Die Freundschaft mit Fließ zerbrach im Sommer 1900, der daraufhin stark reduzierte Briefwechsel endete 1902. Abgesehen von der Selbstüberschätzung, die für Wilhelm Fließ wohl typisch war, hat sicherlich Freud, der diese Selbstüberschätzung schließlich so lange tolerierte, ja geradezu stützte, seinen eigenen Anteil am Ende dieser Freundschaft. Ein wesentlicher Punkt der Selbstanalyse war Freuds unerwartete Entdeckung einer tief verwurzelten Feindseligkeit gegenüber seinem Vater. Fließ erscheint – so wäre eine psychoanalytische Hypothese zu formulieren – in den Zeiten der Aufarbeitung des Vater-Sohn-Verhältnisses als ein Ersatz für Freuds frühen idealisierten Vater, dem er in zärtlicher Liebe, Bewunderung und Unterordnung begegnet war. Die unterschwellige Feindseligkeit bzw. die verdrängte Feindseligkeit der ödipalen Zeit, brach in die reale Beziehung zwischen Freud und Fließ ein und zerstörte diese, als Freud der idealisierten Vater-Übertragung nicht mehr bedurfte.[70]

Die Veröffentlichung der »Traumdeutung« fand zwar keine breite begeisterte Aufnahme (351 verkaufte Exemplare in den ersten sechs Jahren), aber wichtige spätere Weggefährten wie Wilhelm Stekel, Alfred Adler, Hanns Sachs und Sandor Ferenczi wurden nachhaltig von diesem Buch beeinflußt. Freud wurde zum Begründer einer Bewegung. Wilhelm Stekel schlug Freud im Herbst 1902 vor, eine Diskussionsgruppe zu bilden, was Freud begeistert aufgriff. Dieser Mittwoch-Gesellschaft, aus der 1906 die Wiener Psychoanalytische Vereinigung hervorging, gehörten neben Freud und Stekel auch Max Kahane, Rudolf Reitler und

Alfred Adler an. In dieser Zeit (1902) erfolgte auch endlich die lang erwartete Ernennung zum Professor. Diese Entwicklungen gehören bereits zur Agrégation, der Einführung in einen neuen Status, den des unbestrittenen Führers einer neuen wissenschaftlichen Bewegung. Allerdings blieb die Vater-Problematik Freuds offensichtlich latent erhalten und führte nicht nur zum Bruch mit Fließ, sondern – als ein Grund unter vielen – zu zahlreichen Trennungen von wichtigen Persönlichkeiten unter Freuds Schülern (z. B. Alfred Adler, C. G. Jung). Ludwig Binswanger überlieferte Freuds Antwort auf die Frage, warum einige seiner begabtesten Schüler sich von ihm getrennt hatten: »Sie wollten eben auch einmal Papst werden.«[71] Auf die in diesen Worten liegende Problematik der »Unfehlbarkeit«, der Dogmen, des kirchlichen Gepräges der psychoanalytischen Bewegung wird bei der Besprechung heutiger Formen psychotherapeutisch/-analytischer Ausbildung noch einzugehen sein.

Die Selbst-Initiation von C. G. Jung

Nach seinem Medizinstudium war Carl Gustav Jung (1875–1961) Psychiater an der bekannten Nervenklinik Burg Hölzli in Zürich bei Eugen Bleuler. Bereits 1905, fünf Jahre nach seinem Eintritt in die Klinik, wurde er zum ersten Oberarzt ernannt, bekam die Leitung der Ambulanz der Klinik übertragen und erwarb den Titel eines Privatdozenten. Ab 1906 stand er in brieflichem Kontakt mit Freud, den er im Februar 1907 in Wien besuchte. Da Bleuler als Chefarzt Jung und die Freudsche Psychoanalyse unterstützte, war bald der ganze Mitarbeiterstab in Zürich von der Psychoanalyse fasziniert und versuchte zu klären, wie weit sie zum Verständnis der Geisteskrankheiten beitragen konnte.

Nach Konflikten mit Bleuler verließ Jung das Burg Hölzli

1909 und widmete sich seiner psychotherapeutischen Privatpraxis. Von Freud als Nachfolger ausersehen, wurde Jung der erste Präsident der internationalen psychoanalytischen Vereinigung und der leitende Herausgeber des »Jahrbuches«, der ersten psychoanalytischen Zeitschrift, die regelmäßig erschien. Ab 1910 hielt Jung in jedem Sommer-Semester an der Universität Zürich Vorlesungen zum Thema »Einführung in die Psychoanalyse«. Die ersten Divergenzen mit Freud wurden durch Jungs Buch »Wandlungen und Symbole der Libido« (1911), das in späteren Überarbeitungen nur noch »Symbole der Wandlung« heißt, offenkundig. Mit Beendigung dieses Buches begann seine ganz individuelle Auseinanderstzung mit dem Unbewußten, seine Selbst-Initiation. Er war mit diesem inneren Prozeß so sehr beschäftigt, daß er nach eigenen Angaben drei Jahre lang kein wissenschaftliches Buch zu lesen imstande war.[72] Diese Unfähigkeit zu wissenschaftlicher Arbeit führte – wohl neben seiner Enttäuschung, nicht zum Professor ernannt zu werden – zum Rückzug von der Universität, wo er im Winter-Semester 1913/14 seine vorläufig letzte Vorlesung hielt. Es kam zum Bruch mit Freud, im Oktober 1913 trat Jung aus der psychoanalytischen Vereinigung aus und gab seine Funktion als Herausgeber des Jahrbuches auf. Diese äußeren Fakten kennzeichnen die Séparation, die sich als Prozeß zwischen 1911 und 1913 vollzog.

»Nach der Trennung von Freud hatte für mich eine Zeit innerer Unsicherheit, ja Desorientiertheit begonnen, denn ich hatte meinen eigenen Stand noch nicht gefunden.«[73] Es begann eine Zeit mit wiederkehrenden und anhaltenden Gefühlen eines inneren starken Druckes und ungewöhnlicher Erlebnisse, so daß Jung annahm, es müsse eine psychische Störung bei ihm vorliegen.[74] Wie Freud so erlebte auch Jung seine Übergangszeit (Marge) der Selbst-Initiation als eine Zeit des Rückzugs und der Einsamkeit, fühlte sich von allen verlassen, obwohl z. B. während dieser Zeit (ab 1916) in Zürich ein Freundeskreis sich als »psychologischer Club«

um ihn scharte und einige Freunde, wie z. B. Alphonse Maeder sich ihm eng verbunden fühlten.

Einige der inneren Erlebnisse der Marge sollen im folgenden anhand des autobiographischen Berichtes, wie er von Aniela Jaffé (1971) im Gespräch mit Jung aufgezeichnet wurde, dargestellt werden.

Immer wieder fühlte sich Jung an einer Grenze, konnte nicht weiterdenken. In dieser unbefriedigenden und quälenden Situation erinnerte er sich, als Kind im Alter von ca. elf Jahren sehr gerne Häuser und Schlösser aus kleinen Steinen gebaut zu haben. Als diese Erinnerung an kreative Spiele seiner Kinderzeit auftauchten, gab er ihr nach und begann mit Mitte Dreißig erneut Steine zu sammeln, Häuser, Schlösser und Kirchen zu bauen, wie er es als Kind getan hatte: »Dieser Augenblick war ein Wendepunkt in meinem Schicksal, denn nach unendlichem Widerstreben ergab ich mich schließlich darein zu spielen. Es ging nicht ohne äußerste Resignation und nicht ohne das schmerzhafte Erlebnis der Demütigung, nichts anderes wirklich tun zu können, als zu spielen.«[75]

Bei dieser ebenso spielerischen wie intensiven Tätigkeit klärten sich einerseits seine Gedanken und andererseits wurde ein Strom von Phantasien ausgelöst:

Ich lebte ständig in einer intensiven Spannung, und es kam mir oft vor, als ob riesige Blöcke auf mich herunterstürzten. Ein Donnerwetter löste das andere ab. Daß ich es aushielt, war eine Frage der brutalen Kraft. Andere sind daran zerbrochen. Nietzsche und auch Hölderlin und viele andere. Aber es war eine dämonische Kraft in mir, und von Anfang an stand es für mich fest, daß ich den Sinn dessen finden mußte, was ich in den Phantasien erlebte. Das Gefühl, einem höheren Willen zu gehorchen, wenn ich dem Ansturm des Unbewußten standhielt, war unabweisbar und blieb Richtung gebend in der Bewältigung der Aufgabe«.[76]

Immer wieder befürchtete er, die Selbstkontrolle zu verlieren, wenn er sich seinen unbewußten Prozessen überließ.

Auch war ihm als Psychiater die Nähe zur Psychose durchaus bewußt. Aniela Jaffé, die diese Erinnerungen aufzeichnete, spürte noch Jahrzehnte später deutlich die Erregung, als Jung ihr über diese lange zurückliegende Zeit berichtete. Jung schlug als Motto dieses Kapitel eine Textzeile aus der Odyssee vor: »Froh, dem Tode entronnen zu sein«.

Den entscheidenden Schritt tat Jung am 12. Dezember 1913, als er sich entschloß, sich seinen Imaginationen allen Ängsten zum Trotz auszuliefern, mehr noch: auf sie zuzugehen, sie aktiv anzupacken:

Ich saß an meinem Schreibtisch und überdachte noch einmal meine Befürchtungen, dann ließ ich mich fallen. Da war es mir, als ob der Boden im wörtlichen Sinne unter mir nachgäbe, und als ob ich in eine dunkle Tiefe sauste. Ich konnte mich eines Gefühls von Panik nicht erwehren. Aber plötzlich und nicht allzu tief kam ich in einer weichen, stickigen Masse auf die Füße zu stehen – zu meiner großen Erleichterung. Jedoch befand ich mich in einer fast völligen Finsternis. Nach einiger Zeit gewöhnten sich meine Augen an die Dunkelheit, die nun einer tiefen Dämmerung glich. Vor mir lag der Eingang zu einer dunklen Höhle und dort stand ein Zwerg. Er erschien mir wie aus Leder, so als ob er mumifiziert wäre. Ich drängte mich an ihm vorbei durch den engen Eingang und watete durch knietiefes, eiskaltes Wasser zum anderen Ende der Höhle. Dort befand sich auf einem Felsband ein roter, leuchtender Kristall. Ich faßte den Stein, hob ihn auf und entdeckte, daß darunter ein Hohlraum war. Zunächst konnte ich nichts erkennen, aber schließlich erblickte ich strömendes Wasser in der Tiefe. Eine Leiche schwamm vorbei, ein Jüngling mit blondem Haar, am Kopf verwundet. Ihm folgte ein riesiger schwarzer Skarabäus, und dann erschien, aus der Wassertiefe auftauchend, eine rote, neugeborene Sonne. Geblendet vom Licht, wollte ich den Stein wieder auf die Öffnung legen, da drängte sich jedoch eine Flüssigkeit durch die Öffnung. Es war Blut! Ein dicker Strahl sprang auf, und ich empfand Übelkeit. Der Blutstrom währte, wie mir schien, unerträglich lange. Endlich versiegte er, und damit war die Vision zu Ende.[77]

Jung verstand diesen Wachtraum oder diese Vision, wie er es nannte, nur zum Teil und zwar als Drama von Tod und Wiedergeburt, also als das zentrale Thema der Initiation. Weiteren Aufschluß erhielt er erst durch einen Traum, den er sechs Tage später (18. Dezember 1913) hatte. In diesem Traum tötete er den Helden Siegfried, wurde von großen Schuldgefühlen geplagt, auch wenn die Tat nicht entdeckt werden konnte, da ein Regenguß alle Spuren verwischte.

Jung erwachte, verstand auch diesen Traum nicht, wollte wieder einschlafen, wurde aber durch eine innere Stimme daran gehindert. Die Stimme befahl ihm, den Traum zu verstehen – oder sich mit dem im Nachttisch liegenden Revolver zu erschießen:

Da begann ich noch einmal nachzudenken, und plötzlich ging mir der Sinn des Traumes auf: »Das ist ja das Problem, das in der Welt gespielt wird!« Siegfried stellt das dar, was die Deutschen verwirklichen wollten, nämlich den eigenen Willen heldenhaft durchzusetzen: »Wo ein Wille, da ist ein Weg!« Dasselbe wollte auch ich. Aber das war nun nicht mehr möglich. Der Traum zeigte, daß die Einstellung, welche durch Siegfried, den Helden, verkörpert war, nicht mehr zu mir paßte. Darum mußte er umgebracht werden. Nach der Tat empfand ich überwältigendes Mitgefühl, so als sei ich selber erschossen worden. Darin drückte sich meine geheime Identität mit dem Helden aus, sowie das Leiden, das der Mensch erlebt, wenn er gezwungen wird, sein Ideal und seine bewußte Einstellung zu opfern. Doch dieser Identität mit dem Heldenideal mußte ein Ende gesetzt werden; denn es gibt Höheres, dem man sich unterwerfen muß, als der Ich-Wille.[78]

Jung mußte also eine Identifikation opfern, sich von einem Teil seines Selbst trennen, um sich entwickeln zu können. Es ist dies eines der zentralen Themen jeder Marge. Stets stellt dieser Abschied von einem bisherigen Teil des Selbstbildes ein schmerzliches und spannungsreiches Geschehen dar, das auch als existentiell gefährdend erlebt werden kann, nämlich nicht nur als Tod einer Teil-Identifikation, sondern als Tod der ganzen Person bzw. Persönlichkeit. Es ist in diesem Zusammenhang aufschlußreich, daß Jung im Kreise der Wiener Psychoanalytiker den Spitznamen »blonder Siegfried« trug.[79] Nicht nur die Identifikation mit einer Heldenfigur, sondern auch die mit der Rolle als legitimer Nachfolger Freuds mußte abgelegt werden – wer aber war er, der sich bislang Psychoanalytiker nannte und Vorlesungen darüber hielt, dann selber? Es ging um nichts weniger als um die berufliche wie persönliche Identität! Es ist dies diejenige Phase des Übergangsprozesses, wo eine Sehnsucht nach Hilfe, nach einem Führer, einer neuen Heimat aufkommt. In den Phantasien von Jung taucht nun Philemon auf, wohl jene Gestalt der griechischen Mythologie, welche mit der Ehefrau Baucis die in menschlicher Gestalt umherwandernden Götter Jupiter und Merkur trotz Armut gastfreundlich aufnahm und deren Hütte bei einer Sintflut deshalb verschont und in einen Tempel verwandelt wurde. Eine passende Gestalt des Unbewußten, so möchte man sagen, für einen unruhig suchenden, heimatlosen Geist, wie es Jung zu dieser Zeit war. »Gespräche« mit Philemon und anderen führten Jung zu der Erkenntnis, daß es Kräfte in ihm geben müsse, die unabhängig von ihm seien:

Psychologisch stellte Philemon eine überlegene Einsicht dar, er war für mich eine geheimnisvolle Figur. Zu Zeiten kam er mir fast wie physisch real vor. Ich ging mit ihm im Garten auf und ab, und er war mir das, was die Inder einen Guru bezeichnen (...). Ich hatte mir danach in meinen »Finsternissen« (...) nichts Besseres gewünscht als einen wirklichen, konkreten Guru, einen überlegen Wissenden und Könnenden, der mir die unwillkürlichen Schöpfungen meiner Phantasie entwirrt hätte.[80]

Von einem Inder erfuhr Jung mehr als 15 Jahre später, daß es ihm ganz natürlich und gut bekannt sei, daß Menschen einen Geist zum Lehrer haben, während die meisten Menschen in ihrer spirituellen Suche durchaus einen lebenden Menschen als Guru aufsuchen. Was in der indischen Kultur als eine Selbstverständlichkeit behandelt wird, gerät im

Rahmen unserer Kultur leicht in die Nähe krankhafter halluzinatorischer Phänomene. Aus dem Blickwinkel der schamanischen Selbst-Initiation entspricht Philemon am ehesten einem inneren Schamanenlehrer, wie er vom Initianten zu verschiedenen Zeiten des Initiationsprozesses aufgesucht werden kann. Die Tatsache, daß Jung ausdrücklich ein intrapsychisches Geschehen beschreibt, läßt auch an einen mächtigen, weisen Hilfsgeist denken.

Jung unterscheidet Philemon und andere Gestalten seiner Psyche (z. B. Elias, Salome) von abgespaltenen Anteilen seiner Person und verweist ausdrücklich darauf, daß diese Kräfte nicht identisch mit ihm oder Teile von ihm seien. Letztlich führten diese Erfahrungen Jung zu seinen Konzeptionen des kollektiven Unbewußten und der Archetypen.

Später begegnete Jung einer weiblichen Stimme in sich, die er als »Anima«, als Personifikation der weiblichen Natur im Unbewußten des Mannes, bezeichnete.

In diesen inneren, als real erlebten Gestalten, können wir – in anderer Terminologie – Hilfsgeister erkennen. Besonders im Hinblick auf die von Jung beschriebenen Auseinandersetzungen mit der Anima taucht das Thema des Kampfes auf, die Notwendigkeit also, sich Hilfsgeister dienstbar zu machen, statt ihnen ausgeliefert zu sein. Inwieweit Jung daneben auch äußere Hilfsgeister hatte, z. B. im Sinn idealisierender Übertragungen (wie Freuds Übertragung auf Fließ), geht aus seiner Biographie nicht hervor – was natürlich nicht heißt, daß es nicht solche, vielleicht auf eine weibliche Person bezogen, gegeben haben könnte.[81]

Jung datiert die Endphase der Marge auf 1918/19, Aniela Jaffé sieht das Ende dieser Übergangszeit in der Publikation des Buches »Psychologische Typen« (1921).[82] Rückblickend stellte Jung über diese Zeit zwischen ca. 1912 und ca. 1919 fest:

Heute kann ich sagen: Ich habe mich nie von meinen an-
fänglichen Erlebnissen entfernt. Alle meine Arbeiten, alles,
was ich geistig geschaffen habe, kommt aus den Initialimagi-
nationen und -träumen. 1912 fing es an, das sind jetzt fast 58
Jahre her. Alles, was ich in meinem späteren Leben getan
habe, ist in ihnen bereits enthalten, wenn auch erst in Form
von Emotionen oder Bildern.[83]

Mit dem Tod der (Siegfried)Identifikation mit der Freud-
schen Psychoanalyse wurde Jung frei, seine Sicht des Unbewußten in sich aufsteigen zu lassen. Es ist das klassische
Initiationsthema von Tod und Wiedergeburt. Von nun an
konnte er das Haupt einer eigenen psychotherapeutischen
Schule, der analytischen Psychologie, werden. 1933 nahm
Jung seine Lehrtätigkeit an der eidgenössischen technischen
Hochschule in Zürich wieder auf, 1935 wurde er zum Titu-
larprofessor ernannt. 1944 erfolgte ein Ruf nach Basel als
ordentlicher Professor für medizinische Psychologie. Wegen schwerer Erkrankungen mußte er sich jedoch bald von
dieser Verpflichtung zurückziehen.

Spontane Initiationserlebnisse von Psychotherapeuten heute

Jahrelange Initiationsverläufe, die zur Ausarbeitung neuer
psychodynamischer Theorien führen, wie ich es am Beispiel
von Sigmund Freud und Carl Gustav Jung dargestellt habe,
sind Ausnahmen. Das heißt nun allerdings nicht, daß Initiationserlebnisse in den üblichen psychotherapeutischen
Ausbildungen nicht vorhanden seien. Über die Häufigkeit
ihres Auftretens können noch keine Angaben gemacht werden, da bislang derartige Phänomene nicht oder kaum beachtet wurden. In Gruppen für ärztliche und psychologische Kolleginnen und Kollegen, die sich in psychotherapeu-
tisch/-analytischer Weiterbildung befinden oder diese abge-

schlossen haben, wie ich sie seit 1991 auf einigen Psychothe-
rapiekongressen und in meiner Praxis in Köln anbiete, haben die Teilnehmer von eigenen Erlebnissen berichtet.[84]
Den Berichtenden war dabei selber oft im Verlauf ihrer
Teilnahme am Kurs anhand entsprechender Informationen
deutlich geworden, daß sie entscheidende Initiationserlebnisse vor Beginn ihrer Weiterbildung gehabt hatten. Aufgrund fehlender Informationen und nicht zur Verfügung
stehender Denktraditionen in unserer Kultur hatten sie
diese Erlebnisse zwar nicht vergessen, aber auch nicht recht
einordnen können.

Die nachfolgenden Beispiele sollten nun allerdings auch
nicht dahingehend mißverstanden werden, daß derartige
Erlebnisse immer aufträten oder eine zwingende Voraussetzung für den Beruf des Psychotherapeuten/-analytiker
seien. Eine Berufswahl kann sehr unterschiedlich motiviert
sein (Familientradition, Delegation des Wunsches eines El-
ternteils, wirtschaftliche Erwägungen, wissenschaftliche Interessen etc.).

Vor der Besprechung der jeweiligen Lebensereignisse
habe ich in den Kursen einige grundsätzliche Informationen
gegeben: Zur Berufung, zum dreischrittigen Ablauf der
Initiation (Séparation, Marge, Agrégation) mit Todes- und
Wiedergeburtserlebnissen in der Marge, Erwerb der Hilfsgeister. Außerdem erläuterte ich jeweils kurz die Unterschiede zwischen den typischen Gruppeninitiationen der
Pubertierenden (absolute Macht der Älteren, ritualisierter
Ablauf, Einweihung in die Geheimnisse des Stammes
zwecks Aufrechterhaltung der Tradition) und den demgegenüber dramatischer verlaufenden individuellen Initiationen der Schamanen.

Angeregt durch diese zunächst mehr theoretische Einführung berichteten einzelne Gruppenteilnehmer dann von
ihren persönlichen Erlebnissen. Die Berichte wurden, soweit die Vortragenden es wünschten, in der Gruppe besprochen, wobei es um Klärung von Fakten, um Assoziationen

und den Versuch einer Einordnung des Erzählten in die Konzepte der Initiation ging. Letzteres wurde als ausgesprochen hilfreich empfunden, da auf diese Weise manches bedrückende Erlebnis erst in einen verstehbaren Zusammenhang eingeordnet werden konnte.

Anders verhielt es sich generell mit einer psychoanalytischen Interpretation der Erlebnisse! Allen Kursteilnehmern war es wichtig, daß ihre als höchst komplex erfahrenen Erlebnisse nicht etwa reduziert wurden durch Verwendung von Fachausdrücken wie »Projektion«, »projektive Identifikation«, »Abspaltung«, »Pseudohalluzination« etc. Es schien, als müßten die Betreffenden ihre Erlebnisse schützen, um deren zumeist als hilfreich erlebte Wirkung für sich selber zu bewahren. Viele hatten auch noch nie zuvor über ihre Erlebnisse gesprochen, zum Teil nicht einmal mit Ehepartnern oder engen Freunden. In den Kursen waren die berichteten Erlebnisse dementsprechend dann auch nicht umfassend psychoanalytisch zu deuten, eher konnte das eine oder andere angedeutet werden (vgl. Kapitel »Ansätze zu einer Integration«, S. 222).

Der Traum von der Sphinx

Eine jüngere Kollegin, die nach dem Studium der Zoologie ein Psychologie-Studium angeschlossen hatte und nach dem Examen eine psychotherapeutische Weiterbildung anstrebte, berichtete, daß sie schon seit Jahren von ihren oft dramatischen Träumen beunruhigt worden sei. Oft seien es regelrechte Alpträume, aus denen sie schweißgebadet aufgewacht sei. Dies habe sich aber seit einem Traum, den sie vor ungefähr einem halben Jahr gehabt habe, weitestgehend geändert. Sie habe von einer langen Reihe von Sphinx-Figuren geträumt, jenen liegenden Löwenkörpern mit dem Kopf eines Menschen, wie sie im alten Ägypten – oft in Doppelreihen dargestellt – die Eingänge von Tempeln oder als einzelne Figur die Pyramiden von Gizeh bewachten.

Eine Stimme im Traum verwies auf eine bestimmte Sphinx in dieser Reihe und sagte ihr, dies sei ihre Sphinx, ihre Beschützerin. Sie habe diese Sphinx ganz deutlich vor sich gesehen. In den folgenden Tagen habe sie sich oft diese Sphinx vorgestellt und dies als beruhigend empfunden, als ob jemand schützend bei ihr sei. Sie habe dann auch nicht mehr soviel Angst vor ihren Alpträumen gehabt. Nach einigen Tagen habe sie die Sphinx, die sie immer noch genau vor Augen gehabt hatte, gemalt. Es sei ihr wichtig gewesen, diese Figur so real wie möglich bei sich zu haben. Wenn sie jetzt abends einmal Angst vor dem Einschlafen und vor den Alpträumen habe, hole sie ihr Bild mit der Sphinx heraus, gucke es an – und fühle sich beruhigt und geschützt. Die Kollegin erzählte diesen Traum als ein Beispiel für einen Hilfsgeist, der ihr gegeben worden sei auf ihrem weiten Weg in das gefährliche Innere, das Unbewußte, also auf ihrem bevorstehenden Weg in die angestrebte psychotherapeutische Ausbildung. Von »Hilfsgeistern« und ihrer die Schamanen schützenden Funktion habe sie allerdings bis zu diesem Seminar noch nichts gehört. Sie empfinde das über die Hilfsgeister der Schamanen Gesagte als zutreffend auch für ihr eigenes Sphinx-Erlebnis, auch wenn dieser Hilfsgeist ihr mehr geschenkt worden sei, sie ihn sich nicht habe erwerben oder erkämpfen müssen (was bei Schamanen häufig, aber nicht ausnahmslos der Fall ist).

Die berichtende Kollegin fügte noch an, daß ihr die Sphinx als ein tierisch-menschliches Mischwesen sehr sympathisch sei, sie sehe für sich darin einen Zusammenhang mit ihrem Ausbildungsgang, ihre vielleicht doch etwas ungewöhnliche Mischung von Zoologie und Psychologie. Die Zoologie sei ihr als Grundlage irgendwie wichtig, sie empfinde dies der Psychologie vorgeschaltete Studium nicht als Umweg. Nur noch kurz fügte sie an, daß das Zoologie-Studium mehr einem Wunsch ihrer Eltern entsprochen habe, das Psychologie-Studium eher ihren Wünschen und Neigungen entspreche.

Die Sphinx erscheint als ein spontan gefundenes inneres Bild der Aussöhnung zwischen den elterlichen Interessen (gefordertes Zoologiestudium, vgl. Löwenkörper) und den eigenen beruflichen Interessen (Psychologiestudium, vgl. Kopf). Die das Studium der Psychologie und die psychotherapeutische Ausbildung eher argwöhnisch beobachtenden Eltern sind in diesem Traumbild nun zu Beschützern der seelischen wie beruflichen Entwicklung geworden. Eine solche Interpretation entspräche einer typischen Traumanalyse. Der Unterschied zu einer solchen Traumanalyse lag im Kurs nun darin, daß die Kollegin selber ganz anders mit diesem Traumbild umging und von der Gruppe auch einen anderen Umgang forderte! So hatte sie Skrupel, überhaupt von diesem Traum zu erzählen, aus Angst, die Kraft der Sphinx für sich zu zerstören. Sie wünschte auch ganz ausdrücklich keine Interpretation in der hier vorgestellten Form! Ich vermute rückblickend, daß sich im Bild der Sphinx ein Wunsch nach Aussöhnung mit den Eltern manifestierte, ein Wunsch allerdings, dem eine klärende Konfrontation mit der Wirklichkeit erspart bleiben sollte. Anders ausgedrückt: Die junge Frau fühlte sich vermutlich alles andere als sicher in der Unterstützung ihres Lebensweges durch die Eltern. Im Bild der Sphinx, das sie selber nicht zu deuten wußte, hatte sie für sich ein zwar nicht bewußt zu verstehendes, wohl aber unbewußt wirkendes, nämlich sie beruhigendes Symbol ihrer Hoffnung gefunden. Die selbstheilende Kraft des Traumbildes kann aber nur Bestand haben, solange der Wunschcharakter nicht zu nachdrücklich bewußtgemacht und dann selber angezweifelt werden muß.[85]

Die Folgen einer Intercostalneuralgie

Ein Kollege, ca. 28 Jahre alt, der sich noch am Anfang seiner psychotherapeutischen Weiterbildung befand, berichtete, daß er dieser Ausbildung längere Zeit mit großer Ambivalenz gegenübergestanden habe. In dieser Situation sei er plötzlich an einer sehr schmerzhaften Intercostalneuralgie (Schmerzen im Versorgungsbereich eines oder mehrerer Zwischenrippennerven) erkrankt, habe viele Schmerzmittel eingenommen und sich recht elend gefühlt. Nachts habe er höchst eigentümliche Dinge erlebt, die er nicht als Alpträume einordnen könne, sondern eher als Visionen oder auch Halluzinationen im Halbschlaf. Immer wieder habe er sich drehende Feuerräder gesehen sowie gräßliche Dämonen, die in einem Kasten eingesperrt gewesen seien. Eine große Rolle spielte auch eine riesige Bärentatze, die genau auf die schmerzenden Stellen der Intercostalneuralgie schlug. All dieses habe äußerst real gewirkt, nicht wie ein Traum!

Eine ärztliche Kollegin, mit der er diese Phänomene besprochen habe, habe dies auf die Medikamente im Sinne einer medikamentenbedingten Halluzinose zurückgeführt. Als er nach dieser Erkrankung in die Klinik gekommen sei, wo er eine Woche am Arbeitsplatz gefehlt habe, habe er den Eindruck gehabt, mindestens ein Jahr weggewesen zu sein. Seine Ambivalenz bezüglich der Weiterbildung sei wie weggewischt gewesen. Er habe gespürt, daß die Psychotherapieweiterbildung für ihn jetzt richtig und wichtig sei und habe sich zur Ausbildung angemeldet.

Er habe diese Ereignisse allerdings so gut wie vergessen gehabt, erst durch den Kurs seien sie ihm wieder klar vor Augen getreten. Ihm sei klar, daß in einem anderen Kulturkreis diese Erlebnisse für ihn Realitätscharakter gehabt hätten, so intensiv seien sie gewesen. Eindrucksvoll sei für ihn nach wie vor sein damaliges verändertes Zeiterleben.

Sowohl der berichtende Kollege als auch die Gruppe

konnten durchaus akzeptieren, daß die starken bildhaften Visionen eine Nebenwirkung der verabreichten Medikamente gewesen sein könnten (an die Namen der Medikamente erinnert sich der Kollege allerdings nicht). Warum aber haben diese Erlebnisse zu einer Beendigung der ambivalenten Einstellung gegenüber der Psychotherapieausbildung geführt? Warum tauchten diese (hypothetischen) Medikamenten-Nebenwirkungen jetzt bei ihm auf? Der symbolische Gehalt der Bilder konnte im Kurs nicht geklärt werden, es bestand offensichtlich eine Scheu des Kollegen, sich zum jetzigen Zeitpunkt näher auf dieses Erlebnis einzulassen, das er auch in seiner Lehranalyse bislang nicht eingebracht hatte.

Das Ende einer Identifikation

Eine junge Kollegin, Frau A. B., Mitte 30, berichtete, daß sie ihrer Lieblingstante, der jüngsten Schwester der Mutter, sehr geglichen habe und zu dieser Tante in der Kindheit eine enge Beziehung gehabt habe. Diese Tante starb im Alter von 30 Jahren, sie selber sei zu diesem Zeitpunkt 13 Jahre alt gewesen. Soweit sie sich erinnern könne, habe sie damals den Entschluß gefaßt, Medizin zu studieren, Ärztin zu werden, anderen Menschen zu helfen. Nach dem Medizinstudium wurde sie Fachärztin für Anästhesie. Im Alter von 30 Jahren (!) erkrankte sie selber an einer unklaren Lymphknotenschwellung im unteren Bereich der Luftröhre (am Hilus pulmonalis). Da dieser bei einer Routine-Röntgen-Untersuchung entdeckte Befund auf eine bösartige Erkrankung verdächtig war, wurde die Entnahme einer Gewebeprobe unter Narkose vereinbart. Sie habe davon außer ihrem Lebensgefährten niemandem etwas erzählt, es sei für sie klar gewesen, daß sie dies mit sich alleine ausmachen wolle und müsse. Insbesondere habe sie auch den Eltern, die in der gleichen Stadt lebten und zu denen sie ein enges Verhältnis habe, nichts erzählt. Für die Entnahme der Gewebeprobe habe sie sich in einem anderen Krankenhaus der Stadt angemeldet, habe dies nicht in der Klinik machen lassen wollen, in der sie selber arbeitete. Sie habe Urlaub genommen und sich nicht krankschreiben lassen.

Als sie am Tag der stationären Aufnahme am frühen Morgen zum Krankenhaus gefahren sei, habe sie am Fußgängerübergang an der Ampel ihre Mutter stehen sehen. Sie habe nicht erwartet, um diese Zeit eventuell auf ihre Mutter zu treffen, und sei, da sie ein Zusammentreffen und Nachfragen auf jeden Fall habe vermeiden wollen, bei Rot über die Ampel gefahren.

Im Krankenhaus sei ihr manches merkwürdig vorgekommen. Vor dem Eingriff habe sie, wie üblich bei einer Vollnarkose, mit der Anästhesie-Kollegin gesprochen. Die Aussagen dieser Kollegin ihr gegenüber als Fachkollegin seien ihr sehr merkwürdig vorgekommen, besonders könne sie sich an einen Satz noch erinnern: »Narkose ist wie ein Seil – rechts und links ist der Abgrund!« Auch im Vorraum des Operationssaales habe sie ein eigentümliches Gefühl gehabt, so, als ob niemand sie beachte, sie als Kollegin Luft sei. Nur einmal hörte sie, wie einer sagte: »Da hinten liegt der Lymphknoten«.

Nach der Gewebeentnahme sei sie in einem Einzelzimmer aufgewacht. Als sie wieder richtig zu sich gekommen sei, habe sie bemerkt, daß sie keine Klingel am Bett hatte. Zunächst habe sie gewartet, dann aber habe sie dies doch sehr gestört, da sie Durst bekommen habe. Niemand habe nach ihr geschaut! Sie habe dies überhaupt nicht verstanden, habe sich sehr allein gelassen gefühlt. Als es schließlich dunkel wurde, sei sie aufgestanden, wobei sie allerdings kollabiert sei. Nachdem sie das Bewußtsein wiedererlangt habe, sei sie zum Bett zurückgekrochen und habe sich, nun voller Angst, ins Bett gelegt.

Wie Frau A. B. später erfuhr, kam ungefähr zu dieser Zeit ihr Lebensgefährte, um sie nach seiner Arbeitszeit in der Klinik zu besuchen. Auf seine Frage, wo er seine Freundin finden könne, wurde ihm gesagt, sie sei bereits entlassen. Da sie jedoch nicht in der gemeinsamen Wohnung gewesen war und eine Entlassung auch nicht vorgesehen gewesen war, konnte er diese Aussage nicht glauben und begann statt dessen, in allen Zimmern der chirurgischen Station nach seiner Freundin zu suchen. In einem der Zimmer fand er seine Freundin, die vollkommen verängstigt im Bett lag. Bei der Stationsübergabe von der Früh- zur Spätschicht des Krankenpflegeteams war schlichtweg vergessen worden, daß die neue Patientin in ein bislang leerstehendes Einzelzimmer geschoben worden war. Nach diesem wenig vertrauenerweckenden Ereignis habe sie sich entschlossen, zusammen mit ihrem Freund sofort die Klinik zu verlassen. Sie habe sich zu Hause ins Bett gelegt und die drei Tage bis zur Mitteilung des Ergebnisses der Gewebeuntersuchung damit verbracht, Märchen zu lesen. Sie habe sich selbst darüber gewundert, denn sonst habe sie eigentlich nie besonderes Interesse für Märchen.

Als sie nach drei Tagen erfahren habe, daß kein krankhafter Befund vorlag, sei sie zu ihrer Arbeitsstelle gegangen und habe als erstes ihre Stelle als Anästhesistin gekündet. Sie habe sich dort schon längere Zeit nicht mehr wohlgefühlt, habe vor diesem Schritt aber immer zurückgescheut. Sie habe sich dann eine Stelle in der inneren Medizin besorgt und sich zur begleitenden psychotherapeutischen Weiterbildung angemeldet, was sie ebenfalls schon seit langem vor sich hergeschoben habe.

In der Gruppendiskussion wurde zunächst das Thema der Auflösung der Identifikation mit der im Alter von 30 Jahren verstorbenen Tante aufgegriffen; Frau A. B. hatte die organmedizinische Ausrichtung offensichtlich gewählt, weil der Wunsch fortbestand, unbewußt das Leben der Tante, bewußt das Leben anderer Menschen retten zu können. Die anstehende Entscheidung für eine psychotherapeutische Ausbildung entsprach einerseits zwar einem deutlich gespürten ureigensten Wunsch nach eigener Entwicklung und einem eigenen Weg, andererseits erschien es als Verrat am alten selbstgestellten organmedizinischen Auftrag. Es ist gar nicht selten, daß sich derartige intrapsychische Konflikte zu ganz bestimmten, bedeutungsvollen Zeiten aktualisieren, hier zu dem Zeitpunkt, als die Kollegin das Alter erreichte, in welchem die Tante verstorben war. Es ging also um Loslösung, das Aufgeben einer Identifikation, um den eigenen Weg beschreiben zu können. Die Dreischrittigkeit des Initiationsprozesses ist deutlich zu erkennen. Die Séparation durch Nicht-Informierung der Mutter und das Überfahren der roten Ampel ist geradezu szenisch dargestellt. Die Kollegin zieht sich in ihrer Marge durch die anstehende Operation einerseits in die Höhle ihrer Bewußtlosigkeit zurück, andererseits wird sie in ihrem Krankenzimmer real vergessen, sie erlebt massive Verlassenheitsängste und Einsamkeitsgefühle.[86] Der ihr zu Hilfe eilende Freund erscheint in der Rolle eines »Hilfsgeistes«. Zu Hause taucht sie mit Hilfe der Märchen in ihre unbewußte Phantasiewelt hinab, um nach der Mitteilung des Ergebnisses der Gewebeuntersuchung (kein krankhafter Befund) einen abrupten Wechsel ihres Lebensweges vorzunehmen. Eindrucksvoll erschien es der Gruppe, wie mehrere Menschen – wie von einem unbekannten Regisseur gelenkt – in diesem wie eine Inszenierung wirkenden Ablauf sozusagen mitspielen: Die Mutter ist ungewöhnlicherweise am frühen Morgen in der Stadt unterwegs, die Anästhesistin als Kollegin gibt Auskünfte, die sie wie eine Todesbotin erscheinen lassen, sie wird bei der Operationsvorbereitung nicht beachtet, schließlich in einem Zimmer der Klinik vergessen.

»Das Universum liebt dich!«

Nachdem die Kinder herangewachsen waren und sie auf dem zweiten Bildungsweg Abitur gemacht hatte, studierte Frau B. M. Psychologie. Als späte Berufsanfängerin habe sie es schwer gehabt, eine Stelle zu finden. Nachdem sie über einhundert Bewerbungen geschrieben hatte, habe sie endlich ein Angebot aus einer weiter entfernt liegenden Klinik einer Kurstadt erhalten und angenommen, obwohl sie sich wegen der Entfernung vom Heimatort während der Woche von Mann und Kindern habe trennen müssen. Sie habe in diesem Kurort eine Wohnung sich genommen und erstmals in ihrem Leben (mit ungefähr 45 Jahren) alleine gelebt. Die Kurstadt habe sie als schrecklich morbide und alt erlebt, alles sei, besonders am Abend, wie tot gewesen. In der Klinik habe sie sich wohlgefühlt, guten Kontakt zu den Kolleginnen und Kollegen gehabt, aber privat sei sie ganz einsam und zurückgezogen gewesen. Nach dem Dienst habe sie sich in ihre kleine Wohnung zurückgezogen und sich gefragt, was sie denn mit ihrem Feierabend anfangen solle in einem Umfeld ohne soziale Kontakte und Orte, wo sie sie hätte finden können. Darüber hinaus habe sie sehr unter der Trennung von der Familie gelitten.

Hin- und herpendelnd zwischen der für sie als Berufsanfängerin schwierigen psychotherapeutischen Arbeit und der Leere und Trostlosigkeit am Abend habe sie ein immer stärker ins Depressive und Resignative gehendes Lebensgefühl entwickelt. Starke Schlafstörungen seien hinzugekommen, meist habe sie nachts nur drei Stunden geschlafen. Dies sei ca. acht Monate so gegangen. Sie erinnere sich noch genau, wie sie an einem Dienstag im März 1989 während der Mittagspause von der Klinik zu ihrer Wohnung gegangen sei, um sich etwas auf dem Balkon zu sonnen. Sie habe sich in eine Decke eingewickelt, in einen Liegestuhl gelegt und das Gesicht zur Sonne gerichtet.

Plötzlich seien Strahlen und Kugeln in wunderschön leuchtenden Farben auf sie zugerast, begleitet von lautem Knallen und Zischen wie bei einem Feuerwerk. Daraus habe sie dann eine Stimme gehört:

»Das Universum liebt dich!« Damit sei alles vorbei gewesen und sie sei wieder zur Arbeit gegangen. Von diesem Tag an habe sich für sie alles anders dargestellt, sie habe sich aufgehoben und irgendwie angeschlossen gefühlt, sei berufspolitisch aktiv geworden, habe in der Klinik eine Weiterbildungsreihe initiiert etc.

Während dieses Berichts verhielt sich Frau B. M. zunächst so, als erzähle sie eine lustige, ungewöhnliche Geschichte. Sie berichtete auch, daß sie bisher lediglich ihrem Ehemann von diesem Erlebnis erzählt habe, allerdings so, als habe es sich um einen Traum gehandelt. Sie habe jedoch in Wirklichkeit nicht geträumt, sondern sei bei diesen Ereignissen hellwach gewesen. Bald schon während des Berichts konnte sie jedoch ihre Tränen nicht mehr zurückhalten – noch in der Rückschau nach mehr als fünf Jahren war sie erschüttert wie auch beglückt von den berichteten Erlebnissen. Zur gleichen Zeit tauchte aber auch Angst auf, mißverstanden zu werden, ebenso Zweifel, ob es denn überhaupt gut sei, das Erlebte hier zu »veröffentlichen«. In der Gruppe konnte und sollte das Erlebte, das alle sehr bewegte, nur hinsichtlich seiner Initiations-Struktur besprochen werden.

Wenn wir nachträglich versuchen, über das in der Gruppe Angesprochene hinaus die geschilderten, als transpersonal zu bezeichnenden Erlebnissen zu verstehen, bietet sich zunächst als psychodynamische Hypothese an, daß mit der Hinwendung zur Sonne und dem aus der Sonne hervorbrechenden Feuerwerk und dem Satz »Das Universum liebt dich!« eine lange schmerzende seelische Wunde geheilt wurde. Das zugrundeliegende lebensgeschichtliche Thema wäre z. B. eine ungestillte kindliche Sehnsucht nach bedingungsloser Liebe und Akzeptanz – einige Angaben von Frau B. M. waren in diesem Sinne zu deuten. Als sie erstmalig in ihrem Leben mit ca. 45 Jahren allein zu leben gezwungen war, wurde die Kindheitswunde erneut aktualisiert und führte zu der beschriebenen, ca. acht Monate dauernden depressiven Verstimmung. Wie die Psyche im Sinne eines spontanen Selbstheilungsprozesses dann akustische und optische Phänomene produzierte, die das Gefühl der individuellen Verlassenheit durch eine kosmische Geborgenheit kompensierten, ist allerdings der psychodynamisch nicht wirklich überzeugend erklärbare Punkt.

Von organmedizinischer Seite wäre darauf zu verweisen, daß Frau B. M. durch die monatelangen Schlafstörungen übermüdet war und es möglicherweise zu einer »hypnagogen« (schlafähnlichen) Sinnestäuschung gekommen ist. In einer transpersonalen, spirituellen Phänomene mit umfassenden Sichtweise würde das Erlebte als real von außen kommend, als kosmische Botschaft oder ähnliches akzeptiert werden.

Es sind also – wie stets – mehrere Hypothesen, mehrere »narrative points of origin« zu nennen. Unabhängig von der nicht sicher zu klärenden Ursache bleibt als Tatsache bestehen, daß dieses isolierte Erlebnis das (Er-)Leben von Frau B. M. grundlegend veränderte. Nach einer Trennung von alten Gewohnheiten und Sicherheiten kommt es zum »Gang in die Einsamkeit« mit psychosomatischen bzw. psychischen Beschwerden (depressive Verstimmung mit Schlafstörungen, Abgeschlagenheitsgefühl). Ein als von außen kommend erlebtes Ereignis beendet diesen Zustand der »Marge« und ermöglicht ein ganz neues berufliches Engagement (Weiterbildungs- und berufspolitisches Engagement). Noch heute, so berichtete Frau B. M., könne sie sich Kraft holen, wenn sie sich das damalige Ereignis vergegenwärtige! Dieses Erlebnis sei wie eine Batterie, wo sie Energie tanken könne.

»Du gehörst noch nicht hierhin!«

Schwere körperliche Erkrankungen stehen oft – und zunächst in ihrer Bedeutung unerkannt – am Beginn eines Initiationsprozesses. Ein eindrucksvolles Beispiel liefert die Erkrankung an einem bösartigen Brusttumor (Mamma-Carcinom) bei Frau H. L., einer Ärztin für Lungenkrankheiten. Zwischen April 1993 und März 1994 führten wir mehrere Gespräche.

212

Im März 1989 wurde bei Frau H. L., die zu diesem Zeitpunkt 39 Jahre alt war, ein Brusttumor festgestellt, der als bösartig diagnostiziert wurde. Innerhalb einer Woche erfolgte die Operation, und eine Nachbestrahlung wurde angeschlossen. Frau H. L. reagierte auf diese Ereignisse verständlicherweise mit großer Angst und einem Gefühl der Zerknirschung (»Warum muß gerade mir das passieren?! Wird es noch einmal gutgehen?!«). Um so erstaunter war sie selbst, als sie nach der Operation aus der Narkose erwachte und sich ganz ausgeglichen und ruhig fühlte! Sie kam sich abgehoben vor, als ob sie nicht zu dieser Welt gehöre. Dieser psychische Zustand hielt einige Wochen an. In dieser Zeit, wenige Tage nach der Operation, träumte sie den folgenden Traum:

Mit einem früheren Freund fahre ich auf einem alten Hochrad. Wir fahren im Kreis – plötzlich flog ich vom Rad. Ich stürzte an eine Mauer, die im unteren Bereich eine kleine Öffnung, ca. 10 × 10 cm, aufwies. Durch dieses Loch flog ich in eine andere Welt, eine lichte, strahlende Welt. Freundliche Wesen begegneten mir dort. Sie fragten: »Wie bist du hier reingekommen? – Du gehörst noch nicht hier hin! Du mußt zurück!« Da bin ich durch das Loch in der Mauer wieder zurückgeschlüpft in diese Welt.

Der Traum trug zu ihrem ruhigen und sicheren Gefühl bei, auch wenn sie zum damaligen Zeitpunkt noch keine Informationen über Jenseitsreisen, Nah-Todes-Erlebnisse etc. hatte. Sie selbst sah sich nach wie vor als eine rein körperlich orientierte Ärztin, für die Psychosomatik, Psychotherapie, Psychoanalyse oder gar transpersonale Psychologie allenfalls Reizworte waren.

Die nach der Operation behandelnde Frauenärztin empfahl ihr das Buch »Stell Dir vor« von Shakti Gawain. Sie empfand das Buch zwar als sehr religiös aufgebaut, aber auch als hilfreich, und sie hatte weiterhin das logische, für sie nicht zu begründende Empfinden, daß ihr nichts Schlimmes passieren könne, daß sie gut aufgehoben sei.

Im Juni 1989 fuhr sie zur Kur. Der sie behandelnde Kurarzt erkrankte am letzten Tag ihres Kuraufenthaltes, so daß sie die Abschlußuntersuchung und das Abschlußgespräch mit einer neuen Ärztin führen mußte. Frau H. L. wollte nur ein kurzes Gespräch führen – schließlich kannte die neue Ärztin sie ja gar nicht – und war sehr erstaunt, daß die Kollegin sich nicht auf diese angebotene Arbeits- und Zeitersparnis einließ. In dem sich entspinnenden Gespräch fragte die Ärztin ganz unerwartet: »Haben Sie sich eigentlich schon einmal mit Meditation beschäftigt?« Als Frau H. L. verneinte, antwortete sie: »Sollten Sie aber tun! Das ist für Sie der richtige Weg. Ich gebe Ihnen eine Telefonnummer mit. Sie können, wenn Sie zu Hause sind, dort anrufen.«

Sie tat es nicht. Der innere Widerstand gegen Meditation wie auch andere Formen seelischer Behandlungen war zu groß. Statt dessen las sie jedoch in den folgenden Monaten Texte von und über Meister Eckhart, Johannes vom Kreuz und Theresa von Avila. Dies schien die notwendige Vorbereitung zu sein, um sich ein halbes Jahr später, Anfang 1990, doch bei der Meditationslehrerin anzumelden. Sie begann intensiv unter Anleitung zu meditieren und hatte zum eigenen Erstaunen und unerwartet bald erste außerkörperliche Erfahrungen:

Ich konnte mich selber sehen während des Meditierens – als ob ich aus einer anderen Ebene auf mich hinunterschauen würde. Ein anderes Mal stellte sich das Bild ein, daß ich mich sowohl in einem gläsernen Sarg liegen sah – als auch daneben stehend.

Zwei Dinge aus dem gläsernen Sarg durfte ich mitnehmen und hatte sie in den Händen: Das Lebensbuch, in welchem alle Fragen und Probleme beschrieben sind, und ein tropfendes Herz. Dann saß ich in einem Boot, hatte Buch und Herz in den Händen, mir gegenüber saß ein weiser Lehrer. Gleichzeitig konnte ich mich selber von oben betrachten und dachte: Was macht die sich ihr Leben so schwer. Es ist doch ganz einfach! Dieses beobachtend, hatte ich einen Durch- und Weitblick.

Die Erfahrungen bei der Meditation führten dazu, daß Frau H. L. Kontakt zu Geistheilern aufnahm. Sie blieb dabei jedoch stets in einer Ambivalenz zwischen Faszination einerseits und großer Skepsis andererseits. Mehr als einmal konnte sie ihre eigenen Erlebnisse und Erfahrungen nicht einordnen – und trotzdem besuchte sie Seminare über Geistheilung und lernte weitere meditative Techniken. Außerdem suchte sie auf Empfehlung in ihrem Geburtsort eine Geistheilerin auf, die ihr in Zukunft sehr wichtig wurde.

Im September 1989 nahm Frau H. L. ihre Arbeit als Ärztin im Krankenhaus wieder auf. Im Gegensatz zur Zeit vor ihrer Erkrankung nahm sie sich sehr viel mehr Zeit für Gespräche mit Patienten, die rein organmedizinische Sichtweise befriedigte sie nicht mehr. Mit einer gewissen Beunruhigung nahm sie wahr, daß sie in vielen Fällen die Heilungsaussichten der Patienten sehr viel besser spüren (nicht sachlich begründen) konnte als zuvor, gerade auch, wenn diese den zu erwartenden medizinischen Resultaten nicht entsprachen! In einigen Fällen wurde ihre meist sich spontan einstellende Überzeugung ihr selber unheimlich, so z. B. als ein Patient ihr freudig berichtete, er habe vier Monate im voraus Karten für das Musical »Cats« erworben. Spontan antwortete sie: »Geben Sie lieber mir die Karten, ich würde gern hingehen – Sie werden die Karten sowieso nicht brauchen.«

Sie erschrak selber über ihre Aussagen, zumal der Zustand des Patienten nicht so besorgniserregend war. Ihre Aussage war ihr peinlich – aber der Patient erlebte den Termin der Aufführung wirklich nicht mehr. Er starb an einer akuten Blutung.

Anfang 1991 begann sie mit einer psychotherapeutischen Weiterbildung an einem psychoanalytischen Institut. Der Entschluß zu dieser Ausbildung war mehrfach motiviert. Sie hatte am eigenen Leibe den Überschneidungsbereich von körperorientierter Medizin (Operation, Bestrahlung) und psychischen Phänomenen kennengelernt (Träume, Gefühle der Geborgenheit, Meditationserlebnisse). Zu dem auf der geistigen Ebene erworbenen Wissen und den Erfahrungen war dringend eine Erweiterung des Wissens auf der psychischen Ebene erforderlich. Deshalb war ihr eine Ausbildung in Psychotherapie eine notwendige Ergänzung. Hinzu kam die ganz praktische Überlegung, daß ihre Erkrankung es ihr unmöglich machen würde, eine Praxis für Lungenheilkunde zu eröffnen – kein Versicherer oder Kreditgeber würde in absehbarer Zeit das Risiko der Finanzierung einer solch teuren Praxis tragen wollen. Außerdem wurde ihr die Arbeit in der organmedizinisch ausgerichteten Klinik immer mehr zu einer Last. Eine psychotherapeutische Ausbildung und ggf. die Eröffnung einer kleinen psychotherapeutischen Praxis boten sich ihr als Ausweg an.

Zum Jahreswechsel 1991/92 wurde sie nach einer Erkältung zunehmend kurzatmig. Längere Zeit bagatellisierte sie diese Symptome. In dieser Zeit hatte sie den folgenden Traum:

Ich fuhr mit fünf Nachbarskindern in einem Lastwagen, um einen Ausflug und Spaziergang zu unternehmen. Da ich Schwierigkeiten bei der Steuerung des ca. 40 Meter langen Lastwagens hatte, ließ ich ihn einfach stehen, zumal da der Motor nicht mehr ansprang und ich auch momentan keine Möglichkeit zur Bewältigung des Problems sah. Als ich vom Spaziergang zurückkam, war eine Menge Menschen um das Auto versammelt und bemühte sich um eine Reparatur. Ich wollte den Wagen nun selbst aus der Sackgasse, in der er stand, herausmanövrieren, aber die anderen sagten: »Sie haben schon genug getan – das machen wir jetzt!«

Frau H. L. behielt diesen Traum gut im Gedächtnis, auch wenn sie ihn nicht verstand.

Im Februar 1992 war die Luftnot so groß geworden, daß sie kaum noch die Strecke vom Parkplatz zur Klinik bewältigen konnte. Sie fühlte sich schlapp, müde – aber verleugnete die alarmierenden Symptome so lange als möglich. Schließlich stimmte sie einer Röntgenaufnahme der Lunge zu (die sie bei einer Patientin schon längst veranlaßt gehabt hätte!). Das Ergebnis war niederschmetternd. Es zeigte sich ein ausgeprägter Rippenfellerguß als Ursache der Atemnot mit zahlreichen deutlichen Verdickungen des Rippenfells, was auf Tochtergeschwülste (Metastasen) des vor drei Jahren operierten Brusttumors hinwies. Sie wurde stationär aufgenommen, der Erguß wurde punktiert, die Analyse des Punktats bestätigte die Diagnose: maligner Pleuraerguß. Als Ärztin für Lungenkrankheiten war ihr die Tragweite dieses medizinischen Untersuchungsergebnisses vollbewußt – die Lebenserwartung war von nun an in Monaten zu rechnen und konnte kaum über einem Jahr liegen.

Noch im Gespräch mit Frau H. L. zwei Jahre nach diesem Ereignis war für mich deutlich zu spüren, welchen Schock diese Diagnose bewirkt hatte, wie sehr sie auch jetzt noch erschrocken war von den überall sich ausbreitenden, wuchernden Metastasen, die sie auch bei jedem Atemzug spürte. Für einige Tage sei sie wie weggetreten gewesen, hätte gar nicht mehr klar denken können, dann kam eine große Enttäuschung. Der lange Weg, den sie seit der Operation gegangen war – war er umsonst? Hatte sie sich getäuscht? Schließlich wurde sie wütend auf ihr Schicksal und auf die Medizin, die ihr nun auch nicht mehr helfen konnte. Natürlich, eine Chemotherapie kam noch in Frage, aber nicht zur Heilung, sondern nur zur Linderung der Beschwerden. Auch die Kolleginnen und Kollegen machten ihr keine Hoffnung.

Nach Tagen der Enttäuschung, der Verzweiflung und Wut begann sie nun, das Unabänderliche zu akzeptieren, ihr Schicksal anzunehmen: »Wenn es nun einmal so ist, dachte ich mir, dann muß ich eben sterben. Dann gebe ich mich in Gottes Hände.«

Diese Einstellungsänderung war eine große Entlastung für sie, es ging ihr psychisch danach wieder besser, bald fühlte sie sich auch körperlich wieder etwas wohler. Besucher wollte sie in dieser Zeit keine empfangen: »Ich wollte nicht die Besucher trösten, die immer so betroffen sind.« Sie brauchte die Tage für sich, für ihre Meditationen und zum Malen. In den Nächten in der Klinik »passierten eigenartige Dinge«, wie Frau H. L. berichtet: »Im Körper tat sich soviel! Es war, als ob Energieströme den Körper durchfließen. Ein ganz starkes Gefühl – einmal dachte ich, ich müßte sterben! Diese Gefühle sind aber nur sehr schlecht zu beschreiben.« Nun begann sie auch ihren Traum vom Lastwagen zu verstehen, den sie vor der Diagnose geträumt hatte: Sie hatte wirklich ihre Last abladen müssen, war in eine Sackgasse geraten. Andere mußten nun das Rangieren übernehmen – die Kollegen in der Klinik einerseits, ihr unbekannte Kräfte andererseits. Abgesehen von den sie durchfließenden Energieströmen bemerkte sie jetzt immer wieder auch eine »innere Helligkeit« oder auch »ein inneres Leuchten«. Sehr erstaunt war sie, nachts mehr als einmal ganz intensiven Rosenduft wahrzunehmen. Zu diesem Zeitpunkt, so berichtete Frau H. L. habe sie noch nie Kontakt zu Pater Pio gehabt, jenem italienischen Geistlichen mit den Stigmata Christi. Erst später habe sie erfahren, daß der Rosenduft als typisch für die spirituelle Anwesenheit von Pater Pio angesehen wird.

Zur gleichen Zeit wuchs ihre Überzeugung, daß sie zwei Dinge so schnell wie möglich tun müsse: Sie bat um die Krankensalbung, die letzte Ölung, und erhielt sie. Außerdem besuchte sie noch von der Klinik aus eine Geistheilerin.

Nachdem in der Klinik der Rippenfellerguß punktiert worden war, wurde sie zur weiteren chemotherapeutischen Behandlung im März 1992 in eine andere Klinik verlegt, wo eine Freundin als Oberärztin tätig war. Die bisherigen Befunde waren dieser Oberärztin bekannt, und als Frau H. L. in der neuen Klinik ankam, wurde deshalb noch am gleichen Tag mit der Chemotherapie (Infusionen) begonnen. Erst am nächsten Tag erfolgte die routinemäßige Röntgenuntersuchung der Lunge. Hierbei nun wurde ein geradezu aufregender Befund erhoben: Das Röntgenbild zeigte kaum noch Anzeichen der schweren Krebserkrankung – es war ein

Befund, wie er sonst erst nach ca. sechs Behandlungszyklen der Chemotherapie zu erwarten gewesen war! Allen beteiligten Ärzten war und blieb diese Besserung, die nicht auf die einmalige Medikamentengabe zurückgeführt werden konnte, ein Rätsel. Die Besserung unter der Behandlung machte weiter rasche Fortschritte. Die außergewöhnlichen Erlebnisse blieben bestehen: Neben dem immer wiederkehrenden Rosenduft stellte sich unter anderem das Gefühl ein, daß jemand anwesend sei und daß Gestalten aus Licht im Raum seien.

An dieser wie auch an anderen Stellen unseres Gespräches wurde für mich erkennbar, daß Frau H. L. mir nur einen Teil ihrer Erlebnisse berichtete – zu ungewöhnlich und leicht mißverständlich erschienen sie ihr selber. Gleichzeitig äußerte sie die Sorge, abgelehnt und/oder für psychisch auffällig erklärt zu werden – Reaktionen, die sie selber vor ihrer Erkrankung höchstwahrscheinlich gezeigt hätte. Entsprechende Reaktionen hatte sie bei ihren Berichten zuvor auch schon erfahren.

Die Genesung schritt schnell voran, so daß Frau H. L. bereits sieben Wochen nach Beginn der Chemotherapie zu einem Psychotherapiekongreß nach Lindau fuhr. Parallel zur chemotherapeutischen Behandlung blieben ihr die Meditationen und Atemtherapie wichtig. Auch das eigene künstlerische Arbeiten (Malerei), das sie während der Krankheit begonnen hatten, intensivierte sie in dieser Zeit und nahm Unterricht bei einer von ihr sehr geschätzten Künstlerin.

Der Heilerfolg hält bis zum jetzigen Zeitpunkt (Oktober 1994) an. Seit der niederschmetternden Diagnose der Ausbreitung der Krebserkrankung sind, angesichts der Schwere der Erkrankung ganz außergewöhnlich, mehr als zwei Jahre vergangen.[87] Frau H. L. sieht ihre gesundheitliche Besserung sehr wohl im Zusammenhang mit der chemotherapeutische Behandlung, die ausgeprägt günstige Wirkung führt sie jedoch auf die Einflüsse aus der geistigen Welt zurück, deren Vermittler die Geistheiler sind und denen sie sich verbunden fühlt.

Religiös-weltanschauliche Grundlage der Geistheilung ist ihrer Ansicht nach die Dreiteilung des Menschen in Geist, Seele und Körper sowie ein Glaube an das Weiterleben des Menschen nach dem Tode als Geistwesen. Die Geistheiler, so hatte sie erfahren, verstehen sich als Vermittler einer von Gott kommenden Heilungsenergie.[88] Ihrer Ansicht nach arbeiten alle seriösen Geistheiler weitestgehend im Verborgenen und sind an keinerlei Publizität interessiert. Auch dies sei für sie, wie sie mir sagte, ein Grund für ihre Zurückhaltung in der Schilderung einiger Aspekte ihrer Heilungsgeschichte.

Aus dem Blickwinkel des Initiationsprozesses läßt sich der typische Ablauf hier besonders eindrucksvoll ablesen. Die Marge gestaltet sich als ein Nah-Todes-Erlebnis mit ausgeprägten transpersonalen Erlebnissen. Die Erkrankung und ihre besondere Verarbeitung führen zu einer neuen beruflichen – psychotherapeutischen – Orientierung. Ein psychiatrisch geschulter Leser könnte die geschilderten Phänomene eventuell als Halluzinationen und Wahnwahrnehmungen auffassen (z. B. den Rosenduft als Geruchshalluzination oder auch als wahnhafte Interpretation eines zufälligerweise im Krankenhaus real vorhandenen Blumenduftes). Die Lichterscheinungen könnten als optische Halluzinationen aufgefaßt werden: Das sehr gute Heilungsergebnis könnte als Zufallsergebnis bezeichnet werden, was statistisch betrachtet natürlich möglich ist. In einer psychologischen Betrachtungsweise könnte von ausgeprägten autosuggestiven Beeinflussungen mit positiven psycho-physischen Auswirkungen gesprochen werden. Ein transpersonal orientierter Psychotherapeut könnte vom Wirken einer überpersönlichen Macht überzeugt sein – eine Vielzahl anderer Hypothesen wären noch möglich.

Einzelne Berichte können nichts beweisen, dessen bin ich mir bei der Mitteilung dieses wie auch der anderen vier

Beispiele bewußt. Es scheinen mir jedoch Hinweise auf Grenzen oder zumindest Klippen unseres psychotherapeutischen Verständnisses zu sein. Weder eine Pathologisierung noch eine unkritische Akzeptanz scheinen angemessen. Das subjektive Gewicht der Erlebnisse und ihre Auswirkungen sind so beeindruckend, daß eine möglichst objektive Dokumentation und behutsame Annäherung an diese Phänomene für die Zukunft dringend notwendig erscheinen.

Während es im ersten Beispiel lediglich um den Erwerb eines »Hilfsgeistes« ging, schildern die beiden anderen Beispiele typische Initiationsprozesse. Sie beziehen sich auf die große Ambivalenz hinsichtlich der Entscheidung für eine psychotherapeutische Ausbildung. Da einige Angaben zur Lebensgeschichte vorliegen, kann im dritten Beispiel eine Hypothese zur Vorgeschichte des Ambivalenzkonfliktes aufgezeigt werden. Anhand dieser Berichte und anhand der bei Freud und besonders Jung zu beschreibenden Erlebnisse lassen sich rückwirkend meines Erachtens auch die schamanischen Initiationserlebnisse besser verstehen. Es sind aus dem unmittelbaren, tief aufwühlenden Erleben heraus gewonnen Überzeugungen, denen von den Schamanen Realitätscharakter eindeutig zugesprochen wird (vgl. hierzu das zweite Beispiel!). Auch die zeitlichen Angaben über die Länge der Initiation (eine Woche erscheint im zweiten Beispiel wie ein Jahr), sind zumindest als subjektive Wahrheiten anzuerkennen.

Natürlich wird es im breiten Spektrum des Schamanismus auch Scharlatane, Vorspiegelungen falscher Tatsachen geben – sicher aber auch den heutigen Berichten vergleichbare Erfahrungen, die entsprechend dem sozialen, historischen und kulturellen Umfeld in jeweils anderen Bildern und Sprachformen ihren Ausdruck fanden.

Ansätze zu einer Integration

Warum – so ließe sich nun fragen – ist die Identifizierung typischer Initiationsverläufe bzw. die Aufbereitung von lebensgeschichtlichen Ereignissen entsprechend diesem Ablauf so wichtig? Anhand der bisherigen Beispiele lassen sich mehrere Gründe anführen. Viele dieser Prozesse führen zu Verunsicherungen, Schuldgefühlen und Ängsten, manchmal zu Panikgefühlen. Die Erlebnisse können vom normalen Erleben so verschieden sein (vgl. besonders die Berichte von C. G. Jung), daß Sorgen um die eigene geistig-seelische Gesundheit aufkommen können. Dies kann dazu führen, daß diese Erlebnisse möglichst schnell vergessen oder verdrängt werden, obwohl doch zweifellos wertvolles lebensgeschichtliches und auch transpersonales Material hier so deutlich wie sonst nur selten seinen Ausdruck findet. Hier ist der Punkt, wo das Wissen eines Therapeuten oder des Betroffenen selbst um diese Initiationsverläufe einen Ansatz des Verstehens und damit auch eine erste Beruhigung darstellen kann. Ein Therapeut kann dann z. B. eher verstehend begleiten, als daß er in Versuchung käme, die »Symptome« medikamentös zu behandeln, damit aber auch unkenntlich zu machen. Aufgrund zahlreicher Äußerungen von Kursteilnehmern scheint es so zu sein, daß viele sich gar nicht trauen, von diesen Erlebnissen mit ihrem Therapeuten zu sprechen. Andere haben diese Erlebnisse angesprochen und sind auf vollkommenes Unverständnis oder gar Ablehnung gestoßen! Eine dritte Gruppe empfand ihre Erlebnisse als vorschnell gedeutet (vornehmlich als Projektionen des eigenen Unbewußten), wobei sie sich in der Intensität ihres Erlebens und der Bedeutung, die dieses Erleben für ihr Gefühl und ihre Lebensentwicklung hatte, nicht verstanden fühlten. Diese Kursteilnehmer erlebten es als befreiend, überhaupt erst einmal über ihre Erlebnisse sprechen zu können, einige hatten ein starkes Bedürfnis, sich endlich anderen mitzuteilen und Verständnis zu erleben.[89]

Auffällig war die Art der Mitteilung, die ich als »Bericht & Blockade« bezeichnen möchte: Es wurde von dem beunruhigenden Erlebnis berichtet, gleichzeitig war meist ein inneres Sträuben zu spüren: Einer Diskussion oder gar »Deutung« (sofern überhaupt möglich) standen die Betreffenden ablehnend gegenüber. Es hatte für mich den Eindruck, als müsse etwas sehr Intimes und Wertvolles, zugleich auch Gefährdetes, geschützt werden. So konnte gerade bei den Psychotherapeuten keine umfassende lebensgeschichtliche Rekonstruktion erfolgen, gerade bei der Berufsgruppe also, deren tägliche Arbeit daraus besteht, die lebensgeschichtlichen Hintergründe zu rekonstruieren und zu verstehen. Lediglich ein vorsichtiges »Einbetten« in die aktuelle Lebenssituation war dann möglich (z. B. »Warum gerade jetzt? Welche Bedeutung hat das Erlebnis für meine jetzt anstehenden Fragen?«). Diese Angaben sind natürlich weit von statistisch signifikanten Aussagen entfernt, legen aber die Vermutung nahe, daß die Erlebnisse in veränderten Wachbewußtseinszuständen in der herkömmlichen psychotherapeutisch-/-analytischen Ausbildung und Therapie weitgehend ausgeblendet zu sein scheinen. Damit entsteht eine Situation, die in ihrer Bedeutung noch gar nicht abgeschätzt werden kann. Da Erlebnisse in veränderten Wachbewußtseinszuständen über Jahrtausende zu den wichtigsten Quellen der Heilkunde und der Inspiration gehörten, scheint die Hypothese gerechtfertigt, daß hier wichtiges Material in der Psychotherapie und Psychoanalyse verlorengeht. Die Theorie bestimmt, was wir beobachten können! Erinnert sei in diesem Zusammenhang an die Aufgabe der Verführungstheorie durch Sigmund Freud. Verführungen wurden daraufhin als Wunsch- und Phantasieprodukte der Kinder aufgefaßt – und von den Inzestopfern, die sich dadurch mißverstanden und nicht angenommen fühlten, verschwiegen. Erst die Anerkennung der Häufigkeit von tatsächlich stattgefundenem Inzest hat dazu geführt, daß viele Frauen (seltener Männer) von ihren sie bedrückenden

Erlebnissen und deren Auswirkungen auf ihre psychische Verfassung hier und heute sprechen können.

Damit ist die eingangs gestellte Frage, warum die Identifizierung der Initiationsverläufe so wichtig sei, vorläufig beantwortet. Die praktischen Auswirkungen des offenen Austausches über Initiationserlebnisse, Jenseitsreisen, veränderte Wachbewußtseinszustände, Nah-Todeserlebnisse etc. werden erst zu beurteilen sein, wenn viele Beispiele und Auswirkungen gesammelt worden sind. Die Initiationserlebnisse der Begründer der Psychoanalyse und der analytischen Psychologie gehören zwar zu den herausragenden Beispielen, sie sollten jedoch nicht weiterhin isoliert werden von den zahlreichen Erlebnissen der ihnen nachfolgenden Therapeuten und Patienten. Überlegungen zum Umgang mit spirituellen Erlebnissen finden sich im Kapitel »Selbst-organisierende Prozesse der Transformation« (S. 253).

Kritische Anmerkungen zu den Formen »verordneter Initiation« in der psycho-therapeutischen/-analytischen Ausbildung

Sowohl Freud als auch Jung, gefolgt von anderen Psychotherapeuten, haben ihre spontanen Selbst-Initiationen zu Modellfällen erhoben – wobei nun allerdings aus den spontanen Initiationen im Rahmen der Ausbildung die Lehranalysen zu »verordneten Initiationen« wurden. Sofern spontane Initiationserlebnisse vorliegen und in die Lehranalyse mit einbezogen werden, erscheint dies unproblematisch – wo exakt dies, wie mehrere Kursteilnehmer berichteten, ausgeschlossen wird, ist von einer verlustreichen Ausbildung auszugehen, die eher indoktrinierenden als die Persönlichkeit befreiend-erweiternden Charakter hat. Einige Aspekte der heutigen Ausbildung sollen hier nun kritisch betrachtet werden.

Der bei den Schamanen wichtige und bereits diskutierte Aspekt der »Berufung« mit all seinen Widerständen und Kämpfen nimmt sich für die heutige Berufswahl eigentümlich antiquiert und unangemessen aus – allenfalls sprechen wir heute von Eignung. »Sonderlinge, Träumer, Sensitive, die das neurotische Elend an der eigenen Person erfahren hatten«[90] mögen sich in Stammesgesellschaften zu Schamanen berufen fühlen – aber es ist exakt der so beschriebene Personenkreis, der sich in der Frühzeit der Psychoanalyse zu dieser berufen fühlte und von dem Anna Freud sagt, daß es gerade diese schwierigen Mitglieder der psychoanalytischen Gemeinschaft waren, von denen wesentliche Beiträge zur Psychoanalyse geleistet wurden. Kaum eine dieser Persönlichkeiten aus der kreativen Frühzeit der Psychoanalyse würde heute, wie Kritiker vermuten, zur Ausbildung angenommen. Kritiker bemängeln, daß es sich bei den heute von psychoanalytischen Instituten angenommenen Bewerbern überwiegend um »dull normals« bzw. »Normopathen« handle, die bereit seien, sich einem rigiden Ausbildungscurriculum zu unterwerfen.[91] Auch wenn die folgenden Ausführungen und Zitate im Hinblick auf psychoanalytische Institute gemacht wurde, so lassen sie sich zweifellos auch auf ihre Gültigkeit für andere psychotherapeutische Institute befragen. Es handelt sich bei den folgenden Zitaten um einige Streifbilder zu den institutionellen Eigentümlichkeiten und Hemmnissen heutiger psychotherapeutischer Weiterbildung.

Bereits vor fast 30 Jahren sind folgende Sätze geschrieben worden:

Die ganze Atmosphäre erinnert stark an die Initiationsriten der Primitiven. Auf Seiten der Initiatoren – der Unterrichtsausschüsse und Lehranalytiker – beobachten wir Geheimhaltung ihres esoterischen Wissens, dogmatische Verkündigung unserer Forderungen und autoritative Techniken. Auf Seiten der Kandidaten, also der zu Initiierenden, beobachten wir willige Annahme der esoterischen Legenden, Unterwerfung unter die dogmatische und autoritative Behandlung ohne viel Protest und ein überaus respektvolles Benehmen.[92]

Was seinerzeit von Michael Balint geschrieben wurde, hat mehr oder weniger auch heute noch Geltung. Kernberg nannten noch 1984 die analytischen Ausbildungsinstitute eine Kombination von Berufsschule und Priesterseminar. Als Begründung führte er an, daß es sich um eine Berufsausbildung zum praktischen Psychotherapeuten handle (Aspekt der Berufsschule), die gesellschaftlichen und kulturellen Aspekte der Psychoanalyse zu kurz kämen, und daß in den meisten Instituten ein Mißverhältnis zwischen dem Studium der Schriften Freuds und denen aktueller Autoren bestehe: Auslegung der »Heiligen Schriften« rangiere vor aktueller wissenschaftlicher Information und Auseinandersetzung. Dies wäre der Aspekt des Priesterseminars, den Hanns Sachs, der erste Berufslehranalytiker, bereits 1930 im Auge hatte: »Wie man sieht, braucht die Analyse etwas, was dem Noviziat der Kirche entspricht.«[93]

Das Zulassungsverfahren zur psychoanalytischen Ausbildung bezeichnet Cremerius als »sachlich maskiertes Initiationsritual«, das denen der Primitiven vergleichbar sei und keine sachliche Begründung habe. Einerseits werde die Mehrzahl der von einem Institut abgelehnten Bewerber nämlich von einem anderen Institut zugelassen, und andererseits entspreche die Quote der erfolgreichen Abschlüsse der Ausbildung lediglich der Zufallshäufigkeit.[94]

Auch abgesehen von den Aufnahmeriten ergeben sich aufschlußreiche Parallelen zur unbewußten Struktur der Initiationsriten. So findet sich im Lehranalytikerpapier der Altenberger Kommission eine Fußnote, die für die gesamte internationale psychoanalytische Vereinigung (IPV) verbindlich sein soll. Dort heißt es, »daß Lehranalytiker, die Anzeichen bedeutsamer Abweichungen von der psychoanalytischen Theorie und Praxis« zeigen, dies selber melden müssen oder von anderer Seite gemeldet werden sollen, damit sie von ihrer Tätigkeit entbunden werden«.[95] Das ist Exkommunizierung, wie sie in Kirchen oder Sekten vorkommt! Keinesfalls ist das die Sprache einer Wissenschaft oder wissenschaftlichen Entwicklung. Bei diesen Konzepten wacht eine machtvolle Gruppe von Älteren über die »reine Lehre«, der sich die zu Initiierenden zu unterwerfen haben. Damit sind exakt die Zustände der Pubertätsinitiation beschrieben mit ihren Gruppenprozessen, Ritualen und der absoluten Macht der Älteren, die die Jüngeren in die Geheimnisse einweihen. Auf diese Weise werden in »kalten Kulturen« (die sich nur langsam entwickelnden Kulturen) Traditionen fortgeführt und eine Altershierarchie gewahrt. »Heiße Kulturen« wie die unsrige, die sich in einer schnellen Entwicklung befinden, haben sich deshalb von den Pubertätsinitiationen mit ihrem die Tradition bewahrenden Sinn entfernt.

Zwei provokative Thesen können auf der Basis des Gesagten formuliert werden:

Eine Ausbildung der Psychotherapeuten und Psychoanalytiker, die den oben genannten Kriterien entspricht, folgt insgesamt mehr den die gesellschaftlichen Zustände festigenden Initiationen der Pubertierenden als dem Konzept der individuellen Initiationen der Schamanen, die diese erst befähigen, zum Wohle der Gemeinschaft tätig zu werden.

Wir scheinen durch die von den tiefenpsychologischen Schulen angebotenen Wege der Selbsterfahrung mit den dabei nowendigen regressiven Prozessen, den Konfrontationen mit dem Unbewußten, immer wieder dazu verführt zu werden, zu viele Rituale als Sicherungsmechanismen zu errichten, wodurch eine Starre und Regelhaftigkeit einschließlich Regelgläubigkeit erzeugt wird, die dann in direktem Widerspruch zu den ursprünglichen emanzipatorischen Ansätzen gerät und einen Neubeginn verhindern kann. Angesichts der notwendigen Regression und dem Sich-Einlassen auf oft schmerzliche unbewußte Konflikte

227

und Prozesse bewegen wir uns zwischen der Scylla der rituellen Absicherung und der Charybdis der Erstarrung in eben dieser Absicherung. Es besteht mehr denn je die Gefahr, daß die Psychoanalyse in einer heißen Kultur wie der unseren mit ihren Instituten Enklaven einer kalten Kultur bildet, in denen lediglich noch die Phantasie gepflegt wird, an der Spitze der heißen Kultur zu stehen.

Auch wenn schamanische Initiationen und Ausbildungen und die heutige psychotherapeutisch-/-analytische Aus- und Weiterbildung zweifellos keinen direkten Vergleich erlauben, so lassen sich doch zumindest einige – keineswegs unwichtige – Aspekte aufeinander beziehen:

a) Ein Zulassungsverfahren gibt es bei den Schamanen nicht – dasjenige der psychoanalytischen und psychotherapeutischen Institute darf als insuffizient gelten. Viel erfolgversprechender scheint ein Vorziehen der Selbsterfahrung (Selbsterfahrungsgruppe, persönliche Analyse, Lehranalyse) zu sein. Dabei könne auf sogenannte »Lehranalytiker« gut verzichtet werden, wenn die angehenden Psychotherapeuten und Psychoanalytiker sich unter den frei praktizierenden Kollegen diejenigen aussuchen könnten, die zumindest länger als fünf Jahre praktizieren, also über größere praktische Erfahrungen verfügen. Abgesehen von der Vermeidung von Abhängigkeiten hätte dieses Verfahren den Vorteil, daß diejenigen Kandidaten, die lediglich eine Selbsterfahrung suchen (sich aber nicht als »Patienten« definieren wollten), nach der vorgezogenen Selbsterfahrung Abstand nehmen können von einer weiteren Ausbildung!

b) Es gibt kein geschlossenes Ausbildungssystem, es gibt keine »Berufsschule für Schamanen«. Die Weiterbildung, die es durchaus und über viele Jahre gibt, erfolgt in einem offenen System. So wäre es Angelegenheit des angehenden Psychotherapeuten/-analytikers, wie des angehenden Schamanen, sich um seine Lehrer, seine Teilnahme an Seminaren, Supervisionen etc. zu kümmern. Eigeninitiative und

Eigenverantwortung kennzeichnen die Ausbildung. Insofern ist ein »Baukastensystem« der Aus- und Weiterbildung, also das Lernen bei verschiedenen Lehrern und Schulen, zu begrüßen, auch wenn es zweifellos die Gefahr des »Stückwerks« und der Vermeidung der Aufarbeitung von Übertragungsmustern beinhaltet. Geschlossene Ausbildungscurricula an Instituten haben andererseits ebenfalls ihre Gefährdungen, z. B. die »zunftmäßige« Blickverengung, besonders aber die Gefahr der Abhängigkeit der Ausbildungskandidaten, was dem emanzipatorischen Ausspruch diametral entgegensteht.

Schließlich und endlich liegt es am Kandidaten zu beweisen, daß er etwas gelernt hat. Die öffentliche Prüfung, nicht das Abhaken eines Curriculums an einem Institut, kennen auch die Schamanen und ihre Stammesgesellschaften sehr wohl!

c) Der Anwärter geht zum Meister – dieser wird sein Lehrer. Ganz wesentlich ist dabei die Funktion des Lehrers als Vorbild. Wo aber können heute angehende Psychotherapeuten/-analytiker erfahrenen Kolleginnen und Kollegen bei der Arbeit über die Schulter schauen?! In den Instituten stellen Lehranalytiker nur höchst selten selber einen Behandlungsfall vor – dabei müßten die Lernenden doch gerade dort gut lernen können, wo ein Könner des Fachs mit einem Patienten arbeitet. Das Ungewöhnliche dieses Vorgehens wird schnell deutlich, wenn wir uns einen chirurgischen Chefarzt vorstellen, der nur heimlich und alleine operieren würde, statt seinen Ärzten die Weiterbildung durch Assistenz bei seinen Operationen zu ermöglichen.

Die bewußte Gegenargumentation lautet, daß die Ausbildungskandidaten aus Gründen der Übertragung ihren Lehranalytikern nicht bei der Arbeit zuschauen sollten. Diese nicht unberechtigte Argumentation ließe sich mit der bereits aufgestellten Forderung nach der vorgezogenen Selbsterfahrung außerhalb der Institute vollkommen zurückweisen, teilweise auch dadurch, daß Lehranalysanden

an den Veranstaltungen ihrer Lehranalytiker nicht teilnehmen (was ohnehin weitgehend üblich ist). Was also ist die
gar nicht so unbewußte Begründung für die mangelnde
Offenlegung der Behandlungspraxis? Es geht offensichtlich
um Angst vor Blamage, Angst vor narzißtischer Kränkung,
es geht aber auch um die Wahrung der Macht durch die
Aufrechterhaltung eines Nimbus des Geheimnisvollen –
womit Aspekte der Pubertätsinitiationen bereits wieder ins
Spiel kommen!

Natürlich gibt es auch Ausnahmen. So werden bei Otto
Kernberg in New York die Behandlungen aller Kolleginnen
und Kollegen immer wieder per Ton- oder Videoband dokumentiert und diskutiert, auch diejenigen des Chefs. In
Deutschland sind die Veröffentlichungen von wörtlich wiedergegebenen Therapieabschnitten durch Thomae und Kächele als vorbildlich zu nennen, daneben auch die offenen
Mitteilungen von Tilmann Moser.[96]

d) Der Schamane vereint in sich doch einige der wesentlichen Wissenschaften vom Menschen, er kennt sich aus in
medizinischen, psychotherapeutischen und gruppendyna-
mischen Fragen, er hat religiöse Funktionen und nutzt
künstlerische Techniken wie Tanz, Pantomime, Gesang,
Dichtung etc. Im Rahmen einer heutigen umfassenden Ausbildung, die aus der Enge der Medizinalisierung der Psychotherapie herausführen soll, geht es um die Re-Integration dieser Bereiche, wobei wir heute Soziologie, Genetik
u. a. hinzuzufügen haben. Wie sagte doch schon Sigmund
Freud: »Die letzte Maske des Widerstandes gegen Psychoanalyse, die ärztlich-professionelle, ist die für die Zukunft
gefährlichste.«[97]

Psychotherapie als Initiation?
Das schamanische Erbe heutiger Psychotherapien

In den Ländern, in denen der Schamanismus historisch verwurzelt ist, hat die moderne, westlich geprägte Medizin die alten Behandlungsmethoden zurückgedrängt. Es hatte sogar den Anschein, als sei dieser Teil der Volksmedizin zum Aussterben verurteilt – nun aber ist längst schon eine Renaissance eingetreten.[98] Die verschiedenen therapeutischen Ansätze existieren heute nebeneinander. So berichtete z. B. eine nordamerikanische Pueblo-Indianerin: »Der Doktor gibt mir Medizin, der Medizinmann betet für mich«, und ein Assistenzarzt im Zuni-Reservat stellte fest: »Die Patienten kommen zu uns ins Ambulatorium und ins Hospital. Der Medizinmann macht Hausbesuche. Man trifft sich nicht.«[99] Inzwischen gibt es durchaus auch Bemühungen um ein Zusammenwirken, auch um ein wissenschaftliches Verständnis der schamanischen Praktiken.[100]

In unserem eigenen Kulturkreis bewegen wir uns – oft ohne darüber zu reflektieren – zwischen ähnlich unterschiedlichen Therapiesystemen! Da werden verschiedene Organmediziner aufgesucht, eventuell ein biologisch orientierter Psychiater, danach ein psychodynamisch orientierter Psychotherapeut. Nachmittags wird im Öko-Laden, danach aber noch im billigen Supermarkt eingekauft. Abends wird ein Volkshochschulkurs für Yoga oder autogenes Training besucht, und am Sonntag ist dann noch das Abendmahl zu bewältigen. Die unterschiedlichsten therapeutischen Konzepte und Überzeugungen existieren in den verschiedensten Kombinationsformen nebeneinander – dies ist ein Aspekt. Ebenso wichtig scheint mir, die oft verborgenen Gemeinsamkeiten dieser primär so unterschiedlich erscheinenden Therapieformen herauszuarbeiten. Im folgenden soll der Frage nachgegangen werden, ob und wie die bereits dargestellten typischen Elemente der schamanischen Krankenbehandlung (wechselseitige Einstimmung, Jenseitsreisen, Symbolisierungen und Gegenidentifizierung der Patienten) in westlichen Formen der Psychotherapie sich – allen offensichtlichen Unterschieden zum Trotz – wiederfinden lassen und wie sie dort eingesetzt werden.

Krankheits- und Therapieverständnis als Vereinbarungsbegriffe

Jede Kultur und jede Zeit hat ihre eigenen Auffassungen von Krankheit und Therapie. Wen nennen wir krank, welche Diagnosen werden von wem anerkannt? So galt z. B. »Trunksucht« in unserer Kultur als Laster, als persönliche Schwäche. Erst in den sechziger Jahren wurde der Alkoholismus als Krankheit »anerkannt«, dementsprechend werden Therapien nun auch von den Krankenkassen bezahlt. Es folgten die verschiedenen Formen der Drogensucht, inzwischen wiederholt sich dieser Einstellungswandel bei der Spielsucht. Wenn im letzteren Falle jemand behauptet, er sei vom »Spielteufel« besessen, gilt dies zunächst als bildhaft-symbolische Beschreibung, nicht jedoch als Diagnose im Sinn einer Besessenheit durch Geister oder Dämonen.

Wird dies im Rahmen einer Selbst- oder Fremddefinition allerdings doch angenommen – also auf eine der typischen »Diagnosen« der schamanischen Behandlungen zurückgegriffen – fällt der Betreffende aus dem medizinisch-psychotherapeutischen Kontext zunächst heraus. Ein katholischer Priester, als einer der Erben der Schamanen, könnte an ihm den von der katholischen Kirche nach wie vor akzeptierten »kleinen Exorzismus«[101] vornehmen – sofern er sich nicht doch entschließen sollte, den angeblich Besessenen als Patienten zu definieren, der entweder eine psychiatrische und/oder psychotherapeutische Hilfe benötigt.

Nehmen wir an, der an einer Spielsucht leidende Patient käme zu einem Psychotherapeuten – so müssen beide sich nun hinsichtlich ihres Therapieverständnisses einigen: Was ist das Ziel, welcher Weg ist erfolgversprechend, welcher Aufwand ist dabei notwendig? Ein verhaltenstherapeutisch orientierter Psychotherapeut wird dabei andere Gesichtspunkte in den Vordergrund rücken als ein psychoanalytisch orientierter Psychotherapeut. Letzterer müßte sich implizit oder auch explizit mit dem Patienten einigen, ob beide glauben, daß die Ursache der Spielsucht in der Lebensgeschichte des Patienten begründet liege und deren Aufarbeitung im Hier und Jetzt von Übertragung und Gegenübertragung Aussicht auf ein Verschwinden der Symptome habe. Oder besteht bei einem/beiden die Vorstellung, die zugrundeliegende Ursache liege in einem peri- oder pränatalen Trauma, gar in einem früheren Leben, so daß transpersonale Aspekte mit eingeschlossen werden müßten? Diese hier kurz skizzierten Prozesse laufen zu einem großen Teil unreflektiert ab, besonders dann, wenn Therapeut und Patient der gleichen sozialen Schicht angehören, dementsprechend weitgehend ähnliche Erfahrungen und Vorstellungen haben. Wie sehr jedoch die gemeinsame Arbeit auf einem im allgemeinen fraglos hingenommenen Vor-Verständnis beruht, zeigt sich, wenn Therapeut und Patient unterschiedliche kulturelle Sozialisationserfahrungen gemacht haben. So berichtet z. B. der im Westen ausgebildete indische Psychoanalytiker Sudhir Kakar:

Um nur einen Aspekt psychoanalytischer Tätigkeit in Indien herauszugreifen: Man macht sich selten klar, wie sehr eine gewisse Art der Introspektion – als Grundvoraussetzung der Psychoanalyse – eine typisch westliche, tief in der abendländischen Kultur verwurzelte Eigentümlichkeit ist. [...] Diese Art der Introspektion ist ganz einfach kein Bestandteil der indischen Kultur und ihrer literarischen Traditionen. Noch heute sind indische Schriften aus der ohnehin westlich inspirierten Gattung der Autobiographie oft von einer merkwürdigen Flachheit, was den Lebensrückblick im

Lichte einer schonungslosen Offenlegung von Motiven und Gefühlen betrifft. Die Kindheit, deren Nöte und Wirren doch der Kern einer guten Autobiographie sind, sowie die Stürme der Adoleszenz werden im allgemeinen mit dürftigsten Informationen und konventionellen Floskeln übergangen: »Die Mutter war liebevoll«, »der Vater war zärtlich«, »die Brüder waren freundlich«. [...] Die indische Aufforderung »Erkenne dich selbst« (atmanam-vidhi) bezieht sich auf ein anderes Ich als das, welches Sokrates meinte. Es ist ein Ich, das nicht befleckt ist von Raum und Zeit und daher jener lebensgeschichtlichen Dimension entbehrt, die für die Psychoanalyse und die romantische Literatur des Westens zentral ist. [...] Was indische Patienten betrifft, die nicht der verwestlichten Mittelschicht angehören – in den Metropolen Bombay und Kalkutta, in denen sich die kleine indische Psychoanalytikergemeinde konzentriert –, so habe ich den Eindruck, daß sie die Introspektion im westlichen Sinne erst erlernen müssen, bevor der analytische Dialog möglich wird, und daß ein indischer Analytiker in der Regel didaktischer verfährt als sein westlicher Kollege.[102]

Ebenso wie die schamanischen Behandlungen sind – wie dieser kurze Bericht zeigt – auch unsere westlichen Therapien in einen kulturellen Kontext eingebettet, der nur so lange nicht auffällt, als Patient und Therapeut diesen Kontext fraglos teilen. Dies macht zugleich – bei allen noch zu besprechenden strukturellen Gemeinsamkeiten – wiederum die Fragwürdigkeit deutlich, wenn in vollkommen unreflektierter Weise schamanische Vorstellungen hier und heute, also in einer anderen Kultur, in einer anderen Zeit, an einem anderen Ort, angewendet werden sollen. Spätestens dann wird deutlich, daß wir höchst unterschiedliche »narrativ points of origin«[103] haben, höchst unterschiedliche Geschichten erzählen von den vermeintlichen Ursachen der Krankheiten, seien es nun Geister, Seelenverlust, Tabubrüche, eine Entgleisung des Dialogs zwischen Mutter und Kind, eine mißlungene Lösung des Ödipuskonfliktes oder ein pränatales Trauma. Einen Teil der Begriffe und Konzepte können wir in jeweils andere Denktraditionen »übersetzen« (also z. B. psychodynamische Gesichtspunkte auf

234

den Schamanismus anwenden und umgekehrt), dies bleibt jedoch, dessen müssen wir uns bewußt bleiben, stets nur eine Annäherung. Eine fruchtbare Annäherung, wie ich meine, wenn dies mit der entsprechenden Sorgfalt und Zurückhaltung geschieht. Auf dieser Grundlage soll nun diskutiert werden, welche Bedeutung und welcher Stellenwert den bei den schamanischen Behandlungen beschriebenen Phänomenen in den tiefenpsychologisch orientierten Psychotherapien im weiteren Sinn und der Psychoanalyse im engeren Sinn zukommt.

Trance und gleichschwebende Aufmerksamkeit

Was bei den schamanischen Behandlungen als ein intensiver, mehrere Stunden oder sogar Tage in Anspruch nehmender Prozeß abläuft (auch mehrfach wiederholt werden kann), ist in der westlichen analytischen und tiefenpsychologisch orientierten Psychotherapie aufgeteilt in 50-Minuten-Kontakte, ein- bis viermal pro Woche über Wochen, Monate, bei der Psychoanalyse über Jahre hinaus. Entweder sitzen sich Patient und Therapeut gegenüber, oder der Patient liegt auf einer Couch, wobei der Therapeut ihm, je nach dessen theoretischer Ausrichtung, inner- oder außerhalb des Gesichtsfelds sitzt. Die Aufzählung von Unterschieden ließe sich mühelos fortsetzen, so daß ein Wechsel der Perspektive nicht leichtfällt. Zwei Aspekte sollen hier nun aber in ihrer gemeinsamen, zumindest vergleichbaren Struktur, hervorgehoben werden.

In der Darlegung der »wechselseitigen Einstimmung« von Schamane, Patient und sozialer Gemeinschaft wurde auf die Trance als veränderter Wachbewußtseinszustand hingewiesen. In der Psychoanalyse wird tendentiell mit der gleichen Technik gearbeitet, wenn auch in einer gewissermaßen homöopathischen Verdünnung. Die »gleichschwe-

bende Aufmerksamkeit« des Psychoanalytikers und die
»freien Assoziationen« des Patienten sind von Freud[104] einander zugeordnet worden. Selektionsprozesse sollen zu-
rückgestellt werden, die Diskursregeln des Alltags werden
partiell außer Kraft gesetzt. Der Patient/die Patientin werden aufgefordert, möglichst alles zu sagen, was ihnen durch
den Kopf geht. Der Analytiker hört zunächst zu, ohne zu
werten, ohne auszuwählen, achtet auf Stimmungen des Ge-
sprochenen wie auf seine eigenen auftauchenden Reaktionen. Bei beiden wird auf diese Weise ein veränderter Bewußtseinszustand hergestellt[105], der für die eigene und
wechselseitige Wahrnehmung unbewußter Prozesse förder-
lich ist. Beispiele hierfür werden bei der Besprechung der
Analogien zu den Jenseitsreisen dargestellt werden.

In anderen Formen der Psychotherapie werden veränderte Wachbewußtseinszustände auch in unserem Kulturkreis – allerdings beim Patienten! – sehr viel intensiver
eingesetzt und genutzt, als in der Psychoanalyse. So wird in
der »psycholytischen Therapie«[106] mit Halluzinogenen gearbeitet; im Anschluß an die »Jenseitsreisen der Patienten«
erfolgt das therapeutische Gespräch.

Zu der ohne Drogen an und mit der Veränderungen des
Wachbewußtseins arbeitenden Gruppe von Therapieverfahren gehören z. B. das katathyme Bilderleben, die aktive
Imagination und die autogene Imagination (analytisch
orientierte Oberstufe des autogenen Trainings) sowie die
holotrope Atemarbeit als die bekanntesten Verfahren. Während und/oder nach den oft sehr eindrucksvollen Erlebnissen im veränderten Bewußtseinszustand erfolgt die therapeutische Arbeit.[107] In all diesen Therapieverfahren sind die
»Jenseitsreisen« (der Patienten!) Teil der individuellen Suche nach Neuorientierung, letztlich also Teil eines Prozesses der Initiation. Die Reise erfolgt sowohl entsprechend
der eigenen Geschichte und den eigenen Bedürfnissen, aber
auch mit Hilfe des Therapeuten, als behutsamen Begleiter,
der zumindest einen Teil der »inneren Landkarte« des

Patienten kennt, von typischen Schwierigkeiten weiß und Hilfestellungen geben kann. Wie in den Stammeskulturen, wird ein gewisser zeremonieller Rahmen (setting/geplanter Ablauf) zur Verfügung gestellt. Ganz anders liegen die Verhältnisse beim individuellen Drogengebrauch (allein oder in der peergroup), der bei Heranwachsenden in unserer Kultur u. a. auch als eine Suche nach Initiation aufgefaßt werden kann.[108] Es sind Reisen ohne einen von der Gesellschaft bereitgestellten zeremoniellen Rahmen und ohne eine in unserer Kultur allgemein akzeptierte Landkarte der jenseitigen mythischen Reiche (fehlende religiös-kulturelle Einbindung). Diese Reisen können erfolgreicher Teil einer Selbstinitiation sein – ohne stützende/schützende Rahmenbedingungen und ohne Landkarten stranden viele Suchende jedoch im circulus vitiosus der Sucht.

Die Formen der Kommunikation in den Jenseitsreisen moderner Psychotherapie

So wie sich der Schamane durch seine Selbstinitiation und die Lehre bei einem erfahrenen Schamanen, durch Selbsterfahrung und Studium also, für seinen Beruf auszeichnet, muß auch der angehende Psychotherapeut und Psychoanalytiker sich einer Selbsterfahrung als Variante der Initiationserfahrung stellen. Eine knappe vergleichende Zusammenfassung gibt Eliade:

Sogar spezifisch moderne Techniken wie die Psychoanalyse bewahren noch das Initiationspattern. Der Patient [der Lehranalysand, Anmerkung des Autors], wird aufgefordert, tief in sich selbst hinabzusteigen, seine Vergangenheit wieder aufleben zu lassen, seinen Traumata von neuem entgegenzutreten. Formal gleich dieses gefährliche Vorgehen dem Hinabsteigen in die »Hölle« zu den Gespenstern, und den Kämpfen mit den »Untieren«, die bei der Initiation eine Rolle spielen. Wie der Initiierte siegreich aus den Proben hervorgehen müßte [...], so muß der analysierte moderne

Mensch seinem eigenen »Unbewußten« die Stirn bieten [...],um dort psychische Gesundheit und Integrität und damit die Welt der kulturellen Werte zu finden.[109]

Neben dieser allgemein hervorzuhebenden Parallelität lassen sich auch spezifischere Interaktionen schildern, die auf einen engeren Bezug der Psychotherapeuten/Psychoanalytiker mit den Phänomenen der Jenseitsreisen der Schamanen verweisen. Von einer derartigen Variante seiner Arbeit mit dem eigenen, beim Therapeuten (!) veränderten Wachbewußtseinszustand berichtet Scharfetter.[110] Er teilt mit, welche beruhigende und stabilisierende Wirkung es auf Patienten mit schwerer, schizophrener Ich-Pathologie haben kann, wenn sie beim meditierenden Therapeuten verweilen! Der Patient selbst bleibt – wie in der schamanischen Behandlung – passiv Empfänger der vom meditierenden Therapeuten hervorgebrachten Atmosphäre. Dabei scheint die Aufhebung der Ich-Bezogenheit von Therapeut und Patient wichtig zu sein. Damit ist auch keine intentionale Bezogenheit des Therapeuten auf den Patienten mehr vorhanden – es ereignet sich »reine Anwesenheit«:

In dieser »reinen Anwesenheit« ereignet sich vielleicht am reinsten das Seinlassen im fundamentalen Sinn des Wortes, Meditation ist also, da das pointierte Ich-Bewußtsein fehlt, nicht so sehr als Partizipation und Akzeptation des Patienten durch den Therapeuten erfahren, als vielmehr als reines »Seingelassenwerden« – die passive Form bringt noch besser zum Ausdruck, daß es sich hier um eine außerhalb individueller Abgrenzung vorgehendes Geschehen der Überantwortung handelt, um ein Sichaufgeben in andere Bewußtseinsbereiche [...]. In der Meditation des Therapeuten kann der Schizophrene seine negative Existenz aufgeben, überantworten, können die alten, kranken Ich-Anteile sterben und kann im besten Fall die Wiedergeburt (Synthese, Rekonstruktion) vorbereitet werden.[111]

Den hier angesprochenen, gewissermaßen »osmotischen Prozeß zwischen Therapeuten und Patienten«[112] hat Benedetti entsprechend dem hier bereits vorgestellten Konzept von Identifizierung und Gegenidentifizierung dargestellt. Nach Benedetti geht es darum, daß sich der Therapeut das Wesen des Patienten außerhalb der bewußten Reflexion per Identifikation vergegenwärtigt.[113] Bei einer solchen Identifikation kann sich der Therapeut zum Beispiel im Traum in der Wahnlandschaft des Patienten, in dessen Kleidern und mit dessen Namen wiederfinden. Er ist dann dem ausgesetzt, was den Kranken zu zerstören droht. Der Therapeut mit seinem integrierten Selbst übersteht jedoch diese in der Identifikation gewonnenen Erfahrungen, er bleibt heil. Als Antwort auf den Vorgang im Therapeuten beginnt beim Schizophrenen eine Gegenidentifizierung, die ihn, den fragmentierten Menschen, in das integrationsfähige, in das integrierte Selbst des Therapeuten versetzt und ihn so befähigt, an der Wiederherstellung seines eigenen Selbst zu arbeiten.

In diesem Beispiel ist die Gesamtkonzeption von Identifizierung, Ekstase bzw. Trance und Symbolisierung (im Traum) und Gegenidentifizierung, wie sie für die schamanische Heilung herausgearbeitet wurde, enthalten.

Was Scharfetter und Benedetti für die Arbeit mit Patienten bei schwerer Ich-Pathologie beschreiben, ist nicht nur auf die Behandlung dieser Patientengruppe zu beschränken. Vielen Psychotherapeuten ist das Phänomen vertraut, daß es Therapiestunden gibt, in denen der Therapeut vollkommen schweigt, ganz in sich versunken ist, dabei emphatisch auf den Patienten ausgerichtet ist – und daß der Patient später, z. B. in der nächsten Stunde sagt, dies sei eine ganz wichtige Therapiestunde gewesen! Wir bewegen uns hier allerdings in einem subtilen zwischenmenschlichen Bereich der Therapie, der einerseits schwer zu beschreiben ist und andererseits die ausführliche Schilderung der Gegenübertragungsreaktionen des Therapeuten notwendig machen würde, wovor viele Psychotherapeuten zurückschrecken.[114]

Es scheint noch – zumindest – zwei weitere Gruppen von Phänomenen zu geben, die in einer Beziehung zu den Jenseitsreisen der Schamanen gesehen werden können. Gemeint sind hier zunächst die Beobachtungen, die in einer beschreibenden Weise mit dem Ausspruch von Sigmund Freud wiedergegeben werden: Das Unbewußte versteht das Unbewußte.[115]

Typisch ist dabei z. B. die Situation, daß ein Patient etwas berichtet, der Therapeut ganz unbeabsichtigt abschweift, kaum zuhören kann, sich in seinen Phantasien weit weg von der aktuellen Situation hier und jetzt begibt – bis er sich gewissermaßen zur Ordnung ruft und sich wieder bewußt dem Patienten und dessen Mitteilungen zuwendet. Sofern der Therapeut nicht durch eigene drängende Probleme und Konflikte abgelenkt ist in seiner Konzentration, sind derartige Phänomene als Gegenübertragung grundsätzlich daraufhin zu befragen, ob das eigene Unbewußte, vorbei an unserer eigenen Zensur, auf vor- oder unbewußte Mitteilungen des Patienten, seien sie verbal oder nonverbal erfolgt, reagiert hat. Ich will zu diesem eigenartigen Phänomen ein Beispiel aus der eigenen Praxis geben, bevor ich Hypothesen zur Erklärung darlege.

Eine Hausfrau, 58 Jahre alt, befand sich seit 30 Stunden in analytischer Psychotherapie mit drei Stunden pro Woche im Liegen. Sie war wegen einer von einer Nervenärztin diagnostizierten hysterischen Gangstörung und einer lang anhaltenden depressiven Verstimmung zu mir in Therapie geschickt worden. Nach den Vorgesprächen hatte ich mit der Patientin eine analytische Psychotherapie vereinbart. Dabei war ich jedoch sehr ambivalent, da mir die Patientin schlichtweg nicht sehr sympathisch war. Ich empfand sie als zu affektiert, manchmal geradezu albern und recht wenig gepflegt (wozu sie als kinderlose Ehefrau eines gut verdienenden Mannes durchaus Zeit und Geld gehabt hätte). Ich hatte mich zur Übernahme der mir generell sinnvoll erscheinenden Therapie entschlossen, weil ich glaubte, die intrapsychische Dynamik der Patientin recht gut zu verstehen und damit auch gute Heilungschancen sah. Ich war auch neugierig, wie sich meine ungewöhnlich starke Ambivalenz entwickeln würde.

In der 30. Therapiestunde schweifte ich mit den Gedanken vollkommen ab und entwickelte derartig massive sexuelle Phantasien – und zwar gerichtet auf diese Patientin! –, daß ich nicht etwa nur erstaunt, sondern geradezu verständnislos-erschrocken war! Das paßte nun in keiner Weise zu meiner bewußten Wahrnehmung und Einstellung dieser Frau gegenüber. Ich verstand meine sexuellen Phantasien und meine sexuelle körperliche Erregung nicht, wurde mir aber zumindest klar darüber, daß all dies gewissermaßen »nicht zu mir gehörte«, nicht Ausdruck meiner aktuellen Wünsche, Konflikte oder Probleme war. Ich hatte – so schließlich meine damalige Hypothese – unbewußt auf etwas an der Patientin, in ihrer Rede oder in ihrem Verhalten geantwortet, sozusagen, ohne ihre Frage oder ihre Erzählung verstanden zu haben. Ich sammelte meine vermeintlich weit abgeschweiften Phantasien ein und zog mich zunächst einmal – etwas verstört – auf mein Schweigen zurück.

Drei Therapiestunden, also eine Woche später, löste sich das Rätsel. Nun erzählte mir die Patientin stockend und unter großer (echter!) emotionaler Beteiligung, daß sie in ihrer Jugend zwischen dem 11. und 14. Lebensjahr vom Großvater sexuell mißbraucht worden war, ihn manuell und oral befriedigen mußte, von ihm überall am Körper berührt worden war. Schon seit einer Woche (!) habe sie mir dies endlich erzählen wollen, etwas, was sie noch keinem Menschen erzählt habe, auch ihrem Ehemann nicht. (Die Mitteilungen zum Mißbrauch, den ich hier kurz zusammenfassend geschildert habe, zogen sich insgesamt über mehrere Therapiestunden hin). Ich hatte also unbewußt in meiner emotional-körperlich gespürten Gegenübertragung das Thema richtig wahrgenommen, konnte meine Phantasien und Gefühle zu diesem Zeitpunkt jedoch noch nicht bewußt dem (Er-)Leben der Patientin zuordnen.[116]

Wie sind derartig abschweifende Phantasien zu verstehen? In der neueren psychoanalytischen Literatur[117] werden diese Phänomene unter dem Begriff der »projektiven Identifizierung« eingeordnet, was allerdings auch eher beschreibenden denn etwa den Ablauf erklärenden Charakter hat. Dieser von Melanie Klein geprägte Begriff hat mehrere Bedeutungswandel erfahren. Er wird heute am ehesten als ein interaktionelles Phänomen gesehen, wobei sich in der therapeutischen Situation der Analytiker entweder konkordant mit den Selbstrepräsentanzen des Patienten oder komplimentär mit den Objektrepräsentanzen in der Übertragung des Patienten identifiziert.[118] Im konkreten Beispiel hatte ich mich also mit dem sexuell erregten Großvater identifiziert, der in den Phantasien der Patientin wieder aufgetaucht war, auch wenn sie dies zu diesem Zeitpunkt noch gar nicht ausgesprochen hatte!

In einem späteren Konzept von Bion wird die Externalisierung von Selbst- und Objektanteilen via Interaktion in den Analytiker/Interaktionspartner beschrieben, der als »Container« für diese unerträglichen Anteile fungiert.[119] Auch diese Beschreibung, die die erstgenannte Konzeption erweitert, scheint auf mein Beispiel zuzutreffen. Ich habe, zumindest teilweise, Objektanteile (Gefühle und Handlungsbereitschaften des Großvaters) übernommen. Inwieweit ich die Patientin in diesem konkreten Beispiel dadurch entlastet habe, wie es der Theorie entspräche, weiß ich allerdings nicht sicher zu sagen.

Weitere Möglichkeiten zum Verständnis dieser eindrucksvollen Prozesse bieten die Forschungen zur Mutter-Kind-Interaktion im Säuglingsalter und neuere Forschungen zum mimischen Affekt-Ausdrucksverhalten.[120] So wissen wir z. B. aus den entsprechenden Forschungen, daß Mütter und Väter und ihre Babys auf eine fein abgestimmte Weise interagieren. Eltern können zum Beispiel in Bruchteilen von Sekunden auf das Mimenspiel des Kindes eingehen. Diese Interaktionen laufen derart schnell bei beiden Interaktionspartnern ab, daß sie entweder spontan funktionieren oder – leider – wenig Aussicht auf Erfolg der Kommunikation besteht: »Der Prozeß, mit einem Kleinkind sozial zu interagieren und mit ihm zu spielen, läßt sich im Grunde nicht beibringen.«[121] Es gibt besonders begabte Eltern und (be-)glückende Eltern-Kind-Beziehungen und es gibt Eltern, die ihr Kind, oft mit den besten Absichten, auf dieser reflexartig ablaufenden Interaktionsebene derartig mißverstehen, daß den Kindern (!) kaum noch Möglichkeiten zur Kompensation bleiben. Das Kind kann sich dann in seiner Not zu einem äußerst »widerborstigen Kind« entwickeln, da es nur auf diese aversive Weise sich vor der fehllaufenden Kommunikation zu schützen weiß.

Diese frühkindlichen Interaktionsmuster haben ihre Entsprechung in den mimischen Interaktionen von Erwachsenen, wie sie durch Videoaufnahmen der Gesichter von Gesprächspartnern nachgewiesen werden können.[122] Auch diese mimischen Interaktionen verlaufen zum größten Teil vollkommen unbemerkt, besonders hinsichtlich ihrer die Kommunikation steuernden Wirkung! So reduziert sich, um ein Beispiel zu nennen, die mimische Aktivität eines Therapeuten während einer Therapiestunde um rund 50 Prozent, wenn er einen entsprechend mimisch eingeschränkten Patienten, z. B. einem chronisch schizophren Erkrankten, gegenübersitzt. Der Therapeut fühlt sich dann möglicherweise müde, ausgelaugt, ideenlos, hilflos. Daß all dies sich auch in seinem Gesicht widerspiegelt, obwohl er sich bewußt bemüht, freundlich zugewendet und aufmerksam zu sein, ist ihm – zumindest in diesem Ausmaß – nicht bewußt. Zu diesen inzwischen nachgewiesenen Phänomenen der mimischen Affektkommunikation kommen zweifellos noch weitere, bei weitem noch nicht so gut erforschte Kommunikationsfaktoren hinzu, z. B. die Art des Sprechens/der Sprachmelodie und das gesamte Repertoire der nonverbalen Kommunikation (z. B. Körperhaltung, Körpersprache). Auch wenn wir wissen – und es hinsichtlich der Mimik messen können –, daß all diese Faktoren die sprachliche Kommunikation massiv unterstützen, beeinträchtigen oder ihr zuwiderlaufen und damit den Inhalt eines Gesprächs entscheidend modulieren können, so sind wir von einer wissenschaftlichen Erfassung und der Verwertung der praktischen Konsequenzen noch relativ weit entfernt. Die – wie ich meine – recht gut begründete Hypothese ist, daß die (den Therapeuten oft zu unverständlichen) Gegenübertragungsgefühle und -phantasien, wie ich sie anhand eines konkreten Beispiels geschildert habe, auf derartigen Kommunikations-Nebenwegen zustande kommen.

Eine dritte, meines Wissens wissenschaftlich noch weniger zu erklärende Form der Informationsvermittlung auf einem als »parapsychologisch« oder »transpersonal« zu bezeichnenden Wege werde ich anhand einer klinischen Mitteilung im nächsten Kapitel ausführlich besprechen (»Gedankenübertragung«).

Seit den Mitteilungen von Freud in der 30. Vorlesung der neuen Folge seiner »Vorlesungen zur Einführung in die Psychoanalyse«[123] ist vergleichsweise sehr wenig zu diesem Thema von Seiten der Psychoanalytiker geschrieben worden. Ausgeklammert blieben insbesondere die eventuelle Häufigkeit und die Wertigkeit dieser Phänomene in der psychotherapeutischen Arbeit selbst. Solche Mitteilungen, die am ehesten im Umfeld der Jung'schen analytischen Psychologie zu erwarten sind, ernten oft ungläubiges Staunen, ihnen haftet heute der Makel der Unwissenschaftlichkeit an. Außerhalb der Psychoanalyse und der tiefenpsychologisch fundierten Psychotherapieformen hat sich im Rahmen der »transpersonalen Psychologie« inzwischen allerdings ein Forum gebildet, in dem diese Fragen offen diskutiert werden. Allerdings (noch) abseits des psychotherapeutisch-wissenschaftlichen mainstreams: »Trotz der zunehmenden Popularität dieser Bewegung gibt es noch immer viele Kollegen, die die transpersonale Psychologie als eigentlich unwissenschaftlichen und irrationalen Ansatz und als Produkt des undisziplinierten Denkens einer Gruppe von extravaganten, mystisch orientierten Kollegen ansehen. Ihnen zufolge ist die Erwähnung der transpersonalen Psychologie in einem Atemzug mit Psychoanalyse oder Behaviorismus eine unkritische und unangemessene Überschätzung dieser Bewegung.«[124]

Symbolisierungen in der Psychotherapie

Psychotherapeutische Methoden und Theorien entstanden und entstehen natürlicherweise in der Zusammenarbeit von Therapeuten und Patienten. Ebenso natürlich – wenn auch oft übersehen – ist damit der Einfluß der Patienten auf die Schöpfungen ihrer Therapeuten. So verdankten z. B. Freud und Breuer eine der zentralen methodischen Neuerungen, nämlich den Verzicht auf suggestive Einflußnahme und die Hinwendung zu einer reinen »Redetherapie« (talking cure), der Zusammenarbeit mit ihrer an einer Hysterie leidenden Patientin Elisabeth von R. Im gutsituierten Wiener Bürgertum, aus dem Freuds Patienten kamen, äußerten sich Liebesprobleme zeittypisch in hysterischen Anfällen. Die Hysterie wurde zum Modellfall der theoretischen Konzeptionen.

Für Alfred Adler, den Begründer der Individualpsychologie, standen bei seinen Klienten hingegen die Probleme der materiellen Existenz und das Verlangen nach Erfolg und Anerkennung im Vordergrund. Sie führten ihn zu seinen theoretischen Konzeptionen wie Geltungs- und Machtstreben, zum Thema der Minderwertigkeitsgefühle und deren Überkompensation. Anders als Freud arbeitete Jung viele Jahre mit schizophrenen Patienten, und dementsprechend drängten sich ihm andere konzeptuelle Schwerpunkte für die Erfassung psychischer Schwierigkeiten und Krankheiten auf, z. B. das kollektive Unbewußte und seine Archetypenlehre.

Wie in der Frühzeit der Psychotherapie und Psychoanalyse finden auch heute Patienten und Therapeuten in einer ganz spezifischen Weise zueinander (Wer läßt sich z. B. wo nieder? Welche Patienten fühlen sich von welchem(r) Therapeuten/in angesprochen?). Je mehr beide zueinander bewußt und unbewußt passen, desto eher kann auch der Psychotherapeut (wie der Schamane) dem Kranken eine Sprache anbieten, in der unformulierte – und für den Patienten bis dahin nicht anders als im Symptom ausdrückbare – unbewußte Konflikte unmittelbar ausgedrückt werden können, somit eine neue, adäquatere Form finden.[125]

Mit seiner Sprache und denen ihr enthaltenen Theorien nimmt der Therapeut Einfluß auf den Patienten. Ein untheoretisches »freies Assoziieren« gibt es im Rahmen einer Therapie ebensowenig[126] wie Deutungen ohne definierten und definierbaren theoretischen Hintergrund. Thomae und Kächele orten die Arbeit des Psychoanalytikers dabei zwischen derjenigen des Bildhauers und des Archäologen: »Da alle Vergleiche hinken, ist festzustellen, daß der Psychoanalytiker in genuiner Weise zu Um- und Neugestaltungen beiträgt. Bildhauer und Archäologe haben ihre Gemeinsamkeit in den Ideen, die sie als vorbewußtes Vorgestalten an das Material herantragen. Der Freiheitsspielraum der Ideen ist hierbei recht verschieden: Der Marmorblock ist ungeformt – die in viele Teile zersprungene Vase ist als Gestalt vorgegeben. Der Psychoanalytiker ist ein Künstler sui generis: Das Material, das er vorfindet, ist bereits gestaltet, aber es ist nicht petrifiziert.«[127]

Art und Ergebnis der Gestaltung, der neuen Symbolisierung, hängen also nicht nur vom Patienten, sondern auch von den Konzepten des Therapeuten ab. Die Konzepte und Theorien bis hin zu der mehr oder weniger reflektierten Praxis, die ja bekanntlich nicht (ganz) der Theorie entsprechen muß, sind von historischen, persönlichen und regional-kulturellen Faktoren abhängig:

a) Die historische Abfolge psychoanalytischer Theoriebildungen von der Triebpsychologie über die Ich-Psychologie zur Selbst-Psychologie, kann dahingehend verstanden werden, daß in sozialen Systemen mit einem hohen Grad der Selbstkontrolle, wie im Wien der Jahrhundertwende, der Schwerpunkt der Therapie tendentiell auf einer expressiven Katharsis lag, auf der Aufdeckung der verdrängten Triebanteile. In heutigen »postmodernen Zeiten«[128] mit ihrem Überfluß an Möglichkeiten und einem weitgehenden Verlust von allgemein akzeptierten Normen und Werthierarchien steht eher eine Selbstkontrolle und Sinnfindung mit Stärkung der Ich-Funktionen und des Über-Ichs im Vordergrund bis hin zur Frage der Konstanz des Selbst in schnell sich wandelnden sozialen Bezügen. Vergleichbares hat z. B. Wallace im ethnologischen Bereich aufgezeigt: In der traditionellen Irokesengemeinschaft vor 1650 war die dort praktizierte »Psychotherapie« hauptsächlich expressiv geprägt und mit schamanischen Ritualen verbunden.[129] 200 Jahre später dagegen, nach den verheerenden Erschütterungen durch die Kolonisten, lag der Schwerpunkt der Psychotherapie auf einer Selbstkontrolle und war mit puritanischen Verkündigungsbewegungen verknüpft, in denen Schuldbekenntnisse eine wichtige Rolle spielten.

b) Den zweiten Aspekt, den persönlichen Faktor, hat besonders C. G. Jung in seinem Buch »Symbole der Wandlung«, das er über fast 40 Jahre hinweg vervollständigte und präzisierte, betont:

»Ich fand mich gedrängt, mich allen Ernstes zu fragen: ›Was ist der Mythus, den du lebst?‹ Ich konnte die Antwort darauf nicht geben, sondern mußte mir eingestehen, daß ich eigentlich weder mit einem Mythus noch innerhalb eines solchen lebte, sondern vielmehr in einer unsicheren Wolke von Ansichtsmöglichkeiten, die ich allerdings mit steigendem Mißtrauen betrachtete. Ich wußte nicht, daß ich einen Mythus lebte, und wenn ich es auch gewußt hätte, so würde ich damit den Mythus, der mein Leben über meinen Kopf weg anordnete, doch nicht gekannt haben. So ergab sich mir natürlicherweise der Entschluß, »meinen« Mythus kennenzulernen, und ich betrachtete dies als die Aufgabe par excellence, denn – so sagte ich mir – wie konnte ich meinen Patienten gegenüber meinen persönlichen Faktor, meine persönliche Gleichung, die doch zur Kenntnis des anderen so unerläßlich ist, richtig in Rechnung stellen, wenn ich darüber unbewußt war?[130]

Erst aus der Sicherheit einer solchen »persönlichen Gleichung« kann die behandlungstechnische Sicherheit erwachsen, in einer Psychotherapie z. B. einige Strophen aus Mozarts »Don Giovanni« vorzusingen oder während der Analysestunde einen Goldorangenzweig als symbolische Wunscherfüllung einer Patientin zu überreichen. Dies verrät keineswegs zuviel von den persönlichen Vorlieben des Psychoanalytikers. Die Beispiele, die aus der Praxis von Sigmund Freud stammen[131], zeigen einen Psychoanalytiker bei der Arbeit, der sehr viel freier und kreativer in seinen Therapien war, als seine behandlungstechnischen Schriften Glauben machten.

c) Abgesehen von der skizzierten Theorieentwicklung in Abhängigkeit von historischen Einflüssen einerseits und persönlichen Anteilen andererseits ist drittens auch die aktuelle regional-kulturelle Einbindung der Behandlungen zu diskutieren, wozu sich wiederum der »Blick von außen«, vom Schamanismus auf die westliche Psychotherapie, anbietet. Die zahlreichen Hinweise auf Gemeinsamkeiten können nicht über die wesentlichen Unterschiede hinwegtäuschen. Die Schamanen arbeiten in kleinen überschaubaren Stammessystemen. Sie selbst und ihre Patienten sind eng eingebunden in die für alle verbindlichen Normen und Mythen. Gegenüber dieser »kalten Kultur« leben wir in einer »heißen Kultur«[132] mit sich schnell und diskontinuierlich weiterentwickelnden gesellschaftlichen Vorstellungen, Werten und Normen. Wir können weder von einer generellen Übereinstimmung der durch die Gesellschaft vermittelten Vorstellungen zwischen Patienten und Therapeuten ausgehen, noch bleiben für jeden von uns diese Vorstellungen im Lauf seines Lebens konstant.

Für die Bedeutung regionaler kultureller Einflüsse auf die theoretischen Konzepte der Psychotherapie/Psychoanalyse lassen sich u. a. folgende Punkte und Beispiele anführen.[133]

– Unter einer erfolgreichen Psychoanalyse in Chile wird z. B. verstanden, daß die Ehe erhalten bleibt, wohingegen in den USA eine Scheidung als Ergebnis der Psychoanalyse als normal angesehen wird.

– Ob Homosexualität als normal oder als zu behandelnde Perversion eingestuft wird, hängt von kulturellen Standards ab, wie nicht nur der Blick auf das historische Griechenland lehrt, sondern auch die diskontinuierliche Änderung der Straf- und Zivilgesetzbücher in verschiedenen Ländern. Seit 1989 sind in Dänemark z. B. homosexuelle Paare Eheleuten rechtlich weitgehend gleichgestellt.

– Ist das Monogamie-Gebot psychologisch bedingt oder ein bürgerlicher Standard? In Südamerika hat der Mann mehrere Frauen gleichzeitig, in den USA eher nacheinander.

– Eklatant ist der Wandel der Rolle der Frau in den Industriestaaten in den vergangenen 20 Jahren. In Freuds phallozentrischem Weltbild waren die Frauen im Ursprung kleine Männer, die den Penis verloren hatten. »Penisneid« war jedoch eine meines Erachtens ganz stimmige Metapher zu den Zeiten Freuds, als die Frauen in der patriarchalisch strukturierten Gesellschaft auf die Vorrechte der Männer neidisch sein konnten und mußten. Freuds Aussagen über die weibliche Sexualität wie auch über die Homosexualität müssen also gelesen werden als die Aussagen eines Mannes in Wien um die Jahrhundertwende und provozieren heute eher eine ärgerliche oder auch amüsierte Reaktion. Wie sehr sich mancherorts (keineswegs überall) die Beziehung der Geschlechter gewandelt hat, machte mir ein kleiner, achtjähriger Nachbarjunge deutlich, der mit drei Schwestern (zwei älteren und einer jüngeren) bei einer selbstbewußten Mutter und einem freundlich-liebevollen, beruflich viel abwesenden Vater aufwächst. Eines Tages kam er weinend zum Vater gelaufen: »Papa, die Mädchen lassen mich nicht mitspielen, sie sagen, ich sei ja nur ein Junge. Ist es schlimm, daß ich nur ein Junge bin?«

Für die Theoriebildung zur Psychogenese der neurotischen, psychosomatischen und psychotischen Krankheitsbilder ergeben sich daraus weitreichende Schlußfolgerungen: Der »psychoanalytische Säugling« wechselt seine Theoriewindeln in Abhängigkeit von den historischen Umständen (soziale, historische, kulturelle Faktoren), den Persönlichkeitsfaktoren seiner geistigen Väter und Mütter und in Abhängigkeit von den regionalen kulturellen Bedingungen. Dieser sensible, multifaktorielle Prozeß der Generierung psychotherapeutischer Theorien und Symbole läßt sich am ehesten mit einem künstlerischen Prozeß vergleichen. In Analogie zur künstlerischen Ausbildung, wo es neben der Vermittlung der Techniken im wesentlichen darum geht, daß der Student an der Schnittstelle zwischen persönlichen Impulsen, gesellschaftlicher Wirklichkeit und künstlerischen Vorbildern zu dem ihm adäquaten Stil findet, muß auch der Psychotherapeut/Psychoanalytiker seinen persönlichen Behandlungsstil finden. Die »persönliche Gleichung« des Therapeuten ist mit den aktuellen Konflikten des Patienten und den Erfordernissen der sozialen, historischen und kulturellen Situation in jeweils neu zu generierenden Symbolen in Einklang zu bringen. Psychoanalyse als strategiegesteuerter Behandlungsprozeß und zeitlich nicht befristete Fokaltherapie mit wechselndem Fokus[134] bedarf einer ständigen Nachjustierung der Theorien und der Generierung neuer Theorien und Symbole entsprechend den genannten Faktoren.

Gegenidentifizierung und Symbolübernahme in der Psychotherapie

Gegenidentifizierung und Symbolübernahme als dritter und letzter Schritt, wie er auch für die schamanische Behandlung herausgestellt wurde, sind das Ergebnis einer optimalen Zusammenarbeit zwischen Patient und Therapeut. Gegenidentifizierung sollte hier nicht als Idealisierung zwecks abwehraggressiver und entwertender Impulse (was natürlich auch zutreffen kann) mißverstanden werden. Identifizierungen spielen zweifellos eine größere Rolle, als der Begriff von der »Auflösung der Übertragung« zum Abschluß einer Behandlung glauben machen möchte. Bewußt und unbewußt werden die Teilidentifizierungen mit dem Psychotherapeuten und seinen Konzepten mehr oder weniger beibehalten, gerade auch bei den Lehranalysanden.

Gegenidentifizierung und Symbolübernahme sind geradezu als die Vorbedingungen für die erfolgreiche Zusammenarbeit aufzufassen. In präziser und humorvoller Weise hat dies Ellenberger herausgestellt: »Wer sich einer Freudianischen Analyse unterzieht, wird bald eine intensive Übertragungsneurose entwickeln, Freudianische Träume träumen, den Ödipuskomplex entdecken, seine kindliche Sexualität und seine Kastrationsangst wiederleben. Wer eine Jungsche Analyse unternimmt, wird jungianische Träume haben, seinem Schatten gegenübertreten, seiner Anima- und seinen Archetypen begegnen und seine Individuation anstreben. Ein Freudianischer Psychoanalytiker, der sich einer Jungianischen Analyse unterzöge, würde sich so desorientiert fühlen wie Mephisto im zweiten Teil des Faust, als er zur klassischen Walpurgisnacht kommt und zu seinem Erstaunen entdeckt, daß es eine andere Hölle mit ihren eigenen Gesetzen gibt«.[135] Das hier Gesagte läßt sich mühelos erweitern, z. B. von der Individualpsychologie Alfred Adlers über die Gestalttherapie von Fritz Pearls zur humanistischen Psychologie und zur transpersonalen Psychologie.

Wir müssen uns in der Psychotherapie davon verabschieden, die »objektive Wahrheit« in einem – auch bereits längst veralteten – naturwissenschaftlichen Sinne erkennen zu wollen. Was wir erarbeiten, sind Gemeinsamkeiten von Patienten und Therapeuten, die im günstigen Falle von beiden als vollkommen oder zumindest weitgehend stimmig empfunden werden und zu Erlebens- und Verhaltensänderungen, im weitesten Sinne zum Absterben alter Seinsweisen und zur Geburt eines neuen Selbst, zu einer Initiation also, führen. Dabei sind diese gemeinsamen kreativen Werke, die Erarbeitung des gemeinsam geteilten »narrative point of origin« keineswegs beliebig austauschbar! Patient und Therapeut müssen zueinander passen, müssen zusammenarbeiten, sich ergänzen können. Das »fitting«, das Zueinanderpassen, das sich gegenseitige Aussuchen für den gemeinsamen therapeutischen Prozeß, gilt heute als eine der wesentlichen Grundlagen für den erfolgreichen Verlauf der Therapie.[136] Im hypothetischen Idealfall müßte vorweg die Frage zu beantworten sein: Für welche Art von Beschwerden bzw. Krankheiten bei welchen Patienten bietet welche Therapieform bei welchem Therapeuten welche Chance zur Veränderung im Hinblick auf vorher festgelegte Therapieziele?

Der viel beschworene »Tod der Metapsychologie«[137] ist also nicht nur ein Ausdruck einer momentanen Theoriekrise, es ist vielmehr der zutreffende Ausdruck der Verfassung der »Postmoderne« als der Signatur unserer Zeit. Die Verabschiedung des »gemeinsamen Nenners« zugunsten konkurrierender Theoriefragmente, die kein einheitliches (Welt-)Bild, keine umfassende Theorie mehr ergeben, verweist auf die »relativ einfache Schlüsselerfahrung: Daß ein und derselbe Sachverhalt in einer anderen Sichtweise sich völlig anders darstellen kann und daß diese andere Sichtweise doch ihrerseits keineswegs weniger »Licht« besitzt als die erstere – nur ein anderes. Licht, so erfährt man dabei, ist immer Eigenlicht. Das alte Sonnen-Modell – die eine Sonne für alles über allem – gilt nicht mehr, es hat sich als unzutreffend erwiesen. Wenn man diese Erfahrung nicht verdrängt, sondern wirksam werden läßt, gerät man in die »Postmoderne«. Fortan stehen Wahrheit, Gerechtigkeit, Menschlichkeit im Plural.[138] Was hier von Wolfgang Welsch, einem der führenden Theoretiker der Postmoderne-Diskussion formuliert wird, ist ein entscheidender und nicht mehr rückgängig zu machender Unterschied unserer Situation hier und heute zum geschlossenen Weltild der Schamanen und ihrer Stammesgesellschaften.

Selbst-organisierende Prozesse der Transformation
Auf dem Weg zu neuen diagnostischen Kategorien und therapeutischen Konzepten

Die Vorstellung, daß eine massive Krise oder eine schwere Erkrankung kein bedauerliches Mißgeschick sein muß, sondern ganz im Gegenteil notwendige Vorbedingung für einen entscheidenden progressiven Entwicklungsschritt (»Plusheilung«) sein kann, entspricht einerseits zwar uraltem, heilkundlichen (schamanischen) Wissen, ist andererseits aber in unserer Kultur ungewöhnlich und recht neu. Unser westliches medizinisches Denksystem kennt Heilungen (i. S. der Wiederherstellung des vorangegangenen Gesundheitszustandes), Defektheilungen (d. h. Zurückbleiben einer partiellen Behinderung bei ansonsten mehr oder weniger weitgehender Erholung), chronische Verläufe und tödliche Ausgänge einer Erkrankung. Daß es einem Menschen nach der Heilung bessergeht als vor der Erkrankung, gehört zwar zum ärztlichen Erfahrungsschatz[139], hat jedoch keinen Niederschlag in der Konzeptualisierung von Diagnosen und Krankheitsverläufen gefunden. Die Schamanenkrankheit (Initiationskrankheit der Schamanen) kann als Beispiel für diesen alten und zugleich neuen Erkrankungstypus dienen, der keineswegs auf die bisher besprochenen Berufsgruppen der Schamanen, Priester, Künstler und Psychotherapeuten beschränkt ist. Die Schamanenkrankheit ist die älteste Form der in einen kulturellen Kontext eingebetteten transformativen Krisen. Verschiedene andere Begriffe sind zur Kennzeichnung bisher vorgeschlagen worden, z. B. »innere Neugeburt«, »schöpferischer Sprung« bzw.»schöpferische Krankheit«, »von Reifungskrisen gekennzeichneter Individuationsprozeß« und »spirituelle Krise/Krankheit«. Da es um eine progressive Wandlung geht, scheint mir der Begriff der »transformativen Krise« (»Wandlungskrise«) bzw. etwas enger gefaßt, der »Initiation« am besten zu einer beschreibenden Kennzeichnung geeignet. Der Ausgang der Krise kann treffend als »Plusheilung« bezeichnet werden, als eine Heilung also, die über den früheren Zustand hinausreicht, einen Zugewinn bedeutet.

Die genannten Begriffe sind weder vollkommen identisch noch sind sie bereits differenziert genug – dafür sind die bislang gesammelten und veröffentlichten Daten noch nicht ausreichend.[140] Um einige Unterschiede im Bereich transformativer Krisen aufzuzeigen, seien die folgenden Aspekte zum Vorfeld (vgl. Séparation), zum Weg bzw. Verlauf (vgl. Marge) und zum Ziel bzw. Ergebnis (vgl. Agrégation) hervorgehoben:

Vorfeld transformativer Krisen/Séparation: langsame oder abrupte Trennung von bisherigen Lebensumständen und Einstellungen

– Soziales Umfeld und die inneren Bedürfnisse passen immer weniger zusammen; dies kann – in unserer Kultur – auch auf spirituelle Bedürfnisse bezogen werden.
– Schwerwiegende äußere Ereignisse erzwingen äußere und innere Veränderungen (z. B. Verlust des Arbeitsplatzes, des Wohnumfeldes, des Partners).
– Eine Erkrankung macht die Fortführung des bisherigen

Lebens(stils) unmöglich oder unterbricht es zumindest; unabhängig vom Entwicklungsprozeß der Persönlichkeit auftretende Krankheiten können dabei für den Prozeß der Transformation in Dienst genommen werden.

- Gefühle der Einsamkeit, Verlassenheit sowie Angst und Schuldgefühle sind kennzeichnend für diese Zeit.

Verlauf transformativer Krisen/Marge: Übergangszeit

- Formal kann der Verlauf sich als eher unauffälliger (partieller) Rückzug, als kurze, mehr oder weniger dramatisch verlaufende Krise oder als längerdauernde Krankheit darstellen (psychische, psychosomatische und körperliche Erkrankungen, Sucht).
- Inhaltlich geht es um Abschied und die Aufgabe von Loyalitäten (z. B. gegenüber elterlichen Normen und Geboten), um Verzicht auf bislang Sicherheit gewährende innere und äußere Stabilisatoren (z. B. Freunde, Überzeugungen) und um ein Sich-Einlassen auf bislang verborgene Anteile der eigenen Psyche (biographische, prae- und perinatale sowie transpersonale Anteile). Neue Führer oder Wegbegleiter (vgl. Hilfsgeister der Schamanen oder die Bedeutung von Wilhelm Fließ für Sigmund Freud), neue Ideen und Überzeugungen können in dieser Phase der Unsicherheit von großer stabilisierender Bedeutung sein. Hilfe kommt letztlich jedoch weniger von außen, sondern mehr durch spontane selbstorganisierte Prozesse zustande, die zu einer Integration divergierender Bedürfnisse/Wünsche, Verpflichtungen, sozialer Gegebenheiten und Möglichkeiten führen. Aus der Sicht der Jungschen Psychologie könnte hier vom »Archetyp des Selbst« gesprochen werden, von demjenigen Archetyp also, der alle anderen umfaßt und reguliert. In einer anderen Sichtweise kann von einer Überlastung der Integrationsfähigkeit der steuernden und ordnenden Ich-Funktionen gesprochen werden, wodurch es mehr oder weniger lange zu einer chaotischen psychischen Situation

(Krankheit oder Krise) kommt. Hier läßt sich die Marge in eine Phase der Desintegration (mit Todes- und Zerstückelungserlebnissen) und eine darauf folgende Phase der Neuorganisation aufteilen. Da die Phase der Desintegration mit einer normalen Bewältigung der täglichen Lebensaufgaben nicht oder kaum zu vereinbaren ist, entsteht ein großer innerer Druck in Richtung auf eine Neuorganisation. In Abhängigkeit von vielen Faktoren (aktuell zur Verfügung stehende psychische Kräfte, soziales Umfeld, gesellschaftlich akzeptierte Verhaltensmuster etc.) kann die Neuorganisation des Selbst zu einem anstehenden, bisher vermiedenen Entwicklungsschritt führen. Da dieser Prozeß von vielen äußeren und inneren Faktoren abhängt, erscheint es doch sehr fraglich, ob die knappe Formulierung von der Wirkung des »Archetyps des Selbst« hier zum Verständnis ausreicht.

Ziel bzw. Ergebnis/Agrégation: Einführung in den neuen Status

Eine neue soziale Position kann eingenommen werden: durch die Weiterentwicklung der Persönlichkeit nach der Integration bislang abgespaltener/verdrängter Persönlichkeitsanteile oder durch die Selbstwahrnehmung eines »erweiterten Bewußtseins« (mystische/spirituelle Erfahrungen, Nah-Todeserfahrungen etc. werden ins eigene Lebenskonzept integriert).

Schwierigkeiten und Widersprüchlichkeiten der Interpretationen ergeben sich, wenn wir diejenigen Phänomene der Initiation betrachten, die aus unserem (westlichen) Alltagsbewußtsein und Alltagsverständnis herausfallen. Gemeint sind die Wahrnehmungen akustischer, optischer und olfaktorischer (den Geruchssinn betreffender) Art, die in der Psychiatrie als Halluzinationen bezeichnet werden. Gemeint sind ebenso die als transpersonal zu bezeichnenden Erlebnisse wie Gedankenübertragungen, Wiedergeburtserlebnisse, Erinnerungen an frühere Leben etc. Derartige Erlebnisse können, müssen aber nicht auftauchen. Über ihre Häufigkeit kann keinerlei Angabe gemacht werden, da die Betroffenen entweder schnell mit psychiatrischen Diagnosen belegt werden – oder es vorziehen zu schweigen.

Bevor Interpretationsansätze erörtert werden, sei auf eine prinzipielle Schwierigkeit hingewiesen. Spirituelles Erleben und transformative Krisen können eine seelisch so tief aufwühlende Kraft entfalten, daß eine kritisch-distanzierende Betrachtungsweise dem Betroffenen nicht möglich ist. Hierin scheinen diese Erlebnisse dem »Ereignis der Liebe« vergleichbar! Liebe mag hormonell und psychodynamisch »erklärbar« sein, alle Erklärungen bleiben aber vollkommen blaß und wirken unangemessen gegenüber dem Erleben. Diese beobachtbare Tatsache mag es verständlich machen, daß es nur sehr wenig psychoanalytische Literatur zum Thema »Liebe« (nicht zu verwechseln mit Libido) gibt und daß für die Mitteilung spiritueller Erlebnisse, wie in der Liebe, immer wieder auf poetische und andere künstlerische Ausdruckformen zurückgegriffen wird (vgl. z. B. die »Liebeslyrik« des Johannes vom Kreuz).

Angesichts dieser generellen Einschränkung für theoretische Konzepte erscheinen folgende Zugangswege und Hypothesen – ohne Anspruch auf Vollständigkeit – diskutierbar: In einer psychoanalytischen Sichtweise, die alle seelischen Erscheinungen unter Aspekten der bewußten wie auch unbewußten seelischen Konflikthaftigkeit, der Kompensationsversuche und der Selbstheilung betrachtet, steht zunächst der Aspekt der Abspaltung und/oder Projektion im Vordergrund. Nachdem psychische Konflikte in ihren neurotischen und psychosomatischen Ausdruck- und Selbstheilungsversuchen weitgehend erkannt und zum Teil auch schon Allgemeinwissen geworden sind, bieten außerkörperliche Erfahrungen, Begegnungen mit Geistwissen etc. ein letztes (von den Psychoanalytikern geradezu gemiedenes) Refugium für Projektionen, um sich auf diese Weise von Teilen seelischer Konflikte zu entlasten.[141]

Sigmund Freud hat in seiner 30. Vorlesung zur Einführung in die Psychoanalyse das Thema »Traum und Okkultismus« gewählt – seine Nachfolger sind ihm hierin aus Angst, zu sehr mit dem gesellschaftlich und wissenschaftlich geächteten Thema des Okkultismus identifiziert zu werden, nicht gefolgt. Selbst als Stichworte fehlen »Okkultismus«, »Gedankenübertragung« etc. in heutigen Lehrbüchern der Psychoanalyse.[142] Hier sind die heutigen Psychoanalytiker an der »gesellschaftlichen Produktion von Unbewußtheit«[143], deren Aufhebung ihr erklärtes generelles Ziel ist, nachdrücklich beteiligt.

Für die analytische Psychologie nach C. G. Jung ergibt sich ein durchaus anderes Bild. An zahlreichen Stellen in seinem Werk geht Jung auf okkulte, parapsychologische und spirituelle Phänomene ein.[144] Im Rahmen der transpersonalen Psychologie wird häufig auf C. G. Jung Bezug genommen. Von einem rein psychologischen Standpunkt betrachtet Jung Geistererscheinungen als »unbewußte autonome Komplexe, welche projiziert erscheinen, da sie sonst keine direkte Assoziation mit dem Ich haben«[145].

Wie an Beispielen dargelegt wurde (vgl. die Initiationserlebnisse von Eva M. und Astrid Feuser) kann auch die Entschärfung eines Ambivalenzkonfliktes (Unterwerfung versus Auflehnung) diskutiert werden. Neben einer sich scharfzüngig und betont rational abgrenzenden Intellektualität kann, wie auf eine andere Ebene verschoben, ein gläubiges Sich-Anvertrauen stehen, beide Seiten der Konflikthaftigkeit also, getrennt voneinander, gelebt werden.

Spirituelle Erlebnisse können auch aufgefaßt werden als narzißtische Reparationsversuche, also als Bemühungen der Psyche, schmerzliche Lücken im Selbsterleben auszufüllen. Dieser Aspekt schien möglicherweise relevant beim Initiationserlebnis von Frau B. M. (»Das Universum liebt dich!«). Derartige Erlebnisse können eine seelische Wunde oder Lücke (z. B. das Gefühl, von den Eltern nie genügend geliebt worden zu sein) wie ein Pfropf füllen und verschließen.

Der an mehreren Stellen beschriebene Erwerb von »Hilfsgeistern« (vgl. hierzu vor allem die Selbstinitiation von C. G. Jung) kann Ängste vor einem Alleinsein oder Alleingelassenwerden kompensieren und/oder auch einen Schutz gegenüber bösen Introjekten darstellen, also den verinnerlichten Bildern von Schmerz, Angst etc. zufügenden Menschen (die auch als »böse Geister« projiziert werden können).

Ob und wie sich in transformativen Krisen unsere Psyche für transpersonales Erleben im Sinne wissenschaftlich nachprüfbarer Wahrnehmungen und Erlebnisse öffnet, ist – wie bereits erwähnt wurde – aus der psychoanalytischen Forschung ausgeschlossen worden. Dabei ist zumindest für die Phänomene der Gedankenübertragung auch eine klinische Relevanz anzunehmen, wie die Beispiele in diesem Kapitel zeigen. Diesen Sachverhalt hat der Parapsychologe Ch. Tart treffend zum Ausdruck gebracht, wenn er sagt: »Ich bin vielen ungewöhnlichen Phänomenen nachgegangen, die sich im Gefolge veränderter Bewußtseinszustände einstellen, und ich bin überzeugt, daß es sich bei einem Teil dieser Phänomene um ausschließlich innere Erfahrungen handelt; aber mein Interesse an Psi läßt mich andererseits keinen Augenblick vergessen, daß mit manchen von ihnen eben doch ein gutes Stück Realität verbunden sein könnte und sie vielleicht nicht nur ein ›innerer Trip‹ sind.«[146]

– Spirituelle Erlebnisse können auch als Folge eines körperlichen Prozesses aufgefaßt werden, der z. B. durch Drogen, Vergiftungen, Unterzuckerung, Sauerstoffmangel etc. ausgelöst wurde. Die genannten Einflüsse und ihre Auswirkungen sind gut dokumentiert.[147] Es bleibt jedoch die Frage offen: Handelt es sich bei den ausgelösten Erlebnissen ausschließlich um Folgen der beschriebenen Einflüsse – oder haben diese Einflüsse in manchen Fällen die Tore der Erinnerung und Wahrnehmung geöffnet?
– Die Erlebnisse sind das Ergebnis einer sensorischen De-

privation, die neuropsychologische Kompensationsmechanismen aktiviert. Diese Hypothese geht von der Annahme aus, daß bei Meditationen, Nah-Todes-Erlebnissen, Isolationserlebnissen etc. das Gehirn von einem genügenden Zufluß von Informationen ausgeschlossen wird, während gleichzeitig die Gehirnaktivität andauert.[148] Das Gehirn bemüht sich in dieser Grenzsituation, aus den noch zur Verfügung stehenden Informationen ein möglichst vollständiges und stimmiges Bild der Wirklichkeit aufzubauen. Entsprechend dem Ausfall körperlicher Rückmeldungen (z. B. Schwereempfindungen, Information über Lage der Gliedmaßen) und entsprechend den bewußten und unbewußten Erwartungshaltungen wird unter Rückgriff auf die »Datenbanken der Erinnerungen« ein Modell entwickelt, in dem außerkörperliche Erlebnisse auftreten können. Die kritischen Anmerkungen des vorigen Punktes gelten auch hier.

– Die Erlebnisse sind Ausdruck eines (in seinen Ursachen noch nicht näher erforschten) kurzzeitigen psychotischen Prozesses (»Minipsychose«). Diese Annahme ist insofern zu diskutieren, als es durchaus psychotische, gemeint sind hier schizophrene oder auch manische Episoden, von wenigen Sekunden Dauer gibt. Übersehen wird dabei allerdings – wie fast ausnahmslos in der psychiatrischen Literatur (vgl. hierzu Kap. »Ethnologie und Psychiatrie«, vor allem die Aussagen von Karl Menninger und H. F. Ellenberger), daß die hier in Frage stehenden Erlebnisse oft zu einer massiven Besserung des Wohlbefindens führen, das in Rückerinnerung auf das beglükkende Erlebnis dauerhaft anhalten kann.

Zumindest müssen die pathologisierenden Bezeichnungen (Schizophrenie, Manie, Minipsychose etc.) in diesem Zusammenhang als vollkommen inadäquat angesehen werden. Meiner Auffassung nach werden heute die möglichen positiven Auswirkungen mancher sogenannter »psychotischer Episoden« ebenso verkannt wie lange

Zeit die erfolgreichen Heilungen schizophrener Psychosen (ca. ein Viertel der Erkrankten) der Aufmerksamkeit der Psychiater entgangen waren! Es scheint, als widerspräche eine Besserung des Befindens nach einer »Erkrankung«, gar die Vorstellung einer geistig-seelischen Weiterentwicklung durch eine Krankheit –, der herrschenden Überzeugung, daß Krankheiten lediglich zu behebende Unterbrechungen des gesunden Wohlbefindens seien.

– Die Erlebnisse sind als Ausdruck des sinnlich erfahrbaren Einflusses göttlichen Wirkens aufzufassen (bzw. Einflüsse höherer Mächte, von Geistwesen etc.). Die Einstellung zu dieser Hypothese hängt nicht nur von der wissenschaftlichen Ausrichtung ab, sondern ganz entschieden auch von der religiösen Einbindung. Eindrucksvoll ist es allerdings, wenn eine ausgeprägte religiöse Einstellung sich erst sekundär aufgrund eines derartigen Erlebens entwickelt (vgl. hierzu das Beispiel »Du gehörst noch nicht hierhin« im Kap. »Spontane Initiationserlebnisse von Psychotherapeuten heute«). Kritisch zu diskutieren ist hierbei aber die Zeit- und Kulturabhängigkeit der berichteten visionären Erlebnisse, worauf Zaleski anhand einer umfassenden Studie aufmerksam gemacht hat.

– Die Erlebnisse werden durch das Wirken der Kundalini-Kraft, Reaktionen der Chakren oder durch Einflüsse des Karma des Menschen gedeutet. Der Vorteil dieser Erklärungsmodelle ist, daß sie dem fernöstlichen Kulturraum entstammen, wo die hier in Frage stehenden Phänomene als möglich, ja sogar wahrscheinlich und real existent angesehen werden. Dementsprechend differenziert und reichhaltig sind die entwickelten Vorstellungen. Der Nachteil ist, daß diese Aussagen nur in ihrem komplexen Kontext richtig zu würdigen sind und sich schwerlich wie einzelne Bauteile in unsere Kultur transportieren lassen. Zumindest ist dies nicht ohne einen sehr langen und sorgfältigen Prozeß der Auseinandersetzung und Assimilierung möglich.

Die aufgeworfenen Fragen sind gegenwärtig nicht zu entscheiden. Während z. B. psychoanalytisch orientierte Autoren in spirituellen Hypothesen leicht eine Flucht vor der Beschäftigung mit den Untiefen der eigenen Biographie vermuten, sehen die letzteren in der Psychoanalyse wiederum eine Methode, die hoffnungslos zu kurz greift und in diesem Leben etwas klären will, was letztlich einem karmischen, über mehrere Reinkarnationen laufenden Muster bzw. einer entsprechenden Aufgabe geschuldet ist. Organmedizinisch und neurobiologisch ausgerichtete Forscher verweisen demgegenüber auf Stoffwechselprozesse als Grundlage, unabhängig von der Lebensgeschichte oder gar einem vorangegangenen Leben. Eine Vermittlung allein schon zwischen diesen Positionen ist schwierig, gegenwärtig stehen sie eher nebeneinander – oft sich feindlich hämisch beäugend, oft einander nicht einmal wahrnehmend! So unterliegen nicht nur die Phänomene veränderter Bewußtseinszustände, sondern auch viele, vor allem dem asiatischen Kulturraum entstammende Erklärungshypothesen einer Verdrängung aus dem wissenschaftlichen Diskurs in unserer westlichen Kultur.

Aus den vorgestellten Hypothesen zu den Ursachen transpersonaler/spiritueller Phänomene ergeben sich Folgerungen für einen Umgang mit diesen Phänomenen.

Da die Erscheinungsbilder einer transformativen Krise psychiatrischen Erkrankungen ähneln können, sollte eine körperliche oder andere psychiatrisch bekannte Erkrankung ausgeschlossen und entsprechend behandelt werden (z. B. internistische Stoffwechselerkrankungen, Hirntumore, Entzündungen des Gehirns oder der Hirnhäute). Hingewiesen sei an dieser Stelle allerdings auch darauf, daß für die beiden großen Gruppen der psychotischen Erkrankungen (die Gruppe der Schizophrenien und die Zyklothomie) eine körperliche Ursache nicht nachgewiesen wurde, diagnostische und therapeutische Entscheidungen also aufgrund des psychopathologischen Erscheinungsbildes

(Wahn, Halluzinationen, formale Denkstörungen wie Zerfahrenheit, Desorientiertheit etc.) getroffen werden müssen. Hier kann es schwer werden, zwischen einer die Entfaltung und Entwicklung der Person einschränkenden psychiatrischen Erkrankung, die eventuell einer stationären und medikamentösen Therapie bedarf, und einer potentiell progressiv gerichteten, auf einen neuen Status (Agrégation) zuführenden Erkrankung zu unterscheiden. Da im medizinischen Denken die Vorstellung weitgehend fehlt, daß eine Krankheit zu einem besseren bio-psychosozialen Arrangement als vor der Erkrankung führen kann (»Plusheilung«), fehlt meist auch die Bereitschaft, auf die selbst-organisierenden (die das Selbst organisierenden) Prozesse der Transformation, die Selbstheilungskräfte des Patienten also, zu vertrauen, den Patienten lediglich zu begleiten, eine seine intrapsychische Arbeit unterstützende Situation zu schaffen.

Für die verständnisvolle Begleitung eines Patienten während einer transformativen Krise sind in unserer Kultur am ehesten im psychotherapeutischen Bereich günstige Bedingungen zu erwarten. Zumindest für einen Bereich – den der Integration biographischen Materials – bestehen genügend hilfreiche Konzepte (Psychoanalyse, analytische Psychologie, Individualpsychologie etc.). Transpersonale Erlebnisse werden am ehesten im Rahmen der Jungschen analytischen Psychologie in die therapeutische Arbeit mit einbezogen (z. B. Archetypen, Mandala-Erscheinungen, vgl. auch Jungs autobiographische Angaben zu seinen Nah-Todeserlebnissen und zu seinen Jenseitsvorstellungen).[149] Gegenüber prae- und perinatalen Erlebnissen und Konzepten besteht gegenwärtig eher noch eine weitgehende Zurückhaltung. In den achtziger Jahren z. B. rief Ludwig Janus als einer der führenden Vertreter der prae- und perinatalen Psychologie im Rahmen der Psychoanalyse bei psychotherapeutischen und psychoanalytischen Fachkongressen mit seinen Beiträgen noch zum Teil große Heiterkeit und andere entwertende Reaktionen hervor.[150]

Umfangreiche Überlegungen zu Hilfestellungen bei transformativen Krisen finden sich im Rahmen der transpersonalen Psychologie.[151] Sowohl für die Begleitung einer spontan sich ergebenden Krise als auch bei der Verwendung bewußtseinsverändernder Techniken wie z. B. bei der »holotropen Atemarbeit« gilt: »Diese Fähigkeit, für einen anderen dazusein, gelassen zu bleiben, egal welche Form der Prozeß annimmt, der inneren Weisheit der Heilungskräfte des Organismus zu vertrauen und ohne Beurteilung oder intellektuelles Verstehen alles zu unterstützen, was geschieht, ist der Schlüssel zu wirksamer holotroper Arbeit.«[152] Die Grundzüge der in diesem Zusammenhang verwendeten »holotropen Atemarbeit« bestehen in der Herstellung eines Entspannungszustandes, Verwendung von Musik, Richtung der Aufmerksamkeit auf innere Prozesse und forcierte Hyperventilation (schnelles Ein- und Ausatmen für zumindest mehr als 30 Minuten).[153]

Der Therapeut hat die Funktion eines schützenden Begleiters während der Atemarbeit, anschließend fortbestehende Verspannung, ängstigende Bilder und Erfahrungen werden u. a. mittels fokussierter Körperarbeit, Gestaltungs- wie auch Gestalttherapie bearbeitet.

Die größte Verbreitung in der Förderung einer transpersonalen Entwicklung und eines entsprechenden Bewußtseins haben zweifellos die verschiedenen Formen der Meditation. Dabei müssen tiefenpsychologische Psychotherapie und Meditation durchaus nicht als unvereinbar gesehen werden, wie der »Vor-Denker« der transpersonalen Psychologie Ken Wilber betont: »Meditation kann die Psychotherapie unterstützen, weil sie das Zeuge-Bewußtsein festigt, und sie kann bei der Bereinigung mancher Probleme eine Hilfe sein. Psychotherapie kann die Meditation fördern, indem sie das Bewußtsein von seinen Verdrängungen und aus seiner Verstrickung in die niederen Ebenen befreit. Darüber hinaus jedoch sind Ziele, Methoden und Dynamik völlig verschieden.«[154]

Auch wenn sich Studien über veränderte Bewußtseinszustände in unserer Kultur gegenwärtig noch in wissenschaftlichen Grenzgebieten bewegen[155], so scheinen sie doch auf eine immer breitere Resonanz zu treffen. Eine kritische Beurteilung dieses wachsenden Interesses ist nicht ganz einfach. Als Hypothese bietet sich an, daß es sich um eine Reaktion auf die Enttäuschung durch die traditionellen Wissenschaften und das bisherige naturwissenschaftlich geprägte Wissenschaftsverständnis handelt. Der positivistische Wissenschaftsglaube hat weitgehend ausgedient. Wissenschaft wird immer mehr als ein System konkurrierender Modelle wahrgenommen, hat also als Lieferant von Wahrheit und Religionsersatz ausgedient. Die Suche nach dem »Sinn des Lebens«, eine ebenso religiöse wie philosophische Fragestellung, wird weder von der Wissenschaft noch von den meisten Formen der Psychotherapie beantwortet.

Wenn aber so vieles machbar erscheint, gleichzeitig die späten Auswirkungen so schwer (oder gar nicht, siehe die ökologische Krise) kontrollierbar sind, wenn Wirklichkeit sich je nach Standpunkt immer wieder verschieden darstellt, die Informationsflut und die Schnelligkeit der wissenschaftlichen und gesellschaftlichen Entwicklung für den einzelnen nicht mehr überschaubar sind, wenn Sinnfragen hinter der Frage nach dem Machbaren zu verschwinden drohen – ist dann nicht der gesellschaftliche und wissenschaftliche Boden bereitet, auf dem Fragen nach Sinn, nach Transzendenz, nach Gott erneut an Aktualität gewinnen?! Die Zentrierung auf die eigene »intrinsische Weisheit«, wobei der Klient als die wahre Quelle der Heilung betrachtet und ermutigt wird, das zu erkennen und ein Gefühl der Meisterschaft und Unabhängigkeit zu entwickeln[156], ist dann eine für viele Menschen faszinierende Antwortmöglichkeit auf die vorstehend genannten Unsicherheitsfaktoren. Jenseitsreisen in veränderten Bewußtseinszuständen, Verschmelzungserlebnisse mit dem All etc. führen zu subjektiven Empfindungen der eigenen Bedeutung angesichts globaler Prozesse, die dem einzelnen eher die Wahrnehmung mangelnder Beeinflussungsmöglichkeit und eigener Bedeutungslosigkeit vermitteln. Derartige Überlegungen, wie sie in vergleichbarer Weise für die Entwicklung psychoanalytischer Theorien von der Triebtheorie über die Ich-Psychologie zur Selbst-Psychologie angestellt wurden, können nichts aussagen über den »Wahrheitsgehalt« der vorgestellten Konzepte, bieten aber Ansatzpunkte zu einem Verständnis für die Veränderungen des »narrative point of origin«.

Die Schwierigkeiten zwischen Leichtgläubigkeit für neue Hypothesen einerseits und persistierender Skepsis andererseits lassen sich vermutlich kaum oder zumindest nur sehr langsam bearbeiten. Vielleicht veranschaulicht eine kleine Geschichte dieses Dilemma besser als lange Ausführungen. Als Student in Göttingen im Sommer-Semester 1972 nahm ich an einem Seminar über »Halluzinogene in der Psychotherapie« bei Prof. H. Leuner teil, der seinerzeit Leiter der Abteilung Psychotherapie an der psychiatrischen Universitätsklinik Göttingen war. Aus diesem Seminar ist mir nur ein einziger Fallbericht in Erinnerung geblieben. Leuner berichtete über eine sehr junge Frau, die nach Einnahme der Halluzinogene in ihren Visionen sich stets in einem »Negerkral«, umgeben von vollbusigen schwarzen Frauen, wiederfand. Dieses Erlebnis war in den nachfolgenden Therapiesitzungen auf kein lebensgeschichtliches Ereignis oder entsprechende Phantasien zurückzuführen – und es tauchte allen therapeutischen Bemühungen um ein Verständnis zum Trotz immer wieder in das Halluzinogen-Sitzungen auf. Sinngemäß sagte Leuner damals: »Es scheint sich um ein bedeutsames Erlebnis oder eine bedeutsame Vorstellung zu handeln – aber wir verstehen es einfach nicht. Wenn wir, wie z. B. im Buddhismus, die Vorstellung von Reinkarnation hätten, dann bekämen wir ja vielleicht einen Zugang. Das könnte dann vielleicht einen Sinn ergeben, ein ungelöstes Problem in einem früheren Leben der Patientin – aber da können wir in unserer Kultur nicht weiter daran arbeiten, das können wir auch nicht veröffentlichen bei uns! Damit würden wir uns ja lächerlich machen.«

Exkurs: Eine klinische Mitteilung – das Scheitern eines Initiationsprozesses

Bin ich in die zu schildernden Ereignisse des 23. Oktober 1991 einbezogen gewesen – oder schien es mir nur so zu sein? Das ist bereits eine Frage der Interpretation, eine Frage unseres Verständnisses der Wirklichkeit. Es ist der Bericht von einem Selbstmord, der als ein Scheitern eines Initiationsprozesses aufgefaßt werden kann. Zu danken habe ich in diesem Zusammenhang meiner Freundin und Kollegin Frau Dr. med. Susanna Smolenski, Oberärztin an der Dr. von Ehrenwall'schen Klinik in Bad Neuenahr-Ahrweiler, die ihre Beteiligung an dem zu schildernden Ereignis schriftlich fixiert und der Veröffentlichung an dieser Stelle zugestimmt hat. Erst in der Zusammenschau erhalten die Erlebnisse und Ereignisse eine ganz eigene Dimension.

Ich werde die Ereignisse dieses Tages anhand meiner Aufzeichnungen und Erinnerungen schildern, anschließend wird der schriftliche Bericht von Frau Dr. Smolenski wiedergegeben, um abschließend zu versuchen, die geschilderten Ereignisse und Erlebnisse wenigstens ansatzweise zu verstehen.

Vorauszuschicken sind einige Angaben zu den äußeren Umständen des Geschehens. Seit Januar 1991 fahre ich alle 14 Tage mittwochs von Köln nach Bad Neuenahr-Ahrweiler in die Dr. von Ehrenwall'sche Klinik, Fachkrankenhaus für Psychiatrie, Neurologie und Psychotherapie, um das dortige therapeutische Team (Ärzte, Psychologen, Tanztherapeuten, Ergotherapeuten, Sozialarbeiter etc.) zu supervidieren. Themen der von mir als einem externen Therapeuten durchgeführten Klinikssupervision sind therapeutisch schwierige Fälle, Probleme im Team bzw. zwischen einzelnen Teammitgliedern und institutionelle Probleme der Arbeitsorganisation, der Klinikshierarchie etc. Die Gruppe umfaßt durchschnittlich ca. 15 Teilnehmer, Chefarzt und Oberärzte/Oberärztinnen nehmen nicht an der Supervision teil, können aber vereinbarungsgemäß auf Wunsch der Gruppe bei bestimmten Themen zur Teilnahme eingeladen werden.

Die Gruppe beginnt um 15 Uhr und arbeitet für eine Doppelstunde. Um rechtzeitig zur Supervisionsstunde anwesend zu sein, muß ich gegen 14.15 Uhr von Köln losfahren. Von ca. 13.20 Uhr bis ca. 14 Uhr habe ich es mir angewöhnt, autogenes Training zu machen, um mich vor der Nachmittagsarbeit etwas zu entspannen. Da es mir ausschließlich um Entspannung geht, ich manchmal dabei auch kurz einschlafe, ist eine autogene Bilderschau, d. h. das Auftauchen plastischer Bilder und Szenen im Sinn eines Wachtraumes weder intendiert noch üblich.[157]

Der 23. Oktober 1991 war hierbei eine Ausnahme. Ich befand mich in der typischen Liegehaltung (Rückenlage, Arme neben dem Körper, Beine leicht gespreizt, Fußspitzen entspannt nach außen geneigt), es war gegen Ende meiner Ruhezeit, also kurz vor 14 Uhr. Plötzlich »sah« ich im Wachtraum, also mit geschlossenen Augen, zwischen meinen Füßen am Ende der Couch eine milchig-weiße, matt leuchtende Kugel schweben. Ich erschrak, da ich mich sofort daran erinnerte, von einem weißen, nicht schattengebenden Licht, das in Kugelform bei Nah-Todeserlebnissen auftauchen kann, gelesen zu haben – vermutlich vor mehr als zehn Jahren in dem Buch »Leben nach dem Tod« von R. A. Moody. Da ich wenige Minuten später mit dem Wagen nach Ahrweiler fahren wollte, überlegte ich, ob das Licht mir eine Gefährdung anzeigen sollte/wollte, z. B. einen drohenden Unfall auf der Autobahn. Ich war dann jedoch schnell wieder beruhigt, da das Licht ausgesprochen matt blieb, so, als leuchtete es durch eine Milchglasscheibe hindurch. Es machte auf mich den Eindruck, als gelte das Licht, das von mir als Todessymbol/-ankündigung interpretiert wurde, nicht mir. Ich konnte diese von mir vermutete Todesankündigung aber auch niemandem zuordnen. Wie lange ich dieses Wachtraum-Erlebnis hatte, kann ich nicht sicher sagen, es mag vielleicht eine Minute gewesen sein. Als das innere Bild verschwand, beendete ich das autogene Training, machte mir – wie üblich – einen Espresso und fuhr los, um rechtzeitig in Ahrweiler zu sein. Ich fuhr etwas verhalten – vorsichtig, die Fahrt verlief glatt.

Auf der Fahrt dachte ich über das Erlebte nach und erinnerte mich u. a. an eine frühere, sehr eindrucksvolle Lichtvision im autogenen Training Anfang der siebziger Jahre. Es hatte sich seinerzeit um ein Lichtwesen gehandelt, das von mir – ohne Kenntnisse entsprechender Literatur – mit einem göttlichen Wesen in Verbindung gebracht worden war, auf jeden Fall keine Verbindung mit einer Todesvorstellung hatte. Ich konnte dieses überraschende Erlebnis weder damals, noch kann ich es heute, irgendeiner Erfahrung, Vorstellung oder äußeren Anlässen zuordnen. Damals allerdings hatte ich mich während des Erlernens der sogenannten Oberstufe des autogenen Trainings im Rahmen meiner Ausbildung um Wachträume bemüht – jetzt war das Erlebnis spontan, unerwartet und auch durchaus unerwünscht aufgetreten. Einen Zusammenhang mit Ereignissen, Gedanken, Phantasien des Tages oder Vortages konnte ich nicht entdecken.

Aufgrund meiner mir subjektiv vollkommen stimmig erscheinenden Interpretation der leuchtenden Kugel als eines nicht mir geltenden Todessymbols war ich zwar nicht sehr beunruhigt, aber doch unangenehm berührt, in einer gewissen Erwartungshaltung, als ich in der Klinik in Ahrweiler ankam. Die Mitglieder der Supervisionsgruppe erschienen gegen 15 Uhr mit deutlich bedrückten Mienen. Ich erfuhr, daß sich heute ein Patient in der Klinik das Leben genommen habe – kurz vor der Supervision, um ca. 14 Uhr! Die

Umstände seines Todes waren besonders ungewöhnlich. Er war von seinem Klinikzimmer im vierten Stock, das er seit seiner stationären Aufnahme am Vortag bewohnte, auf die Brüstung getreten, hatte dort seine Krawatte am Geländer verknotet und war in die Tiefe gesprungen! Die Krawatte riß, er stürzte auf den Steinfußboden vor dem Haus, wo er mit zerschmettertem Schädel starb. Mitpatienten hatten ihn sowohl klettern als auch springen sehen. Der Patient hätte um 14 Uhr seine erste Begegnung mit der Oberärztin der Klinik, Frau Susanna Smolenski, haben sollen. Vor Beginn dieses ersten ausführlichen Gespräches, vor Beginn der Therapie also, war er in den Tod gesprungen.

Von den anwesenden Mitgliedern der Supervisionsgruppe kannten zwei den Patienten. Ein Kollege erzählte, daß er mit dem Patienten, der ebenfalls ein Arzt sei, vor Jahren zusammen in einer Suchtklinik gearbeitet habe. Er habe als engagiert, aber mit seinen speziellen Interessen für pränatale (vorgeburtliche) Psychologie auch als ein etwas eigentümlicher Mensch gegolten.[158] Mit seinen über 50 Jahren habe er keine Facharztausbildung gehabt, sei dementsprechend immer noch als Assistenzarzt beschäftigt gewesen. Die Sucht-Klinik habe für ihn eine gewisse soziale Nische dargestellt. Als Arzt in einer eigenen Praxis habe er sich selbst und auch die anderen ihn sich nicht vorstellen können.

Während dieser Angaben dämmerte mir, daß ich den ärztlichen Kollegen vermutlich kannte – ich fragte nach, meine Vermutung wurde bestätigt. Nun war ich erschüttert, auf so fatale Weise vom Tode eines Kollegen zu hören, den ich zuvor zweimal gesehen und gesprochen, mit dem ich auch korrespondiert hatte. Von seiner Aufnahme in diese Klinik hatte ich keinerlei Informationen gehabt.

Ich konnte mich noch gut erinnern, daß er während einer Führung durch die Präsentation meiner transkulturellen Sammlung zum Bildthema »Kopffüßler«[159] (anläßlich der 40. Lindauer Psychotherapiewoche 1990) mich erstmalig

H. P. Fridjónsson (geboren in Reykjavik/Island), »Einstein aleinn«, Radierung, 1985, Exemplar 2/12, 15 cm × 20 cm auf 22 cm × 28 cm.

angesprochen hatte. Im Verlauf der Führung war ich auf eine kleine Grafik von Helgi Porgils Fridjonsson näher eingegangen. Die Radierung zeigt ein naturalistisch dargestelltes Kindergesicht, das auf zwei ebenfalls naturalistisch gezeichneten Beinen ruht, zwischen denen ein vergleichsweise langer, schlaffer Penis herabhängt. Bei einer derartig differenzierten Darstellung von Kopf und Beinen, so hatte ich damals ausgeführt, kann nicht von einem zeichnerischen Regressionsphänomen ausgegangen werden, in einem solchen Fall ist anzunehmen, daß die Darstellung des Leibes aus künstlerischen Gründen ausgelassen wurde, am ehesten ein »Kopfmensch« im Sinn eines Intellektuellen dargestellt werden sollte. Tatsächlich trägt die Radierung den Titel »Einstein aleinn« (1985). Ich erzählte in diesem Zusammenhang seinerzeit auch die Geschichte, daß Einstein gesagt haben soll, er sei in seiner Entwicklung immer etwas zurückgeblieben gewesen, so daß er sich mit 20 Jahren noch mit den Problemen eines Vierjährigen herumgeschlagen habe – aber eben mit dem Intellekt eines 20jährigen. Das mache seine Besonderheit aus, das erkläre seinen ungewöhnlichen Denkansatz! Unabhängig davon, ob diese Geschichte zutrifft, oder ob ich sie richtig erinnerte, sie diente mir zumindest immer als Erklärungsansatz für das »Babyface« dieser ungewöhnlichen Kopffüßler-Darstellung. Mehr in einem Nachsatz fügte ich an, daß der schlaff herunterhängende überlange Penis auf dieser Darstellung an eine Krawatte erinnere, die in Köln zu Weiberfastnacht von den Frauen den Männern im Sinne einer symbolischen Kastration abgeschnitten werden. An dieser Stelle meldete sich Ingo S.[160] zu Wort und gab zu bedenken, ob derartige »Phallusdarstellungen« nicht auch Nabelschnüre symbolisieren könnten?! Ich fand diese Anregung in zweierlei Hinsicht spannend – einmal, weil sie die Länge des Objekts besser erklären konnte als die Interpretation dieses Gebildes als Phallus, zum anderen, weil sich aus dieser Zuordnung eine ganz andere Deutung des Karnevalsbrauches zur Weiberfastnacht ableiten ließe: Das Abschneiden der Krawatten wäre dann die Abnabelung der Männer von ihren Müttern, damit diese Männer (endlich) echte Partner der »tollen Wiewer« (tollen Weiber) der erwachsenen, sexuell aktiven Frauen also, werden können? Das Krawattenthema stand also am Anfang unserer Begegnung, am Tage seines Todes tauchte es wieder auf!

Schnell kreisten die Phantasien der Gruppe um diese Thematik der Nabelschnur, die den Patienten selbst über so viele Jahre gefesselt hatte (die Thematik?! die Nabelschnur?!). Er hatte sich mit seiner Krawatte/Nabelschnur am Geländer der Klinik festgebunden, sich dadurch stranguliert, war gesprungen, die Krawatte/Nabelschnur war gerissen – aber sie war nicht von einer Frau durchtrennt worden, wie wir es in unserem Lindauer Gespräch voller Phantasie und Freude angedeutet hatten.

Ich berichtete der Gruppe von meinem Wachtraum, der zeitlich mit dem Selbstmord des Patienten korrelierte. Für mich war es in diesem Moment glaubhaft, daß dieser Selbstmord und das von mir gesehene Todessymbol in einem Zusammenhang miteinander standen. Neben meinen Erinnerungen zur Nabelschnurthematik, den Kenntnissen des Kollegen, der mit dem Patienten zusammen in der Suchtklinik gearbeitet hatte, berichtete auch die den Patienten empfangende Ärztin Einzelheiten. Sie hatte ihn am 22. Oktober 1991 stationär in der Klinik aufgenommen, wohin er, ein Mann von Mitte 50 Jahren, in Begleitung seines Vaters und seiner Schwester gekommen war. Sie hatte ihn nur kurz begrüßen wollen, da bereits geklärt war, daß der Patient von Frau Smolenski behandelt werden sollte, die an diesem Tag jedoch erkrankt war. Der Patient erschien allerdings so depressiv-agitiert, unruhig und getrieben, daß sie sogar überlegt hatte, ihn auf die geschlossene Station des Hauses zu legen. Da er sich nach einem längeren Gespräch entspannte, erfolgte dann die Aufnahme, wie ursprünglich geplant, auf eine offene Station der Klinik.

Anhand meiner Aufzeichnungen nach der Supervisionsstunde kann ich nicht den genauen Ablauf der Stunde, wohl aber das Ergebnis unserer Überlegungen rekonstruieren.

Wir vermuteten eine hochambivalente Beziehung zur Mutter, wobei der Patient in der Realität nicht genügend von dieser Mutter gelöst erschien (vgl. hierzu auch unser anfängliches Gesprächsthema über die Bedeutung der Abnabelung). In unserer Phantasie und eventuell in der des Patienten, schien diese Mutter äußerst aggresssiv besetzt zu sein: als eine nicht loslassende, besitzergreifende Mutter, die das Kind erstickt. Oder als eine Mutter, die ihr Kind innerlich ablehnt, diese Ablehnung schuldhaft erlebt und sich daraufhin dem Kind überfürsorglich zuwendet – wodurch sie es gerade in seiner Entwicklung erstickt! Im Sinne einer Exkulpierung der Mutter sahen wir das Erdrücktwerden/Nichtloskommen von der Mutter als Nabelschnurumschlingung phantasiert, also in den Mutterleib hineinverlegt. In seinem Leben richtete er sich in einer Klinik als sozialer Nische wie in einem Uterus ein, aus dem er nicht ins rauhe Leben hineingeboren werden wollte (Assistenzarztstelle, keine Facharztausbildung). Zu Beginn des Jahres 1991 wechselte jedoch die Klinikleitung. Als Ingo S. erfuhr, daß eine Frau seine neue Chefin werden solle, war er sofort voller Haß gegen diese ihm zu diesem Zeitpunkt noch unbekannte Frau, wie mir seine Schwester mitteilte. Eine Zusammenarbeit mit der Chefärztin war ihm nicht möglich, obwohl sie ihm sogar insoweit entgegenkommen wollte, ihn für ein Jahr freizustellen für eine Therapie, was er allerdings als weitere Kränkung empfunden haben dürfte. Nach einem kurzen, bald aufgegebenen Arbeitsversuch bei der Bundeswehr war Ingo S. arbeitslos und fand (suchte?) keine neue Anstellung. In dieser Zeit traf ich den Kollegen zum zweiten Mal, nun als Mitreferenten auf einer Arbeitstagung. Während der Tagung erlebte ich ihn als lebhaft, ideenreich, empfand seine auch in diesen Gesprächen wieder vorgebrachten Überlegungen zur Nabelschnursymbolik jedoch als zu weitgehend, zu umfassend, zu »umschlingend«, zumindest aber als originell. Ich schrieb mein gelegentliches Kopfschütteln u. a. auch meinen noch geringen Kenntnissen der pränatalen Psychologie zu. Ingo S. erzählte, wie ich mich erinnere, auch von seiner schwierigen beruflichen Situation, seiner Kündigung, er wirkte in unserem Gespräch dadurch jedoch nicht schwer belastet oder gar selbstmordgefährdet.

Gut einen Monat vor seinem Selbstmord hatte sich der Patient einen Mittelfußbruch zugezogen. Nach Überlegungen der Gruppe könnte er schon damals einen Selbstmordversuch durch einen Sprung in die Tiefe unternommen haben.

Auf dieser Grundlage erschien uns das Verhalten des Patienten hier in der Klinik wie eine bewußte, zum Teil sicherlich aber auch unbewußte Inszenierung seiner Lebensproblematik. Aus seiner schlimmen Enttäuschungswut über die Chefin, die ihn – in seinem Erleben – aus seiner beruflichen und sozialen Nische heraus gekündigt hatte (ihn abgetrieben hatte), geriet er durch diesen Verlust seines Lebensraumes, durch nachfolgende Enttäuschung und die Verdrängung seiner Wut in eine depressive, autoaggressive Stimmung, die schließlich zur stationären Aufnahme in diese, eine dem Arbeitsort nahe gelegene Klinik führte (als Verschiebungsersatz für die ursprüngliche Klinik?!). Hier nun tötete er sich vor Publikum (»schaut, was ihr mir angetan habt!«), und zwar bevor die »Mutter der Klinik«, die Oberärztin und Ehefrau des Chefarztes, ihn zu Gesicht bekommen hatte. Sie konnte nur noch den toten Patienten (dem totgeborenen, von einer Nabelschnur erdrosselten Kind) ins Gesicht schauen. Bevor er von der erdrückenden Mutter zerstört werden konnte, hatte er sich in einem Verzweiflungsschritt von den inneren Mutterbildern losgerissen – wenn auch um den Preis des eigenen Lebens.

Die Arbeit in der Supervision hatte die anfängliche Beunruhigung und Ratlosigkeit durch die (aus wenigen Daten entwickelten) Hypothesen gemildert, Ansätze aufgezeigt, wie das so erschreckend Unverständliche vielleicht doch in einem psychologisch einfühlbaren Zusammenhang zu sehen sein könnte – wohl wissend, daß wir nicht nur mit Tatsachen, sondern mit psychodynamischen Hypothesen befaßt waren. In einer nachdenklich bedrückten Stimmung ging ich nach der Supervision zu Frau Smolenski, da wir uns für ein kurzes privates Gespräch verabredet hatten. Entgegen der sonst strikten Trennung von Supervisionstätigkeit und dem bereits seit Jahren bestehenden privaten Kontakt sprachen wir an diesem Tag über den aktuellen Todesfall. Dabei erzählte ich auch wieder von meinem Lichterlebnis im autogenen Training zum ungefähren Zeitpunkt des Todessprunges des Patienten, der sich auf so wundersame Weise als ein Bekannter von mir herausgstellt hatte. Ich erinnere mich genau, daß Frau Smolenski sagte: »Ja, wenn das so ist – dann kann ich dir auch von meinem Traum von letzter Nacht erzählen. Eigentlich wollte ich niemandem davon etwas sagen, der Traum ist zu eigenartig.« Ich habe Frau Smolenski gebeten, den Traum und die dazugehörenden Ereignisse aufzuschreiben. Erst ihr Bericht stellt die bisher geschilderten eigenen Erlebnisse in einen Zusammenhang, der wohl kaum noch als Zufall abgetan werden kann. Ich gebe ihren schriftlichen Bericht ungekürzt wieder:

Am 18. Oktober 1991 sagte mir mein Mann, bevor er in Urlaub fuhr, daß ich am Dienstag, den 22. Oktober 1991, eine Aufnahme habe – ein Kollege mit einer reaktiven Depression wegen beruflicher Belastung. Wahrscheinlich sei es nichts Kompliziertes. Am Morgen des 22. Oktober 1991 fühlte ich mich beim Aufwachen unerwartet schlecht (am Abend vorher ging es mir blendend), als ob ich eine Grippe bekäme. Ich hatte tatsächlich leichtes Fieber. Um vorzubeugen und möglichst schnell wieder fit zu werden, beschloß ich, einen Tag zu Hause zu bleiben. Ich rief die diensthabende Ärztin an und bat sie, den Kollegen, der heute zur Aufnahme komme, zu begrüßen und ihm mitzuteilen, daß ich krank sei, aber am folgenden Tage wieder dasein würde und daß ich ihm bereits einen Termin für diesen Tag geben würde, und zwar für 14 Uhr 30. In der Nacht vom 22. auf den 23. Oktober 1991 hatte ich folgenden Traum: »Ich stand, zusammen mit einer anderen Frau, an einem offenen Fenster und schaute hinaus. Es war ein Fenster in einem oberen Stockwerk eines Hauses, ich schaute also hinunter. Ich sah eine ländliche Gegend, Felder und Wiesen. Da kamen zwei Männer, die Kühe auf die Weide trieben. Der eine war jung und stark, der andere alt. Der Alte, den ich zunächst nur von hinten sah, hatte eine Glatze und drumherum einen dichten weißen Haarkranz. Der Junge schimpfte laut auf den Alten ein und sagte: »Ingo, das ist doch immer dasselbe mit dir, hast du schon wieder gesoffen?!« Er schlug mit einem Stock brutal auf den alten Mann ein, so daß dieser zu Boden fiel und leblos liegenblieb – mit zertrümmertem Schädel, blutend. Ich schrie dauernd: »Hören Sie doch auf, lassen Sie doch diesen alten Mann in Ruhe – sehen Sie, Sie haben ihn getötet!«

Damit endete der Traum.

Am nächsten Tag fühlte ich mich wieder wohl, ich hatte zum Glück nicht, wie befürchtet, eine Grippe bekommen, es bestand kein Fieber mehr. In der Konferenz am Morgen sagte mir die diensthabende Ärztin etwas vorwurfsvoll, sie hätte viel Arbeit mit diesem Kollegen, Herrn Ingo S., gehabt: Er sei total unsicher, ratlos und getrieben in Begleitung seines Vaters und seiner Schwester gekommen, habe sich ihnen gegenüber wie ein Kind verhalten – einerseits anklammernd, andererseits gereizt. Er habe befürchtet, auf »die Geschlossene« zu kommen. Tatsächlich habe sie dies in Erwägung gezogen. Aber nach einem längeren Gespräch habe er sich beruhigt, seine Koffer ausgepackt (er hatte sich für mehrere Wochen stationäre Behandlung vorbereitet), habe sich Bücher aus der Kliniksbibliothek geholt und sich den Termin bei mir notiert. Ich hatte einen hektischen Vormittag am 23. Oktober 1991 und kam nicht dazu, den Patienten – wie ich dies eigentlich wollte – schon vor seinem Termin zu begrüßen.

Da jedoch vor seinem Termin ein anderer Termin ausfiel, teilte ich der Station mit, er könne schon um 14 Uhr kommen! Als er um fünf nach zwei nicht bei mir war, rief ich auf der Station an und fragte nach ihm. Die Krankenschwester sagte, sie gehe nach ihm gucken. Da stürzte ein Mann von unserem technischen Dienst in mein Zimmer und sagte: »Kommen Sie sofort, vor der Turnhalle liegt ein toter Mann – er muß aus dem Neubau gesprungen sein!« Ich hatte sofort die schreckliche Vermutung, daß es sich um meinen Patienten handeln könnte. Ich lief zur Unfallstelle und erschrak – weil der tote Mann meinem alten Mann aus dem Traum glich – sowohl wegen des weißen Haarkranzes als auch wegen des zertrümmerten Schädels! Niemand kannte den Mann. In seinem Jackett fand ich Arztbriefe, die er offenbar zum Erstgespräch hatte mitbringen wollen, es war tatsächlich der Patient, auf den ich gewartet hatte – und er trug den gleichen Vornamen wie der Mann in meinem Traum!

Mit der Krankenschwester ging ich hinauf in sein Zimmer, um nach einem Abschiedsbrief zu suchen. Als wir am Fenster standen und hinunter schauten, hatte ich wieder eine Erinnerung an den Traum – mit einer Frau am Fenster zu stehen und hinunterzugukken auf das Geschehen in einer ländlichen Gegend (gegenüberliegende Weinberge).

Aus den Gesprächsnotizen der aufnehmenden Kollegin erfuhr ich später noch, daß der Patient zusammen mit einem Freund Schafe hielt. Von einem Schafbock war er vor einigen Wochen gegen die Stirn gestoßen worden, seitdem hatte er Kopfschmerzen gehabt. Außerdem hatte er sich auf der Weide den Fuß verstaucht, so daß er mit einem Gipsverband versehen war. Ich erfuhr aus diesen Aufzeichnungen weiter, daß der Patient als Arzt in einer Suchtklinik tätig gewesen war, Konflikte mit der neuen Chefärztin jedoch zu einem Auflösungsvertrag geführt hätten.

Dieser Traum und der dazugehörige Bericht zeigen viel mehr Parallelen zum konkreten Ereignis am 23. Oktober 1991, als mein eher unspezifischer Wachtraum. Der Patient und ein Freund hielten real zusammen Tiere. Der alte Mann im Traum mit weißem Haarkranz und zerschmettertem Schädel entspricht ganz dem Bild in der Realität, allerdings ist die Todesursache eine andere. Frau Smolenski, neben sich eine Schwester, gucken hinunter auf das Geschehene, im Traum sind sie Zeugen der Tat, in der Realität Zeugen des Geschehenen. Es gibt also Unterschiede zwischen dem Traum und dem äußeren Geschehen, allerdings sind die

Übereinstimmungen derartig umfangreich, daß Frau Smolenski selbst erschrak und den Traum rückblickend als eine Vorausahnung sah. Am Morgen nach dem Erwachen hatte sie keine Zuordnung treffen können, ihr war lediglich aufgefallen, daß auch ihr Vater früher auf dem Lande gearbeitet hatte und gerne einen getrunken habe – diese Assoziationen führten für sie aber zu keiner Deutung des Traumes.

Erst nachdem der Todesfall im Kollegen- und Freundeskreis des Patienten bekannt geworden war, erfuhr Frau Smolenski, daß Mitglieder seiner Selbsterfahrungsgruppe zur beruflichen Weiterbildung ihn zu einer stationären Therapie gedrängt hatten und der Gruppenleiter sich ebenfalls Sorgen um ihn gemacht hatte – bis hin zu der Sorge, Ingo S. könne eines Tages Selbstmord begehen! Ganz im Gegensatz dazu war der Patient ihr als »netter, jetzt etwas depressiver Kollege«, als »unkomplizierter Fall« für die stationäre Behandlung angekündigt worden!

Wir sind also beide von stark emotional aufgeladenen Bildern beunruhigt worden, ohne diese zunächst zuordnen zu können. In beiden Fällen befanden wir uns in veränderten Bewußtseinszuständen – ich befand mich im autogenen Training, Frau Smolenski hatte einen nächtlichen Traum (vgl. hierzu die Träume der Schamanen). Das Geschehene erinnert in seiner Form an ein Orakel, das einerseits treffend die Zukunft voraussagt, jedoch in einer Form, die nicht unmittelbar verständlich ist und der Interpretation bedarf.

Wir haben Mühe, das Geschehene für uns selber verstehbar einzuordnen, haben jedoch beide den Eindruck, daß die Ereignisse vom 22./23. Oktober 1991 kaum als Zufall zu bezeichnen sind. Die zeitliche Übereinstimmung bei meinem Erlebnis und die hochspezifischen Bilder des Nachttraumes sprechen gegen einen solchen Zufall, können ihn aber natürlich trotzdem nicht ausschließen. Wie aber sonst können wir die Ereignisse verstehen? Ich habe die Vorfälle so detailliert geschildert, gerade weil ich hier eher dokumentieren und zu eigenen Überlegungen anregen möchte, als daß ich und die Supervisionsgruppe fertige Hypothesen zur Verfügung hätten. Es sind besonders zwei Überlegungen, die hier zur Diskussion gestellt werden sollen:

– Entsprechend der Bedeutung der wechselseitigen Einstimmung des Schamanen und seines Publikums und der dabei entstehenden hochgespannten Erwartungshaltung, wobei es schließlich zu einer Öffnung gegenüber unbewußten Prozessen kommen kann, wäre hier zu fragen, ob der Patient in seiner massiven psychischen Anspannung zum »Sender« wurde. Das wäre den zahlreichen Berichten von telepathischen Ereignissen (»Gedankenübertragung«) vergleichbar, als z. B. Mütter während des Krieges beim Tod ihrer weit entfernten Söhne plötzlich deren Schrei hörten oder auf andere Weise wahrnahmen, daß der Sohn soeben in (Lebens-)Gefahr war.[161] Wieso aber wurden Frau Smolenski und ich beide zu Empfängern dieser Botschaft?[162] Als Erklärung für Frau Smolenkis Traum könnten die Parallelen zwischen ihrem Vater und dem Patienten dienen (gleicher Vorname, Landleben, Alkoholthematik einerseits – Arbeit in einer Suchtklinik andererseits), die sie als »Empfängerin« sensibilisiert haben könnten. Darüber hinaus befand sie sich in einer für den Patienten ganz besonderen Position, nämlich in der Position der »Mutter der Klinik«. Ob dem Patient bekannt war, daß ich in dieser Klinik als Supervisor arbeite, weiß ich nicht mehr genau – ich kann nicht ausschließen, daß wir in Heidelberg im Juni 1991 darüber gesprochen haben. Die Frage ist also, ob in veränderten Bewußtseinszuständen (Wachtraum im autogenen Training, Nachttraum, ekstatischer Zustand der Schamanen) Informationen empfangen werden können – ein Phänomen, von dem wir unerwartet gestreift wurden, das von den Schamanen in ihren ekstatischen Jenseitsreisen jedoch schon vor Jahrtausenden zu einer spezifischen Technik ausgearbeitet worden war![163] Die Antwort auf diese Frage ist heute nach wie vor im wesentlichen eine Sache des Glaubens.

– Was aber wäre die Funktion dieser Botschaft – sofern sie überhaupt eine haben sollte? In beiden Fällen war uns eine Zuordnung ja erst im nachhinein möglich. Wir waren somit nicht in der Lage, den Selbstmord zu verhindern. Hier könnte man einwenden, daß wir nicht genügend geschult oder erfahren genug waren, um für derartige Botschaften sensibel zu sein. Aus diesem Blickwinkel wären die Botschaften Hilferufe gewesen, die zu entziffern wir bedauerlicherweise nicht in der Lage waren.

Der Selbstmord erscheint mir rückblickend wie das Scheitern eines Initiationsprozesses: Ingo S. begab sich mit großem Gepäck, also auf einen langen Aufenthalt vorbereitet, in die Klinik, die hier als Ort der (möglichen) Initiation gesehen werden kann. Bevor er jedoch mit der Oberärztin als der Verkörperung des zentralen, konfliktgeladenen inneren Bildes, seiner hochambivalenten Mutterimago, zusammentreffen soll, re-inszeniert er sein zentrales Lebenstrauma, nämlich seine reale oder phantasierte Ablehnung durch die Mutter und sein Gebundensein an diese ambivalent erlebte Mutter. Er stranguliert sich und zerreißt die durch die Krawatte symbolisierte Nabelschnur zur gleichen Zeit. Die Oberärztin findet den toten Patienten (das tote Kind), auf den sie keinen Einfluß mehr nehmen kann. Er erlebte/erlitt statt des symbolischen den realen Tod. Statt der bewußten, selbst-verantworteten Lösung von der Mutter/den Müttern im realen Leben, entzog er sich mit seinem Selbstmord den Mutterfiguren und sprang in den Schoß von Mutter Erde, ins Grab.

Mit diesen Überlegungen kann ich die Frage, ob er mir/uns etwas mitteilen oder verdeutlichen wollte, nicht positiv beantworten. Ich glaube, ihn ein Stück weit besser verstanden zu haben – mehr kann ich zum gegenwärtigen Zeitpunkt nicht erkennen.

3. DAS GEFESSELTE PUBLIKUM BEISPIELE FÜR DIE GESTALTUNGEN DER INITIATIONSTHEMATIK HEUTE

Der Ablauf der schamanischen (Be-)Handlung orientiert sich in seiner Dreischrittigkeit am Modell der Initiation: Die klärende Identifikation kann als Séparation, die ekstatische Jenseitsreise als Marge und die Symbolisierung und Symbolübernahme als Agrégation verstanden werden. Was der Schamane bei seiner individuellen Initiation erlebt und schließlich in seiner positiven Transformation gestaltete, nutzt er nun in seinen bewußt herbeigeführten ekstatischen Zuständen zum Wohle seiner Gemeinschaft.

Nach der Entlassung der Initiationsmotive aus dem rituellen Lebensvollzug in unserer an allgemeinverbindlichen Ritualen armen Zeit, haben sie ihren Niederschlag vor allem in künstlerischen Äußerungsformen gefunden: »Die Initiationsthemen sind hauptsächlich im Unbewußten des modernen Menschen lebendig. Das wird durch die Initiationssymbolik einiger künstlerischer Schöpfungen bestätigt – Gedichte, Romane, Skulpturen, Filme – aber auch durch die Resonanz, die sie beim Publikum finden.«[1] Was der Religionswissenschaftler Mircea Eliade hier als Behauptung aufstellt, wird im folgenden anhand konkreter Beispiele belegt. Da die Künstler neben den Ärzten, Psychotherapeuten/Psychoanalytikern und Priestern zur »Erbengemeinschaft der Schamanen« gehören, liegt es nahe, das skizzierte dreischrittige Modell auf die Interaktionen zwischen Künstler, Kunstwerk und Rezipient zu übertragen. Dem richtungsweisenden Künstler gelingt eine »klärende Identifikation« mit den aktuellen Themen und Konflikten seiner Zeit. Vor dem Hintergrund der kunstgeschichtlichen Entwicklung erfolgt die künstlerische Arbeit an der Schnittstelle zwischen persönlicher, lebensgeschichtlich gewordener Wahrnehmungs-und Erlebnisfähigkeit einerseits und aktueller sozialer, historischer und kultureller Situation andererseits.

In einer offensichtlich an literarische Vorbilder der Schamanenliteratur angelehnten und ironisch gebrochenen Form schildert Jürgen Partenheimer seine künstlerische Tätigkeit:

»Unsere Zeit gewährt uns beträchtliche Einsicht und schenkt uns viele Geräte. Der Künstler führt seinen Beruf aus und denkt über die vielfältigen Absurditäten nach.

Früh morgens steht er auf, sticht ein Loch in die Erde und steigt hinab in die Tiefe des Himmels seines Kopfes. Hier schmiedet er die Formen auf dem Amboß der guten Seelen der Menschheit, narrt den Tag und die Wege des Nashorns. Behutsam breitet er die Schätze seiner Phantasie aus und wacht eifersüchtig über sie. An die Oberfläche zurückgekehrt, nimmt er seinen unauffälligen Beruf hinter den tausend Schreibtischen der Verwaltung wieder auf, füllt Formulare unendlicher Bedeutungslosigkeit aus und verwirrt die Menschen mit maßvollem Witz und makellosen Manieren. Manchmal erwacht er in seinen Träumen und erinnert sich des Zugangs zu den Zentren der Welt, wo er wieder hinabsteigt in das Zimmer seiner aufbewahrten Beobachtungen von klarster Phantasie. Mit schlafwandlerischer Sicherheit nimmt er ein Objekt von vorzüglicher Bedeutung und plaziert es in die Furche abgeernteter Felder, wo es von Menschen gefunden wird, die es mit verwirrtem Stolz hegen, aufbewahren und Generation zu Generation weitergeben – ein Zeichen empfindsamer aber unbekannter Kraft.[2]

Im letzten Schritt des dreigliederigen Prozesses sind die Produkte der Kunst Einladungen an das Publikum zur Gegenidentifizierung und Symbolübernahme. Dabei wird der Gehalt der Werke oft mehr empfunden als etwa vollkommen rational erfaßt (»Zeichen empfindsamer aber unbekannter Kraft«). Wenn sich im Kunstwerk eine Vielzahl von Menschen mit ihren gegenwärtigen Empfindungen, Wünschen, Hoffnungen und Ängsten wiedererkennt, beginnt ein kommunikativer Prozeß, der dieses Kunstwerk zum »Ausdruck seiner Zeit« werden lassen kann. Künstlerische

Gestaltungen der Phänomene der Initiation gehören in Zeiten schneller sozialer und kultureller Entwicklungen mehr denn je dazu.

Was ist aus Rotkäppchen geworden? Initiationsmotive im Märchen

Märchen erzählen nicht von den Erfahrenen und Routinierten, nicht von denjenigen, die zum hundertsten Male ihre Aufgabe bewältigen, sondern von den Jungen, die ins Unbekannte vorstoßen und überhaupt erst die Fähigkeit erlangen, sich mit diesem Unbekannten in Beziehung zu setzen, davon zu lernen und sich darin zu bewähren. Darin zeigt sich aufs deutlichste der initiatische Charakter der märchenhaften Erzählung, wie der Ethnologe und Märchenforscher Heino Gehrts zu Recht ausführt.[3] In unterschiedlich deutlicher Ausprägung lassen sich Jenseitsreisen, Tiere als Hilfsgeister, die Phänomene der Zerstückelung und andere Elemente des Prozesses der Initiation in Märchen wiederfinden. Dies gilt nicht nur für weniger bekannte Märchen, sondern z. B. auch für eines der bekanntesten europäischen Märchen, das »Rotkäppchen«. Neben anderen, nur kurz zu streifenden interpretativen Ansätzen sollen die Aspekte der Initiation, die hier vor allem als eine Pubertätsinitiation erscheint (allerdings eine individuell verlaufende), herausgearbeitet werden.

Das Märchen vom »Rotkäppchen« ist so bekannt, daß die meisten Jugendlichen und Erwachsenen es in Grundzügen nacherzählen können. Dies gilt für eine der Fassungen des Märchens durch die Gebrüder Grimm (1812/1814). Daß eine zweite Fassung existiert, ist weniger bekannt. Ihren Versionen des Märchens gehen eine französische Fassung von Perrault (1697) und die deutsche von Ludwig Tieck (1800) voraus, die ihrerseits auf mündlich tradierte Erzählungen, u. a. Werwolfgeschichten, zurückgreifen.[4]

Nachdem im 19. und zu Beginn des 20. Jahrhunderts noch einige weitere Versionen entstanden, erlebte das Märchen vom Rotkäppchen – wie kein anderes – einen wahren Nacherzählungs- und Verwandlungsboom seit den siebziger Jahren. Dieses Märchen enthält Motive, die unvermindert aktuell sind und zu Umdichtungen, Veränderungen und Widerspruch reizen.

Interpretative Ansätze zu diesem Märchen lassen sich in ihren Widersprüchen und Ähnlichkeiten verstehen, wenn wir sowohl für Rotkäppchen als auch für das Zielpublikum die unterschiedlichen kindlichen Altersgruppen bis hin zu erwachsenen Lesern und Zuhörern beachten. Je nach Alter der Zuhörer und ihrer jeweils möglichen Identifikation mit Rotkäppchen ergeben sich unterschiedliche Erwartungen, Phantasien und Ängste. Ein Blick auf die verschiedenen Illustrationen zum Märchen zeigt, daß die Illustratoren alle Altersstufen zwischen einem ca. vierjährigen Mädchen und einer pubertierenden jungen Frau für Rotkäppchen anzunehmen bereit sind! Diese – zumeist unreflektierte – Alterszuordnung läßt jeweils andere Aspekte des Märchens in den Vordergrund treten.

Für ein Mädchen im Vorschulalter beschreibt das Märchen, verkürzt dargestellt, eine freudige und von der Mutter gutgeheißene Bewegung des Mädchens fort von der Mutter, ein Mißverstehen und Mißachten der Gefahr, woraus schließlich eine tödliche Gefahr erwächst, aus der es vom Jäger gerettet wird. Ein Leben ohne den Schutz der Erwachsenen ist noch nicht möglich, eigene größere Aktionen sind noch zu riskant. Das Märchen ist in dieser Funktion ein Warnmärchen, das zugleich die Botschaft enthält, daß man durch das Eingreifen der Erwachsenen (speziell des Mannes!) gerettet und in die Fürsorge der (Groß-)Mutter zurückkehren kann.

In einer anderen Sichtweise, die auch noch das etwas ältere Mädchen mit umfaßt, geht es um den von den Gebrüdern Grimm intendierten Erziehungsprozeß. Die Übertretung des elterlichen Verbots führt durch leidvolle Erfahrung zu seiner Annahme oder – etwas positiver gewendet – man kann Gebote und Grenzen erst (an-)erkennen, nachdem man sie getestet hat. Ganz in diesem Sinne interpretiert der Kinderpsychoanalytiker Bruno Bettelheim das Märchen als Darstellung der Überwindung bzw. Auflösung der ödipalen Phase und Ausbildung des Über-Ichs. Die Rivalität mit dem gleichgeschlechtlichen Elternteil wird aufgegeben und durch Identifikation mit ihm ersetzt, die elterlichen Ge- und Verbote werden verinnerlicht: »... und gedachte bei sich: Du willst dein Lebtag nicht wieder allein vom Wege ab in den Wald laufen, wenn dies die Mutter verboten hat.«[5]

Aus dieser Sicht läßt sich die doppelte Version des Märchens bei den Gebrüdern Grimm leicht einordnen: In der zweiten, weniger bekannten Version, hatte Rotkäppchen seine Lektion gelernt und läßt sich auf kein Gespräch mit dem Wolf ein. Bei der Großmutter heil angekommen, füllen Rotkäppchen und die Großmutter statt dessen in trauter Einigkeit einen Steintrog vor dem Haus mit Wurstsuppe, worin der Wolf ersäuft, nachdem er vom Dach aus allzu gierig geschnuppert hatte und dadurch ins Rutschen geraten war. Diese zweite Version führt den Lernerfolg des Kindes vor: Vereint und identifiziert mit der (Groß)Mutter, ihren klugen Anordnungen gehorchend, sind die Gefahren zu überwinden.

Entsprechend dem unterstellten Alter von Rotkäppchen bleiben bei diesen Betrachtungsweisen die Auseinandersetzungen mit dem anderen Geschlecht zunächst ebenso im Hintergrund wie die Auseinandersetzungen mit aggressiven und destruktiven Seiten in Rotkäppchen selbst. Eine dritte Lesart des Märchens scheint notwendig: Nachdem der Wolf Rotkäppchen angesprochen und die Adresse der kranken Großmutter in Erfahrung gebracht hat, könnte er Rotkäppchen sofort im Wald auffressen. Statt dessen läuft er zunächst zur Großmutter, verschlingt diese, zieht ihre Kleider

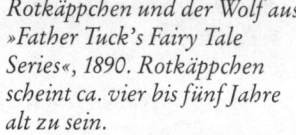

*Rotkäppchen und der Wolf aus
»Father Tuck's Fairy Tale
Series«, 1890. Rotkäppchen
scheint ca. vier bis fünf Jahre
alt zu sein.*

*Rotkäppchen-Illustration von
W. Goble aus »The Fairy
Book«, London 1963. Rotkäpp-
chen scheint ca. acht bis zehn
Jahre alt zu sein.*

*Rotkäppchen – ein pubertieren-
des Mädchen?! Illustration von
A. Hofer in »Die Jugend«,
1886.*

an und verschlingt erst anschließend Rotkäppchen. Durch einen Kaiserschnitt, vom Jäger am lebenden Wolf vorgenommen, erblicken beide wieder das Licht der Welt.

Offensichtlich handelt es sich um das Thema von Tod und Wiedergeburt, jenes »stirb und werde« der Initiationsriten, deren bekannteste die Pubertätsinitiationen sind. Rotkäppchen – ein pubertierendes Mädchen? Es verweist zunächst nicht allzuviel auf dieses Thema, zumal ja der Schluß des Märchens in eine ganz andere Richtung zu weisen scheint. Da bekommt der Jäger den Wolfspelz, die Großmutter den Kuchen – und Rotkäppchen die Moral: »Und da stellt sich einem doch die Frage: Hätte Rotkäppchen unter diesen Umständen nicht gleich im Wolfbauch bleiben können?«[6] Wer so wie Verena Kast fragt, sieht Rotkäppchen als Pubertierende, die aus der Mutterbindung nicht herausfindet und für deren weitere psychosexuelle Entwicklung eine ungünstige Prognose zu stellen wäre.

Schauen wir uns zunächst an, was dafür sprechen könnte, daß wir das Märchen nicht nur unter den Aspekten der Wahrung der Mutter-Kind-Einheit und der Ausbildung des Über-Ichs, sondern auch unter dem Aspekt der Pubertätsinitiation lesen können.

Das Märchen beginnt mit der Schilderung der kleinen süßen Dirn und ihrem Käppchen vom roten Samt, ». . . und weil ihm das so wohl stand, und es nichts anderes mehr tragen wollte, hieß es nur das Rotkäppchen.« Abgesehen von einem kurzen Aufschein bei der Befreiung aus dem dunklen Bauch des Wolfes hat das Käppchen im Märchen dann aber auch schon ausgedient. Anthropologen, Völkerkundler und Historiker haben darauf verwiesen, daß das Märchen vom Rotkäppchen auf lange zurückliegende Mythen über Sonnenaufgang und Sonnenuntergang zurückzuführen sei, wie z. B. das Verschlucken und Gebären der Sonne durch die ägyptische Göttin Nut.[7] Tatsächlich wird Rotkäppchen ja vom Wolf (der Nacht) verschluckt und aus dessen dunklem Bauch wiedergeboren – und exakt nur an dieser Stelle des Märchens wird die rote Kappe in der Fassung der Gebrüder Grimm überhaupt noch einmal erwähnt.

Mit dem Thema von Tod (Verschlucktwerden), Schwangerschaft (Aufenthalt im Bauch) und Wiedergeburt (Aufschneiden des Bauches) klingt die klassische Thematik der Initiation an, im Zusammenhang mit dem Gebärthema speziell auch das Thema der Pubertätsinitiation. So haben Psychoanalytiker die rote Farbe des Käppchens mit Menstruationsblut bzw. mit der Menarche, der ersten Regelblutung des pubertierenden Mädchens, in Zusammenhang gebracht.[8]

Dies ist, wie noch zu zeigen sein wird, allerdings lediglich eine von mehreren Interpretationsmöglichkeiten.

Im Ablauf der Initiation stellt das Thema der räumlichen Grenzüberschreitung bekanntlich das rituell benutzte Grundmuster für zeitliche, altersgemäße und soziale Grenzüberschreitungen dar. Es gilt, diese Phasen im Märchen nachzuweisen. Dies ist in der Tat nicht schwierig. Die Séparation (Loslösung vom alten Status) wird mit dem Auftrag der Mutter, durch den Wald zur Großmutter zu gehen, deutlich dargestellt. Als Rotkäppchen im Wald sich durch den Wolf auf die Schönheit der Natur aufmerksam machen läßt (»Rotkäppchen schlug die Augen auf und sah...«), verläßt sie die Mutter nun auch noch insofern, als sie deren Auftrag vergißt. Die räumliche Grenzüberschreitung, die Schwellenüberschreitung, wird im Märchen sogar in dreifacher Weise dargestellt: Der Gang vom Dorf in den Wald stellt die erste Grenzüberschreitung dar, das Überschreiten der Schwelle des Hauses der Großmutter die zweite und das Gefressenwerden die dritte. Hier kommt nun der Initiationsaspekt der Zerstückelung hinzu – und die spätere wundersame Wiedergeburt als heile, ganze Person!

Von der mütterlichen Ordnung sind wir im Märchen über die räumlichen Schwellen hinweg in die Übergangszeit, die Marge, gelangt. Die Marge ist gekennzeichnet durch Chaos, Gefahr, Tod, generell durch Grenzerfahrungen, die den Initianten in die Nähe des Ungewöhnlichen, der Außenseiter, der ansonsten ungelebten Teile der Persönlichkeit und der Gemeinschaft rücken. Hier taucht eine weitere Symbolik der roten Kappe auf – die der Kennzeichnung oder gar Brandmarkung als Außenseiter, was die Initianten für die Zeit der Initiation ja auch sind. Perrault verwendete in seiner Version des Märchens 1697 das Wort »chaperon«, welches eine kleine modische Kappe bezeichnete, die die Frauen des Adels und der Mittelschicht im 16. und 17. Jahrhundert trugen.[9] Auffallende, z. B. rotgefärbte Samtkappen waren in der Reglementierung und Codifizierung der Kleidung unter Ludwig XIV. (1638–1715) eher den Damen des Adels vorbehalten, während Angehörige der Mittelschicht mehr Tuchhauben trugen. Rotkäppchen, das in ländlicher Umgebung lebt, wird durch diese Kappe somit in ganz unüblicher Weise aus seiner Umgebung hervorgehoben, was auch als Auflehnung gegen bestehende Normen aufgefaßt werden könnte. In dieser historischen Betrachtungsweise kommt uns Rotkäppchen unvermittelt als eine kleine Individualistin und Nonkonformistin entgegen! Nonkonformisten sind jedoch Außenseiter und als solche gefährdete und gebrandmarkte Personen in hierarchisch gegliederten Gesellschaften. Die Verwendung eines roten Hutes, um gesellschaftliche Außenseiter und Nonkonformisten zu brandmarken, war durch das ganze Mittelalter bis hin zur Reformation üblich.[10] Rotkäppchen gerät hier in eine kaum erwartete Nachbarschaft zu den Außenseitern der Gesellschaft! Fernab von der dörflichen Gemeinschaft liegen in den Stammeskulturen auch heute noch die Initiationslager in der Wildnis, wo der oder die zu Initiierende – als zeitweiliger Außenseiter der Gesellschaft begegnet. Das können die Ahnen sein (Großmutter) oder die Gefahren der Wildnis (Wolf), also die realen Gefahren außerhalb der dörflichen Gemeinschaft. Auch den eigenen aufbrechenden Sexualtrieben, die gelegentlich als »Tiernatur des Menschen« bezeichnet werden, muß sich der Initiant konfrontieren.

Rotkäppchen wurde als Mädchen verschlungen und als junge Frau aus dem Bauch des Wolfes wiedergeboren. Rotkäppchen wird initiiert – es anerkennt die Normen und Gebote seiner dörflichen Gesellschaft –, aber dies sind andere Normen, Gebote und Ideale, als wir sie im ausgehenden 20. Jahrhundert uns für eine Pubertätsinitiation vorstellen! Es handelt sich um die Pubertätsinitiation eines Mädchen des beginnenden 19. Jahrhunderts bzw., allgemeiner gesagt, um die Pubertätsinitiation in »kalten Kulturen« mit ihrem die traditionellen Werte und Normen bewahrenden Charakter. Diese Festschreibung der elterlichen bzw. gesellschaftlichen Normen ist das Ergebnis des Märchens: Der Jäger als Vertreter des männlichen Geschlechts hat die Macht, die Ahnen (Großmutter) werden verehrt (Speiseopfer), und die Initiantin übernimmt die Normen der Gesellschaft, bildet ein kulturspezifisches Über-Ich aus.

Die Rettung aus dem Chaos der Übergangszeit, der Marge, erfolgt durch die halt- und ordnungsgebenden Älteren, im Märchen durch den mächtigen und hilfreich eingreifenden Jäger. Dabei taucht ein weiteres Thema der Pubertätsinitiationen in kaum verhüllter Form auf, nämlich der von Bettelheim so nachdrücklich betonte Neid der Geschlechter auf das jeweils andere Geschlecht.[11] Die wesentliche Neidthematik liegt im Märchen auf Seiten des Mannes: Das von den weiblichen Wandlungs-, Fruchtbarkeits- und Geburtsmysterien ausgeschlossene Männliche frißt (inkorporiert) das Weibliche (sowohl die Initiantin als auch die Ahnenfrau), womit ein Zustand der (Schein-)Schwangerschaft hergestellt wird. Der Wolf zwingt sich außerdem in die Kleider der Großmutter, was bei einem bis zu den Ohren zugedeckten Wolf als nicht logisch motiviert erscheint, im Rahmen der Neidthematik der Pubertätsinitiationen jedoch stimmig ist. Bevor die eigene geschlechtliche Identität gefestigt ist, werden androgyne Phantasien und

Wünsche ausgelebt und die Angst vor dem anderen Geschlecht auf diese Weise bewältigt.

Ein Mann ist es nun wiederum, der den Kaiserschnitt ausführt, der also als Geburtshelfer fungiert, der um das Mysterium von Schwangerschaft und Geburt weiß. Die männliche Anmaßung des Wissens um Schwangerschaft und Geburt wird im Märchen dann auf ein reales und sozial verträgliches Maß reduziert: Dem Wolf werden Steine in den Bauch gepackt, Zeichen für die Unfruchtbarkeit des Mannes und Strafe für seine Anmaßung. Das Wissen und Können in der Geburtshilfe bis hin zum Kaiserschnitt dürfen jedoch beim Mann als Retter verbleiben, es bleibt nicht – wie in den Stammeskulturen – den Frauen vorbehalten, sondern ist zur Domäne der Männer geworden in Form des Berufes als Gynäkologen und Geburtshelfer. Als Ärzte haben die Männer die Vorherrschaft über die Hebammen erreicht. Es ist letztlich das Thema des Geschlechterkampfes, der unter anderem auch einen Aspekt in den Hexenprozessen des Mittelalters und der frühen Neuzeit darstellt. Rotkäppchen wird so zu einer männlichen Schöpfung (oder Projektion) vom hilflosen Mädchen, das dem Mann seine Aggressionen abtritt und von ihm gerettet werden möchte, damit er sich als Held fühlen kann.[12]

Wieso aber erfreut sich dieses Mädchen, das aus der Sicht eines pubertierenden Mädchens die Pubertätsinitiationen in einer kalten Kultur bzw. die weibliches Erleben und Wissen unterdrückende Initiation des Biedermeiers zu Beginn des 19. Jahrhunderts zum Thema hat, auch heute noch so großer Beliebtheit? Schließlich ist Rotkäppchen nach wie vor eines der bekanntesten und populärsten Märchen.

Hierfür lassen sich aufgrund der bisherigen Überlegungen zwei Hypothesen aufstellen. Einerseits sind die im Märchen angesprochenen Themen (Mutter-Kind-Einheit, Ausbildung des Über-Ichs, Pubertätsinitiationen, die Beziehung der Geschlechter zueinander) in allen Kulturen und zu allen Zeiten von zentraler Bedeutung – und andererseits unterliegen diese Themen spezifischen kulturellen Vorstellungen und Normen. Diese Themen müssen deshalb immer wieder neu formuliert werden. Ob Mädchen sich z. B. als selbstbewußt und pfiffig darstellen wie in der von Delarue rekonstruierten Urfassung, als naive Mordopfer sexuellaggressiver Männer wie bei Perrault oder als von guten väterlichen Männern zu errettende zarte Geschöpfe wie bei den Brüdern Grimm, das hängt von den jeweiligen gesellschaftlich vermittelten Rollenerwartungen an die Geschlechter ab. Da sich die Rolle und das Selbstverständnis der Frauen speziell in Westeuropa und in Nordamerika in den letzten Jahrzehnten gewandelt haben, muß der Ausgang der bekanntesten Märchenversion, derjenigen der Gebrüder Grimm, heute enttäuschen. Da jedoch in psychologisch stimmiger Weise grundlegende Themen und Probleme der menschlichen Entwicklung angesprochen werden, legen wir das Märchen trotzdem nicht einfach aus der Hand. Als Leser sind wir angesprochen, fasziniert – und gleichzeitig unzufrieden. Aus dieser Spannung zwischen anhaltender Faszination und Unzufriedenheit entsteht die kreativitätsfördernde Grundlage für Neufassungen des Märchens! Ein wesentliches Thema heute ist dabei die Beziehung Rotkäppchens zum Wolf. Wie z. B. Hans-Peter Duerr dargestellt hat, ist der Werwolf ein Mensch, der die Grenze zwischen Zivilisation und Wildnis in sich selber auflösen kann.[13] Er ist ein Wesen, das seiner »Wolfsnatur«, die für gewöhnlich von seiner Kultur unter Verschluß gehalten wird, in die Augen schaut und gerade dadurch ein Bewußtsein seiner »kulturellen Natur« entwickeln kann.

Rotkäppchen braucht die Hilfe des Wolfes, um sich selber zu erkennen. So kann in neueren Versionen aus dem Wolf unter anderem ein hilfreicher Partner werden, zu dem freundschaftliche und auch gleichberechtigte Beziehungen zwischen Mann und Frau aufgenommen werden können.[14]

»R.E.M.«
Die szenische Darstellung einer Initiation in einer Performance von Peter Gilles

Der 1953 in Köln geborene und dort lebende Künstler Peter Gilles ging in seiner Arbeit zunächst von Zeichnungen, parallel dazu von Performances aus. Später traten malerische und objekthafte Arbeiten hinzu.[15] Die hier vorzustellende Performance »R.E.M.« habe ich nicht nur ausgewählt, weil sich die Phänomene der Initiation daran sehr deutlich aufzeigen lassen, sondern auch, weil mit dem Miterleben der Performance meine Auseinandersetzung mit dieser Thematik ihren Anfang nahm.

Die Abkürzung R.E.M. ist aus der Traumforschung bekannt und bedeutet »rapid-eye-movement«. Es sind jene schnellen Bewegungen der Augäpfel während der nächtlichen Traumphasen, die es den Forschern ermöglichen, die Traumphasen eines Schläfers zu identifizieren.

Die Performance – ein Traum, ein Alptraum?!

In rezeptionsanalytischen Seminaren habe ich diese Performance anhand von Diapositiven und einer ausführlichen Beschreibung dargestellt und mit den Seminarteilnehmern besprochen.[16] Die Assoziationen und Reaktionen der Seminarteilnehmer, denen ich für ihre engagierte Mitarbeit danke, sind in meine Ausführungen mit eingeflossen.

Die Performance fand am 4. Juni 1982 in der Galerie Hajo Müller in Köln statt, einem länglichen Galerieraum von ca. 16 m Länge und ca. 5 m Breite. Etwas seitlich der Raummitte sahen die eintreffenden Besucher eine 12 m lange und 70 cm breite weiße Papierbahn, an deren einem Ende eine Projektionsleinwand und ein EKG-Gerät auf Rollen sich befanden, an deren anderen Ende, etwas vor der Stirnwand der Galerie endend, rechts und links neben der Papierbahn je eine Schweinekopfhälfte, ein zusammengefaltetes schwarzes Tuch und eine Rolle Tesafilm lagen.

Die Performance begann mit der Projektion von 100 handgemalten Dias (Tusche und Farbe auf Diafilm aufgetragen), die sich bei der Projektion auch bei diesem Miniaturformat der Originale noch als typische Gilles-Zeichnungen zu erkennen gaben. Nachdem der Künstler sich entkleidet hatte, schnallte er sich einen Brustgürtel mit Elektroden um, die an das transportable EKG-Gerät angeschlossen waren. Dieses hinter sich herziehend, wobei die EKG-Kurve aufgezeichnet und der Herzrhythmus hörbar gemacht wurde, zeichnete Gilles auf der 12 Meter langen Papierbahn mit schwarzem Wachsstift eine Zickzacklinie. Seine zeichnerische Wucht dabei ließ auf ein mühsames Sich-Voranarbeiten schließen. Am Ende der Papierbahn richtete Gilles sich auf und griff nach dem bereitliegenden langen schwarzen Tuch. Er wickelte dieses um seinen Brustkorb, die Enden des Tuches behielt er in seinen Händen. Die nun ausgestreckten Arme und der auf den Knien aufgerichtete Körper bildeten unverkennbar eine Kreuzesform. Nach einer Zeit der forcierten Hyperventilation (schnelle Ein- und Ausatmung) zog Gilles die Enden des Tuches mit aller Kraft auseinander und somit seinen Brustkorb, der mit diesem Tuch umwickelt war, zusammen. Als einziges Geräusch im Raum hörte man seinen rasend schnellen Herzschlag, bis er kollabierte. Als er sich nach wenigen Minuten wieder aufrichtete, griff er nach den rechts und links neben der Papierbahn liegenden Schweinekopfhälften, befestigte eine davon mit Tesafilm an seinem Kopf, während er mit der anderen auf der Papierbahn rückwärts kriechend, erneut eine – nun blutige – Zickzacklinie zu Papier brachte. Wieder am Anfang der Papierbahn angekommen, warf er beide Schweinekopfhälften zu ihrem Ausgangspunkt zurück.

Deutlich ist in dieser Performance der dreiphasige Ablauf der Initiation zu erkennen. Nach einer Einstimmung (Diaprojektionen) legte Gilles seine Kleidung ab und kroch über eine Papierbahn – wie über einen Steg oder durch einen symbolisch dargestellten Tunnel. Er verläßt die Alltags-

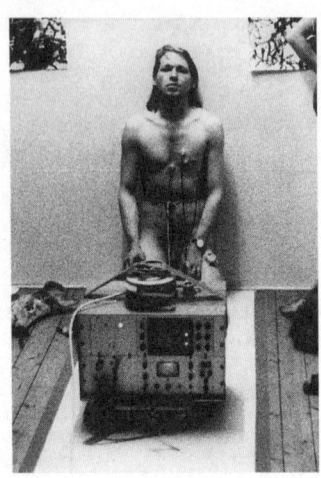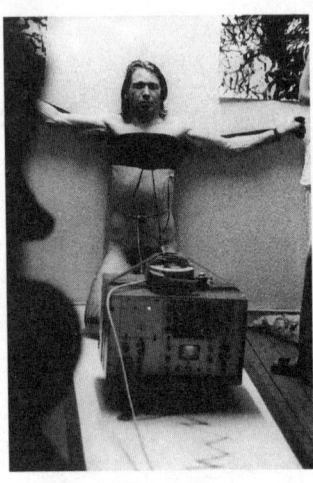

Peter Gilles (geboren 1953), Fotos der R.E.M. Performance in der Galerie Hajo Müller, Köln, am 4. Juni 1982 von Birgit Kahle.

wirklichkeit (Zurücklassen der Kleidung, Nacktheit, die Steg- bzw. Tunnelsymbolik). Er arbeitet sich gewissermaßen aus dieser Alltagswirklichkeit hinaus mit Hilfe seiner spezifischen Fähigkeit, dem Zeichnen. Dies alles entspricht der Séparation, der Loslösung vom alten Status, um in die Marge, die Übergangszeit, eintreten zu können. Diese gestaltet sich bei Gilles dramatisch, als Todes- und Wiedergeburtserlebnis. Das Zusammenpressen des Brustkorbes, die Atemnot und die kurze Bewußtlosigkeit (der »kleine Tod«) sind hier unmittelbar präsent – sie werden nicht wie in einem Theaterstück gespielt, sondern »real« erlebt und vorgeführt. Der Zuschauer ist davon in einer ganz anderen Weise berührt als von einem »Als-ob«. In sehr direkter Weise ergibt sich eine Parallele zu den Phänomenen der Marge in Initiationsriten, für die Turner den Begriff »Liminalität« prägte.[17] Die akustische Verstärkung des Herzschlages machte es schwer möglich, während dieser Performance emotional auf Distanz zu bleiben.

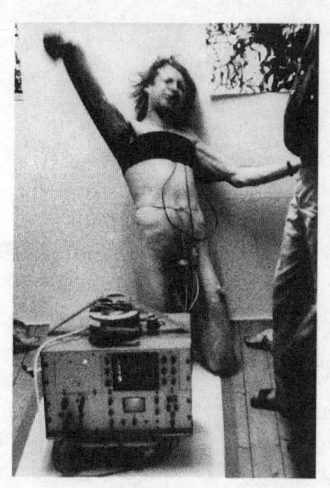
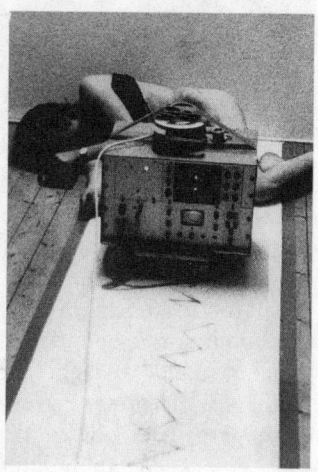

Wie Beuys in seiner Aktion mit dem Kojoten (»I like America and America likes me«, 1979), so trifft auch Gilles während der Marge auf ein Tier (die Schweinekopfhälften), begibt sich in hautnahen Kontakt zu diesen tierischen Anteilen, indem er eine Hälfte an seinem Kopf befestigt und mit der anderen Hälfte zeichnet. Dieses zeichnerische Zurückkriechen auf der Papierbahn kennzeichnet bereits den Prozeß der Agrégation, die Einführung in den neuen Status. Luftnot, Herzrasen, blutige Spur und Tunnelsymbolik lassen hier an die symbolische Darstellung einer »Wiedergeburtsszene« denken.[18] Die Performance endete damit, daß Gilles, am Ausgangspunkt der Papierbahn angekommen, die Schweinekopfhälften zum anderen Ende der Papierbahn warf, wo sie ursprünglich gelegen hatten. Danach verschwand er hinter der Projektionsleinwand. Derjenige, der zum Ausgangspunkt zurückkehrt, ist nun nicht mehr derselbe, der zuvor von diesem Punkt ausging.

Die Gesamtstruktur der Performance entspricht – wie

z. B. auch viele Aktionen bei Beuys – nicht einfach der Wiederholung eigener Initiationserlebnisse, sondern – wenn eine Initiationsstruktur wie im vorliegenden Fall erkennbar wird – einer in der Öffentlichkeit und für diese Öffentlichkeit durchgeführten rituellen Darstellung. Die Grundlage bilden zwar die Initiationserfahrungen des Künstlers (wie des Schamanen), sie werden jedoch transformiert in eine Darstellung, an der per Identifikation der Zuschauer Anteil nehmen soll. Es sind also auf die Gemeinschaft hin ausgerichtete (Be-)Handlungen, die der Katharsis des Publikums in der griechischen Tragödie tendenziell vergleichbar sind. Es geht allerdings um mehr als nur um Katharsis. Ziel dieser Performance ist die Wiederanbindung an abgespaltene oder/und verdrängte Persönlichkeitsanteile, eine Wiederanbindung an unsere »Tiernatur«, an das Triebhafte sowohl als auch das Archaische, Urgründige der menschlichen Existenz.[19]

So wie der Kojote als das heilige Tier der Indianer durch die weißen Siedler zum »gemeinen Kojoten« abgewertet wurde, so ist das Schwein in unserer Kultur ein abgewertetes, verachtetes Tier, das für Schimpfwörter, Ausdrücke des Abscheus, Zuweisung schlechter Eigenschaften etc. herhalten muß. Wenn diese ungeliebten, unerwünschten, ja gehaßten Selbstanteile projiziert werden müssen, als eigene Anteile nicht (an)erkannt werden können, so werden gerade sie nicht nur auf Tiere, sondern auch auf andere Menschen projiziert, die dann zu Schweinen, Abschaum, zu Lebewesen schlimmer als Tiere zu werden drohen. Dies ist der soziale, interaktionelle Aspekt, wie er bei interaktionellen Konflikten im Vordergrund der Rezeption dieser Performance stehen könnte.

Die Performance läßt sich allerdings auch als Aufforderung zur individuellen Transformation, zur individuellen Entwicklung verstehen im Sinne des »Erkenne dich selbst«. Daß nicht alles dabei aktiv zu erwerben, zu erkämpfen ist, darauf vermag die Kreuzesform ein Verweis sein. Wenn

Gilles die Enden des Tuches auseinanderzieht und dabei (kurz vor dem Kollabieren, dem kleinen Tod) unverkennbar eine Kreuzigungshaltung zeigt, dann evoziert er damit in unserer Kultur die christliche Todes-, Auferstehungs- und Erlösungssymbolik, also dasjenige, was nicht erworben, sondern nur von Gott geschenkt werden kann.

In einer dritten Sichtweise ist zu diskutieren, inwieweit es auch um den Erwerb eines – in schamanischer Terminologie – »Hilfsgeistes« gehen könnte, der in einem regressiven imaginativen Prozeß erworben wird, bzw. dessen man sich erneut vergewissert. Wie für den Schamanen die Konkretisierung des Hilfsgeistes in der Séance auch eine selbststabilisierende Funktion hat, eine Vergewisserung darstellt, erlebt auch der Künstler, daß er erneut eine Gefahr besteht in seiner Performance. Der Zuschauer kann einerseits dann zwar von der Dramatik des Geschehens erschreckt sein, sich andererseits aber auch angeregt und aufgefordert fühlen, in seinem Rahmen einen vergleichbaren Weg der Selbstkonfrontation, der Auslotung seiner Grenzen zu versuchen.

Auch wenn diese Aspekte vom Zuschauer zunächst nicht bewußt reflektiert werden, so ist der Rezipient doch betroffen, erregt, beteiligt – angeregt zur weiteren Auseinandersetzung. Das ist es, was für eine derartige Performance in vergleichbarer Weise gilt wie für die Séance der Schamanen, von denen A. Lommel zurecht festgestellt hat: »Wirkungsvoller als jeder moderne Psychotherapeut, jeder Künstler oder Theaterfachmann, aber auch wirkungsvoller als ein zelebrierender Priester vermag der Schamane auf die Psyche seiner Grupe einzuwirken, sie immer wieder zu verlebendigen, schöpferisch zu machen und ihr gesundes, produktives Gleichgewicht wieder herzustellen.«[20]

Diese aus Form und Inhalt der Performance sich ergebenden Aspekte waren – darauf sei abschließend verwiesen – dem Künstler zum Zeitpunkt der Entwicklung und Präsentation seiner Performance nicht bekannt! Da ich die Performance in ihrer Intensität und Ausdruckskraft miterlebt hatte, entstand der Wunsch, das Erlebte im Zusammenhang mit anderen Arbeiten des Künstlers zu beschreiben. Erst bei der Bearbeitung eines kunstkritischen Textes über Peter Gilles[21] stieß ich auf das theoretische Konzept der Initiation, was vom Künstler im nachhinein als zutreffende theoretische Entsprechung erkannt und akzeptiert wurde. Diese Mitteilung scheint mir insofern bedeutsam, als daran zu erkennen ist, daß die Verwendung des Initiationskonzepts keine bewußte Übernahme darstellen muß und dargestellt hat, sondern aus einer inneren Notwendigkeit, einer inneren Stimmigkeit heraus erfolgte.

Das Ende der Nacht
Der Ausgang der Marge, dargestellt am Bild-Zyklus »Gitterköpfe« von Herbert Falken

Die Initiation als ein über einen längeren Zeitraum verlaufender Entwicklungs- und Wandlungsprozeß läßt sich am ehesten mittels prozeßhafter künstlerischer Ausdrucksformen darstellen, also zum Beispiel in Romanen, Theaterstücken, Filmen und Performances. Daß die Phänomene der Initiation ihren Ausdruck auch in einzelnen Bildern finden können, soll am Bild-Zyklus der »Gitterköpfe« von Herbert Falken (geb. 1932)[22] aufgezeigt werden.

Herbert Falkens künstlerisches Werk hat sich seit seinen Anfängen in den fünfziger Jahren in abgeschlossenen Zyklen zu bestimmten Themen (z. B. Totentanz, Geburtstod, Frauenlandschaften, Selbstportraits) entwickelt. Ab 1991 entstand ein Zyklus von Aquarellen, seltener Mischtechniken, dem er aufgrund rein formaler Strukturen den Titel »Gitterköpfe« gegeben hat. Innerhalb des großen Spektrums von Bildern dominieren die ovalen, an menschliche Köpfe erinnernden Formen, die von unterschiedlichen Balkenstrukturen durchzogen, abgeschlossen, umfangen und durchdrungen sind. Darstellungen der Sinnesorgane – also

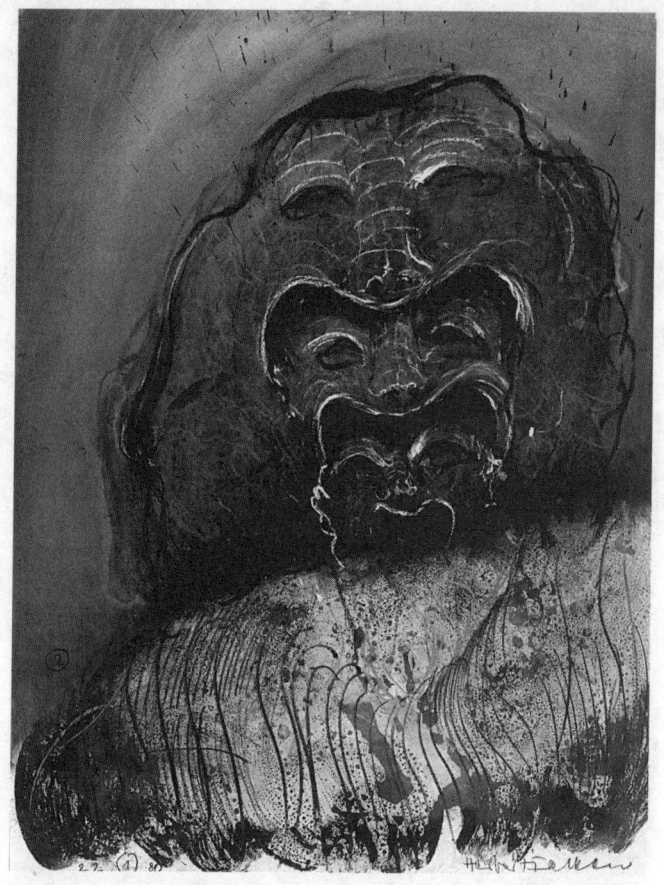

*Herbert Falken (geboren 1932), »Falken selbdritt«, Mischtechnik
auf Papier, 1980, 50 cm × 65 cm.*

der Augen, der Nase, der Ohren und des Mundes – fehlen.
Mit breiten Pinselstrichen sind, Lasur über Lasur, umriß-
und gitterartige Binnenstruktur der Köpfe mehr angedeutet
als konkret aus dem oft dunkelgrauen bis tiefschwarzen
Untergrund herausgearbeitet. Vor allem dort, wo der Ge-

301

Herbert Falken, »o. T.« (aus der Serie der Gitterköpfe), Tusche auf Bütten, 1992, 70 cm × 100 cm.

Herbert Falken, »o. T.« (aus der Serie der Gitterköpfe), Tusche auf Bütten, 1993, 24,5 cm × 31,5 cm.

hirnschädel angedeutet ist, sind die Bilder hell, oft strahlt das Weiß des Papiers dem Betrachter entgegen.

Innerhalb des bisherigen, fast 40 Jahre umfassenden künstlerischen Werks nehmen diese Aquarelle eine Sonderstellung ein. Falken ist bis zu diesem Zyklus als Zeichner durch den Reichtum seiner zeichnerischen Ausdrucksmittel bekannt und anerkannt worden (siehe Abb. S. 301). Das Zeichnerische tritt in diesem neuen Zyklus – von wenigen Ausnahmen abgesehen – ganz zurück und macht einer für den Künstler gänzlich neuen Arbeit mit der Aquarelltechnik Platz. Auch wenn sich die Bedingungen eines Stilwandels nicht bis in jede Einzelheit nachvollziehen lassen, so eröffnen Falkens Angaben zur Entstehungsgeschichte seiner »Gitterköpfe« Zugangswege zu ihren spirituellen und mystischen Quellen und damit auch Ansätze zum Verständnis ihrer ganz besonderen Wirkung.

»Ich habe um Johannes vom Kreuz immer einen Bogen gemacht!«[23] betont Falken, dem die Popularität dieses spanischen Mystikers (1542–1591) und Ordensreformators der Karmeliten stets suspekt war. Er habe ihn auch nicht verstanden, gesteht er freimütig ein. Als ihn die Einladung zur Teilnahme an der Amsterdamer Ausstellung »Fuente« erreichte, die 1991/1992 zum 400. Todestag des Johannes vom Kreuz in der Nieuwe Kerk eingerichtet wurde, war Falken dementsprechend zunächst skeptisch. Nach Gesprächen mit Franz Josef van der Grinten, dem Freund, Sammler und Ausstellungskoordinator, der ihn zur Teilnahme an dieser Ausstellung vorgeschlagen hatte, nahm Falken die Herausforderung zur Auseinandersetzung mit dem bislang ungeliebten Mystiker an.[24] Während eines Arbeitsaufenthaltes in einer Hütte in der Südsteiermark las er die Gedichte des spanischen Heiligen und entschloß sich, sie abzuschreiben, da er sie nicht verstand. Während er abends die Gedichte abschrieb, begannen sich seine tagsüber entstehenden Bilder langsam zu verändern. Der Entwicklungsschritt vom Zeichnen zum Aquarellieren geschah nicht abrupt und unvorbereitet. Er beruht sowohl auf Falkens Faszination für die Farblasuren der Bilder von Mark Rothko als auch für die neuen grauen Aquarelle seines Freundes Joachim Bandau; hinzu kamen gesundheitsschädliche Auswirkungen der bisherigen Arbeit mit Terpentin. Entscheidend war jedoch sein Drang, den ästhetischen Qualitäten lasierend aufgetragener Farbflächen eine größere Intensität geben zu wollen, die Oberfläche gewissermaßen aufzuklappen, aufzureißen, das Dahinter freizulegen, das Durchscheinende zu ent-decken.

Die neue Technik erforderte neues Material. Falken kaufte handgeschöpftes Aquarellpapier in Florenz, darunter großformatige, handgeschöpfte Papiere von hoher materialhafter Präsenz und Sinnlichkeit – Papiere zum Anfassen, zum Streicheln, zum Riechen, zum Verlieben. Wer nicht selber intensiv künstlerisch gearbeitet hat, kann vermutlich die zutreffenderweise als sinnlich-erotisch bezeichnete Qualität des Materials kaum nachempfinden! Es begann eine Auseinandersetzung mit diesem neuen, ungewohnten, als wertvoll empfundenen Material, die nun durchaus auch ihre Entsprechungen in der Lyrik des Johannes vom Kreuz hat. Mystische Erfahrung liegt jenseits sprachlichen Ausdrucks, ist ur(gründig)eigene Erfahrung, primär nicht Mitteilung. So ist auch das unverständliche Reden ebenso ein Charakteristikum mystischer Erfahrung (z. B. Phänomene der Glossolalie oder das Stammeln des Jeremias nach der Begegnung mit Gott), wie es zugleich doch auch Ausdruck eines Mitteilungsbedürfnisses aus der Erregung heraus ist. In diesem Zwiespalt scheint eine eher schlichte poetische Ausdrucksform noch am ehesten geeignet, vom Unaussprechlichen Kunde zugeben.[25] Daß die partielle Unberechenbarkeit des Aquarellauftrags, das immer wieder andere Aufsaugen der Farbe durch die Qualitäten des Papiers, und die Einfachheit der Formensprache der Gitterköpfe hier eine Entsprechung zur poetischen Ausdrucksweise bilden, scheint ebenso naheliegend wie die Entsprechung zum eremitisch/kontemplativen Ideal des Johannes vom Kreuz. Diese Gitterköpfe sind ganz in sich gekehrt, sie entbehren (fast immer) der Sinnesorgane, ja selbst des Körpers. Falkens Gitterköpfe ruhen losgelöst von Körper und Außenwelt in sich, bereit zur Öffnung auf das Spirituelle hin.

Dieser Ausdruck subjektiver, individueller Suche nach der Vereinigung mit dem Göttlichen (gleich welcher religiösen Ausprägung), ohne die Vermittlung und ohne den Einfluß der kirchlichen Institutionen ist der Amtskirche stets suspekt und rief zur Zeit des Johannes vom Kreuz sogar die Inquisition auf den Plan.

Während des Abschreibens der Gedichte schälten sich für Falken als wiederkehrende Themen die Nacht, das Licht, die Erotik und eine den Verlust der eigenen Identität riskierende Verlassenheit heraus. Diese Begriffe können als Leitmotive zum Verständnis der Gedichte wie auch der Bilder dienen.

Nacht

»Die dunkle Nacht«, wie das vielleicht bekannteste Gedicht des Johannes vom Kreuz heißt, stellt einen allgemein gebräuchlichen Ausdruck der Mystik überhaupt dar. Johannes vom Kreuz selbst vergleicht geistliches Leben mit dem Durchwachen einer Nacht, dem Miterleben der drei Phasen zwischen einem vergehenden Tag (Séparation), der Nacht als Übergangzeit (Marge) und dem Anbrechen des neuen Tages (Agrégation), worin wir unschwer das dreischrittige Konzept der Initiation wiederkennen können. Erst wenn der Mystiker – wie jeder Initiant (!) – bereit ist, sein altes Ich (Selbst) aufzugeben, einen »petit mort« zu erleiden, wird er des ganz anderen, des ergreifend Heiligen, in letzter Evidenz ansichtig.[26] In einem seiner Gedichte[27] schreibt Johannes vom Kreuz:

Nach einer Liebesbegegnung emporgerissen
und nicht der Hoffnung bar,
flog ich so hoch, so hoch,
daß ich das Ziel erjagte.

1 Damit ich das Ziel erjage
in dieser göttlichen Begegnung,
hatte ich so weit zu fliegen,

daß ich meinem Blick entschwand;
und dennoch, im letzten Augenblick
reichte die Flugkraft nicht aus;
doch die Liebe erhob mich so,
daß ich das Ziel erjagte.

2 Als ich höher stieg,
wurde meine Sicht geblendet,
und die gewaltigste Eroberung
spielte sich im Dunkeln ab;
aber weil es Begegnung in der Liebe war,
wagte ich den blinden, dunklen Sprung,
und geriet so hoch, so hoch,
daß ich das Ziel erjagte.

3 Je höher ich gelangte,
in dieser so erhabenen Begegnung,
desto geringer und erledigt
und niedergeschlagener fand ich mich;
sagte: niemand wird das je erlangen,
und sank so tief, so tief,
daß ich so hoch, so hoch geriet,
daß ich das Ziel erjagte.

4 Auf sonderbare Weise
durchflog ich tausend Flüge in einem Flug,
weil Hoffnung vom Himmel her
soviel erlangt, wie sie erhofft;
und ich erhoffte diese eine Begegnung,
und im Hoffen habe ich nicht versagt,
da geriet ich so hoch, so hoch,
daß ich das Ziel erjagte.

Höhepunkt der mystischen Erfahrung ist die mystische
Ehe, der Prozeß einer Einswerdung des Menschen mit Gott.
Im Rückgriff auf das »Hohe Lied Salomon« bedient sich die
mystische Lyrik hier immer wieder der tradierten wie auch
zeitgenössischen Formen der Liebeslyrik.

»Von allem leer werden, was nicht Gott ist!«[28] bedeutet für Johannes vom Kreuz dann: Leerwerden, um bereit zu sein für Gott, um das Göttliche empfangen zu können, um ihm eine Heimstatt zu sein. Falkens Gitterköpfe zeigen diese Leere, die, so möchte ich betonen, keine eigentliche Leere ist, sondern ein Bereit-Sein, ein Offen-Sein. Hierdurch bedingt, wie auch durch die Form und Gitterstruktur, kann sich auch eine ganz andersartige, zunächst fernab liegende Assoziation aufdrängen, nämlich die zu einer Gebärmutter (Uterus). Diese Assoziationen, die der Künstler des öfteren von Betrachterinnen seiner Gitterköpfe zu hören bekam[29], ist natürlich über die vage formale Ähnlichkeit hinaus auf eine tiefere Verbindung zu befragen. Das Bereitsein zur Empfängnis in Anlehnung an die verwendeten erotisch-sexuellen Metaphern bietet sich an, auch der Begriff »Kopfgeburt« könnte eine Verbindung darstellen. Dabei scheint dann aber weder die Mythologie mit der dem Haupt des Zeus entsprungenen Athene weiterzuhelfen, noch die naheliegende Interpretation der Kopfgeburt als Metapher für die Früchte intellektueller Tätigkeiten und Fähigkeiten. Erst wenn wir eine Vorstellung von der Dreiteilung des Menschen in Körper, Seele und Geist (besser: das Geistige) zur Hilfe nehmen, eröffnet sich ein Zugang, und wir könnten von »Geistgeburten« sprechen: Der von irdischen Verstrickungen frei gewordene (leer gewordene) Mensch öffnet sich für das Geistige, das über die individuelle Existenz hinausreichende, das sich in ihm – wie in einem Uterus – entwickeln und in ihm wachsen kann.

Licht

Das göttliche, weiße bzw. gleißende Licht ist als eine mystische Ur-Erfahrung des Menschen anzusehen. Es taucht auch als Nah-Todeserfahrung zu allen Zeiten der Menschheit auf, wobei es – in Abhängigkeit vom Standpunkt des Erlebenden und Interpretierenden – mit Gott gleichgesetzt wird, als Todesbote aber auch als psychopathologisches

Phänomen interpretiert wird.[30] Auch mystische Erfahrungen als transpersonale Erlebnisse sind von einer reduktionistischen und pathologisierenden Betrachtungsweise im Sinne eines »das ist nichts anderes als...« nicht gefeit.

Das Licht nun spielt in diesen (oft sehr dunklen) Bildern des Zyklus »Gitterköpfe« eine ganz entscheidende Rolle. Viele dieser Bilder lenken den Blick des Betrachters nach oben, zur Quelle des Lichts, zu den hellen Zonen der Bilder. Der Betrachter selber wird von der Dunkelheit, ja oft Schwärze des Bildraumes umfangen.

Das Licht scheint einen Ausweg zu weisen, zumeist allerdings einen, der (noch) versperrt ist. Farbbahnen durchkreuzen das Weiß des Papiers wie Balken, mal verschränken sie sich zu Gittern, ein anderes Mal zu horizontalen Barrieren, dann wieder zu einem unregelmäßig geformten Hindernis. Assoziationen zu Kerker und Tunnel einerseits, zu Licht und Befreiung andererseits tauchen auf.

Oft scheint das Licht in die (leer gewordenen) Köpfe einzufluten, sie auszukleiden, ihr Vergittert- wie auch Gesprengt-Sein zu heilen. In anderen Fällen erscheint das Licht wie eine ferne Verheißung, sobald die Gitter überwunden sind. Eindrucksvoll ist in diesem Zusammenhang eine Arbeit, die zwei auseinandergerängte stabförmige Strukturen zeigt, die den Weg zum Licht widerstrebend freizugeben scheinen. Ein Bild des Ausbruchs aus dem Kerker, aus der tiefschwarzen, nur wenig malerisch modulierten Fläche im unteren Teil des Bildes. »Ich bin die Tür; wer durch mich hineingeht, wird gerettet werden« (Johannes 10,9) drängt sich hier als Assoziation auf.

Wenn der Betrachter einen anderen Standpunkt einnimmt, sich den Bildern als ein Gegenüber stellt, dann scheinen einige Gitterköpfe von innen her zu strahlen, manche sehr verhalten, verdeckt (s. Abb. S. 303), andere scheinen von einem inneren Glanz erfüllt, der an ein »Erleuchtetsein« denken läßt, gewissermaßen – und in ungewöhnlicher Weise – an einen inneren heiligen Schein, Heiligenschein.

Verlassenheit

Die Verlassenheit, die den Verlust der eigenen alten Identität riskiert, provoziert, ja intendiert, war bei der Lektüre und der abschreibenden Annäherung an die Gedichte für Herbert Falken die vierte entscheidende Erfahrung. Diese Todeserfahrung als Vorbedingung der Wiedergeburt (hier in der mystischen Vereinigung mit Gott) leistete seinem verstehenden Zugang über längere Zeit Widerstand. Eine Hilfe zum Verständnis dieses Dreh- und Angelpunktes jeder Initiationserfahrung in der Marge, der Übergangszeit, war eine Erinnerung an eine Geschichte des heiligen Franz von Assisi. Auf dem Weg zu einem Kloster, das der heilige Franziskus vor Jahren selber gegründet hatte, wurde er von einem ihn begleitenden Mönch gefragt, was denn seine größte Freude sei. Zur Überraschung seines Begleiters antwortete der heilige Franziskus, die größte Freude für ihn sei, wenn er gleich an die Pforte des Klosters klopfe – und von dem ihm öffnenden Mönch nicht erkannt werde! Nicht erkannt zu werden ist in diesem Zusammenhang der Beweis für die eigene Veränderung nach dem Durchschreiten der Nacht (Marge). Die freudige Annahme dieser Erfahrung gründet auf der gewonnenen Erkenntnis, daß die eigene alte Identität unwichtig ist, jedes Wieder-erkennen so lange belanglos und überflüssig ist, als es nicht mittels der durch die Person hindurchscheinenden Präsenz Gottes jeweils neu sich zu erkennen gibt.

Es benötigte eine längere Zeit der eigenen künstlerischen Auseinandersetzung mit der für Falken neuen Technik des Aquarellierens, bis er mehr und mehr auf seine Identität als Zeichner verzichten konnte, sich den Schicht auf Schicht übereinandergelegten Lasuren als alleinigen Trägern seines bildhaften Denkens anvertraute. Nach mehr als 30 Jahren einer durch das Zeichnen geprägten künstlerischen Entwicklung und Identität, wo selbst seine großformatigen Gemälde in wesentlichen Teilen zeichnerische Qualitäten hatten, war dies seine ganz individuelle Erfahrung der

Transformation, des Abschieds von bisheriger künstlerischer Sicherheit: »Das war mein Sprung in die Nacht!« sagt Falken dazu. Die Gitterköpfe sind Bilder von transformativen Grenzerfahrungen, die durch eigene künstlerische Grenzüberschreitungen gewonnen wurden.

Abschließend stelle ich die »Gitterköpfe« neben andere Kunstwerke zu dieser Thematik von drei Künstlern, die von Herbert Falken besonders geschätzt werden. Dieser sicherlich nicht unproblematische Vergleich der Gitterköpfe mit den Übermalungen von Arnulf Rainer (geboren 1929) sowie dem Lebenswerk von Francis Bacon (1909–1993) und Joseph Beuys (1921–1986) verspricht aufschlußreich zu sein.

Johannes vom Kreuz wurde bereits in den sechziger Jahren durch Monsignore Otto Mauer, den Gründer der Galerie Nächst-St. Stephan in Wien, in die Kunstdiskussion um die Übermalungen von Arnulf Rainer eingeführt.[31] Bei Rainer geht es um das Verhüllen bis hin zum Unkenntlich-Machen. Durch die Übermalungen werden die zugrundeliegenden Motive energetisch bis zum Zerspringen aufgeladen, bei weitergehenden Übermalungen verschwinden sie schließlich unter den vor Spannung vibrierenden Farbschichten. Das Aufgeben einer alten Identität mit all den damit verbundenen Kämpfen und Schmerzen scheint in dieser Sichtweise ein das Werk von Rainer durchziehendes Grundthema zu sein; es könnte demnach als um die Séparation und den Beginn der Marge – Abschied vom Tage, beginnende Nacht – zentriert beschrieben werden.

Die Schrecken der Nacht, des Verlustes der alten Identität wie auch das Entsetzen angesichts der Gottesferne sind das Thema der Gemälde von Francis Bacon. Es sind Bilder existentieller Not, Verzweiflung und Zerrissenheit, die das Moment der Hoffnung noch nicht in sich tragen. Bacon als Atheist thematisiert den Tod Gottes.

Im Unterschied dazu wohnt den Werken von Joseph Beuys bei allen Darstellungen von Leid, Krankheit, der dunklen Seite der menschlichen Existenz meist schon ihr

Gegenteil inne, nämlich der Hinweis auf eine ganz andere Welt, auf das Heil, das Heilende:

Ja, der Beuys arbeitet mit Filz, warum arbeitet er nicht mit Farbe? Aber die Leute denken nie soweit, daß sie sagen: Ja, wenn er mit Filz arbeitet, könnte er nicht vielleicht dadurch in uns eine farbige Welt provozieren? Es gibt ja bekanntlich das Phänomen der Komplementarität, wenn ich z. B. in ein rotes Licht sehe und mache die Augen zu, habe ich das Nachbild, und das ist grün, oder umgekehrt, ich schaue in ein grünes und habe als Nachbild das rote. Die Leute sind sehr kurzsichtig mit dieser Argumentation, wenn sie sagen: Der Beuys macht alles so mit Filz, und dann will er etwas aussagen von KZ. Ob ich nicht daran interessiert bin, durch diese Filzelemente, die ganze farbige Welt als Gegenbild im Menschen zu erzeugen, danach fragt keiner. Also: eine lichte Welt, eine klare lichte, unter Umständen eine übersinnliche geistige Welt damit sozusagen zu provozieren, durch eine Sache, die ganz anders aussieht, eben durch ein Gegenbild.[32]

Hier nun, am Ende der Marge – Nacht – wo der neue Tag, die neue Identität aufscheint, schließt sich die Werkgruppe der Gitterköpfe von Herbert Falken an. Falken umkreist immer wieder den Moment vor der Befreiung, die von innen her erkämpft werden muß – und/oder den Moment vor der Befreiung, die von außen geschenkt werden kann. Er konzentriert sich auf die zweite Hälfte bzw. den Ausgang der Marge (bzw. Nacht), auf den Augenblick der Lösung aus der Einengung, den Verspannungen und Kämpfen des nur auf sich selbst fixierten Ich (Selbst).

Es ist der Moment, da Licht bzw. Erlösung (die neue Identität aus der transpersonalen Erfahrung, der Gottes-Erfahrung) aufscheint und doch noch nicht endgültig greifbar ist. Der Aspekt der endgültigen Befreiung kann vielleicht auch gar nicht gemalt (erarbeitet) werden – es ist dasjenige, was dem Strebenden und Ringenden letztlich nur als Geschenk zufallen kann.

Zusammenfassung und Ausblick

Im Zentrum des Buches stehen Erlebnisberichte von spontanen Initiationen heute – Initiationen im religiösen, künstlerischen und psychotherapeutischen Bereich. Diese Berichte waren nicht leicht zu erhalten, zu sehr unterliegen die oft äußerst ungewöhnlich verlaufenden Initiationen in unserer Kultur einer Verleugnung und Verdrängung. Im Rückblick ist nun die Frage zu klären, ob die anfänglich aufgestellten Thesen zu bestätigen waren. Diese Thesen besagten,

– daß Initiationen heute stattfinden, also ein aktuelles Phänomen darstellen, das vergleichbare Elemente zu den Schamaneninitiationen enthält;

– daß Initiationen einen transkulturell gleichbleibenden Ablauf aufweisen, der sowohl Traditionen als auch entsprechenden intrapsychisch verankerten Mustern verpflichtet ist;

– daß beim Versuch, die oft ungewöhnlichen Initiationsphänomene zu verstehen, wir in Grenzbereiche unseres westlichen Wissenschaftsverständnisses gelangen.

In dieser Rückschau werden außerdem die Überlegungen zum therapeutischen Umgang mit den Initiationserlebnissen zusammengefaßt.

Initiationen finden heute statt
Als Ausgangspunkt und Grundlage für eine Analyse der Phänomene der Initiationen dienten die Schamaneninitiationen. Der Schamanismus als »ältester Beruf der Welt« in einer noch nicht arbeitsteilig organisierten Jäger- und Sammlerkultur umfaßt sowohl heilkundlich-psychotherapeutische als auch religiöse und künstlerische Funktionen.

313

In unserer Kultur haben Künstler, Priester, Ärzte und Psychotherapeuten Teilbereiche der ursprünglich schamanischen Funktionen übernommen – insofern gehören diese Berufsgruppen zur »Erbengemeinschaft der Schamanen«. Können folglich auch Phänomene der Schamaneninitiation und Merkmale ihrer Tätigkeit (Séancen) bei Künstlern, Priestern und Psychotherapeuten aufgefunden werden? Tatsächlich lassen sich Grundzüge spontaner Selbst-Initiationen auch bei Vertretern dieser heutigen Berufsgruppen anhand konkreter Beispiele nachweisen. Über die Häufigkeit dieser Phänomene kann aufgrund der anfangs genannten starken Verdrängungs- und Verleugnungstendenzen allerdings derzeit noch keine Aussage gemacht werden. Die Gemeinsamkeiten betreffen das Auftreten körperlicher und/oder seelischer Erkrankungen während des – oft unbewußt ablaufenden – Entscheidungsprozesses für den Beruf, den Ablauf in drei Phasen und das Erscheinen von zunächst schwer erklärlichen Phänomenen, wie Gespräche mit oder Mitteilungen von Geistwesen, außerkörperliche Wahrnehmungen, Gedankenübertragungen, Erwerb von Hilfsgeistern oder Veränderungen des Zeitempfindens. Initiationen stehen nicht immer nur am Beginn einer beruflichen Entscheidung, sie können auch eine wesentliche Veränderung während des Berufslebens einleiten (vgl. z. B. Initiationsberichte von Astrid Feuser und Frau B. M.). Die Verarbeitung der Erlebnisse nimmt oft lange Zeit in Anspruch und erfolgt ganz wesentlich in der Ausübung der beruflichen Tätigkeit selbst. Die berufliche Tätigkeit, sei es als Schamane, sei es als Künstler, Priester oder Psychotherapeut, enthält Grundzüge der ursprünglichen Initiation (vor allem Kontakt mit dem Unbewußten bzw. dem Jenseits, der »anderen Seite«), die auf diese Weise immer wieder neu als bewältigt und zu bewältigend dargestellt wird.

Die Identifizierung heutiger Initiationserlebnisse ermöglicht ein besseres Verständnis der uns sonst so fremd erscheinenden Berichte von den Initiationen der Schamanen.

So hat sich der Blick also zweifach gewendet. Schauten wir erst aus dem Blickwinkel eines heutigen Wissenschaftsverständnisses auf den Schamanismus, so konnten wir in der Rückwendung die zunächst fremdartig erscheinenden Initiationsphänomene auch in unserer Kultur als Erscheinungen entdecken. Aus dieser Erkenntnis heraus war nun wiederum auch den Initiationserlebnissen der Schamanen ein tieferes Verständnis entgegenzubringen.

Die aufgezeigten inhaltlichen und strukturellen Ähnlichkeiten der Schamaneninitiationen zu spontanen Selbst-Initiationen heute führte zu einem Blick auf die Ausbildungsgänge der Künstler, Priester und Psychotherapeuten. Während die Künstler in ihren Kunstakademien noch am ehesten ein institutionalisiertes »extraterritoriales« Gebiet mit hohen Freiheitsgraden haben, weisen die Ausbildungen der Priester und Psychotherapeuten/Psychoanalytiker eine zum Teil so große Rigidität und Regelhaftigkeit auf, daß eher Parallelen zur Pubertätsinitiation mit ihrem die Tradition bewahrenden Charakter in »kalten Kulturen«[1] bestehen als zu den spontanen Selbst-Initiationen der Schamanen.

In der Psychiatrisierung der Initiationsphänomene der Schamanen (»Schamanenkrankheit«, »arktische Hysterie«, »Schizophrenie«) ist sowohl das Unverständnis westlicher Wissenschaftler als gerade auch eine Abwehr und Abwertung des Fremden und (zunächst) Unverständlichen zu erkennen. Mit vergleichbarer Abwehr wird auch heute auf die Initiationserlebnisse reagiert. Sie ist so ausgeprägt, daß die Betroffenen entweder ebenfalls psychiatrisiert werden, also mit entsprechenden Diagnosen belegt oder medikamentös behandelt werden, oder die Betreffenden es vorziehen, über ihre Erlebnisse zu schweigen. Aus diesen Gründen verfügen wir nach wie vor über vergleichsweise wenig Informationen zu diesem Themenkreis.[2] Wir stoßen hier auf einen Bereich »gesellschaftlicher Produktion von Unbewußtheit«, der mit der Verleugnung der Inzestproblematik vergleichbar er-

scheint.[3] In einer naturwissenschaftlich orientierten Weltsicht ist den heutigen mystischen, transpersonalen u. a. Erlebnissen lediglich die »Esoterik-Ecke« reserviert, wo diese
Phänomene ein vom Hauptstrom der wissenschaftlichen
Entwicklung abgekoppeltes Eigenleben führen. Als ein
kleines, aber doch höchst illustratives Beispiel ließ sich dies
an Freuds Vorlesung über »Traum und Okkultismus«[4] mit
seinem Plädoyer für die Gedankenübertragung aufzeigen.
Diese Hinweise sind innerhalb der Psychoanalyse kaum
weiter verfolgt worden, da die meisten Psychoanalytiker
Sorge hatten, durch eine Nähe zum Okkultismus der sowieso lange heftig umstrittenen Psychoanalyse Schaden zu-
zufügen. Dementsprechend fehlen Stichworte wie »Gedankenübertragung« etc. in neueren Lehrbüchern der Psychoanalyse.[5] Den meisten Psychoanalytikern ist diese spezielle
Vorlesung von S. Freud nicht einmal erinnerlich. Da davon
auszugehen ist, daß (fast) alle Psychoanalytiker zumindest
die »Vorlesungen zur Einführung in die Psychoanalyse«
und die »Neue Folge« gelesen haben, kann nur von einer
Verdrängung und Verleugnung dieses Themas gesprochen
werden.

Für die analytische Psychologie nach C. G. Jung ergibt
sich ein durchaus anderes Bild: Immer wieder gehen Jung
und seine Nachfolger und Nachfolgerinnen auf okkulte,
parapsychologische und spirituelle Phänomene ein. Für die
transpersonale Psychologie und Therapie gilt C. G. Jung
daher als Pionier und Klassiker.

In der ethnologischen Literatur finden wir ein zur Psychoanalyse vergleichbares Phänomen der Verdrängung bei
wichtigen Übersichtsarbeiten zum Schamanismus.[6] Das
Hereinrufen der (Hilfs-)Geister in den Schamanen, seine
Besessenheitstrance (in der er »von den Geistern geritten
wird«, die dann z. B. auch durch seinen Mund sprechen),
wurde zugunsten einer Betonung der zentralen Stellung der
Jenseitsreisen in den Konzeptualisierungen der schamanischen Séancen zurückgedrängt. Hier sollte nun offensicht-

lich nicht der Kontakt zum Okkulten, sondern die Gefahr einer nur zu oft vorgenommenen vorschnellen Psychiatrisierung (Besessenheit als vermeintliches Symptom für eine Geisteskrankheit) vermieden werden.[7]

Als Folge der Verleugnung und Verdrängung von Initiationserlebnissen existiert lediglich eine unscharfe Begrifflichkeit: Es wird von Psi-Phänomenen, spirituellen Krisen, schöpferischen Krankheiten oder anderem gesprochen. Die Begriffe überschneiden sich in ihren Bedeutungen, sind jedoch nicht identisch, da sie verschiedenen wissenschaftlichen und weltanschaulichen Konzepten entstammen. Die größte Verbreitung und Akzeptanz hat der in diesem Buch verwendete Begriff der Initiation gefunden, der im Hinblick auf Einführungen in einen neuen sozialen, beruflichen oder privaten Status verwendet wird. Als ein übergeordneter, umfassenderer Begriff kann »transformative Krise« (bzw. »Wandlungskrise« oder auch »Wendekrise«) gelten. Sofern Initiationen unter dem Bild einer Krankheit (z. B. Schamanenkrankheit) verlaufen, habe ich zur Kennzeichnung des Ergebnisses den Begriff »Plusheilung« vorgeschlagen. Damit soll angezeigt werden, daß das nach der Krankheit erreichte Funktionsniveau über die zuvor beobachtbaren Fähigkeiten und Fertigkeiten hinausreicht, es zu einem Zugewinn gekommen ist.

Wenn Initiationsprozesse zur menschlichen Entwicklung gehören, jedoch aus dem rituellen und gesellschaftlichen Lebensvollzug weitgehend ausgeschlossen worden sind, stellt sich natürlich die Frage, wo sie – neben aller Verdrängung und Verleugnung – ihren legitimierten Ausdruck in unserer Gesellschaft gefunden haben. Es ist dies der Bereich der Kunst und in einem größeren Rahmen auch derjenige der Unterhaltung. Als Zuschauer und Zuhörer können wir »aus sicherer Distanz« an der Darstellung von Initiationsverläufen teilhaben.

Künstlerische Darstellungen, die eine Initiationsstruktur aufweisen, können die Verarbeitung eigener Initiationserlebnisse anzeigen, häufiger wird jedoch davon auszugehen sein, daß eine Parallelität zu den Phänomenen der schamanischen Behandlung aufzuzeigen ist; wie vor allem an der Aktion »Coyote« von Joseph Beuys dargestellt wurde, besteht eine Vergleichbarkeit zumeist jedoch nur zum dritten und letzten Teil der schamanischen Behandlung, wenn der Schamane in dramatischer Form von seiner Jenseitsreise berichtet.

Während das Initiationskonzept auf Verlaufsdarstellungen (Romane, Märchen, Performances, Filme etc.) relativ leicht anzuwenden ist, konnte die Tragfähigkeit dieses Konzepts schließlich auch anhand der Interpretation des Bildzyklus »Gitterköpfe« von Herbert Falken aufgezeigt werden.

Die Struktur des Initiationsprozesses

Eine Beschreibung und Analyse spezifischer Erscheinungsformen des Schamanismus, sei es in Asien oder Amerika, sei es in prähistorischer Zeit oder heute, ist primär eine Aufgabe der Ethnologen und Historiker. Aufgrund zahlreicher Vergleiche hat der Ethnologe van Gennep eine transkulturell gleichbleibende Dreischrittigkeit der Initiationsprozese herausgearbeitet. Er beschrieb die rituell festgelegten Abläufe und unterschied eine Séparation (Loslösung vom alten Status), eine Marge (Übergangs- und Wandlungszeit) und eine Agrégation (Einführung in den neuen Status) mit den jeweils entsprechenden Riten der Loslösung, der Wandlung und der Wiederangliederung. Diese zeit- und kulturübergreifende Konzeption ermöglichte erst die in diesem Buch angestellten Vergleiche über kulturelle Unterschiede und zeitliche Differenzen hinweg. Allerdings blieb zunächst eine Schwierigkeit in der Anwendung des Konzeptes von van Gennep bestehen: Die ritualisierten Initiationsverläufe dienten der Wahrung und Tradierung gesellschaftlicher Werte in den »kalten Kulturen« – in den sich schnell entwikkelnden (»heißen«) Kulturen unserer Zeit haben sie dementsprechend an Bedeutung verloren.

Wie aber verlaufen heute Wandlungsprozesse, wenn eine gesellschaftlich vermittelte, rituelle Ausgestaltung fehlt? Die in diesem Buch aufgestellten und an vielen Beispielen belegten Thesen hierzu sind folgende: Die von van Gennep anhand von Ritualen beschriebenen drei Phasen des Initiationsprozesses lassen sich auch auf intrapsychische, individuell ablaufende seelische Prozese beziehen. Nicht nur der äußere Ablauf ist in seinen Grundmustern gleichbleibend, sondern auch der individuelle, intrapsychische. Daß der Ablauf der Initiation einem bestimmten Verlaufsmuster folgt, ist dabei zunächst unbewußt. Hieraus ergibt sich zugleich auch, daß die Phänomene der Initiation nicht nur per Tradition weitergegeben werden, sondern sich jeweils auch spontan und unabhängig von Vorbildern und Vorläufern ausbilden können.

Die Initiationsprozesse zeigen eine Tendenz zur Vervollständigung des Gesamtablaufs, der dreischrittigen Gesamtstruktur also. Ein Zustand, eine Identität etc. kann nicht in eine wesentlich davon unterschiedene andere Struktur überführt werden, ohne daß es zu mehr oder weniger ausgeprägten Umwandlungsprozessen kommt, in denen Zerstörung des alten Zustandes (Phase der Desintegration) und schrittweiser Aufbau des neuen Zustandes (Phase der Neuorganisation) nachzuweisen sind. Besonders eindrucksvoll kann diese Tendenz zur Vervollständigung des Initiationsablaufs für die Entwicklung der Weihnachtsgeschichte und einige Fassungen des christlichen Glaubensbekenntnisses aufgezeigt werden.

Initiationen können, darauf sei auch hingewiesen, wie alle anderen prozeßhaften Abläufe in jedem Stadium scheitern oder zu Kompromißbildungen führen. Auch gehört durchaus nicht jeder veränderte Bewußtseinszustand in das Umfeld einer Initiation.

Aufgrund der vorgelegten transkulturellen Beispiele läßt sich der intrapsychische Ablauf des Initiationsprozesses präziser beschreiben, wobei vor allem die Prozese während des zentralen Abschnittes, der Marge, unsere Aufmerksamkeit auf sich ziehen.

Séparation (Loslösung vom alten Status)
Veränderungen im Sinne von Weiterentwicklungen der Persönlichkeit können von außen aufgezwungen sein (z. B. durch lebensgeschichtliche Ereignisse oder Krankheiten, Familientraditionen) oder als innerlich drängendes Bedürfnis nach Veränderung erlebt werden. Bisherige Sicherheiten entfallen oder sind brüchig geworden, Verhaltensweisen inadäquat, Überzeugungen tragen nicht mehr, das soziale Umfeld und die eigenen Bedürfnisse stimmen immer weniger überein. Ob Schritte in eine neue Richtung probiert werden, hängt nun von vielen Faktoren ab. Einige davon sind:

– Kann auf alte Sicherheiten ganz/teilweise/vorübergehend verzichtet werden?
– Wie wird die eigene Belastungsfähigkeit eingeschätzt?
– Welche Loyalitäten und Verpflichtungen können nicht oder nur unter großen inneren Kämpfen aufgegeben werden?
– Welche Schwierigkeiten werden bei einer Veränderung vorausschauend erwartet?
– Ist das Ziel bekannt (z. B. Übernahme einer Identität als Schamane, Priester, Psychotherapeut) oder unbekannt?

Marge (Übergangs- und Wandlungszeit)
Es scheint sinnvoll, zwei aufeinanderfolgende Phasen der Marge zu unterscheiden: die Phase der Desintegration (Zerstörung des alten Selbst, der alten Identität) und die Phase der Neuorganisation (Aufbau eines neuen Selbst, einer neuen Identität). Die Phänomene dieser beiden (Sub-)Phasen sollen nacheinander kurz dargestellt werden.

Phase der Desintegration in der Marge
In überaus bildhafter Form ist diese Phase bei vielen Schamaneninitiationen als Zerstückelung beschrieben. Der

320

alte (psychische) Körper (das alte Selbst) wird zerrissen, die Knochen werden gesäubert und gezählt. Es geht also um die Auflösung alter Zusammenhänge, alter Abhängigkeiten, alter Beziehungen der Teile zueinander. Diese Desintegration als Vorbedingung der Neuorganisation ist eine Zeit extremer Verunsicherung und (Todes-)Angst. Diese Phase kann als passiv durchlitten erlebt werden und erfordert dann eine Einstellung, die ich als »passiven Mut« bezeichnen möchte: einen Mut, sich dem Geschehen passiv zu überlassen, den Mut, Kontrolle aufzugeben, sich der Führung anderer vorübergehend zu überlassen (den Geistern, den Göttern, den widerstrebenden Selbst-Anteilen oder dem Unbewußten.)

In diesem Zusammenhang ist auch auf den Erwerb der »Hilfsgeister« zu verweisen. Mit dem Verlust der alten Identität und damit partiell auch der alten Loyalitäten und Bindungen wird eine neue, mentale Gemeinschaft immer dringlicher zur Aufrechterhaltung des seelischen Gleichgewichts.

Auf das Zerstückeln folgt häufig ein Zählen der Knochen. Es könnte sich dabei um ein beruhigendes Ritual des Zählens handeln, eher jedoch scheint es eine symbolisch zu verstehende Handlung zu sein: Reicht das (psychische) Material, reicht die Grundsubstanz dieses Menschen aus, um das angestrebte Neue zu verwirklichen? Oder muß noch etwas integriert, entwickelt werden? In der schamanischen Vorstellungswelt muß z. B. für jeden fehlenden Knochen des zukünftigen Schamanen ein Verwandter sterben – dessen Qualitäten, dessen Kraft also integriert werden.

Phase der Neuorganisation in der Marge

Nur wenn die »Zerstückelung« des alten (geistigen) Körpers intensiv erfolgt ist und zudem eine genügend lange Zeitspanne zur Verfügung stand, um das zerfallende Alte und neu Hinzugetretene (vgl. die Öffnung für unbewußte Prozesse) zu ordnen, kann etwas wirklich Neues entstehen.

Stets besteht die Gefahr, daß aus Angst vor der Neuorientierung lediglich eine Zwischenlösung angestrebt oder der alte Zustand wieder hergestellt wird!

Für den Prozeß der Neuorganisation macht es dann natürlich auch einen Unterschied, ob die Neuorganisation entlang kulturell tradierter Leitlinien erfolgen kann (also zum Beispiel in die Identität als Schamane, Priester, Psychotherapeut mündet) oder ob eine ganz eigene Identität herausgebildet werden muß.

Eine gelungene Neuorganisation des Selbst, der Identität, stellt eine stabilisierende Erfahrung dar. Es besteht nun ein tief empfundenes Wissen um die eigene Verletzlichkeit, wie auch die Gewißheit, die Krise überwunden zu haben (»Plusheilung«). Zu Recht weist deshalb Eliade für die Schamanen darauf hin, daß »diejenigen unter ihnen, die krank waren, nur deshalb Schamanen geworden sind, weil es ihnen gelungen ist, gesund zu werden.[8] Es ist gerade diese gelungene Neuorganisation nach der Desintegration, die eine Initiation von den vielen anderen Formen von Krisen unterscheidet. Bei einer gelungen Re-Organisation würde lediglich der alte Zustand wieder hergestellt, bei einer mißlungen Re-Organisation würde das alte Funktionsniveau der Persönlichkeit nicht wieder erreicht werden. Eine mißlungene Neuorganisation entspräche einer Entwicklung fort aus dem sozialen Kontext. Eine gelungene Marge mit ihren beiden Schritten der Desintegration und der Neuorganisation läßt sich vielleicht am besten durch einen Zen-Spruch zusammenfassen: »Wenn du dich auf die Reise begibst, sind die Berge nicht länger Berge und Flüsse keine Flüsse mehr. Wenn du die Reise zu Ende gemacht hast, sind Berge wieder Berge und Flüsse wieder Flüsse.« Etwas prosaischer ausgedrückt: Ein transformativer Prozeß, der den Betroffenen letztlich nicht wieder in die Alltagswirklichkeit zurückführt, kann kaum als gelungen bezeichnet werden.[9] Die Wahrnehmung und die Einstellung zu dieser Alltagswirklichkeit hat jedoch eine ungeahnte Bereicherung erfahren.

Agrégation (Einführung in den neuen Status)

Wo kommt der Initiant an? Oder wenn wir es in einer Analogie zum Wieder-Geburtsprozeß beschreiben: In welche Umwelt hinein wird das Kind geboren – wird es freudig, sehnsuchtsvoll erwartet, oder lediglich mit dem Notwendigsten oder auch gar nicht versorgt? Die Agrégation ist mehr als die ersten beiden Stadien des Prozesses stark interaktionell, auf die soziale Gemeinschaft hin ausgerichtet. Beispiele für eine problematische Agrégation ergeben sich z. B. für Kunststudenten, die die Kunstakademie verlassen und dann eventuell auf einen für sie verschlossenen Kunstmarkt stoßen. Im sozialen Bereich beschrieb van Gennep Rituale der Anpassung und Angliederung. Sie haben – wie der Initiationsprozeß insgesamt – ihre Entsprechung in intrapsychischen und interaktionellen Prozessen. Hier geht es nun darum, sich darzustellen, sich bekanntzumachen, um Anerkennung und Vertrauen zu werben, eigenes Können und eigene Erwartungen mit denen des sozialen Umfeldes abzustimmen – es geht damit also auch um die Gefahr zu scheitern, um entsprechende Ängste, um Kränkungen. Von alltäglichen Beispielen abgesehen (»Praxisschock«) wäre hier auch auf Johannes vom Kreuz zu verweisen, dessen Orden der unbeschuhten Karmeliten ihm oft nur widerwillig, gegen Ende seines Lebens gar nicht mehr zu folgen vermochte. Der Tod bewahrte ihn vor einem drohenden Ausschluß aus der Ordensgemeinschaft.

Möglichkeiten und Grenzen der Interpretation

Bevor mögliche Hypothesen und Interpretationsansätze erörtert werden, sei auf eine prinzipielle Schwierigkeit hingewiesen. Spirituelle Erlebnisse bzw. transformative Krisen allgemein können eine seelisch so tief aufwühlende Kraft entfalten, daß eine kritisch-distanzierte Betrachtungsweise dem Betroffenen nicht möglich ist. Hierin scheinen diese Erlebnisse dem »Ereignis der Liebe« vergleichbar! Liebe mag hormonell und psychodynamisch »erklärbar« sein, alle

Erklärungen bleiben aber vollkommen blaß und wirken unangemessen gegenüber dem Erleben. Diese beobachtbare Tatsache mag es verständlich machen, daß es nur sehr wenig psychoanalytische Literatur zum Thema »Liebe« (nicht zu verwechseln mit Libido) gibt und daß für die Mitteilung spiritueller Erlebnisse, wie in der Liebe, immer wieder auf poetische und andere künstlerische Ausdrucksformen zurückgegriffen wird. Die Intensität des Erlebens mag auch ein Grund dafür sein, daß Initiationserlebnisse nach Jahren noch exakt mit Tag und Stunde erinnert werden können.

Eingedenk der genannten generellen Einschränkungen sollen die nachfolgenden Überlegungen zum Verlauf der Initiation abgegrenzt werden gegenüber den anschließend zu besprechenden Hypothesen zur Interpretation einzelner ungewöhnlicher Phänomene (z. B. Erwerb von Hilfsgeistern, Gotteserfahrungen, Gedankenübertragungen).

Die in diesem Buch vorgestellten Beispiele lassen darauf schließen, daß es eine spezifische Reaktionsbereitschaft der menschlichen Psyche auf psychophysische Belastungen gibt, die das Individuum zu einem grundlegenden Wandel seiner Einstellungen und Handlungen drängen. Diese in den Merkmalen des Ablaufs gleichbleibende Reaktionsform kann im Rahmen der Archetypenlehre von C. G. Jung als »Archetyp der Initiation« bezeichnet werden. Damit ist zumindest bereits festgestellt, daß Initiationsphänomene zwar eine kulturelle Tradition aufweisen, sie aber auch spontan und unabhängig voneinander in ganz verschiedenen kulturellen Zusammenhängen auftreten können. Eine historische Ableitung mag einzelne Ausdrucksformen verständlich machen, sie ist für die Erklärung des Phänomens an sich jedoch nicht notwendig.[10] Der Ablauf der Initiation entspricht einer spezifischen menschlichen Reaktionsbereitschaft. Der Begriff »Archetyp« sagt jedoch nichts über den genauen Ablauf aus.

Mit der Analogie des Initiationsprozesses zu perinatalen

Erlebnissen, hier also zum Ablauf des Geburtsvorgangs aus dem Erleben des Kindes, ergeben sich aufschlußreiche Parallelen, gerade auch hinsichtlich der dramatischen mittleren Phase, der Marge. In bezug auf Schwangerschaft und Geburt hat Stanislav Grof vier perinatale Matrizen herausgearbeitet:[11]

Der mütterliche Uterus, der so lange eine Geborgenheit vermittelte (1. Matrix), ist zu eng geworden, das Fruchtwasser durch die Ausscheidungen des Foetus verunreinigt. Es entsteht ein zunehmendes Mißverhältnis zwischen der Leistungsfähigkeit der mütterlichen Plazenta und den Bedürfnissen des wachsenden Organismus des Kindes (vgl. hierzu die Beschreibung der Séparation!). Mit den Wehen beginnt der Geburtsvorgang (2. Matrix), es ist eine Phase der Bedrohungsgefühle. Der Entwicklungsweg – der Geburtsvorgang – ist vorgezeichnet, aber gefahrvoll, schmerzhaft und potentiell lebensgefährlich (3. Matrix). Der Durchtritt durch den Geburtskanal ist ein Kampf auf Leben und Tod. Den Austritt aus dem Geburtskanal, die Entbindung und unmittelbare Zeit danach bezeichnet Grof als 4. Matrix, als eine Grundlage für (Wieder-)Geburtserlebnisse, Triumphgefühle und Verschmelzungsgefühle mit der neuen Umwelt.

In dieser Betrachtungsweise wird Bezug genommen auf das individuelle Geburtserlebnis. Die Ausarbeitung in vier Matrizen des (Wieder-)Erlebens ist komplexer als eine lediglich archetypische Betrachtungsweise. Allerdings unterliegt die Frage, ob Erinnerungen aus perinataler Zeit in unserem Erleben gespeichert sind, einer ausgedehnten wissenschaftlichen Kontroverse. Selbst innerhalb der Psychoanalyse bezweifeln viele Autoren derartig weit zurückgreifende Erinnerungen. Ausgeschlossen bleibt auch hier der soziale Kontext.

Ein Kind kann sich nicht bewußt entscheiden, kann nicht abwägen – und die Alternative zur Geburt ist immer nur der Tod. In einem Initiationsprozeß, der bereits in der Phase der Séparation angstvoll blockiert wird, ist allerdings oft auch wirklich ein psychosozialer Tod die Folge: So haben zum Beispiel Knaben, die sich in den entsprechenden Kulturen nicht beschneiden lassen, keine Aussicht, später zu heiraten und als erwachsene Mitglieder der Gemeinschaft akzeptiert zu werden. Schamanen, die eine Berufung ablehnen, haben ebenfalls mit schweren Nachteilen, eventuell sogar mit dem Tod zu rechnen. Zumindest aber hat ein Mensch, der seine innere und äußere Entwicklung, aus welchen Gründen auch immer, blockiert, dies mit einer Einschränkung seiner Lebensmöglichkeiten zu bezahlen.

Vor allem aber die Agrégation als wesentlich von sozialen Interaktionen geprägte letzte Phase der Initiation kann nur unzureichend im Rückgriff auf perinatale oder andere intrapsychische Erlebnisse beschrieben werden. Hier hat der Ethnologe van Gennep mit seinem Nachweis der transkulturell gleichbleibenden Dreischrittigkeit, wie sie in den sozialen Ritualen der Loslösung, des Übergangs/der Umwandlung und der Wiederangliederung ihren Niederschlag gefunden haben, eine wertvolle Grundlage erarbeitet.[12] Ich habe in diesem Buch dieses ursprünglich auf soziale, beobachtbare Rituale bezogene Modell als Grundlage auch für die intrapsychisch ablaufenden Prozesse der Initiation genommen. Auf diese Weise entsteht eine Brücke zwischen den oft sich diametral (und unversöhnlich) gegenüberstehenden intrapsychischen und sozialen Betrachtungsweisen.

Schwierigkeiten und Widersprüchlichkeiten der Interpretation ergeben sich, wenn wir diejenigen Phänomene der Marge betrachten, die aus unserem Alltagsbewußtsein und Alltagsverständnis – zumindest der westlichen Zivilisation – herausfallen. Gemeint sind Wahrnehmungen akustischer, optischer und olfaktorischer (dem Geruchssinn betreffender) Art, die in der psychiatrischen Literatur als Halluzinationen klassifiziert werden. Darunter fallen auch die als transpersonal zu bezeichnenden Erlebnisse, bei denen die betreffende Person z. B. über Zeit und Raum hinweg Wahrnehmungen hat, die jenseits der normalpsychologischen und physiologischen Möglichkeiten liegen, z. B. an ein oder mehrere frühere Leben, Wahrnehmung nicht anwesender Personen etc.

In einer psychoanalytischen Sichtweise, die alle seelischen Erscheinungen unter Aspekten der bewußten wie auch unbewußten seelischen Konflikthaftigkeit, der Kompensationsversuche und der Selbstheilung betrachtet, steht zunächst der Aspekt der Abspaltung und/oder Projektion im Vordergrund. Spirituelle Erlebnisse können dann als Selbstheilungsversuche der Seele verstanden werden.

Nachdem psychische Konflikte in ihren neurotischen und psychosomatischen Ausdruck- und Selbstheilungsaspekten weitgehend erkannt und zum Teil auch schon Allgemeinwissen geworden sind, bieten außerkörperliche Erfahrungen, Begegnungen mit Geistwesen etc. ein letztes, von den Psychoanalytikern geradezu gemiedenes Refugium für Projektionen, um sich auf diese Weise von Teilen seelischer Konflikte zu entlasten. Ein unbewußter Konflikt kann z. B. entschärft werden, wenn hinter den lebensgeschichtlichen Verwicklungen, die allenfalls durch »Einsicht« und Bearbeitung zu lösen wären, eine spirituelle Erfahrung auftaucht, die in Art einer »Durchsicht« durch alle individuelle Problemhaftigkeit eine Konfliktlösung anbietet (Modell »Durchsicht statt Einsicht«, vgl. z. B. die Initiationserfahrungen von Eva M. und Michael L.). Wer sich z. B. durch ein intensives spirituelles Erlebnis in Gottes Liebe aufgehoben fühlt, kann auf irdische Bindungen mehr als vorher verzichten (Modell »Innere Bindung statt äußere Abhängigkeit«, vgl. z. B. Initiationserfahrung von Astrid Feuser, Frau B. M., Frau H. L.).

In einer tiefenpsychologischen Begrifflichkeit könnten wir diese Erlebnisse u. a. auch verstehen als Auflösung einengender, entwicklungshemmender Über-Ich- und Ich-Ideal-Strukturen einschließlich einer Loslösung von hemmenden Loyalitätsgefühlen und Identifikationen (vgl. hierzu das Initiationserlebnis von Frau A. B.). Es kommt gleichzeitig zu einer Regression der Ich-Funktionen (Einschränkung der Realitätskontrolle und der Unterscheidung zwischen Ich und Nicht-Ich, auch zu Halluzinationen als Ersatz der Wahrnehmung der äußeren Welt durch übermächtige innere Bilder).

Es stellt sich natürlich auch die Frage, ob unsere (in der westlichen wissenschaftlichen Welt) so rationalen Betrachtungsweisen und Deutungshypothesen ausreichen. In einem integrativen Konzept sind meines Erachtens die folgenden Hypothesen für transpersonale Erlebnisse zu diskutieren. In der Marge als der sensiblen Phase der Umstrukturierung kommt es zu einer Öffnung für unbewußte Prozesse, es intensiviert sich der Kontakt:

- zum persönlichen Unbewußten (z. B. verdrängte oder abgespaltene lebensgeschichtliche Ereignisse und Vorstellungen),
- zu perinatalen Erlebnissen (z. B. eher auf der Ebene der Körperempfindungen gespeicherte Erlebnisse),
- zum kollektiven Unbewußten (z. B. Bilder von Göttern oder Symbole, die nicht dem Wissen oder der Lebensgeschichte des Betreffenden entstammen),
- zum aktuellen transpersonalen Raum (Wahrnehmung von Gegebenheiten außerhalb der direkten sinnlichen Wahrnehmung hier und jetzt, vgl. hierzu das Initiationserlebnis von Frau H. L.),
- zum zeitunabhängigen transpersonalen Raum (z. B. Wiedergeburtserlebnisse, Schau zukünftiger Ereignisse, vgl. hierzu das Initiationserlebnis von Astrid Feuser).

Hier werden nun verschiedene Versionen von den Ursachen und Ursprungsgeschichten (»narrative points of origin«) heutiger Erlebnisse vorgetragen, seien es nun Phänomene der Gedankenübertragung, der Erwerb von Hilfsgeistern oder Jenseitsreisen.

Das persönliche Unbewußte, mit einer gewissen Einschränkung auch als kollektives Unbewußte, sind in unserer

Kultur inzwischen akzeptiert und in den wissenschaftlichen Diskurs aufgenommen. Erinnerungen an perinatale Erlebnisse werden allerdings von vielen bezweifelt. Transpersonale Phänomene werden nachdrücklich bestritten, vor allem, wenn sie sich auf den von mir als zeitunabhängig bezeichneten transpersonalen Raum beziehen. Daß in vielen östlichen Kulturen und Religionen (z. B. Buddhismus) die Wiedergeburt und das Erinnern an vorherige Existenzen als Tatsache gesehen und durch Beispiele dokumentiert wird,[13] bleibt aus dem westlichen wissenschaftlichen Diskurs ausgeschlossen. Wir treffen auch hier wieder auf den Bereich der gesellschaftlichen Produktion von Unbewußtheit, den Bereich der Ausgrenzung und Hypothesen, Forschungsansätzen, auf die Entwertung von uns fremden Erfahrungen.

Es geht hier nun nicht um eine die Kapazität dieses Buches sprengende Diskussion der Überlegungen zu karmischen Mustern, Kundalini-Energie, zur Öffnung der Chakren etc. Es geht vielmehr darum, das Grenzgebiet des westlichen wissenschaftlichen Diskurses aufzuzeigen: Es ist im wesentlichen das gleiche gemiedene Grenzgebiet wie zu Zeiten Freuds.

Initiationen und Psychotherapie

Generell erscheint es hilfreich, Psychotherapie als einen Prozeß der Initiation zu betrachten. Umgekehrt ist aber auch die Frage zu stellen, wie im Rahmen einer Psychotherapie mit spontan aufgetretenen Initiationserlebnissen umgegangen werden kann. Die allgemeine Unkenntnis als Folge der Verleugnung und Verdrängung der Initiationserlebnisse bedingt, daß wir in unserer Kultur keine adäquate, hilfreiche Form des Umgangs mit diesen Phänomenen entwickelt haben. Statt dessen wird stets nur die (berechtigte) Gefahr einer Verschiebung lebensgeschichtlicher Konflikte in einem transpersonalen, spirituellen Bereich gesehen – nicht hingegen die ebenso generell diskutierbare Gefahr der

Verkürzung transpersonaler Einflüsse auf die alleinige Beschäftigung mit der individuellen Lebensgeschichte (zumeist auch noch unter Ausblendung präverbaler/perinataler Erlebnisse).

Wenn bei der Besprechung psychodynamischer Aspekte von »Durchsicht statt Einsicht« und »Innere Bindung statt äußere Abhängigkeit« als seelischen Selbstheilungsversuchen gesprochen wurde, so läßt sich natürlich von einem anderen Standpunkt auch behaupten, es handle sich nicht um Kompensationsversuche, sondern um reale Wahrnehmungen einer anderen als unserer Alltags-Realität.

Typisch für die Interaktion bei Berichten über transpersonale Erlebnisse scheint das Phänomen »Bericht & Blockade« zu sein (vgl. S. 223). Der Berichtende fühlt sich einerseits blockiert, weil er nicht weiß, auf welche Reaktion er trifft, andererseits vermittelt er dem Zuhörer, dieser solle sich auch zurückhalten. Hier wird bereits sichtbar, wie wichtig zunächst das bedingungslose Akzeptieren des Erlebens einer anderen ist. Das hat sowohl ich-stützenden Charakter als auch eine förderliche Wirkung auf den Aufbau der Beziehung.

Wenn Initiationserlebnisse mit ihren in der Marge gelegentlich auftretenden transpersonalen Erlebnissen eine Qualität aufweisen, die dem »Ereignis der Liebe« vergleichbar sind, dann läßt sich hier wie dort daraus ableiten, daß ein emphatisches Zuhören wichtiger ist als jedes Diskutieren, »Erklären« etc., wie zutreffend es im einzelnen auch sein mag. Deutungen im Sinne von Rückführungen auf lebensgeschichtliche Ereignisse sind – zumindest anfänglich – nicht hilfreich. Allenfalls kann das Erlebte »eingebettet« werden in die aktuellen lebensgeschichtlichen Zusammenhänge, ohne dadurch »erklärt« zu werden.

Unabhängig vom tiefgreifenden Initiationserlebnis läßt sich hingegen sehr wohl nach neurotischen, psychosomatischen und psychotischen Reaktionsbereitschaften der Person fragen. Hier ergibt sich eine Konvergenz zwischen transpersonalen, vor allem spirituellen Erlebnissen und herkömmlicher personaler Psychotherapie insofern, als die »neurotische Antwort« (bzw. psychosomatische, psychotische) auf das transpersonale Erleben zu klären wäre (z. B. Panikgefühle, Verleugnungstendenzen, Reaktionsbildungen, körperliche Beschwerden).

Außerhalb gängiger (»anerkannter«) psychotherapeutischer Therapieformen besteht schließlich und endlich die Möglichkeit, die Erlebnisse aktiv herbeizuführen und dadurch an einer Klärung zu arbeiten (z. B. im Rahmen der Meditation und der »holotropen Atemarbeit«).[14]

Die Aussonderung, Leugnung und Entwertung der Erlebnisse in außergewöhnlichen Bewußtseinszuständen, wie sie im Rahmen von Initiationen von prähistorischen Zeiten bis heute zu beobachten sind, verweist auf die bereits genannte gesellschaftliche Produktion von Unbewußtheit in unserer westlichen Zivilisation. Auf dem schmalen Pfad zwischen alles verneinender Skepsis einerseits und schnell jubelnder Leichtgläubigkeit andererseits hat deshalb nach wie vor der Satz von Sigmund Freud zu Beginn seiner 30. Vorlesung Gültigkeit, in welcher er transpersonale Phänomene zur Diskussion stellte:

> Meine Damen und Herren! Wir werden heute einen schmalen Weg gehen, aber der kann uns zu einer weiten Aussicht führen.

Anmerkungen

Initiationen finden heute statt: Drei Thesen zur Einführung

1 Ch. und St. Grof 1991.
2 Ellenberger 1985, S. 611.
3 Kast 1987.
4 van Gennep 1909/1986.
5 Findeisen und Gehrts 1989, S. 9.
6 Unser westliches medizinisches System kennt Heilungen, Defektheilungen, chronische Erkrankungen und letale (tödliche) Ausgänge einer Erkrankung. Daß es durch eine Erkrankung zu einer
   Gesundung kommt, die über den vorherigen Gesundheitszustand
   hinausreicht und neue Fertigkeiten, Kenntnisse etc. umfaßt – was
   dem typischen Verlauf einer Schamanenkrankheit bzw. -initiation
   entspricht –, ist kaum oder gar nicht im westlichen medizinischen
   Denken verankert. Für das Ergebnis des Prozesses schlage ich den
   Begriff »Plusheilung« vor.
7 Waßner 1984, S. 12; vgl. hierzu auch Eliade 1993, Bd. I, S. 27 ff.;
   Ginzburg 1990, S. 207; eine kritische Abwägung s. bei Stolz 1988,
   S. 28 ff.; zur Vielgestaltigkeit der Phänomene schreibt Hoppál
   1994, S. 33, zutreffend: »Naturgemäß sind im Schamanismus Elemente unterschiedlichen Ursprungs miteinander vermischt und
   oftmals nebeneinander vertreten, wie beispielsweise das Kreuz auf
   einem Schamanengrab [...], denn für den Schamanismus ist generell Offenheit charakteristisch, eine Art bedenkloser Synkretis-
   mus.«
8 Walsh 1992, S29 ff.; vgl. aber auch Hoppál 1994, S. 162 ff. »Der
   lebendige Schamanismus«.
9 Vgl. hierzu Drewermann 1990, S. 47–60, S. 703; Fenichel 1977,
   S. 14; Findeisen und Gehrts 1989, S. 22; Lévi-Strauss 1977,
   S. 223–225; Sigerist 1951, S. 161; Walsh 1992, S. 228; Waßner 1984,
   S. 12–13; Wilber 1988, S. 115–116; Zaleski 1993, S. 297 ff.
10 Gennep 1909/1986.
11 Erdheim 1988.

Individuelles Drama und soziale Funktion

1 Findeisen 1957; Hoppál 1994; Hultkrantz 1978, S. 27 ff., Vajda
   1964, S. 265 ff.
2 Zheng 1990, S. 69 und S. 83, Schamaninnen waren z. B. bei den aus
   China stammenden Paiwan häufiger als ihre männlichen Kollegen;
   zum Thema Transsexualismus und Androgynität s. z. B. Andritzky 1990 und Bleibtreu-Ehrenberg 1970.
3 Eliade 1975, S. 14; Streck 1987, S. 309; zur unterschiedlichen Stel-

lung des Begriffs »Schamane« in der englischen und amerikanischen Literatur vgl. Lewis 1983; Hultkrantz 1973, S. 26–28.

4 Dittrich und Scharfetter 1987; für den Schamanismus spricht Bourguignon (1976, S. 46ff.) von der »Kontrollierten Besessenheitstrance«.

5 Jenseitsreisen sind nicht so häufig, wie von Eliade (z. B. 1975) und Pater Wilhelm Schmidt (1931–1955) angenommen. Die tiefe Trance/Ekstase mit Seelenreisen ist »im realen Leben recht selten« (Bogoras 1904/1909, S. 441). Eliade und Schmidt machten die Seelenreisen zum Prüfstein des Schamanismus und negierten andere Formen der Trance/Ekstase, die während der Schamanenrituale auftreten und beschrieben sind. Schon Arbman stellte fest, daß der Schamane während der Séance zwischen Stadien der Halbbewußtheit (er sieht seine Hilfsgeister), tagtraumähnlichen Zuständen und tiefen Trancezuständen hin- und herschwankt (Arbman 1970); oft fehlt die Seelenreise sogar ganz im Ritual (wenn z. B. die Dämonen, Geister oder Hexen sich um das Haus herum aufhalten).
Fast immer ist das Sprechen der Geister durch den Mund des Schamanen bezeugt (Bogoras 1904/1909, S. 430ff.; Shirokogoroff 1935, S. 269ff. und S. 313ff.; Kannisto 1958, S. 424ff.); das Ignorieren der »Besessenheitstrance« durch Schmidt und Eliade (sowie anderen, sich auf diese Autoren beziehenden Wissenschafltern) ist auf den negativ besetzten Begriff »Besessenheit« als ein (vermeintlich ausschließlich) krankhafter Begriff zurückzuführen; vgl. hierzu die Diskussion dieses Begriffes bei Arbman (1970) und Bourguignon (1976) und in der Schamanismusforschung Nepals (Greve 1985; noch unveröffentlichte Dissertation); für die kritischen Hinweise zu Eliade und Schmidt danke ich Herrn Reinhard Greve, Hamburg.

6 Vgl. Lommel 1980, S. 7; Walsh 1992, S. 23.

7 Greve 1989; Hatto 1970; Stolz 1988.

8 Maier 1994; auf die Bedeutung des sozialen Umfelds heutiger Heiler in der Eifel weist Kirfel (1984) hin.

9 Burton-Bradley 1973; Maier 1994; schon der einfache Gang in die Wildnis, z. B. zum Jagen, kann im Erleben der Stammesmitglieder dazu führen, von den Geistern überwältigt zu werden; als kranke Person muß der Betreffende dann den Schamanen aufsuchen (persönliche Mitteilung für Nepal von Herrn R. Greve, Hamburg, vergl. hierzu Greve 1981/1982).
Berichte über psychotische Episoden bei Fernreisen in unserer Kultur s. Nilsson 1966; Kraft 1986, S. 231–236.

10 Der Begriff »Tabu« ist in wissenschaftlicher Sicht problematisch (vgl. hierzu Levi-Strauss 1965). Er entstammt der polynesischen

Religion, hat darüber hinaus jedoch weite Verwendung gefunden. Generell werden spezielle Meidungsgebote (z. B. das Meiden bestimmter Orte und Personen, Heiratsregeln) als Tabu bezeichnet; Ziel ist es, Strafe durch übernatürliche Mächte zu vermeiden. Leichtere Verstöße können gesühnt werden, schwere Verstöße können zum Tod führen.

Der Begriff »Tabu« ist auch in unserer Kultur noch lebendig (z. B. das Inzest-Tabu; Meidungsgebote für Laien, in den Kirchen den Altarbereich zu betreten), allerdings ohne Vorstellungen von den weitreichenden, gar tödlichen Folgen durch übernatürliche Mächte (statt dessen Schuldgefühle und ggf. juristische Folgen). Den Wandlungen des Tabu-Begriffs Rechnung tragend, wird heute eher von jeweils spezifischen Verbotssystemen gesprochen.

11 Vgl. hierzu auch Scharfetter 1980.

12 Scharfetter 1985, S. 88.

13 Findeisen/Gehrts 1989, S. 82 ff. weisen darauf hin, daß die schamanische Weihe eine Zutat darstellt, die nicht notwendigerweise vorhanden sein muß.

14 Findeisen/Gehrts 1989, S. 58.

15 Eine gute Zusammenfassung über die verschiedenen Möglichkeiten findet sich bei Findeisen/Gehrts 1989, S. 46 ff.; vgl. auch Lewis 1983.

16 Findeisen/Gehrts 1989, S. 48 und S. 80.

17 Vgl. z. B. Kakar 1984, S. 105; Lewis 1989; Sharon 1980; s. hierzu auch Erdheim 1988, S. 284 ff und S. 330 ff.

18 Erdheim 1988, S. 290.

19 Van Gennep 1909/1986.

20 Vgl. z. B. Eliade 1988, S. 15 ff.

21 Turner 1964.

22 Vgl. Bettelheim 1982, S. 152 ff.

23 Zitiert nach Bettelheim 1982, S. 152–153.

24 Van Gennep 1909/1986, S. 75.

25 Vgl. hierzu auch Gerteis 1992.

26 Bettelheim 1982, S. 196, s. außerdem S. 178–196.

27 Eliade 1988, S. 83–92.

28 Bettelehim 1982, S. 92 ff.

29 Mahler, Pine und Bergmann 1982.

30 Blos 1983; Erikson 1973; Kernberg 1988, S. 137 ff.

31 Siehe Freud 1912–1913.

32 Bettelheim 1982

33 Balint 1934; vgl. auch Erdheim 1988, S. 284–285.

34 Siehe hierzu Bettelheim 1982, S. 161 ff.; Klosinski 1991.

35 Rasmussen 1926, S. 241–243.

36 Eliade 1988, S. 169–170.
37 Zitiert nach Stolz 1988, S. 49; erste Schilderung bei Lehtisalo 1937.
38 Vgl. Hoppál 1994, S. 31.
39 z. B. Devereux 1974; eine kritische Auseinandersetzung vieler Autoren mit Devereux s. bei Duerr 1987; vgl. auch Haas 1976, S. 36 ff.
40 Vgl. hierzu John G. Kennedy in: Duerr 1987, S. 213; Findeisen/Gehrts 1989, S. 137–151; Walsh 1992, S. 92–139.
41 Walsh 1992, S. 102.
42 Bleibtreu-Ehrenberg 1987, S. 213–214.
43 Vgl. hierzu Walsh 1992, S. 112 ff.
44 Zitiert nach Walsh 1992, S. 116–117.
45 Ellenberger 1985, S. 611.
46 Ch. und St. Grof, 1991.
47 S. hierzu z. B. das »Diagnostic and statistical manual of mental disorders, third edition« – kurz DSM III genannt, hier die Diagnosenummern 300.12 bis 300.15; Deutsche Ausgabe: DSM III, Weltz, Weinheim/Basel 1986.
48 Eine umfassende Beschreibung der multiplen Persönlichkeit findet sich bei Ellenberger 1985, S. 186–209; weitere Darstellungen bei Lipton 1943, Piper 1994; eine kurze Stellungnahme findet sich auch bei Rohde-Dachser 1982, S. 49–50, während diese Phänomene in der übrigen aktuellen psychiatrischen und psychotherapeutisch-/analytischen Literatur gar nicht oder nur am Rand erwähnt werden. Vgl. auch Findeisen 1957, S. 162–196; Staudenmaier 1968; Walsh 1992.
49 Rhode-Dachser 1982, S. 50.
50 Eliade 1988, S. 167.
51 Zier 1987, S. 211.
52 Zitiert nach Duerr 1985, S. 170; vgl. hierzu auch Turner 1989, S. 100–104, der, wenn auch in Hinblick auf die zweite Amtsperson, den Häuptling nämlich, auf die Selbstbeherrschung, auf die Demut des zukünftigen Mächtigen hinweist.
53 Findeisen/Gehrts 1989, S. 49 ff.
54 Rasmussen 1926, S. 372–373.
55 Vgl. Walsh 1992, S. 237; Meck 1980, S. 18 ff.
56 Jung 1991, S. 116.
57 Kannisto 1958, S. 405.
58 Eliade 1988, S. 60; vgl. hierzu auch Andritzki 1990; Bleibtreu-Ehrenberg 1970, S. 221–222.
59 Siehe Hark 1988, S. 25 ff.
60 Siehe Freud 1912–1913, S. 440 ff.
61 Jung 1988, S. 469; vgl. Hark 1988, S. 150–152.
62 Janus 1988, S. 96–97.

63 Arbman 1970; Bourguignon 1976; Noll 1983.
64 Vgl. hierzu Boorstein 1988; Dittrich und Scharfetter 1987; Duer 1985, S. 177 ff.
65 Zitiert nach Watzlawick 1986, S. 98.
66 Vgl. z. B. Stevenson 1986.
67 Ch. und St. Grof 1986.
68 Ch. und St. Grof 1991, z. B. S. 17 und S. 358–370.
69 Ch. und St. Grof 1991, S. 274–303 und 352–370; Walsh 1992, S. 126–128; es ist Walsh sicherlich zuzustimmen, wenn er sagt: »Die Erforschung transpersonaler Krisen steckt noch in den Kinderschuhen« (S. 120).
70 Drewermann 1990, S. 55.
71 Vgl. hierzu auch Walsh 1992, S. 47, S. 254–257.
72 Zitiert nach Behringer 1990; der Ausspruch stammt von Adolf Bastians (1826–1905). Vergleichbare entwertende Aussagen finden sich z. B. bei Ohlmarks 1939, aber auch noch bei Devereux 1974.
73 Soviet Anthropology & Archeology, 28. Jg. (1989), Heft 1; vgl. auch Behringer 1990.
74 Zitiert nach Halifax 1983, S. 16–7.
75 Wie es der in Neu-Delhi praktizierende und über Schamanismus publizierende indische Psychoanalytiker Sudhir Kakar 1984, S. 10–11, so zutreffend schreibt.
76 Vgl. hierzu meine Ausführungen zum sozialen Kontext der Initiationen; s. auch Maier 1994; Parin u. a. 1967.
77 Zur Problematik des Tabubegriffs vgl. Anmerkung 10; s. hierzu z. B. Scharfetter 1985, S. 89; Folgen des Tabubruchs in Afrika s. bei Prins 1987, in Südamerika s. Baer 1987, in Nordamerika s. Rasmussen 1926, Eliade 1975, in Nordostasien s. Schmidt 1931–1955, in Südostasien s. Mukene 1983; vgl. hierzu auch Ellenberger 1985, S. 73–76.
78 Bourguignon 1976, vgl. auch Anmerkung 5.
79 Aus Rasmussen 1929, hier zitiert nach D. und B. Tedlock 1992, S. 39–41.
80 Von Franz 1987, S. 57–58.
81 Siehe hierzu Lewis 1989, S. 47–56.
82 Vgl. hierzu Eliade 1975, S. 210 ff., S. 288 ff.; Ellenberger 1985, S. 26–28, S. 76.
83 Findeisen/Gehrts 1989, S. 84 und S. 81.
84 Vgl. hierzu auch Waßner 1984, S. 54, S. 239–242.
85 Eliade 1975, S. 289.
86 Freud in einem Brief vom 15. Oktober 1897 an Wilhelm Fließ, 1962, –194; vgl. hierzu Nordland 1967; Kakar 1984, S. 294.
87 Jenseitsreisen sind in großer Zahl beschrieben worden, vor allem

Eliade (z. B. 1975, 1988) hat zahlreiche Beispiele aus aller Welt zusammengetragen; Pater Wilhelm Schmidt (1931–1955) gibt detaillierte Berichte aus Zentralasien, Rasmussen (1926, 1929) läßt in seinen Büchern die Eskimo-Schamanen auch selber zu Wort kommen (vgl. auch Anmerkung 5).

88 Vgl. z. B. auch Wilber 1988, S. 14 ff.

89 Lewis 1989, S. 120.

90 Zitiert nach Eliade 1975, S. 213; vgl. auch Rosenbohm 1991.

91 Salk 1973.

92 Vgl. hierzu Kraft 1989, S. 96–97; Fedor-Freybergh 1987; Findeisen/Gehrts 1989, S. 134; Janus 1988, S. 101; Wetzel 1987.

93 Rosenbohm 1991 und Pahnke 1972.

94 Rasmussen 1926, S. 69–73.

95 Zitat bei Jaspers 1926, S. 94; Karl Jaspers weist allerdings als gewissenhafter Wissenschaftler auch darauf hin, daß seine Schizophreniediagnose nicht allgemein geteilt werde, so z. B. auch nicht von dem namhaften Psychiater H. W. Gruhle. Einen – in Abgrenzung zur differenzierten Sichtweise von Jaspers – höchst fragwürdigen »Höhepunkt« erreicht die psychopathologisierende Betrachtungsweise herausragender, ungewöhnlicher künstlerischer, religiöser etc. Leistungen in dem zwölfbändigen Werk von Lange-Eichbaum »Genie, Irrsinn und Ruhm« (1986 u. a.).

96 Siehe hierzu Monroe 1972; Moody 1977, Ritchi und Sherrill 1990; eine hervorragende wissenschaftliche Übersicht bietet Zaleski 1993.

97 Siehe hierzu z. B. Leuner 1970, Ammann 1978; Kraft 1989.

98 Zaleski 1993, S. 187.

99 Vgl. hierzu z. B. auch Duerr 1985, S. 172: »Schnee-Eulen sprechen nicht, wie sie es im Märchen tun, englisch oder deutsch, aber wir können mit Schnee-Eulen kommunizieren, wenn wir – und dabei können uns bewußtseinserweiternde Drogen behilflich sein – die Grenzen zu unserer eigenen ›Tiernatur‹ und damit die Grenzen, die uns von der Schnee-Eule trennen, auflösen.«

100 Vgl. hierzu auch Zaleski 1993, S. 312–313: »Die Frage muß nicht notwendigerweise heißen: ›Was war ich, ehe ich geboren wurde, und was werde ich nach meinem Tode sein?‹, sondern eher: ›Wo stehe ich heute im Verhältnis zum nördlichen, südlichen, östlichen und westlichen Kosmos, dem Gestern und Morgen der Geschichte, den höheren und tieferen Stufen des Bewußtseins?‹ Und es ist durchaus legitim, wenn die Antwort auf diese Frage die verschiedensten Formen annimmt, solange sie uns hilft, unsere Stellung in der sozialen Ordnung mit unserer Stellung in der kosmischen Ordnung in Beziehung zu setzen [...]. Es ist die

religiöse Vorstellungskraft, die Landkarten in den Kosmos und den Kosmos in ein Zuhause verwandeln kann; in der Visionsliteratur wird dies geleistet, indem Führer ausgesandt werden, um weit entfernte Bereiche aufzusuchen und mit Augenzeugenberichten wiederzukehren, die das gegenwärtige Weltbild imaginativ zuordnen. Es sieht so aus, als ob wir ohne solche tatsächliche Erfahrungen widerspiegelnde Berichte in einem säkularisierten Kosmos lebten, den wir nicht verstehen können.«

101 Zitiert nach Eliade 1975, S. 292.
102 Vgl. hierzu auch Boas 1930; Lévi-Strauss 1977, S. 192 ff.; Schmidbauer 1969.
103 Vgl. hierzu Scharfetter 1979, Benedetti 1979.
104 Lévi-Strauss 1977, S. 190 ff.
105 Calancha 1638, hier zitiert nach Charon 1980, S. 18–19; vgl. auch Meek 1980, S. 18 ff.
106 Vgl. hierzu u. a. auch Waßner 1984, S. 23; Walsh 1992, S. 237.
107 Siehe hierzu z. B. Boorstein 1988; Fedor-Freyberg 1987; Ruschmann 1983.
108 Vgl. Harner 1982.
109 Lommel 1980, S. 205.

Das Erbe des Schamanismus

1 Eliade 1988, S. 216.
2 Das Gilgameschepos wird von verschiedenen Verlagen im Programm geführt, z. B. bei Kohlhammer, Stuttgart, und Reclam, Ditzingen.
3 Eliade 1993, Bd. 1, S. 82; erinnert sei in diesem Zusammenhang an die Aufforderung Jesu an seine Jünger im Garten Gethsemane, mit ihm zu wachen; auch sie bestehen diese Prüfung nicht!
4 Siehe Freud 1912–1913, zitiert nach Freud 1974, S. 470; vgl. hierzu Eliade 1993, Bd. 2, S. 249 ff. und C. G. Jung 1988, S. 142.
5 Vgl. hierzu auch Ginzburg 1990, S. 254 ff.; Kirk 1982, S. 122–125.
6 Eliade 1993, Bd. 2, S. 244.
7 Ebenda, S. 141–143, Zitat S. 142.
8 C. G. Jung 1988.
9 Vgl. z. B. Bultmann 1962, Stichwort »Evangelien« in: Gulling 1958.
10 Schmidt 1960, S. 108.
11 Vgl. hierzu Eliade 1988, S. 212–224, vor allem die Beschreibung der syrischen Liturgie, S. 218–219; in der Beschreibung der Initiationsphänomene sehe ich eine andersgestaltete Abfolge als Waßner (1984, S. 20) sie beschreibt.
12 Vgl. hierzu Drewermann 1992, S. 325–345.

13 Vgl. Meek 1980, S. 20–24; in einer Zusammenfassung der Aussagen der Evangelien listet Meek 26 individuelle Heilungen durch Jesus auf, dazu über 20 weitere, zum Teil auf größere Gruppen von Menschen bezogene Heilungen, vgl. Meek 1980, S. 346–349.

14 C. G. Jung 1988, S. 298, verweist auf mehrere Parallelen, z. B. die Fichte des Attis, die Bäume des Mitras, das Hängen des Odin am Baum; er interpretiert den Baum außerdem als Muttersymbol und verweist auf den Ritus der Bestattung in ausgehöhlten Bäumen, also Rückkehr zur Mutter, in den mütterlichen Uterus.

15 Burkert 1972, S. 15–16.

16 Drewermann 1990, S. 59–60.

17 Vgl. z. B. Wallmann 1990.

18 Carlo Caretto 1973, S. 141.

19 Vgl. Lange-Eichbaum 1986 ff.

20 Vgl. z. B. Richter 1970, S. 90 ff.

21 Carlo Caretto 1974, S. 45.

22 Drewermann hat sich darin auch mit spontanen Initiationsphänomenen auseinandergesetzt und auf die Verflechtungen mit der jeweiligen Lebensgeschichte hingewiesen (vgl. auch Grün 1994 und die umfassende Darstellung zu spirituellen Phänomenen bei McGinn u. a. 1993, Ruh 1990). Dieses Buch hat viele Reaktionen hervorgerufen; eine gute Zusammenstellung der Antworten auf Drewermann und seine Thesen findet sich bei Hillenbrand 1990; spontane Initiationserlebnisse spielen jedoch auch hier wieder fast keine Rolle, abgesehen von einige wenige Zeilen umfassenden Erwähnungen, z. B. S. 191–192, S. 221.

Im Beitrag von F. Wulf in: Stenger 1989, S. 11–30, findet sich ein geschichtlicher Überblick zu den Kriterien der Eignung für den Priesterberuf, worin auch zur Frage der Berufung und zu spontanen Initiationserlebnissen mehrfach Stellung genommen wird; dabei wird deutlich, daß im Verlauf der Jahrhunderte der katholischen Kirchengeschichte die äußere Berufung durch die Amtskirche den eindeutigen Vorrang hat. Im weiteren Verlauf des Buches wird den persönlich-individuellen Berufungserlebnissen einerseits und den Berufungen durch die Kirche andererseits der Aspekt einer »Berufung als Interaktion« (S. 122) hinzugefügt: »Die Betrachtung der Identität als Interaktion regt dazu an, dem Aspekt ›Berufung als Interaktion‹ mehr Aufmerksamkeit zu schenken, als das gewöhnlich geschieht. Wenn Diözesen und Ordensgemeinschaften ihren ›Nachwuchsmangel‹ analysieren, sollten sie dabei nicht nur an den ›Zeitgeist‹ denken, der einer solchen Berufswahl im Wege steht, auch nicht nur an die psychische und spirituelle Verfassung potentieller Kandidaten und Kandidatinnen, sondern ebenso an die Beschaffenheit der eigenen Strukturen samt dem dazugehörigen Organisations- und Lebensklima [...]. Die Eignungsfrage im unmittelbaren Sinn des Wortes ist also nicht die einzige, die zu stellen ist, wenn es um die ›Berufe der Kirche‹ geht. Der ›kirchliche und gesellschaftliche Kontext‹ sind für die Eignungsberatung von erheblicher Bedeutung.« Keine näheren Angaben zu den hier in Frage stehenden Themen finden sich bei Krenn und Möde (1990). Im Unterschied zur katholischenKirche spielen tiefgreifende Berufungs- und Initiationserlebnisse, z. B. im Pietismus (vgl. Wallmann 1990) eine wesentliche Rolle.

23 Vgl. hierzu z. B. Krenn und Möde 1990, Stenger 1989.

24 Drewermann 1990, S. 56.

25 Vgl. hierzu auch Boldt 1990, S. 123–124 und S. 133; die jahrzehntelange strikte Ablehnung der Psychoanalyse durch die katholische Kirche, die heute eher einer stillschweigenden Duldung gewichen ist, spricht für die Aktualität des Modells vom »Heiligen Gehorsam«.

26 Eliade 1993, Bd. 2, S. 244.

27 Nikolaus von Kues, zitiert nach Drewermann 1990, S. 750.

28 »96 % aller bildenden Künstler in der BRD und West-Berlin arbeiten als Hilfskräfte in Fremdberufen, leben unter dem Existenzminimum oder vom Geld des Ehegatten, sind resigniert oder ›Sonntagsmaler‹« (Bubenik 1986, S. 128).

29 Zitiert nach Schwegler 1979, ohne Seitenangabe; s. auch Schwegler 1991/1992 und Jochimsen 1975.

30 Vgl. Boldt 1990, S. 90–95; s. hierzu auch die Beschreibung der »Gitterköpfe« von Herbert Falken, die im Zusammenhang mit der Lyrik des Mystikers Johannes vom Kreuz entstanden sind.

31 Die Angabe zu Peter Gilles beruhen auf zahlreichen Gesprächen des Autors mit dem Künstler; Gilles hat der Veröffentlichung zugestimmt. Nähere Angaben zu den künstlerischen Arbeiten von Peter Gilles s. z. B. Gilles 1985 und 1994.

32 Vgl. Kraft 1986, S. 345.

33 Vgl. Fenichel 1980, S. 154 ff.

34 Die folgenden Angaben und Zitate entstammen den Beschreibungen von Schmidt-Wulffen 1985, S. 19–22. Vgl. hierzu auch Nabakowski 1987, S. 105 ff. sowie andere Beiträge im gleichen Katalog des Kunstmuseums Düsseldorf 1987.

35 Persönliche Mitteilung von Prof. Hermann-Josef Kuhna (geboren 1944), der 1964–69 an der Düsseldorfer Kunstakademie studierte und seit 1979 eine Professur für Malerei an der Kunstakademie Münster innehat.

36 Ginzburg 1990, S. 221–251.

37 Adriani u. a. 1973, S. 79.

38 Stachelhaus 1988, S. 77–78.

39 Vgl. hierzu vor allem Goodrow 1991, Graevenitz 1991, Heller 1984 und insbesondere die ausführliche Dissertation von Müller 1993.

40 Zitiert nach Müller 1993, S. 10.

41 Eine umfassende Darstellung mit vielen Zitaten findet sich bei Adriani, Konnertz und Thomas 1973, eine aktualisierte Neuausgabe ist in Vorbereitung. Einen guten Überblick gibt auch Stachelhaus 1988.

42 Theewen 1993, S. 35.

43 Zitiert nach Adriani u. a. 1973, S. 34.

44 Zitiert nach Stachelhaus 1988, S. 64–67, der erstmalig die Übersetzung eines auf holländisch geführten und auf Tonband aufgezeichneten Gespräches publiziert hat, das zwischen Frau van der Grinten und Piet van Dalen geführt wurde; van Dalen ist Direktor des Zeeuws-Museums in Middelburg/Zeeland und führte das Gespräch aus Anlaß der Sonsbeeker-Plastik-Biennale 1971.

45 Zitiert nach Adriani u. a. 1973, S. 34.

46 Govinda (1992, S. 139–146) gibt eindrucksvolle Berichte von tibetanischen Mönchen, die sich einmauern ließen – allerdings um in Weltabgeschiedenheit zu meditieren, zu reifen, einen sozialen Tod zu sterben, nicht etwa, um real zu sterben! Die Zellen der eingemauerten Mönche waren zum Himmel hin zumeist offen und hatten Anschluß an einen kleinen Bach; die Mönche wurden während ihrer oft jahrelangen Abgeschiedenheit durch eine kleine Durchreiche in der Mauer mit Nahrungsmitteln versorgt. Je länger ein Mönch meditierend in seiner Abgeschiedenheit verbrachte, als desto »heiliger« galt er.
Beuys soll sich auch in späteren Jahren nach der zweiten Initiationskrise von Zeit zu Zeit in die Einsamkeit zurückgezogen haben, wo er von niemandem gestört werden konnte, wohl aber von einem Vertrauten mit Nahrungsmitteln versorgt wurde.

47 Zitiert nach Adriani u. a. 1973, S. 12.

48 Zitiert nach Müller 1993, S. 181.

49 Die hier zur Diskussion vorgeschlagene tiefenpsychologische oder auch als psychoanalytisch zu bezeichnende Hypothese hätte letztlich – wie stets – nur in einem intensiven Austausch mit Beuys selber verifiziert werden können. Sie scheint jedoch zumindest plausibel und ermöglicht, eine Verbindung zu ziehen zutiefst persönlichen, aus der Lebensgeschichte stammenden Wunden, Haltungen, Sehnsüchten und den ggf. entsprechenden gesellschaftlichen Zuständen, auf die der Künstler gerade wegen seiner lebensgeschichtlichen Ereignisse so sensibel reagieren konnte.

50 Zitiert nach Schellmann 1992, S. 11–12.

51 Die Aktion »Coyote« (1974) ist als sehr beeindruckende Fotodokumentation von Tisdall 1976 veröffentlicht worden; sie ist außerdem durch einen Film dokumentiert worden. Weitere Angaben finden sich bei Kouni 1990; eine gute Interpretation gibt auch Strauss 1990.

52 Vgl. Schneede 1994, S. 330–353.

53 Tisdall 1976, S. 6.

54 Ebenda, S. 8.

55 Canetti 1980, S. 428.

56 Duerr 1985, S. 1983.

57 Tisdall 1976, S. 10.

58 Eliade 1988, S. 268; Ellenberger 1985, S. 73 ff., S. 765, S. 1180 ff.; Lévi-Strauss 1977, S. 221 ff.; Waßner 1984, S. 19 ff.

59 Ellenberger 1985, S. 609–614.

60 Erdheim 1988, S. 86 ff.

61 Ellenberger 1985, S. 611–612.

62 Vgl. hierzu Jones 1978, Bd. 1, S. 205 und S. 356–359.

63 Ebenda, S. 356–357.

64 Zitiert nach Jones 1978, Bd. 1, S. 358; die Äußerungen von Freud entstammen einem unveröffentlichten Brief vom 6. Dezember 1897.

65 Jones 1978, Bd. 1, S. 359.

66 Brief von Freud an Fließ vom 7. Juli 1897, vor allem aber der Brief vom 14. August 1897, s. bei Freud 1962; vgl. Jones 1978, Bd. 1, S. 358.

67 Siehe hierzu Freud 1962.

68 Eine gute Übersicht über Kohuts Theorien gibt Wiederkehr-Benz 1982; vgl. Kohut 1971, 1977, 1981; die Interpretation des Verhältnisses zwischen Freud und Fließ als das eines Schamanenlehrers (Fließ) zu einem Schamanenlehrling (Freud), die Ellenberger 1985, S. 611 andeutet, erscheint mir wenig zutreffend.

69 Siehe hierzu Freud 1900/1972, S. 126–140; in einem Brief von 12. Juni 1900 schildert Freud seinem Freund Wilhelm Fließ einen späteren Besuch des Ortes, wo er diesen ersten von ihm analysierten Traum hatte, und fragt, ob wohl eines Tages dort eine Marmortafel zu lesen sein werde mit der Aufschrift : »Hier enthüllte sich am 24. Juli 1895 dem Doktor Sigmund Freud das Geheimnis des Traumes«; entscheidende Hinweise zu einer umfassenderen Deutung des Traumes von Irmas Injektion gab Schur 1966; vgl. hierzu auch Clark 1981, S. 171–177 und Ellenberger 1985, S. 607–608.

70 Vgl. hierzu Jones 1978, Bd. 1, S. 359.

71 Zitiert nach Moser 1989.

72 Jaffé 1971, S. 197.

73 Ebenda, S. 174.

74 Ebenda, S. 176–177.

75 Ebenda, S. 177.

76 Ebenda, S. 180; s. hierzu auch die Anmerkung 4 auf dieser Seite.

77 Ebenda, S. 182–183.

78 Ebenda, S. 184.

79 Siehe Fußnote in Ellenberger 1985, S. 898; wenn ich es recht verstehe, wird C. G. Jung in einem Brief von Sabina Spielrein vom Januar 1912 auch als »Siegfried« bezeichnet (Spielrein 1986, S. 246–247).

80 Jaffé 1971, S. 187.

81 Bekannt geworden ist Jungs Liebesbeziehung zu der späteren Psychoanalytikerin Sabina Spielrein (vgl. Spielrein 1986). Die Liebesbeziehung scheint vor der Selbstinitiation – zumindest von Jungs Seite – beendet gewesen zu sein, allerdings bestand ein brieflicher Kontakt fort. Eindrucksvoll ist in diesem Zusammenhang, wie Spielrein in einem Brief vom 27./28. Januar 1918 Jung drängt, die Leistungen Freuds auch für seine Entwicklung anzuerkennen (Spielrein 1986, S. 250–252) – zu einem Zeitpunkt also, als Jung sich innerlich schon sehr weit von Freud entfernt hatte.

Das Ende der Marge datiert Jung gegen Ende des Ersten Weltkrieges: »Zwei Dinge waren es, die dazu beitrugen, die Luft zu klären: Ich brach die Beziehung zu der Dame ab, die mir suggerieren wollte, meine Phantasien hätten künstlerischen Wert. Vor allem fing ich an, meine Mandalazeichnungen zu verstehen. Das war 1918/19.« (Jaffé 1971, S. 198–199). Wer war diese Dame? Meint Jung damit seine Anima, die von Anfang an gesagt hatte, es sei Kunst, was er da tue? Oder ist das endgültige Ende des brieflichen Kontaktes zu Sabina Spielrein gemeint – oder das Ende des Kontaktes zu einer anderen Frau?

82 Jaffé 1971, S. 197–199.

83 Ebenda, S. 196.

84 Den ersten Vortrag zum Themenkreis der Initiation in unserer Kultur hielt ich während der Langeooger Psychotherapiewoche im Juni 1989. Der erste Kurs fand zwei Jahre später ebenfalls in Langeoog statt. Seit 1992 biete ich während der Lindauer Psychotherapiewochen Kurse an, die ich seit 1994 zusammen mit Frau Dr. med. Maria Nevermann (Langenhagen/Hannover) leite. Ich danke den Teilnehmern, die ihr Einverständnis gegeben haben, Teile ihrer Berichte hier nun zu verwenden.

85 Weitere Deutungsmöglichkeiten siehe bei Graf und Bennett 1993. S. 204–208.

86 Daß dieses Erlebnis der Kollegin kein skurriler Einzelfall oder gar unglaubwürdig sei, zeigt eine kurze Notiz im Kölner Stadtanzeiger vom 22. Februar 1993. In der Notiz mit der Überschrift: »Vermißter Patient tot aufgefunden« heißt es: »Ein Patient, der von einem Wiesbadener Krankenhaus vor einer Woche als vermißt gemeldet wurde, ist am Samstag in der Klinik tot aufgefunden worden.Die Polizei teilte gestern mit, die Umstände des mysteriösen Verschwindens und der Tod des Mannes seien klar. Er war nach einer Operation in der Nacht zum 13. Februar verschwunden. Seine Leiche wurde jetzt in einem ›abgelegenen Raum‹ entdeckt.«

87 Vgl. hierzu Siegel 1994.

88 Vgl. hierzu auch Markides 1988.

89 Vgl. hierzu Scharfetter 1994, S. 102 ff.

90 A. Freud 1972.

91 Kernberg sprach 1984 von »dull normals«, also von »dumpfen Durchschnittsbürgern«; Bird (1968) prägte meines Wissens den Begriff »Normopath«, was ungefähr als »krankhaft Gesunder« zu übersetzen wäre; vgl. hierzu auch Cremerius 1987 und A. Freud 1972.

92 Balint 1966, S. 317.

93 Sachs 1930, S. 53.

94 Cremerius 1987, S. 1075 ff.; vgl. außerdem Beland 1985, S. 27; Pollmann 1985, S. 216; Waßner 1984, S. 89 ff.

95 Zitiert nach Cremerius 1987, S. 1087.

96 Thomae und Kächele 1988; bei Moser s. z. B. die Arbeiten von 1974 und 1986.

97 Zitiert nach Jones, Bd. III, S. 351.

98 Vgl. hierzu z. B. Stolz 1988, S. 56; Zylka-Menhorn 1993; Andritzky 1994.

99 Persönliche Mitteilungen von Frau Dr. med. phil. Adelheid Krautschik, Mülheim an der Ruhr.

100 Vgl. hierzu u. a. Harner 1982, Kakar 1984, Walsh 1992, S. 323 ff.; Waßner 1984.

101 Die katholische Kirche hat sich vom Exorzismus generell nicht distanziert.

102 Kakar 1984, S. 11–12.

103 Stern 1985, Bohleber 1989; vgl. auch Walsh 1992, S. 326 und Beck 1981, S. 132 ff.

104 Freud 1912.

105 Vgl. Dittrich und Scharfetter 1987.

106 Vgl.hierzu z. B. Leuner 1981, aber auch die vielen geschilderten Erfahrungen von St. Grof, z. B. Grof 1978, 1988.

107 Zum katathymen Bilderleben s. Leuner 1970, 1985; zur aktiven Imagination nach C. G. Jung s. z. b. Ammann 1978; zur autogenen Imagination als analytisch orientierte Oberstufe des autogenen Trainings s. z. B. Kraft 1989, S. 133–147; zur holotropen Atemarbeit s. Grof 1987, Grof 1991, S. 360–370.

108 Vgl. Janus 1991, S. 42.

109 Eliade 1957, S. 123, hier zitiert nach Waßner 1984, S. 89–90; vergleichbare Ansichten finden sich bei vielen Autoren, z. B. Balint 1966, S. 317; Eliade 1988, S. 268; Henderson 1968, S. 131 ff.; Kakar 1984, S. 94; Lévi-Strauss 1977, S. 216–225; Lewis 1989, S. 18 ff., S. 73.

110 Scharfetter 1979.

111 Ebenda, S. 88.

112 Vgl. Benedetti 1983, S. 204 ff.; Carrington 1988, S. 269 schreibt über die eigene Meditationspraxis der Therapeuten aus den Erfahrungen einer entsprechenden Arbeitsgruppe: »Unsere Offenheit für die spontane Wahrnehmung unbewußter Konflikte hat zugenommen, ebenso unsere Fähigkeit, diese Wahrnehmung dem Patienten mitzuteilen. Ein Kollege stellte beispielsweise fest, daß er während der Meditation oft lebhafte Szenen symbolsicher Natur visualisierte, die sich bei der nachmeditativen Analyse als wertvolle Einsichten in die Psychodynamik des einen oder anderen seiner Patienten erwiesen.«

113 Benedetti 1979.

114 Vgl. hierzu Blarer 1988, Fußnote S. S. 849; Maier (1994) gibt ausführliche Beispiele für seine Gegenübertragungsanalyse.

115 Freud 1962.

116 Vgl. hierzu auch Massing und Wegehaupt 1987; Mertens 1993, Bd. 3, S. 37 ff.

117 Gute Übersichten zur reichhaltigen Literatur über die »projektive Identifizierung« finden sich bei Mertens 1993, Bd. 3, S. 30–37 und S. 64–67, außerdem z. B. bei Ogden 1982; vgl. auch Maier 1994.

118 Vgl. Racker 1968.

119 Bion 1963.

120 Siehe hierzu u. a. Bohleben 1989; Krause 1983, 1993; Stern 1979, 1985.

121 Stern 1979, S. 161.

122 Siehe hierzu Krause 1983, 1993; am eindrucksvollsten hierzu sind jedoch nicht die Publikationen, sondern das Selbsterleben dieser Phänomene in einem Workshop, wie mir dies bei Prof. Krause (Saarbrücken) möglich war.

123 Freud (1932) 1975.

124 Grof 1988, S. 333.

125 Vgl. hierzu Lévi-Strauss 1977, S. 217; Ellenberger 1985, S. 1181–1184.
126 Vgl. hierzu z. B. Waßner 1984, S. 98 und S. 203.
127 Thomä und Kächele 1986, S. 276.
128 Welsch 1987.
129 Zitiert nach Lewis 1989, S. 147 (Anmerkung 15).
130 Jung 1988, S. 13–14.
131 Veröffentlicht von Cremerius 1984, S. 353 ff.
132 Lévi-Strauss 1977, Erdheim 1988.
133 Den Hinweis auf einen Teil dieser Aspekte, besonders den Vergleich zwischen Chile und den USA, verdanke ich einem Vortrag von Otto Kernberg 1988.
134 Thomä und Kächele 1986, S. 357–364.
135 Ellenberger 1985, S. 994,
136 Vgl. hierzu u. a. Franz 1987, S. 55–56; Grof 1988, –375–377; Kopp 1992, S. 26.
137 Siehe hierzu z. B. Thomä und Kächele 1986, S. 13–30, S. 151, S. 369.
138 Welsch 1987, S. 5.
139 Vgl. Karl Menniger: »...manche Patienten haben eine Geisteskrankheit, und dann geht es ihnen besser! Ich meine damit, es geht ihnen besser als je zuvor... Dies ist eine außerordentliche und wenig beachtete Wahrheit.«, zitiert nach Walsh 1992, S. 116–117.
140 Vgl. hierzu u. a. Ch. und St. Grof 1991, S. 159; Walsh 1992, S. 120.
141 Vgl. Beck 1981; z. B. ist die Hysterie im Sinn einer Konversionsneurose, eines der häufigsten Krankheitsbilder zu Zeiten Freuds, heute nur noch selten anzutreffen.
142 »Traum und Okkultismus«, Freud 1932/1975, S. 472 ff.; eine Zusammenfassung der Bedenken gegenüber Freuds Beschäftigung mit diesem Thema s. bei Jones 1978, Bd. III, S. 437 ff. Zu den fehlenden Stichworten in Standardwerken der Psychoanalyse s. z. B. Fenichel 1974, 1977, 1980, Greenson 1975, Laplanche und Pontalis 1977, Loch 1977, Mertens 1983, Thomae und Kächele 1986, 1988, Wyss 1977.
143 Erdheim 1988.
144 Zur Beschäftigung Jungs mit okkulten und anderen Phänomenen s. z. B. Jung 1981 sowie auch die von Aniela Jaffé (1971) herausgegebene Biographie; von den Nachfolgerinnen ist vor allem Marie-Luise von Franz (z. B. 1987) zu nennen.
145 Jung 1991, S. 116.
146 Tart 1986, S. 18.
147 Eine gute und kritische Übersicht hierzu bietet Zaleski 1993.
148 Metzinger 1993.

149 Siehe hierzu Jaffé 1971, vor allem die Kapitel über »Visionen«, »Über das Leben nach dem Tode« und »Späte Gedanken«.

150 Persönliche Mitteilung von Dr. Ludwig Janus, Heidelberg; vgl. auch Janus 1989 und 1991.

151 Siehe die Arbeiten von Grof 1987, Ch. u. St. Grof 1991, daneben auch Wilber 1988, Zundel und Loomans 1994.

152 Ch. und St. Grof 1991, S. 368.

153 Grof 1987; Ch. u. St. Grof 1991, S. 360–370.

154 Zundel und Loomans 1994, S. 314.

155 Vgl. hierzu z. B. Dittrich, Hofmann und Leuner 1993; Foucault 1977; Ch.u. St. Grof 1991; Metzinger 1993, S. 18–19; Pfleiderer 1993; Zaleski 1993.

156 Ch.u. St. Grof 1991, S. 369.

157 Vgl. Kraft 1989, S. 133–162.

158 Überlegungen zur prä- und perinatalen Psychologie stießen in der Vergangenheit auf große Ablehnung; abgesehen von inhaltlichen Fragen mag Ingo S. möglicherweise auch durch diese »Außensei-terposition«, die auch als eine Art Widerstand gegen etablierte Positionen verstanden werden könnte, angezogen gewesen sein.

159 Kraft 1982; Kraft 1986, S. 82–97; die Ausstellung der Kopffüßler-Sammlung fand in den Städtischen Sammlungen der Stadt Lindau/Bodensee im Haus am Cavazzen von 22. März bis 6. Mai 1990 statt unter dem Titel: »Symbole der Wandlung – Die Kopffüßler«.

160 Von einer Namensnennung muß auf Wunsch der Angehörigen abgesehen werden, was ich in diesem Fall bedaure; so muß auch auf Zitate aus seinen Texten verzichtet werden. Gleichwohl habe ich der Familie für zusätzliche Informationen zu danken.

161 Vgl. Tart 1986, S. 11.

162 Tart (1986, S. 164–180) gibt einen ausführlichen Bericht über korrespondierende Träume verschiedener Personen in der gleichen Nacht; diese Angaben, die den hier vorgestellten Mitteilungen vergleichbar erscheinen, sind allerdings weniger präzise; vgl. auch Grof und Bennett 1993, S. 135 ff. und S. 198 ff.

163 Der zum Okkulten eher ablehnend eingestellte Freud-Biograph Jones macht die erstaunliche Feststellung: »[...] die unbestrittene Begünstigung der Telepathie durch den Schlafzustand« (Jones 1978 Bd. III, S. 469).

Das gefesselte Publikum – Beispiele für die Gestaltungen der Initiationsthematik heute

1 Eliade 1988, S. 124; Pietzcker 1978, S. 154.

2 Partenheimer 1988, S. 290; vgl. die im wesentlichen ähnliche Aussage von Schwegler 1979 (Anm. 20 im Kapitel »Kunst und Initiation«).

3 Gehrts 1986; vgl. auch Siutz 1910/1911.
4 Grimm 1812/1814; Perrault 1697; Tieck 1800/1828; vgl. auch die rekonstruierte Urfassung des Märchens bei Delarue 1957; eine gute Übersicht zur Literatur findet sich z. B. bei Ritz 1986.
5 Bettelheim 1987.
6 Kast 1989, S. 24.
7 Vgl. hierzu Zipes 1985, S. 17.
8 Siehe hierzu Fromm 1980, S. 180; Kast 1989, S. 27; kritische Reflektionen zu den psychoanalytischen Interpretationen s. bei Bottigheimer 1989 und Ritz 1986, S. 45 ff.
9 Vgl. Zipes 1985, S. 78.
10 So mußten z. B. Juden einen »Judenhut« tragen, der zum Teil rot gefärbt war; s. Newall 1973, S. 104. Hexen in England trugen in der Vorstellung der Bevölkerung rote Mäntel und eine rote Kappe; s. Addy 1973, S. 70–71; vgl. auch Zipes 1985, S. 93–9; Ginzburg 1990, S. 45. Auch für Leprakranke ist die Vorschrift, eine rote Kappe zu tragen, bekannt. Diese Angaben machen deutlich, daß eine rein psychoanalytische Symboldeutung zu kurz greifen würde.
11 Bettelheim 1982.
12 Der Paar- und Familientherapeut Jürg Willi spricht hierbei von »narzißtischer Kollusion« (Willi 1975, vor allem S. .65–88). Die von den Frauen an die Männer abgetretenen Aggressionen wie auch Größenphantasien müssen von diesen verwirklicht werden, damit sie sich im Glanz seiner Erfolge sonnen kann, er sich im Glanz ihrer bewundernden Augen spiegeln kann.
13 Duerr 1984, S. 101–117.
14 Aymé 1963; Carter 1979; eine Übersicht über weitere Umdichtungen findet sich bei Zipes 1985, S. 72 ff.
15 Informationen zur künstlerischen Arbeit von Peter Gilles s. z. B. Gilles 1985 und 1994.
16 Erstes rezeptionsanalytisches Seminar während der Lindauer Psychotherapiewoche 1989, zweites Seminar an der Hochschule der Künste Berlin im Wintersemester 1989/1990, drittes Seminar an der Kunstakademie Münster im Wintersemester 1992/93; ich danke den Teilnehmern dieser Seminare für ihre anregenden Diskussionbeiträge.
17 Turner 1964.
18 Vgl. Janus 1988.
19 Vgl. Zheng 1990, S. 66.
20 Lommel 1980, S. 205.
21 Kraft 17. Februar 1984 (b).
22 Eine umfassende Werkmonographie veröffentliche Zehnder 1993.

23 Die in wörtlicher Rede wiedergegebenen Angaben von Herbert Falken entstammen einem Gespräch des Künstlers mit dem Autor am 22. März 1994 im Atelier des Künstlers.

24 Johannes vom Kreuz, sämtliche Werke in 5 Bänden, Einsiedeln: Johannes-Verlag 1961–64; erst 27 Jahre nach dem Tod des Mystikers wurden einige seiner Werke gedruckt. Die erste vollständige Ausgabe seiner Schriften erschien 1630 in Madrid. Literaturübersicht über Johannes vom Kreuz s. bei Boldt 1990.

25 Poesie als genuiner Ausdruck mystischer Erfahrung; s. hierzu Boldt 1990, S. 72, S. 94; außerdem Sudbrack 1983, S. 82. Zur Divergenz von mystischer Erfahrung einerseits und den Interessen der Amtskirche andererseits siehe Drewermann 1990, S. 56: »So erreicht man eine Form von Religion, in der das Prophetische, Visionäre, Ekstatische konsequent eliminiert ist zugunsten des Bürokratischen, Administrativen und Konservativen.«

26 Thiele 1988, S. 151 ff.

27 Johannes vom Kreuz, Bd. 2 der Werkausgabe (4. Aufl. 1992), S. 198–201: »Andere ins Geistliche übertragene Lieder«.

28 Zitiert nach Boldt 1990, S. 131.

29 Die Assoziationen erfolgten sicherlich ohne genauere Kenntnisse der Anatomie, erst recht ohne Kenntnis der sich kreuzenden muskulären Spiralsysteme, die ein gitterförmiges Netz der Muskelfasern im Uterus bilden; vgl. Cretius 1967.

30 Einen kritischen und umfassenden Überblick zu den Nah-Todeserlebnissen gibt Zaleski 1993.

31 Otto Mauer über Arnulf Rainer unter bezug auf Johannes vom Kreuz siehe Mauer 1960; vgl. in diesem Zusammenhang auch die Aussage von Ginzburg 1990, S. 269: »[…] alles, was einhüllt, umschließt, einwickelt, wird innerhalb verschiedenartiger Kulturen in irgendeiner Weise mit dem Tod in Verbindung gebracht.«

32 Joseph Beuys, zitiert nach einem Interview mit Schellmann und Klüser 1974.

Zusammenfassung und Ausblick

1 Vgl. hierzu Erdheim 1988.

2 Vgl. hierzu Ch. und St. Grof 1991, S. 159: »Da das Feld der spirituellen Krisen in unserer Kultur relativ neu ist, sind noch nicht viele Daten gesammelt oder Behandlungsmodalitäten erforscht worden«; vgl. auch S. 341–372 mit Angaben zum Umgang mit transformativen Krisen.

3 Erdheim 1988. Der Vergleich mit dem Thema des Inzest drängt sich auf. Inzest war bis vor wenigen Jahren eine gesellschaftlich breit und nachdrücklich verleugnete Realität. Diesem Verleug-

nungsgebot unterwarf sich (unbewußt) auch Sigmund Freud, als er seine ursprüngliche Theorie vom real stattgefundenen Mißbrauch der Kinder als Ursache der Hysterie abänderte und diese Phänomene der Phantasie der Kinder zuschrieb. Da die Psychotherapeuten und Psychoanalytiker diese Verleugnung – weil gesellschaftlich eingebunden – übernahmen, berichteten auch nur wenige Opfer von ihren Erlebnissen, mußten sie doch fürchten, daß ihre realen Erlebnisse zu Produkten ihrer Phantasie umgedeutet wurden! Dies mußte als massive Zurückweisung erlebt werden – also wurde nur andeutungsweise, meist gar nicht von den Inzesterlebnissen berichtet. So blieb das gesellschaftliche Tabu auch dort gewahrt, wo der Ort sein sollte zur Heilung der Tabubrüche.

In einer prinzipiell vergleichbaren Situation befinden wir uns hinsichtlich spiritueller, transpersonaler u. a. zu bezeichnender Phänomene. Sie gelten weiterhin als unwissenschaftlich, als Humbug oder als rein psychopathologische Phänomene, auch wenn in diesem Fall Sigmund Freud selbst, erst recht C. G. Jung und seine Nachfolger, das Tor zur Erforschung dieser Phänomene aufgestoßen haben. (Vgl. hierzu auch Metzinger 1993, S. 18–19.)

4 S. Freud 1932/1975; 30. Vorlesung seiner »Neuen Folge der Vorlesungen zur Einführung in die Psychoanalyse«.

5 Z. B. fehlen Hinweise und Ausführungen zum Phänomen der Gedankenübertragung, die auch praktische Relevanz im therapeutischen Prozeß besitzt (also nicht als therapiefremdes Thema abgetan werden kann – Beispiele s. im Kapitel »Therapie als Initiation«) in psychoanalytischen Standardwerken wie Fenichel 1977; Greeson 1975; Laplanche und Pontalis 1977; Loch 1977; Mertens 1983; Thomä und Kächele 1986 und 1988; Wyss 1977. Zur Sorge der Psychoanalytiker, in zu große Nähe zum Okkultismus zu geraten, s. Jones 1978, Bd. 3, S. 437–473.

Im Unterschied zur Psychoanalyse hat sich die analytische Psychologie nach C. G. Jung umfangreich mit dieser Thematik befaßt; s. z. B. Jung 1991, Jaffé 1971 , Franz 1987.

6 Eliade 1975, Pater Wilhelm Schmidt (1931–1955).

7 Ausführliche Hinweise zur Besessenheitstrance finden sich z. B. bei Bogoras 1904/1909; Shirokogoroff 1935, S. 269 ff. und S. 313 ff.; Kannisto 1958, S. 424 ff.; Friedrich und Buddruss 1955, u. a. S. 231 ff. Vgl. hierzu Anmerkung 6 im Kapitel »Individuelles Drama und soziale Funktion«.

8 Eliade 1988, S. 167.

9 Vgl. hierzu auch Ch. und St. Grof 1991, S. 199–200.

10 Vgl. hierzu auch die Diskussion über Archetypen bei Ginzburg 1990, S. 24 ff. und S. 244 ff.

11 Grof und Bennett 1993, S. 53–119.

12 Van Gennep 1909/1986 beschrieb soziale Riten des Übergangs; Turner 1964 stellte vor allem die Wichtigkeit der Umwandlungsphase heraus, deren Merkmale (Unstrukturiertheit, Ambiguität, Paradoxien) er analysierte. Wenn Schomberg-Scherff (im Nachwort zur deutschen Übersetzung des Buches von van Gennep) nun jedoch schreibt, die Androgynie wie in anderen Zusammenhängen auch die Geschlechtslosigkeit erkläre sich aus der Unstrukturiertheit der Umwandlungsphase und mache psychologisch-tiefenpsychologische Deutungen überflüssig (S. 246–247), so liegt hier eine Verdrehung der Argumentation um 180 Grad vor; es sind gerade die intrapsychisch verankerten Ablaufstrukturen, die auf sozialer Ebene schließlich zu den Riten, Mythen etc. führen bzw. deren Übernahme und Tradierung so leicht möglich machen. Dies wurde in diesem Buch anhand der individuellen spontanen Initiationserlebnisse heute aufgezeigt; sie verlaufen ohne gesellschaftlich tradierte Riten – aber entsprechen ihnen.

13 Vgl. z. B. Stevenson 1986.

14 Ch. und St. Grof 1991, S. 209–222; Zundel und Loomans 1994.

Literatur

Addy, S.O.: *Folk Tales and Superstitions*. London: 1973, E.P. Publishing (Nachdruck einer Ausgabe von 1895).

Adriani, G., Konnertz, W. u. Thomas, K.: *Joseph Beuys*. Köln: Dumont, 1973.

Ammann, A. N.: *Aktive Imagination*. Olten/Freiburg: Walter, 1978.

Andritzky, W.: »Ethnopsychoanalytische Aspekte der Transsexualität.« In: A. Gehling (Hrsg.): *Ethnoreader*. Emsdetten: Gehling-Verlag, 1990.

Andritzky, W.: »Die Muster des Mythos«. In: *Esotera* 2/94, S. 28–33.

Arbman, E.: *Ecstasy or religious Trance. In the experience of the Ecstatic and from the psychological point of View*. 3 Bde. University of Uppsala 1970.

Aymé, M.: »Le loup«. In: *Les contes bleus duchat perché*. Paris: Gallimard, 1963.

Baer, G.: »Peruanische Ayahuasca-Sitzungen.« Schamanen und Heilbehandlungen«. In: A. Dittrich und Chr. Scharfetter (Hrsg.) 1987, S. 70–80.

Balint, M.: Charakteranalyse und Neubeginn. In: *Int. Z. Psychoanal.* 20 (1934), S. 54–63.

Balint, M.: *Der Arzt, sein Patient und die Krankheit*. Stuttgart: Klett, 1965.

Balint, M.: *Die Urformen der Liebe und die Technik der Psychoanalyse*. Bern/Stuttgart: Huber, 1966.

Beck, D.: *Krankheit als Selbstheilung*. Frankfurt: Insel, 1981.

Behringer, W.: »Freier Flug der Phantasie. Glasnost für die Schamanen der Sowjetunion. Die Wiederkehr der alten Mythen.« In: *Frankfurter Allgemeine Zeitung*, 1, August 1990, S. N3–N4.

Beland, H.: »Das Problem der Vorhersagbarkeit von Eignung und Nichteignung bei Psychoanalysen«. In: F. Friedrich u. H. Ferstl (Hrsg.): *Bruchstellen in der Psychoanalyse*. Eschborn: Fachbuchhandlung für Psychologie 1985.

Belgrad, J., Görlich, B., König, H.-D. u. Schmid Noerr, G.: *Zur Idee eienr psychoanalytischen Sozialforschung. Dimensionen szenischen Verstehens*. Frankfurt: Fischer 1987.

Benedetti, G.: *Psychiatrische Aspekte des Schöpferischen und schöpferische Aspekte der Psychiatrie*. Göttingen: Vandenhoeck und Ruprecht 1975.

Benedetti, G.: »Über Meditation in der Psychotherapie«. In: *Psychother. Med. Psychol.* 29 (1979), S. 95.

Bergmann, I.: *Mein Leben*. Hamburg: Hoffmann und Campe 1987.

Bettelheim, B.: *Symbolische Wunden. Pubertätsriten und der Neid des Mannes*. Frankfurt: Fischer 1982 (amerikanische Originalausgabe 1954).

Bettelheim, B.: *Kinder brauchen Märchen*. München: Deutscher Taschenbuch Verlag 10. Aufl. 1987 (amerikanische Erstausgabe 1975).

Beuys, J.: *Zeige deine Wunde (1974–1975, 1976)* München: Schellmann und Klüster 2 Bde., 1980.

Bion, W. R.: *Elements of Psycho-Analysis*. London: Heinemann 1963.

Bird, B.: »On Candidate Selection and its Relation to Analysis«. In: *Int. Psycho. Anal.* 49 (1968), S. 513–526.

Blarer, A. von: »Gewähren und Versagen in der Psychoanalyse eines phallisch-narzißtischen Homosexuellen. Kasuistischer Beitrag zur Charakteranalyse.« In: *Psyche* 42 (1988), S. 849–872.

Bleibtreu-Ehrenberg, G.: »Homosexualität und Transvestition im Schamanismus.« *Anthropos* 65 (1970), S. 190–228.

Bleibtreu-Ehrenberg, G.: »Die Schamanismuskonzeption bei Georges Devereux«. In: Duerr, H.P. (Hrsg.): *Die wilde Seele – Zur Ethnopsychoanalyse von Georges Devereux*. Frankfurt: Suhrkamp 1987, S. 200–219.

Blos, P.: *Adoleszenz*. Stuttgart: Klett-Cotta 3. Aufl. 1983.

Boas, F.: »The religion of the Kwakiutl«. In: *Columbia University Contributions to Anthropology*, Bd. X, New York 1930, Teil II, S. 1–41.

Bogoras, W. G.: »The Chuckchee: Religion«. In: *Memoirs of the American Museum of Natural History* 2 (1907), S. 277–536.

Bogoras, W. G.: *The Chukchee, The Jessup North Pacific Expedition*. Bd. 7 (The American Museum of Natural History, Memoirs). Leiden/New York: E. Brill 1904/1909.

Bohleber, W.: »Neuere Ergebnisse der empirischen Säuglingsforschung und ihre Bedeutung für die Psychoanalyse«. In: *Psyche* 43 (1989), S. 564–571.

Boldt, J.: *Johannes vom Kreuz*. Mainz: Matthias Grunewald Verlag 1990.

Boorstein, S. (Hrsg.): *Transpersonale Psychotherapie*. Bern/München/Wien: Scherz 1988.

Börne, L.: »Die Kunst, in drei Tagen ein Originalschriftsteller zu werden« (1823). In: Ludwig Börne: Werke von 2 Bänden (hrsg. von I. und P. Rippmann). Düsseldorf: Melzer 1964, Bd. I, S. 740–774.

Bottigheimer, R. B.: »Bettelheims Hexe. Die fragwürdige Beziehung zwischen Märchen und Psychoanalyse.« In: *Psychother. med. Psychol.* 39 (1989), S. 294–299.

Bourguignon, E.: *Possession*. San Francisco: Chandler & Sharp 1976.

Bubenik, G.: *Gernot Bubenik* (Katalog der Staatlichen Kunsthalle Berlin) Berlin 1986.

Buchloh, B. H. D.: »Joseph Beuys. Die Götzendämmerung«. In: *Katalog »Brennpunkt Düsseldorf«*. Düsseldorf: Kunstmuseum Düsseldorf 1987, S. 60–77.

Bultmann, R.: *Das Urchristentum im Rahmen der antiken Religionen*. Reinbek: Rowohlt 1962.

Burkert, W.: *Homo necans. Interpretation altgriechischer Opferriten und Mythen*. Berlin und New York: Walter de Gruyter 1972.

Burton-Bradley, B. G.: *Longlong. Transcultural psychiatry in Papua-Neuguinea*. Port Moresby: Public Health Department 1973.

Bystrina, I.: »Das Erbe des Schamanismus in Palästina«. In: H. Kuper (Hrsg.): *Hungrige Geister und rastlose Seelen*. Berlin: Reimer 1991.

Calancha, A. de la: *Crónica Moralizada del Orden de San Augustin en el Peru, con Secusos Ejemplares de Esta Monarquia*. Barcelona 1638.

Canetti, E.: *Masse und Macht*. Frankfurt: Fischer 1980.

Caretto, C.: *Wo der Dornbusch brennt*. Freiburg, Basel, Wien: Herder 1973.

Caretto, C.: *Allein die Liebe zählt*. München: Neue Stadt 1974.

Carrington, P.: »Moderne Formen der Meditation«. In: S. Boorstein (Hrsg.) 1988, S. 251–271.

Carroll, L.: *Alice im Wunderland (1865)*. Frankfurt: Insel 1963.

Carter, A.: »The Company of Wolves«. In: *The bloody chamber*. New York: Harper and Row 1979.

Cremerius, J.: »Freud bei der Arbeit über die Schulter geschaut. Seine Technik im Spiegel von Schülern und Patienten«. In: J. Cremerius: *Vom Handwerk des Psychoanalytikers: Das Werkzeug der psychoanalytischen Technik*. Band 2. Stuttgart/Bad Cannstatt: Frommann-Holzboog 1984, S. 326–363.

Cremerius, J.: »Der Einfluß der Psychoanalyse auf die deutschsprachige Literatur«. In: *Psyche* 41 (1987), S. 39–54.

Cremerius, J.: »Wenn wir als Psychoanalytiker die psychoanalytische Ausbildung organisieren, müssen wir sie psychoanalytisch organisieren!« In: *Psyche* 41 (1987), S. 1067–1096.

Cretius, K.: »Veränderung des mütterlichen Organismus«. In: O. Käser u. a. (Hrsg.): *Gynäkologie und Geburtshilfe*, Bd. II, Stuttgart: Thieme 1967.

Crombach, G.: »Bewußtseinstransformation und Bindungstheorie«. In: Dittrich, A., Hoffmann, A. u. Leuner, H. (Hrsg.): *Welten des Bewußtseins*. Bd. 4: Bedeutung für die Psychotherapie. Berlin: Verlag für Wissenschaft und Bildung 1994, S. 31–44.

Dahmer, H.: »Offener Brief an Frau Dr. Janine Chassegnet-Smirgel (Paris)«. In: *Psyche* 41 (1987), S. 1149–1151.

Delarue, P.: *Le Conte Populaire Français*. Bd. I. Paris: Erasme 1957.

Devereux, G.: *Normal und anormal*. Frankfurt/M.: Suhrkamp 1974.

Diószegi, V.: »Bericht über eine Forschungsreise nach Sibirien«. In: *Soziologicus* 9 (1959), S. 60–66.

Dittrich, A. u. Scharfetter, Ch. (Hrsg.): *Ethnopsychotherapie*. Stuttgart: Enke 1987.

Dittrich, A., Hofmann, A. u. Leuner, H. (Hrsg.): *Welten des Bewußtseins. Band 2: Kulturanthropologische und philo-

sophische Beiträge. Berlin: Verlag für Wissenschaft und Bildung 1993.

Drewermann, E.: *Kleriker – Psychogramm eines Ideals.* Olten/Freiburg: Walter 7. Auf. 1990.

Drewermann, E.: *Das Matthäus-Evangelium – Bilder der Erfüllung.* Bd. I. Olten/Freiburg: Walter 1992.

Duerr, H. P.: *Traumzeit. Über die Grenze zwischen Wildnis und Zivilisation.* Frankfurt: Suhrkamp 1985.

Eco, U.: *Der Name der Rose.* München/Wien: Hanser 1982 (italienische Originalausgabe 1980).

Eisenbud, J.: *Psychologie mit Psi.* Bern/München/Wien: Scherz 1974.

Eliade, M.: *Schamanismus und archaische Ekstasetechnik.* Frankfurt/M.: Suhrkamp 1975.

Eliade, M.: *Das Mysterium der Wiedergeburt. Versuch über einige Initiationstypen.* Frankfurt: Insel 1988.

Eliade, M.: *Geschichte der religiösen Ideen.* Band I–V. Freiburg/Basel/Wien: Herder 1993.

Ellenberger, H. F.: *Die Entdeckung des Unbewußten.* Zürich: Diogenes 1985.

Ende, M.: *Die unendliche Geschichte.* Stuttgart: Thienemann, 1979.

Erdheim, M.: *Die gesellschaftliche Produktion von Unbewußtheit. Eine Einführung in den ethnopsychoanalytischen Prozeß.* Frankfurt/M.: Suhrkamp 2. Aufl. 1988.

Erikson, E. H.: *Kindheit und Gesellschaft.* Stuttgart: Klett 5. Aufl. 1973.

Farb, P.: *Die Indianer – Entwicklung und Vernichtung eines Volkes.* Frankfurt/Berlin: Ullstein 1988.

Fast, I.: »Multiple identities in borderline personality organisation«. In: *British Journal of medical Psychology* 47 (1974), S. 291–300.

Federn, P.: *Ich-Psychologie und die Psychosen.* Bern/Stuttgart: Huber 1956.

Fedor-Freybergh, P. G.(Hrsg.): *Pränatale und perinatale Psychologie und Medizin. Begegnung mit dem Ungeborenen.* Älvsjö /Schweden/München: Saphir 1987.

Fenichel, O.: *Psychoanalytische Neurosenlehre.* 3 Bde. Olten/Freiburg: Walter Bd. I 1974, Bd. II 2. Aufl. 1980, Bd. III 2. Aufl. 1977.

Feuser, A.: *Schmerzeherzen. Arbeiten aus 12 Jahren* (mit Textbeiträgen v. W. Arand, D. Röhnisch u. H. Lampenscherf). Wesel: Städtisches Museum Wesel 1987.

Findeisen, H.: *Schamanentum*. Stuttgart: Kohlhammer 1957.

Findeisen, H. und Gehrts, H.: *Die Schamanen. Jagdhelfer und Ratgeber, Seelenfahrer, Künder und Heiler* (Diederichs Gelbe Reihe Bd. 47). München: Diederichs 3. Aufl. 1993.

Foucault, M.: *Psychologie und Geisteskrankheit*. Frankfurt: Suhrkamp 1977.

Franz, M.-L. von: *Wissen aus der Tiefe. Über Orakel und Synchronizität*. München: Kösel 1987.

Freud, A.: *Schwierigkeiten der Psychoanalyse in Vergangenheit und Gegenwart*. Frankfurt: Fischer 1972.

Freud, S. und Breuer, J.: *Studien über Hysterie (1895)*. Frankfurt/M.: Fischer 1970.

Freud, S.: *Die Traumdeutung (1900)*. Sigmund Freud Studienausgabe Bd. II. Frankfurt: Fischer 3. Aufl. 1972.

Freud, S.: »Psychoanalytische Bemerkungen über einen autobiographisch beschriebenen Fall von Paranoia (Dementia paranoides)« (1911; Nachtrag 1912). In: *Sigmund Freud Studienausgabe* Band 7. Frankfurt/M.: Fischer 1973, S. 133–203.

Freud, S.: »Totem und Tabu. Einige Übereinstimmungen im Seelenleben der Wilden und der Neurotiker« (1912–1913). In: *Sigmund Freud Studienausgabe* Bd. 9. Frankfurt/M.: Fischer 1974, S. 287–444.

Freud, S.: »Der Mann Moses und die monotheistische Religion. Drei Abhandlungen« (1939). In: *Sigmund Freud Studienausgabe* Bd. 9. Frankfurt/M: Fischer 1974, S. 455–581.

Freud, S.: »Ratschläge für den Arzt bei der psychoanalytischen Behandlung« (1912). In: *Sigmund Freud Studienausgabe* Ergänzungsband. Frankfurt/M: Fischer 1975, S. 169–180.

Freud, S.: *Aus den Anfängen der Psychoanalyse 1887–1902. Briefe an Wilhelm Fließ*. Frankfurt/M.: Fischer 1962.

Friedrich, A. u. Buddruss, G. (Hrsg.): *Schamanengeschichten aus Sibirien*. München-Planegg: Barth 1955.

Fromm, E. u. a.: *Zen-Buddhismus und Psychoanalyse*. Frankfurt: Suhrkamp 5. Aufl. 1976 (amerikanische Originalausgabe 1960).

Fromm, E.: *Märchen, Mythen, Träume*. Stuttgart: Deutsche Verlagsanstalt 1980.

Gaiwan, Sh.: *Stell Dir vor*. Reinbek: Rowohlt 1994.

Galling, K. u. a. (Hrsg.): *Die Religion in Geschichte und Gegenwart*. Tübingen: Mohr 3. Aufl. 1958.

Geertz, C.: *Dichte Beschreibung*, Frankfurt: Suhrkamp 1983.

Gehlen, A.: *Urmensch und Spätkultur. Philosophische Ergebnisse und Aussagen*. Frankfurt/M.: Klostermann 4. Aufl. 1977.

Gehrts, H.: »Schamanische Elemente im Zaubermärchen. Ein Überblick.« In: H. Gehrts u. G. Lademann-Priemer (Hrsg.): *Schamanentum und Zaubermärchen*. Kassel: Erich Röth 1986, S. 48–89.

Gennep, A. van: *Übergangsriten*. Frankfurt: Campus 1986 (französische Erstausgabe 1909).

Gerteis, K.: »Zum Wandel von Zeremoniell und Gesellschaftsritualen in der Zeit der Aufklärung«. In: *Aufklärung* 6 (1992); Hamburg: Felix Meiner.

Gilles, P.: *Aktionen, Installationen, Objekte, Zeichnungen* (Katalog des Niederrheinischen Kunstvereins). Wesel 1985.

Gilles, P.: *Stromboli – Selbstporträts* (Katalog des Museums Schloß Morsbroich). Leverkusen 1994.

Ginzburg, C.: *Hexensabbat*. Berlin: Wagenbach 1990.

Goodrow, G. A.: »Joseph Beuys und Schamanismus«. In: V. Harlan, D. Koeplin u. R. Velhagen (Hrsg.): *Joseph Beuys-Tagung, Basel 1.–4. Mai 1991*. Basel: Wiese 1991, S. 96–101.

Govinda, Lama Anagarika: *Der Weg der weißen Wolken*. München: Scherz 13. Aufl. 1992.

Graevenitz, A. von: »Die alten und neuen Initiationsriten. Epiphanie bei Beuys«. In: V. Harlan, D. Koepplin u. R. Velhagen (Hrsg.): *Joseph Beuys-Tagung, Basel 1.–4. Mai 1991*. Basel: Wiese 1991, S. 102–105.

Greenson, R. R.: *Technik und Praxis der Psychoanalyse*. Stuttgart: Klett 1975.

Greve, R.: »A Shaman's Concepts of Illness and Healing Rituals in the Mustang District, Nepal«. In: *Journal of the Nepal Research Centre.* Bd. V/VI 1981/1982, S. 99–124.

Greve, R.: »Shamanic Ekstasy and the Conception of Time«. In: R. I. Heinze (Hrsg.).: *Proceedings of the International Conference on Shamanism.* Berkeley: University of California 1985, S. 157–168.

Greve, R.: »The Shaman and the witch. An analytical approach to shamanic poetry in the Himalayas«. In: M. Hoppal u. O. J. von Sadovszky (Hrsg.): *Shamanism. Past and Present.* 2 Bde. Budapest/Los Angeles: Istor Books 1989, S. 219–223.

Grimm, Gebrüder: *Die Kinder- und Hausmärchen der Gebrüder Grimm (1812/1814).* Lindau: Antiqua-Verlag o. J.

Griscom, Chr.: *Zeit ist eine Illusion.* München: Goldmann 1986.

Grof, C. und St.: »Spiritual emergency. The understanding and treatment of transpersonal crises«. In: *ReVision* 8/2 (1986), S.S. 7–20.

Grof, Chr. und St.: *Die stürmische Suche nach dem Selbst.* München: Kösel 1991.

Grof, St.: *Topographie des Unbewußten. LSD im Dienst der tiefenpsychologischen Forschung.* Stuttgart: Klett-Cotta 1978.

Grof, St.: *Das Abenteuer der Selbstentdeckung.* München: Kösel 1987.

Grof, St.: »Theoretische und empirische Basis der Transpersonalen Psychotherapie. Beobachtung aus der LSD-Forschung«. In: S. Boorstein (Hrsg.) 1988, S. 333–377.

Grof, St. u. Bennett, H.: *Die Welt der Psyche – Neue Erkenntnisse aus Psychologie und Bewußtseinsforschung.* München: Kösel 1993.

Grün, A.: »Spiritualität von unten«. In: Lechler, W. H.: *So kann's mit mir nicht weitergehen! Neubeginn durch spirituelle Erfahrungen in der Therapie.* Stuttgart: Kreuz 1994, S. 151–167.

Haas, J. U.: *Schamanentum und Psychiatrie.* Diss., Freiburg 1976.

Halifax, J.: *Schamanen. Zauberer, Medizinmänner, Heiler.*

Frankfurt/M.: Insel 1983 (engl. Originalausgabe). London: Thames and Hudson 1982.

Hark, H.: *Lexikon Jungscher Grundbegriffe*. Olten und Freiburg: Walter 1988.

Harner, W.: *Der Weg der Schamanen*. Reinbek: Rowohlt 1982.

Hatto, A. T.: *Schamanism and Epic Poetry in Northern Asia*. London: School of Oriental and African Studies, University of London 1970.

Heller, M.: »Schamanismus und Gegenwartskunst. Vom Schillern der fremden Federn«. In: Kunstnachrichten 1, Januar 1984, S. 10–20.

Henderson,J. L.: »Der moderne Mensch und die Mythen«. In: C. G. Jung u. a.: *Der Mensch und seine Symbole*. Olten: Walter 1968, S. 106–157.

Hillenbrand, K. (Hrsg.): *Priester heute. Anfragen, Aufgaben, Anregungen*. Würzburg: Echter 1990.

Hochheimer, W.: »Die Rolle des Unbewußten im zwischenmenschlichen Verhalten«. In: *Psyche* 7 (1953) S. 161–184.

Hochheimer, W.: *Tiefenpsychologie und kritische Anthropologie* (hrsg. v. Reinhart Wolff). 2 Bde. Frankfurt/M.: Stroemfeld/Roter Stern 1986.

Hofmann, W.: »Die Wiener Aktionisten«. In: *Kunstforum* 89(1987), S. 205.

Hoppál, M.: *Schamanen und Schamanismus*. Augsburg: Pattloch 1994.

Hultkrantz, A.: »A Definition of Schamanism«. In: *Temenos*, Bd. 6, Helsinki 1973, S. 25–37.

Hultkrantz, A.: »Ecological and Phenomenological Aspects of Schamanism«. In: V. Diószegi u. M. Hoppál (Hrsg.): *Schamanism in Siberia*. Budapest: Akademie Kiadó 1978, S. 27–58.

Jaffé, A. (Hrsg.): *Erinnerungen, Träume, Gedanken von C. G. Jung*. Olten: Walter 1971.

Janus, L.: »Die Funktion von Phantasien des Schreckens, des Grauens und der Qual in der Psychodynamik der Bewußtseinsentwicklung der Menschheit«. In: J. Cremerius u. a. (Hrsg.): *Masochismus in der Literatur. Freiburger literaturpsychologische Gespräche*, Bd. 7. Würzburg: Königshausen und Neumann 1988, S. 96–126.

Janus, L.: *Die Psychoanalyse der vorgeburtlichen Lebenszeit und der Geburt*. Pfaffenweiler: Centaurus 1989.

Janus, L. (Hrsg.).: *Die kulturelle Verarbeitung pränataler und perinatalen Erlebens*. Heidelberg: Textstudio Gross 1991.

Jaspers, K.: *Strindberg und van Gogh. Versuch einer pathographischen Analyse unter vergleichender Heranziehung von Swedenborg und Hölderlin*. Berlin: Springer 2. Aufl. 1926.

Jochimsen,M.: »Jubel in Effesch«. In: *Magazin Kunst* 1/1975, S. 83–84.

Johannes vom Kreuz: *Sämtliche Werke in fünf Bänden*. Einsiedeln: Johannes 1961–1964.

Jones, E.: *Das Leben und Werk von Sigmund Freud*. Bd. I bis III. Bern/Stuttgart/Wien: Huber 2. Aufl. 1978.

Jung, C. G.: *PsychologischeTypen* (1921). Gesammelte Werke Band VI. Olten/Freiburg: Walter 5. Aufl. 1988.

Jung, C. G.: *Symbole der Wandlung*. Gesammelte Werke (Bd. 5). Olten/Freiburg: Walter 5. Aufl. 1988.

Jung, C. G.: *Synchronizität, Akausalität und Okkultismus*. München: Deutscher Taschenbuch Verlag 2. Aufl. 1991.

Jung, C. G. u. Wilhelm, R.: *Das Geheimnis der Goldenen Blüte. Ein chinesisches Lebensbuch*. Olten/Freiburg: Walter 19. Aufl. 1992.

Kakar, S.: *Schamanen, Heilige und Ärzte. Psychotherapie und traditionelle indische Heilkunst*. München: Biederstein 1984.

Kannisto, A.: *Materialien zur Mythologie der Wogulen* (Memoirs de la Societe Finno-ougrienne, No. 113). Helsinki 1958.

Kant, I.: *Träume eines Geistersehers, erläutert durch Träume der Metaphysik* (1766). Werke Bd. II: Vorkritische Schriften bis 1768. Wiesbaden: Insel 1960.

Kast, V.: *Der schöpferische Sprung. Vom therapeutischen Umgang mit Krisen*. Olten/Freiburg: Walter 1987.

Kast, V.: *Märchen als Therapie*. München: Deutscher Taschenbuchverlag 1989.

Kernberg, O.: *Borderline. Störungen und pathologischer Narzißmus*. Frankfurt/M.: Suhrkamp 4. Aufl. 1980.

Kernberg, O.: »Veränderungen in der Natur der psychoanalytischen Ausbildung, ihrer Struktur und ihrer Standards«. In: R. S. Wallerstein (Hrsg.): *Veränderungen bei Analytikern und in der Analytikerausbildung.* Schriftenreihe der Internationalen psychoanalytsichen Vereinigung, Bd. 4. 1984, S. 59–65.

Kernberg, O.: *Ideologie und Konvention. Probleme des Therapeuten mit den Liebesbeziehungen seiner Patienten.* Vortrag während der 17. Norddeutschen Psychotherapie-Tage, Lübeck 12. 10. 1988.

Kiesler, D.: »Die Mythen der Psychotherapieforschung und ein Ansatz für ein neues Forschungsparadigma«. In: F. Petermann (Hrsg.): *Psychotherapieforschung. Ein Überblick über Ansätze, Forschungsergebnisse und methodische Probleme.* Weinheim/Basel 1977.

Kirfel, B.: Heilkundige in der Eifel. In: *Curare* 7 (1984), S. 239–258.

Kirk, G. St.: *Griechische Mythen. Ihre Bedeutung und Funktion.* Darmstadt: Wissenschaftliche Buchgesellschaft 1982.

Klosinksi, G. (Hrsg.): *Pubertätsriten. Äquivalente und Defizite in unserer Gesellschaft.* Bern/Stuttgart/Toronto: Huber 1991.

Kohut, H.: *Narzißmus. Eine Theorie der psychoanalytischen Behandlung narzißtischer Persönlichkeitsstörungen.* Frankfurt: Suhrkamp 1973 (amerikanische Originalausgabe 1971).

Kohut, H.: *Introspektion, Empathie und Psychoanalyse.* Frankfurt/M.: Suhrkamp 1977.

Kohut, H.: *Die Heilung des Selbst.* Frankfurt/M.: Suhrkamp 1981.

Kopp, S. B.: *Triffst Du Buddha unterwegs... Psychotherapie und Selbsterfahrung.*Frankfurt/M.: Fischer 1992.

Kraepelin. E.: »Hundert Jahre Psychiatrie«. In: *Zeitschrift für die gesamte Neurologie und Psychiatrie* 38 (1918), S. 161–275.

Kraft, H.: »Re-Integration des Kollektiv-Verdrängten. Mark Prents Ästhetik des Häßlichen in medizinischer und sozialpsychologischer Sicht«. In: *Confina Psychiatrica* 23 (1980), S. 356–50.

Kraft, H.: *Die Kopffüßler. Eine transkulturelle Studie zur Psychologie und Psychopathologie der bildnerischen Gestaltung.* Stuttgart: Hippokrates 1982.

Kraft, H. (Hrsg.).: *Psychoanalyse, Kunst und Kreativität heute. Die Entwicklung der analytischen Kunstpsychologie seit Freud.* Köln: DuMont 1984 [= Kraft 1984a].

Kraft, H.: »Realität und Wiedergeburtsphantasie. Performance, Zeichnung, Malerei von Peter Gilles«. In: *Deutsches Ärzteblatt* 81 (1984), 17. 2. 1984 [= Kraft 1984 b].

Kraft, H.: *Grenzgänger zwischen Kunst und Psychiatrie.* Köln: DuMont 1986.

Kraft, H.: *Autogenes Training. Methodik, Didaktik und Psychodynamik.* Stuttgart: Hippokrates 1989.

Kraft, H.: »Die Rituale der Initiation in Schamanismus und Psychotherapie/Psychoanalyse«. In: *Praxis der Psychotherapie und Psychosomatik* 35 (1990), S. 254–262.

Krause, R.: »Zur Onto- und Phylogenese des Affektsystems und ihrer Beziehungen zu psychischen Störungen«. In: *Psyche* 37 (1983), S. 1016–1043.

Krause, R.: »Über das Verhältnis von Trieb und Affekt am Beispiel des perversen Aktes«. In: *Forum der Psychoanalyse* 9 (1993), S. 187–197.

Krenn, J. u. Möde, E.: *Priesterausbildung und Tiefenpsychologie.* München: Edition Psychosymbolik 1990.

Kultermann,U.: *Leben und Kunst.*Tübingen 1970.

Kuoni, C. (Hrsg.): *Joseph Beuys in America. Writings by an interview with the artist.* New York: Four walls eight windows 1990.

Lange-Eichbaum, W.: Genie, Irrsinn und Ruhm (12 Bde; spätere Bearbeitungen von Kurth und Ritter), München/ Basel: Reinhardt 1986 ff.

Laplanche, J. u. Pontalis, J.-B.: *Das Vokabular der Psychoanalyse.* Bd. I und II. Frankfurt/M.: Suhrkamp 3. Aufl. 1977.

Leadbeater, C. W.: *Die Chakras.* Freiburg: Hermann Bauer 7. Aufl. 1987.

Lehtisalo, T.: »Der Tod und die Wiedergeburt des künftigen Schamanen«. In: *Journal de la Societé Finno-Ougrienne* Bd. XLVIII, Helsinki 1937, S. 1–34.

Leuner,H.: *Katathymes Bilderleben*. Stuttgart: Thieme 1970.

Leuner, H.: *Halluzinogene. Psychische Grenzzustände in Forschung und Psychotherapie*. Bern/Stuttgart/Wien: Huber 1981.

Leuner, H.: *Lehrbuch des Katathymen Bilderlebens*. Bern/Stuttgart/Toronto: Huber 1985.

Levi-Strauss: *Das Ende des Totemismus*. Frankfurt/M.: Suhrkamp 1965.

Levi-Strauss: *Strukturale Anthropologie I*. Frankfurt/M.: Suhrkamp 1977.

Lewis, I. M.: »Die Berufung des Schamanen«. In: H.-P. Duerr (Hrsg.): *Sehnsucht nach dem Ursprung*. Frankfurt/M.: Syndikat 1983, S. 174–191.

Lewis, I. M.: *Schamanen, Hexer, Kannibalen. Die Realität des Religiösen*. Frankfurt/M.: Athenäum 1989.

Lipton, S.: »Dissociated Personality. A Case Report«. In: *Psychiatrie Quarterly* 17 (1943), S. 36–56.

Loch, W.: *Die Krankheitslehre der Psychoanalyse*. Stuttgart: Hirzel 1977.

Lommel, A.: *Schamanen und Medizinmänner*. München: Callwey 2. Aufl. 1980.

Lorenzer, A. (Hrsg.): *Kultur-Analysen*. Frankfurt/M.: Fischer 1986.

Mahler, M. S., Pine, F. u. Bergmann, A.: *Die psychische Geburt des Menschen*. Frankfurt/M.: Fischer 2. Aufl. 1988.

Maier, Ch.: »Die analytische Beziehung im Wechselspiel von Containing und Deutung«. Vortrag auf der deutschsprachigen Tagung der Gesellschaften für analytische Psychologie, Wien 8. 10. 1994; In: *Analytische Psychologie*, 1995 (in Vorbereitung).

Maier, Ch.: *Zur Objektsehnsucht des Psychotikers* (Unveröffentlichtes Manuskript 1994).

Markides, K. C.: *Der Magus von Strovolos. Die faszinierende Welt eines spirituellen Heilers*. München: Knaur 1988.

Massing, A. u. Wegehaupt, H.: »Der verführerische und verführte Analytiker. Bemerkungen zur sexuellen Gegenübertragung«. In: A. Massing u. I. Weber (Hrsg.): *Lust und Leid. Sexualität im Alltag und alltägliche Sexualität*. Berlin/Heidelberg/NewYork: Springer 1987, S. 55–78.

Mauer, O.: »Die Übermalungen von Arnulf Rainer«. In: L. Chardon (Hrsg.): *Kreuz und Nacht*. Basel 1960.

McGinn, B., Meyendorff, J. u. Leclerg, J. (Hrsg.): *Geschichte der christlichen Spiritualität*. Bd. 1. Würzburg: Echter 1993.

Meek, G. W. (Hrsg.): *Heiler und der Heilprozeß*. München: Hirthammer 1980.

Mertens, W. (Hrsg.): *Psychoanalyse. Ein Handbuch in Schlüsselbegriffen*. München: Urban & Schwarzenberg 1983.

Mertens, W.: *Einführung in die psychoanalytische Therapie*. 3 Bde. Stuttgart/Berlin/Köln: Kohlhammer 2. Auf. 1993.

Metzinger, Th.: »Mentale Repräsentation, Phantomglieder und halluzinierte Selbste. Die Phänomenologie außerkörperlicher Erfahrungen aus der Perspektive einer am Modell der Informationsverarbeitung orientierten Theorie des Geistes«. In: A. Dittrich, A. Hoffmann u. H. Leuner (Hrsg.) 1993, S. 13–35.

Meyer, A.-E.: »Wie fanden Sie zu Freud? Oder: Individuation – Separation von einem Gründervater«. In: *Psyche* 42 (1988) S. 904–914.

Monroe, R.: *Der Mann mit den zwei Leben. Die seltsamen Exkursionen des Mr. Monroe*. Düsseldorf 1972.

Moody, R. A.: *Leben nach dem Tod*. Reinbek: Rowohlt 1977.

Moser, T.: *Lehrjahre auf der Couch*. Frankfurt/M.: Suhrkamp 1974.

Moser, T.: *Das erste Jahr*. Frankfurt/M.: Suhrkamp 2. Aufl. 1986.

Moser, T.: »Als Therapeut war Freud kein Freudianer«. In: *Frankfurter Allgemeine Zeitung*, 16. 9. 1989.

Müller, M.: *Wie man dem toten Hasen die Bilder erklärt. Schamanismus und Erkenntnis im Werk von Joseph Beuys*. Alfter bei Köln: Verlag und Datenbank für Geisteswissenschaften 1993.

Muensterberger, W.: »Eine transkulturelle Analyse«. In: *Psyche* 36 (1982) S. 865–887.

Mukene, P.: *Approche traditionelle des maladies mentales à Burundi: Conception et therapie* (Forschungsbericht Nr. 42 des Psychologischen Institutes der Universität Fribourg/Schweiz). Fribourg 1983.

Murken, A.H.: *Joseph Beuys und die Medizin*. Münster: Coppenrath, 1979.

Nabakowski, G.: »Erinnerungen an die Jahre 1966 bis 1971 mit und um Joseph Beuys«. In: *Brennpunkt Düsseldorf*. Düsseldorf: Kunstmuseum Düsseldorf 1987, S. 101–107.

Newall, V. (Hrsg.): *The Witch Figure*. London: Routledge and Kegan Paul 1973.

Nilsson, L.: »Über Reisepsychosen«. In: *Nervenarzt* 37 (1966), S. 310–313.

Noll, R.: »Schamanism and schizophrenia. A state-specific approach to the schizophrenia metaphor of shamanic states«. In: *American Ethnologist*, Bd. 10, No. 3, 183, S. 443–459.

Ogden, T.: *Projective Identification and Psychotherapeutic Technique*. New York: Jason Aronson 1982.

Ohlmarks, A.: *Studien zum Problem des Schamanismus*. Kopenhagen 1939.

Oppitz, M.: »Wie heilt der Heiler? Schamanische Praxis im Himalaya«. In: *Psychother. Psychosom. med. Psychol.* 43 (1993), S. 387–395.

Pahnke, W.N.: »Drogen und Mystik«. In: M. Josuttis u. H. Leuner (Hrsg.): *Religion und die Droge*. Stuttgart: Kohlhammer 1972.

Parin, P., Morgenthaler, W. u. Parin Matthey, G.: *Die Weißen denken zuviel*. Stuttgart: Geist und Psyche 1967.

Parin, P.: *Der Widerspruch im Subjekt. Ethnopsychoanalytische Studien*. Frankfurt/M.: Syndikat 1978.

Partenheimer, J.: *Jürgen Partenheimer. Linolschnitte und Bücher* (Katalog Rathaus Reutlingen). Reutlingen 1988.

Perrault, Ch.: »Le petit Chaperon Rouge«. In: *Histoires on Centes du Temps passé*. Paris: Fleuron 1697.

Perry, J.: »Spirituale emergency and renewal«. In: *ReVision* 8/2 (1986), S. 33–40.

Peter, U.-H.: *Wörterbuch der Psychiatrie und medizinischen Psychologie*. München: Urban und Schwarzenberg 2. Aufl. 1977.

Pfister, O.: »Instinctive Psychoanalysis Among the Navahos«. In: *Journal of Nervous and Mental Disease* 76 (1932), S. 234–254.

Pfleiderer, B.: »Der ethnographische Blick auf Ergriffenheit und Trance. Zum Diskurs der Ausgrenzung und Wiederkehr«. In: A. Dittrich, A. Hofmann u. H. Leuner (Hrsg.) 1993, S. 139–151.

Pietzcker, C.: »Zur Psychoanalyse der literarischen Form«. In: S. Goeppert (Hrsg.): *Perspektiven psychoanalytischer Literaturkritik.* Freiburg: Rombach 1978, S. 124–157.

Piper, A.: »Multiple Personality Disorder«. In: *British Journal of Psychiatry* 164 (1994) S. 600–612.

Pochat, G.: *Geschichte der Ästhetik und Kunsttheorie.* Köln: DuMont 1986.

Pollmann, A.: *Die Zulassung zur psychoanalytischen Ausbildung.* Göttingen: Vandenhoeck und Ruprecht 1985.

Prins, M.: »Tabernathe iboga, die vielseitige Droge Äquatorial-Westafrikas. Divination, Initiation und Besessenheit bei den Mitsogho in Gabun.« In: A. Dittrich u. Chr. Scharfetter (Hrsg.) 1987, S. 53–69.

Racker, H.: *Transference and Countertransference.* New York: Int. University Press 1968.

Radloff, W.: *Aus Sibirien.* 2 Bde. Leipzig: 1884.

Rasmussen, K.: *Rasmussens Thulefahrt – zwei Jahre im Schlitten durch unerforschtes Eskimoland.* Frankfurt/M.: Frankfurter Societäts-Druckerei 1926.

Rasmussen, K.: *Intellektual Culture of the Iglulik Eskimos. (Report of the Fifth Expedition, 1921–1924)* Bd. VII, Nr. 1 Kopenhagen: Gyldendalske Boghandel, Nordisk Forlage 1929.

Reik, Th.: »Die Pubertätsriten der Wilden«. In: Th. Reik: *Das Ritual.* Leipzig/Wien: Psychoanalytischer Verlag, 1919.

Richter, H. E.: *Patient Familie.* Reinbek: Rowohlt 1970.

Ritchie, G. u. Sherrill, E.: *Rückkehr von morgen.* Marburg: Larmann 1990.

Ritz, H.: *Die Geschichte vom Rotkäppchen.* München: Heyne 2. Aufl. 1986.

Rocoeur, P.: *Die Interpretation. Ein Versuch über Freud.* Frankfurt/M.: 1969.

Rodin, E. A.: »The Reality of Death Experiences. A Personal Perspective«. In: *The Journal of Nervous and Mental Disease* 168 (Mai 1980) S. 259–263.

Rohde-Dachser, Chr.: *Das Borderline-Syndrom*. Bern/Stuttgart/Wien: Huber 2. Aufl. 1982.

Rosenbohm, A.: *Halluzinogene Drogen im Schamanismus*. Berlin: Reimer 1991.

Ruh, K.: *Geschichte der abendländischen Mystik. Bd. 1*. München: Beck, 1990.

Ruschmann, E. (Hrsg.): *Die Begründung der Transpersonalen Psychologie*. Freiburg: GTP 1983.

Sachs, H.: »Die Lehranalyse«. In: *Zehn Jahre Berliner Psychoanalytisches Institut*. Wien: Int. Psychoanalytischer Verlag 1930.

Salk, L.: »The Role of the Heartbeat in the Relations between Mother and Infant«. In: *Scient. American* (Mai 1973), S. 2429.

Scharfetter, Ch.: »Über Meditation. Begriffsfeld, Sichtung der Befunde, Anwendung in der Psychotherapie«. In: *Psychother. med. Psychol.* 29 (1979) S. 78–95.

Scharfetter, Ch.: »Der Schamane: Zeuge einer alten Kultur – wieder belebbar?« In: *Schweizer Archiv für Neurologie, Neurochirurgie und Psychiatrie* 136 (1985) S. 81–95.

Scharfetter, Ch.: *Der spirituelle Weg und seine Gefahren*. Stuttgart: Enke 3. Aufl. 1994.

Schellmann, J. (Hrsg.): *Joseph Beuys. Die Multiples*. München/New York: Edition Schellmann. 7., neu bearbeitete Auflage 1992.

Schmidbauer, W.: »Schamanismus und Psychotherapie«. In: *Psychologische Rundschau* 20 (1969), S. 29–47.

Schmidbauer, W.: *Psychotherapie. Ihr Weg von der Magie zur Wissenschaft*. München 1975.

Schmidt, K. D.: *Grundriß der Kirchengeschichte*. Göttingen: Vandenhoeck & Ruprecht 1960.

Schmidt, W.: *Der Ursprung der Gottesidee*. Bde. III, IX, I, XI, XII. Münster: 1931/1949/1952/1954/1955.

Schmidt-Wulffen, St.: »Alles in allem – Panorama wilder Malerei.« In: *Tiefe Blicke – Kunst der achtziger Jahre aus der Bundesrepublik Deutschland, der DDR, Österreich und der Schweiz* (hrsg. vom Verein der Freunde und Förderer des Hessischen Landesmuseums in Darmstadt). Köln: DuMont 1985, S. 17–95.

Schmied, W.: »Angst ist mein Kapital«. In: *ART* 9/1984, S. 59–67 u. 120–121.

Schneede, U. M.: *Joseph Beuys – Die Aktionen. Kommentiertes Werksverzeichnis mit fotografischen Dokumentationen.* Ostfildern-Ruit b. Stuttgart: Hatje 1994.

Schur, M.: »Some additional Day Residues of The Specimen Dream of Psychoanalysis.« In: R. M. Loewenstein u. a. (Hrsg.): *Psychoanalysis, a General Psychology – Essay in Honor of Heinz Hartmann.* New York: International Universities Press 1966, S. 45–85.

Schwegler, F.: *Der ganze Winter ist übertrieben.* Köln: DuMont 1979,

Schwegler, F.: *Bindet uns Feuer und rühret es an.* Hamburg und Göppingen: Kunstverein Hamburg und Kunstverein Göppingen 1991, 1992.

Sharon, D.: *Magier der vier Winde. Der Weg eines peruanischen Schamanen.* Freiburg: Bauer 1980.

Shirokogoroff, S. M.: *Psychomental Complex of the Tungus.* London: Kegan Paul 1935.

Siegel, B.: *Prognose Hoffnung.* Düsseldorf: Econ 3. Aufl. 1994.

Sigerist, H.: *A History of Medicine.* Bd. I. New York: Oxford University Press 1951.

Siuts, J.: »Jenseitsmotive im deutschen Volksmärchen« (Diss. Kiel 1919). In: *Teutonia* 19, Leipzig 1911.

Spielrein, S.: *Ausgewählte Schriften.* Berlin: Brinkmann und Bose 1986.

Stachelhaus, H.: *Joseph Beuys.* Düsseldorf: Claassen 2. Aufl. 1988.

Staudenmaier, L.: *Die Magie als experimentelle Naturwissenschaft.* Darmstadt: Wissenschaftl. Buchgesellschaft 1968.

Steiner, R.: *Wie erlangt man Erkenntnisse der höheren Welten?* (1922) Dornach/Schweiz: Rudolf Steiner 9. Aufl. 1990.

Stenger, H. (Hrsg.): *Eignung für die Berufe der Kirche – Klärung, Beratung, Begleitung.* Freiburg/Basel/Wien: Herder 2. Aufl. 1989.

Sterba, R. F.: »Das Schicksal des Ichs im therapeutischen Verfahren«. In: *Int. Zeitschrift für Psychoanalyse* 20 (1934) S. 66–73.

Stern, D.: *Mutter und Kind. Die erste Beziehung.* Stuttgart: Klett-Cotta 1979.

Stern, D.: *The Interpersonal World of the Infant.* New York: Basic Books 1985.

Stevenson, I.: *Reinkarnation. Der Mensch im Wandel von Tod und Wiedergeburt.* Freiburg: Aurum 5. Aufl. 1986.

Stolz, A.: *Schamanen. Ekstase und Jenseitssymbolik.* Köln: DuMont 1988.

Strauss, D. L.: »American Beuys: I Like America & America Likes Me«. In: *parkett* 26, 1990, S. 130–136.

Streck, B. (Hrsg.): *Wörterbuch der Ethnologie.* Köln: DuMont 1987.

Sudbrack, J.: *Auf Gott hin ausgespannt.* Freiburg 1983.

Süskind, P.: *Das Parfüm.* Zürich: Diogenes 1986.

Tart, Ch. T.: *Das Übersinnliche.* Stuttgart: Klett-Cotta 1986.

Tedlock, D. und B. (Hrsg.): *Über den Rand des tiefen Canyon. Lehren indianischer Schamanen.* Diederichs Gelbe Reihe Bd. 17. München: Diederichs 8. Aufl. 1994.

Theewen, G.: *Joseph Beuys. Die Vitrinen. Ein Verzeichnis.* Köln: Walter König 1993.

Thiele, J.: *Die Erotik Gottes. Menschen werden wir nur als Liebende.* Stuttgart: Kreuz 1988.

Thomae, H.: »Auf dem Weg zum Selbst. Bemerkungen zur psychoanalytischen Theorieentwicklung in den letzten Jahrzehnten«. In: *Psyche* 34 (1980) S. 221–245.

Thomä, H.: *Schriften zur Praxis der Psychoanalyse. Vom spiegelnden zum aktiven Psychoanalytiker.* Frankfurt/M.: Suhrkamp 1981.

Thomä, H. und Kächele, H.: *Lehrbuch der psychoanalytischen Therapie.* Bd. 1: Grundlagen. Berlin/Heidelberg/New York: Springer 1986.

Thomä, H. u. Kächele, H.: *Lehrbuch der psychoanalytischen Therapie.* Bd. 2: *Praxis.* Berlin/Heidelberg: Springer 1988.

Tieck, L.: Leben und Tod des kleinen Rotkäppchen. Eine Tragödie (1800). In: *Schriften,* Bd. II. Berlin: Reimer 1828.

Tisdall, C.: *Joseph Beuys. Coyote.* München: Schirmer und Mosel 1976.

Tolkien. J. R. R.: *Der Herr der Ringe.* Stuttgart: Klett-Cotta 11. Aufl. 1984 (engl. Originalausgabe 1966).

Turner, V.: »Betwixt and Between. The Liminal Period in Rites de Passage.« in: V. Turner: *The Forest of symbols. Aspects of Ndembu Ritual.* New York: Ithaca 1964.

Turner, V.: *Das Ritual. Struktur und Anti-Struktur.* Frankfurt/M./New York: Campus 1989.

Vajda, L.: »Zur phaseologischen Stellung im Schamanismus.« In: C. A. Schmitz (Hrsg.): *Religionsethnologie*, Frankfurt/M.: Akademische Verlagsgesellschaft 1964, S. 265–295.

Vogt, R.: »Innere und äußere Realität in Psychoanalysen«. In: *Psyche* 42 (1988) S. 657–688.

Wallmann, J.: *Der Pietismus.* Göttingen: Vandenhoeck – Ruprecht 1990.

Walsh, R. N.: *Der Geist des Schamanismus.* Olten und Freiburg: Walter 1992.

Waßner, R.: *Magie und Psychotherapie. Ein gesellschaftswissenschaftlicher Vergleich von Institutionen der Krisenbewältigung.* Berlin: Reimer 1984.

Watzlawick, P.: *Die Möglichkeit des Andersseins. Zur Technik der therapeutischen Kommunikation.* Bern/Stuttgart/Wien: Huber 3. Aufl. 1986.

Welsch, W.: *Unsere postmoderne Moderne.* Weinheim: VCH, Acta humaniora 1987.

Wetzel, E. M.: »Bedeutung von Musikanwendung in der Geburtsvorbereitung und in der ersten nachgeburtlichen Phase«. In: P. G. Fedor-Freybergh (Hrsg.) 1987, S. 420–432.

Wiederkehr-Benz, K.: »Kohut im Überblick«. In: *Psyche* 36 (1982), S. 1–16.

Wilber, K.: *Wege zum Selbst. Östliche und westliche Ansätze zu persönlichem Wachstum.* München: Kösel 4. Aufl. 1988.

Willi, J.: *Die Zweierbeziehung.* Reinbek: Rowohlt 1975.

Winnicott, D. W.: *Reifungsprozesse und fordernde Umwelt.* München: Kindler 1974 (amerikanische Originalausgabe 1965).

Wyss, D.: *Die tiefenpsychologischen Schulen von den Anfängen bis zur Gegenwart.* Göttingen: Vandenhoeck & Ruprecht 5. Aufl. 1977.

Yap, P.: »Mental diseases peculiar to certain cultures. A survey of comparative psychiatry.« In: *Journal of Mental Science* (April 1951), S. 313–327.

Zaleski, C.: *Nah-Todeserlebnisse und Jenseitsvisionen.* Frankfurt/M./Leipzig: Insel 1993.

Zehnder, F. G.: *Herbert Falken. Aus der Dunkelheit für das Licht.* Köln: Wienand 1993.

Zheng, Ch.: *Mythen des alten China* (Diederichs Gelbe Reihe Bd. 87). München: Diederichs 1990.

Zier, U.: *Die Gewalt der Magie. Krankheit und Heilung in der kolumbianischen Volksmedizin.* Berlin: Reimer 1987.

Zipes, J.: *Rotkäppchens Lust und Leid – Biographie eines europäischen Märchens.* Frankfurt/Berlin/Wien: Ullstein 1985.

Zundel, E. u. Loomans, P. (Hrsg.): *Psychotherapie und religiöse Erfahrung.* Frankfurt/Basel/Wien: Herder 1994.

Zylka-Menhorn, V.: »Ärztliche Betreuung weist Defizite auf. Immer mehr Krebskranke wenden sich alternativen Therapieverfahren zu«. In: *Deutsches Ärzteblatt* 90 (1993), Heft 46 (19. 11. 1993), S. 3039–3040.

o. A. d. V.: *Diagnostische Kriterien und Differentialdiagnosen des Diagnostischen und Statistischen Manuals Psychischer Störungen. DSM-III.* Weinheim/Basel: Beltz 1986.

Zum Autor

Hartmut Kraft, 1949 geboren, Dr. med., ist als Psychoanalytiker und Nervenarzt in Köln-Lövenich niedergelassen. In seinen Aufsätzen und Büchern setzt er sich mit den Grenzgebieten zwischen Kunst, Psychiatrie, Psychoanalyse und Ethnologie auseinander (u. a. »Psychoanalyse, Kunst und Kreativität heute«, 1984, »Grenzgänger zwischen Kunst und Psychiatrie«, 1986). Seit dem Ende der siebziger Jahre hat er eine wissenschaftliche transkulturelle Sammlung zum Bildthema »Kopffüßler – die Geburt des Menschenbildes« aufgebaut, die mehrmals ausgestellt wurde.

DIEDERICHS GELBE REIHE

Åke Hultkrantz

**Schamanische Heilkunst und rituelles Drama
der Indianer Nordamerikas**

Aus dem Amerikanischen von Konrad Dietzfelbinger

Diederichs Gelbe Reihe Band 112, 344 Seiten

Die erste systematische Zusammenfassung des reichen Wissens über die
indianische Stammesmedizin: Gesundheit, Krankheit, Wahnsinn, Pflege,
Heilverfahren, Ethik, Behandlung der Alten, Tod und Sterben. Åke Hultkrantz hat vierzig Jahre lang amerikanische Eingeborenenkulturen erforscht. Seine Beschreibung von indianischer Theorie und Praxis behält
immer die Übertragbarkeit auf die westliche Welt im Auge. Ein Wegweiser
zu einem Leben im Einklang mit den Lebensrhythmen und Jahreszeiten.

Über den Rand des tiefen Canyon

Lehren indianischer Schamanen

Herausgegeben von Dennis und Barbara Tedlock

Diederichs Gelbe Reihe Band 17, 240 Seiten mit 12 Abbildungen

Ein Einblick in Religion und Weltanschauung der nordamerikanischen
Indianer: vom Werdegang eines Medizinmanns, der Reise eines Schamanen
zum Geist des Meeres, bis zur Salzpilgerschaft oder dem Peyote-Weg. Wie
sieht das Weltbild der Ojibwa aus, wie die metaphysischen Erkenntnisse
der Oglala? Wer sich darauf einläßt, Schüler der Indianer zu werden, wird
entdecken, daß viele ihrer Lehren über alle Grenzen von Kultur und
Geschichte hinaus gültig sind.

Hans Findeisen/Heino Gehrts

Die Schamanen

Jagdhelfer und Ratgeber, Seelenfahrer, Künder und Heiler

Diederichs Gelbe Reihe Band 47, 272 Seiten

Hans Findeisens klassisches Werk über sibirische Schamanen: ihre Weihen
und Riten, ihre Märchen und Mythen. Diese fesselnde Gesamtdarstellung
über das Schamanentum beruht auf Feldforschung und eigenen Erfahrungen Findeisens und ist eine erweiterte Neuausgabe seiner früheren Werke.

Eugen Diederichs Verlag